Zu diesem Buch

Erziehungsziel des sozialistischen China ist es, Kinder und Erwachsene zu sozialistischen Menschen zu erziehen. Mit welchem Verständnis von Erziehen, Erzogenwerden und Autorität, mit welchen Mitteln und über welche Ausbildungswege versuchen die Chinesen, diesem Anspruch gerecht zu werden? Welche Entwicklung hat das chinesische Bildungssystem unter dem Einfluß der Kulturrevolution und den jüngsten politischen Ereignissen genommen?

Als erster westlicher Pädagoge nach der Kulturrevolution hat der Peruaner Carlos Castillo Ríos 1971 chinesische Schulen und Universitäten besucht, um sich darüber zu informieren. Der vorliegende Band ist sein Erfahrungsbericht, veröffentlicht bisher in Mexiko, Peru und Argentinien. Er durchleuchtet

- die Erziehungsgeschichte Chinas vom Ende der feudalen Periode bis in die Gegenwart,
- die Bildungsziele mit ihrem Hauptmerkmal einer politischen Erziehung,
- die Lehrmethoden und die Stufen schulischer und nichtschulischer Ausbildung.

Johannes Schickel hat diesen Bericht in einer Einleitung ergänzt und aktualisiert; seine ausführliche Aufstellung von Dokumenten bildet den theoretischen Hintergrund chinesischer Sichtweise.

Die Autoren

Carlos Castillo Ríos ist promovierter Pädagoge, Anwalt und Mitglied der Kommission zur Reformierung des Erziehungswesens in Peru. **Joachim Schikkel,** geb. 1924 in Hamburg. Studium der Philosophie und Mathematik, Sinologie und Indologie; Redakteur beim NDR. 1964 und 1970 zwei Reisen in die VR China. Veröffentlichungen: *Sieben Tage Chinesisch,* München 1963; *Mao Tsetung, ‹37 Gedichte›. Übersetzt und mit einem politisch-literarischen Essay erläutert,* Hamburg 1965; *Große Mauer, Große Methode. Annäherungen an China.* Stuttgart 1968; *China. Die Revolution der Literatur,* München 1969; *Die Mobilisierung der Massen. Chinas ununterbrochene Revolution,* München 1971; *China in der Welt. Ein außenpolitisches Dossier,* München 1973; *Spiegelbilder. Sappho/Ovid, Wittgenstein/Canetti, Marx/Piranesi: Interpretationen,* Stuttgart 1975.

Carlos Castillo Ríos
Joachim Schickel

Erziehung in China

Die Einheit von
Lernen und Produktion

rororo

Rowohlt

Die mit dem Aufdruck «Politische Erziehung» versehenen Bände veröffentlichen im Rahmen des rororo-Sachbuch-Programms für Schüler, Lehrlinge, Studenten, Sozialarbeiter und Lehrer:

- Projektberichte aus Schul-, Hochschul-, Stadtteil-, Betriebs- und Sozialarbeit, Berichte und Analysen wichtiger Erziehungskonzeptionen, auch das anderen Ländern,
  Erfahrungen und Perspektiven der Organisation aller im Ausbildungsbereich Tätigen;
- Vorschläge, Modelle und Materialien für eine veränderte Praxis in den genannten Bereichen, insbesondere Vorschläge zum Unterricht für Lehrer und Schüler;
- Untersuchungen des Zusammenhangs von Produktion, Ausbildung und Bewußtseinsbildung, die Voraussetzungen sind für eine politische Erziehung.

Redaktion Kerstin Lorenzen
Umschlagentwurf Jürgen Wulff
Aus dem Spanischen übertragen von Nils Thomas Lindquist
und José Ramíon García
Das Kapitel «Herbst 1977» übersetzte Hans-Werner Franz

Erstausgabe
Veröffentlicht im Rowohlt Taschenbuch Verlag GmbH,
Reinbek bei Hamburg, November 1977

Satz Aldus (Linotron 505 C)
Gesamtherstellung Clausen & Bosse, Leck/Schleswig
Printed in Germany
980-ISBN 3 499 17137 6

Inhalt

«Die Erziehung muß der proletarischen Politik dienen, die Erziehung muß mit produktiver Arbeit verbunden werden.»

Mao Tse-tung

Vorwort

Carlos Castillo Ríos hat die Volksrepublik China im Sommer 1971 besucht. Er ist promovierter Pädagoge, Anwalt und Mitglied der Kommission zur Reform des Erziehungswesens in Peru. Die Informationen, die er auf Einladung Pekings an Schulen und Universitäten sammelte, hat er 1973 in Lima veröffentlicht: «La educación en China».

Der Rowohlt Verlag hat sich entschlossen, den bemerkenswerten Bericht deutsch zu publizieren, und mich beauftragt, ihn herauszugeben. Ich komme diesem Auftrag in folgender Weise nach: durch eine Einleitung («Eine revolutionäre Pädagogik»), die Castillo Ríos aktuell und prinzipiell ergänzt; durch eine Dokumentation, die seine Thematik konkret begleitet; durch eine Bibliographie, die Bedürfnissen und auch Möglichkeiten der Leser hier entspricht. Dem Vorwort folgt außerdem ein Glossar; es sei jedermann zum Lesen (und gelegentlichen Nachschlagen) empfohlen, dem politisch-pädagogische Termini der Volksrepublik China nicht vertraut sind. Zum besseren Verständnis von Einleitung und Dokumentation, auch der Forthilfe zu einschlägiger Lektüre, dienen des weiteren Anmerkungen; sie finden sich jeweils im Anhang der betreffenden Buchteile.

Da Castillo Ríos keine Anmerkungen macht, gehe ich bereits hier auf gewisse Vokabeln seines Berichts ein. Wenn der Autor das eine oder andere Mal von Mao Tse-tung als einem «Führer» spricht, ist daran zu denken, daß dieses Wort vom Faschismus mißbraucht wurde. Wenn er «Glauben» sagt, ist besser «Überzeugung» zu setzen, also eine rationale statt einer irrationalen Qualität des chinesischen Volkes. Auch ein Satz wie «Politik ist zur Religion» geworden, zeigt die typische Schwierigkeit eines Autors im Westen, dem eigenen Sprach- und Begriffsgitter zu entkommen; das mögliche Mißverständnis ist behoben, sobald man umgekehrt liest: Was einmal die Religion war, ist nunmehr die Politik. Ähnliche Vorsicht gebietet sich beim Wort «Ideologie»; Castillo Ríos nimmt es nicht in jenem kritisch-abschätzigen Sinne, der Ideologie«verdacht» impliziert, vielmehr faßt er darunter die Gesamtheit von Leitideen und -werten einer Gesellschaft zusammen. Wenn er aber «Lob der Armut», «Stolz auf Armut», «eine Art Kult der Armut» zu ihnen zählt, meint er mehr oder minder «Verachtung materieller Güter»; denn die Volksrepublik baut Armut als solche, ihrem sozialen Selbstverständnis gemäß, zunehmend ab. Und ein Satz wie «Die individuelle Existenz hat keine Bedeutung» ist zwar wieder in der rechten Absicht, doch ebenfalls mißverständlich formuliert: Zweck und Ziel aller Erziehung in China ist der einzelne Mensch als ein politisches Wesen. Damit er sozialistisch verpflichtet werde, sind die Mittel dieser Pädagogik freilich nur kollektiv zu verantworten.

Daß Autor wie Herausgeber positiv urteilen, heißt nicht, daß sie nach- oder anbeten. Es ist an der Zeit, nach einem Jahrzehnt so großer Bewegungen wie der proletarischen Kulturrevolution, Chinas Experimente und Resultate in Pädagogik nicht bloß zur Kenntnis zu nehmen, sie womöglich als Exotika abzutun, sondern zu überlegen, wie sie ins Erziehungswesen nichtsozialistischer Länder vermittelt werden können: zum Beispiel das der Bundesrepublik Deutschland.

Hamburg, Ende Januar 1977 Joachim Schickel

Glossar

Acht Punkte zur Beachtung

Bereits im Revolutionären Bürgerkrieg befohlene und befolgte Disziplin der Volksbefreiungsarmee. Die Punkte lauten: «1. sprecht höflich; 2. zahlt ehrlich für alles, was ihr einkauft; 3. gebt alles, was ihr borgt, zurück; 4. bezahlt alles, was ihr beschädigt habt; 5. werdet nicht handgreiflich und beschimpft niemanden; 6. beschädigt nicht die Ernte; 7. nehmt euch keine Freiheiten gegen Frauen heraus; 8. mißhandelt keine Gefangenen.»

Dreierverbindung

(Auch «Drei-in-eins»; siehe auch unter *Revolutionäres Komitee*). Bis etwa 1969 provisorische Verwirklichung der im ZK-Beschluß über die Kulturrevolution (8. August 1966) geforderten revolutionären Machtorgane. Sie setzten sich aus revolutionären Führern der Massenorganisationen (1), Repräsentanten der Volksbefreiungsarmee (2) und revolutionären Parteikadern (3) zusammen.

Drei große revolutionäre Bewegungen

Klassenkampf (1), Kampf für die Produktion (2), Kampf für das wissenschaftliche Experiment (3).

Drei Regeln der Disziplin

Anweisung an die Volksbefreiungsarmee im Revolutionären Bürgerkrieg. Die Regeln lauten: «1. befolgt bei allen euren Handlungen die Befehle; 2. nehmt der Bevölkerung nicht eine Nadel und nicht einen Faden weg; 3. liefert die ganze Kriegsbeute ab.»

Drei ständig zu lesende Artikel

1. «*Dem Andenken Bethunes*», 2. «*Dem Volke dienen*», 3. «*Yü-kung versetzt Berge*». Von Mao Tse-tung verfaßt zum 21. Dezember 1939, 8. September 1944 und 11. Juni 1945.

Drei-und-Acht-Arbeitsstil

Bezeichnung für das Vorgehen der Volksbefreiungsarmee; der Name erklärt sich daraus, daß Mao Tse-tung diesen Arbeitsstil in drei Sätzen und acht Schriftzeichen formuliert hat. Die drei Sätze: «1. Politisch fest und richtig orientiert; 2. Bei der Arbeit sorgfältig und schlicht; 3. In der Strategie und Taktik beweglich.» Die acht Schriftzeichen (die im Deutschen auf vier Wörter verkürzt sind): «1. Einheitsgeist, 2. Einsatzfreudigkeit, 3. Ernsthaftigkeit, 4. Lebhaftigkeit.»

Drei Verbote

1. Kein Geld vom Staat, 2. Weder Geld noch Hilfe von anderen Gemeinschaften, 3. Nicht vor Schwierigkeiten kapitulieren.

Einheit-Kritik-Einheit

Die von Mao Tse-tung während der «Hundert-Blumen»-Periode formulierte Theorie und angewendete Praxis: «Vom Wunsch nach Einheit ausgehen, durch Kritik oder Auseinandersetzung die Widersprüche lösen, . . . auf neuer Basis zu neuer Einheit gelangen» («*Über die richtige Behandlung der Widersprüche im Volk*», Abschnitt 1). Das Mittelglied heißt, genuin marxistisch, häufig auch «Kritik-Selbstkritik».

Eins (teilt sich) in zwei

Ein von Mao Tse-tung vertretenes Prinzip aller Dialektik, daß der Kampf der Gegensätze immer aufs neue ausbreche, die Einheit der Gegensätze immer nur zeitweilig dauere. Dem widersprach 1964 Yang Hsien-chen mit dem scheinbaren Gegenprinzip «Zwei zu einem vereinen».

Fünf-Gut-Kämpfer

Einer, der die Ziele der (1960 initiierten) «Fünf-Gut-Bewegung» der Volksbefreiungsarmee erfüllt: Gute Leistungen 1. im politischen Denken, 2. bei militärischen Übungen, 3. im Arbeitsstil, 4. im Erledigen der Aufgaben, 5. bei der körperlichen Ausbildung. Als Vorbild gilt der Soldat Lei Feng.

Großer Sprung (nach vorn)

Losung von 1958: Sie bezeichnet eine auf der Massenlinie basierende Konzeption von Wirtschaftswachstum, sozialer Umwandlung und ländlicher Erziehung. Die Einrichtung der Volkskommunen, auch der «Volkshochöfen», brachte «die umfangreichste technologische Bewegung in der menschlichen Geschichte» (J. Gray, «*China Handbuch*»).

Halb-Arbeit-halb-Studium-Schule

Auf Marx und Engels zurückgehendes, in China 1964 eingeführtes Prinzip, um bürgerliches Denken im Erziehungswesen zu überwinden. «Die Erziehung muß mit produktiver Arbeit verbunden werden» (Mao Tse-tung).

Hundert Blumen

Ausführlicher: «Laßt hundert Blumen nebeneinander blühen, laßt hundert Schulen miteinander streiten»; die von Mao Tse-tung gefundene Formel für seine Politik 1956/57, die auch seiner Politik während der Kulturrevolution 1966/67 angemessen ist.

Kampf-Kritik-Umgestaltung
Eine Abkürzung wesentlicher Punkte des Beschlusses über die Kulturrevolution (vom 8. August 1966): *Kampf* «gegen jene Leute an der Macht, die den kapitalistischen Weg eingeschlagen haben» (Punkt 1); *Kritik* «an den typischen reaktionären akademischen ‹Autoritäten› der Bourgeoisie . . . an verschiedenen reaktionären Ansichten in Philosophie, Geschichte, politischer Ökonomie und im Erziehungswesen, in Literatur und Kunstwerken und -theorien, in Theorien in den Naturwissenschaften und auf anderen Gebieten» (Punkt 11); *Umgestaltung* «der Erziehung, Literatur und Kunst und aller anderen Teile des Überbaus, die nicht der sozialistischen Wirtschaftsbasis entsprechen, damit die Konsolidierung und Entwicklung des sozialistischen Systems gefördert werden» (Punkt 1).

Offene Tür
Maxime der revolutionären Linie in der Erziehung, daß die Arbeiter und Bauern in allen Fragen des Unterrichts, der Prüfungen, der Zulassung zu weiterführenden Schulen, Instituten und Universitäten mitzureden und mitzubestimmen haben.

Rechter Wind zur Revision richtiger (gefällter) Urteile
Revisionistische Versuche seit 1973, besonders in den Jahren 1974 und 1975, die Resultate der Kulturrevolution in jedem Bereich, vor allem im pädagogischen, rückgängig zu machen. Als Wortführer dieser Restauration galt bis Mitte 1977 Teng Hsiao-p'ing.

Revolutionäres Komitee
1969 aus der «Dreierverbindung» hervorgegangene Organisationsform der politischen Führung von Fabriken, Betrieben, Büros jeder Art, Schulen und Universitäten. An Schulen besteht es aus Vertretern der Schüler und Studenten (1), den Repräsentanten der Gruppe zur Propagierung des Maotsetung-denkens (2) und Vertretern der Lehrer, Angestellten und Arbeiter (3).

Ta-tzu pao
Wörtlich: «(Wand-)zeitungen mit großen Schriftzeichen». Durch die Verfassung der VR China von 1975 garantiertes, von Mao Tse-tung selber genutztes Mittel zur Auseinandersetzung – propagierend, diskutierend, argumentierend. Die Tradition der Wandzeitungen geht auf die Pariser Kommune zurück.

Vier Alte
Seit etwa Frühsommer 1966 gebrauchte, im Beschluß vom 8. August 1966 fixierte Formel wider «die alten Ideen (1), die alte Kultur (2), die alten Sitten (3) und Gebräuche (4) der Ausbeuterklassen». Ihnen werden die *Vier Neuen* entgegengesetzt.

Vier Erste
Eine Rangordnung, die besagt: «1. Handelt es sich um Mensch und Waffen, kommt an erster Stelle der Mensch; 2. Handelt es sich um politische und andere Arbeit, kommt an erster Stelle die politische Arbeit; 3. Handelt es sich um ideologische und andere politische Routinearbeit, kommt an erster Stelle die ideologische Arbeit; 4. Bei der ideologischen Arbeit kommen die Ideen, die in direktem Zusammenhang mit dem Leben stehen, vor der Buchweisheit. Also gilt folgende Rangordnung: 1. der Mensch; 2. die politische Arbeit; 3. die ideologische Arbeit; 4. die Ideen, die aus dem Leben gewonnen werden.»

Vier Neue
Entgegengesetzt zu den *Vier Alten*, nämlich wie im Beschluß vom 8. August 1966 gefordert: «. . . neue Ideen, eine neue Kultur, neue Sitten und Gebräuche des Proletariats.»

Vier Verdienste
1. hohes politisches Bewußtsein; 2. gesundes und vorbildliches Leben; 3. hervorragende Erfüllung der täglichen Aufgaben; 4. gute Arbeitsleistungen in Industrie und Landwirtschaft.

Joachim Schickel

Eine revolutionäre Pädagogik

«Im Erziehungswesen eine Revolution machen!»
Mao Tse-tung

I

Es gilt, auf gewisse Parallelen zwischen pädagogischen Leit- und Zielvorstellungen in der Bundesrepublik Deutschland und der Volksrepublik China hinzuweisen, aber auch auf eine entscheidende Diskrepanz. Wer 1971 mit Chinesen über *anti*-autoritäre Erziehung sprach (heute ist es nicht anders), begegnete immerfort dem Argument: Es gibt eine Autorität, nämlich die proletarische; die Arbeiter, Bauern und Soldaten üben sie aus. Revolutionäre Erziehung in China ist, um präzis zu werden, eine Erziehung durch proletarische Autorität.

Was heißt das? Ich sage zunächst, was proletarische Autorität *nicht* ist, und berufe mich dafür auf den sowjetrussischen Pädagogen Anton Makarenko. Dem in sozialistischen Ländern bis heute als vorbildlich angesehenen Lehrer – die DDR hat 1960 eine siebenbändige Ausgabe seiner Werke abgeschlossen – attestiert sogar die «Brockhaus Enzyklopädie» 1971 eine «geniale sozialpädagogische Haltung», westdeutsche Verlage nehmen sich zunehmend seiner an.[1] Makarenko hat in einem seiner Vorträge über Kindererziehung (von 1937) neun Arten der Pseudoautorität, die Eltern und Erzieher sich anmaßen, beschrieben. Ich fasse die von ihm angeführten Charakteristika zusammen.[2]

1. *Autorität durch Unterdrückung* (oder, wie der uns geläufigere Ausdruck lautet, durch Repression). «Dies ist die schrecklichste Art der Autorität, wenn auch nicht gerade die schädlichste.» Stichwort: Väterlicher Terror.

2. *Autorität durch Distanz.* Stichworte: Einübung in Gehorsam, Untertänigkeit gegenüber einer so hohen wie fernen, sich für hoch haltenden und entfernt gebenden Obrigkeit.

3. *Autorität durch Hochmut.* «Dies ist eine besondere Form der Autorität durch Distanz, aber wohl eine noch schädlichere.» Stichwort: Prestige- und Prahlsucht. «Jeder Bürger des Sowjetstaates hat seine Verdienste», schreibt Makarenko. «Doch glauben einige Leute, daß sie die ver-

dienstvollsten, die wichtigsten Funktionäre seien; sie tragen diese Wichtigkeit auf Schritt und Tritt zur Schau, auch vor ihren Kindern.»

4. *Autorität durch Pedanterie.* Stichwort: Bürokratische Befehlsgewalt.

5. *Autorität durch Räsonieren.* «In diesem Fall zerfleischen die Eltern buchstäblich das Leben des Kindes durch endloses Belehren und erbauliche Gespräche.» Stichworte: Unfehlbarkeit, Moralpredigt.

6. *Autorität durch Liebe.* «Dies ist die bei uns verbreitetste Art falscher Autorität. Viele Eltern teilen die Überzeugung: Die Kinder müssen, um zu gehorchen, ihre Eltern lieben. Um aber diese Liebe zu erwerben, muß man den Kindern auf Schritt und Tritt seine elterliche Liebe beweisen.» Stichwort: Sentimentalität.

7. *Autorität durch Güte.* «Dies ist die unklügste Art der Autorität. In diesem Fall wird der kindliche Gehorsam ebenfalls durch die Kindesliebe organisiert; diese wird jedoch nicht durch Küsse und Herzensergüsse hervorgerufen, sondern durch Nachgiebigkeit, Weichheit und Güte . . .» Stichwort: Familienfrieden.

8. *Autorität durch Freundschaft.* Stichwort: Kinderregiment.

9. *Autorität durch Bestechung,* «die charakterloseste Art der Autorität». Stichwort: Beschwichtigung.

Makarenko schließt ab: «Wir haben einige Arten falscher Autorität betrachtet. Es gibt außer ihnen noch viele weitere Arten. Es gibt eine Autorität durch Fröhlichkeit, eine Autorität durch Gelehrsamkeit, eine Autorität durch Burschikosität, eine Autorität durch Schönheit.» Um diese Abarten der Autorität zu erläutern, erinnere ich erstens daran, daß übertrieben fröhliches, übertrieben burschikoses, übertrieben ästhetisierendes Auftreten der Erzieher zum Beispiel in manchen Jugendbünden der Weimarer Republik zu pädagogischen Katastrophen geführt hat (nur der eine Name: Hans Blüher). Die Gelehrsamkeit betreffend, erwähne ich zweitens das Erlebnis eines westdeutschen Hochschullehrers. Als er – ein Marxist, den ich jederzeit triftigen Argumenten gegenüber aufgeschlossen gefunden habe – an der FU Berlin einen Vortrag hielt, warf ihm ein Student in der anschließenden Diskussion vor, er sei autoritär. Warum? fragte er. «Sie wissen zuviel», antwortete der Student; er sagte keineswegs: «Sie tragen Ihr Wissen anmaßend vor.» Darin zeigt sich, spiegelbildlich, die Empfindsamkeit der Lernenden, auf welche Lehrer sie sich rücksichtsvoll einzustellen haben.

Makarenko fragt dann: «Worin muß nun aber die echte elterliche Autorität in der Sowjetfamilie bestehen?» Seine Frage läßt sich auf die echte erzieherische Autorität in einer Sowjetgesellschaft – als einer Gesellschaft der *Räte*demokratie, um mit dem Begriff «Sowjet» endlich Ernst zu machen – erweitern. Ehe ich Makarenkos Antwort beibringe, charakterisiere ich noch einmal die Negativa jener neun Arten der Pseudoautorität – diesmal an ihren möglichen, wo nicht wahrscheinlichen Folgen.

Der väterliche Terror führt zu Nichtsnutzen oder Dickschädeln, «die sich im Laufe ihres Lebens für die unterdrückte Kindheit rächen». Die Einübung in den Untertanengeist führt zum Obrigkeitsdenken. Die Prahlsucht der Erzieher führt zum Prestigedenken der Zöglinge. Die pedantisch geübte Befehlsgewalt führt zu unbedingtem Respekt vor der Bürokratie. Die Unfehlbarkeit der Erziehenden führt zum rigiden Moralismus der Erwachsenen. Die Sentimentalität in Familie oder Kollektiv führt zu einem verlogenen Egoismus. Die Bewahrung des Familienfriedens um jeden Preis führt zur Launenhaftigkeit der Kinder. Das Kinderregiment führt zur Mißachtung der Erzieher. Die Beschwichtigung führt zu einer erpresserischen Einstellung.

Makarenko lehnt also Autorität durch Unterdrückung, Distanz, Hochmut, Pedanterie, Räsonieren, Bestechung, Liebe, Güte und Freundschaft ab. In den ersten sechs Punkten, deren Titel eo ipso Untugenden (und nicht bloß pädagogische) anzeigen, ist ihm leicht zuzustimmen. Wie aber steht es mit Liebe, Güte und Freundschaft? Kann dieser Tugenden jemals genug oder gar zuviel getan werden? Zu bedenken ist, daß lediglich der *autoritäre Mißbrauch* dieser Tugenden, die auch Makarenko für solche hält, getadelt wird. (Ich habe 1970, nicht anders als Castillo Ríos 1971, in chinesischen Kindergärten und Schulen manche positiven Exempel für liebevolle, gütige, freundschaftliche Behandlung der Kinder und Schüler gesehen.) Indes lehnt Makarenko nicht *jede* Autorität ab; denn er fragt ernsthaft und aufrichtig, worin die echte erzieherische Autorität im Sowjetkollektiv bestehe. Seine Antwort, die ausführlich zitiert werden soll, spricht zwar von der Familie, doch bedeutet es keine Verfälschung, stets auch erzieherische Kollektive mitzuberücksichtigen.

Anton Makarenko also: «Hauptgrundlage der elterlichen (erzieherischen) Autorität kann lediglich Leben und Arbeit der Eltern (Erzieher), ihr staatsbürgerliches Ansehen und ihr Verhalten sein. Die Familie (das Kollektiv) ist eine große und verantwortungsvolle Angelegenheit. Die Eltern (die Erzieher[3]) leiten sie und sind für sie vor der Gesellschaft für ihr Glück und das Leben ihrer Kinder verantwortlich. Wenn die Eltern ehrlich und vernünftig an dieser Aufgabe arbeiten, wenn sie sich bedeutende und große Ziele gestellt haben, wenn sie vor sich immer volle Rechenschaft über ihr Handeln und ihre Taten ablegen, dann bedeutet das, daß sie auch elterliche Autorität besitzen und keine anderen Grundlagen zu suchen brauchen, geschweige denn sich etwas Künstliches ausdenken müssen.

Sobald die Kinder heranzuwachsen beginnen, interessieren sie sich stets dafür, wo der Vater oder die Mutter arbeitet, welche gesellschaftliche Stellung sie einnehmen. Möglichst bald müssen sie erfahren, wovon die Eltern leben, wofür sie sich interessieren, mit wem sie in einer Reihe stehen. Die Tätigkeit des Vaters oder der Mutter muß dem Kind als eine ernste, achtunggebietende Tätigkeit vor Augen treten. Die Verdienste der Eltern müssen in den Augen der Kinder vor allem als Verdienste der Gesellschaft gegenüber als wirklicher Wert, nicht aber nur als etwas Äußerliches dastehen. Es ist von großer Wichtigkeit, daß die Kinder diese Verdienste nicht isoliert, sondern auf dem Boden der Errungenschaften unseres Landes sehen. Nicht Prahlsucht, sondern guten Sowjetstolz müssen die Kinder besitzen. Doch ist es gleichzeitig notwendig, daß die Kinder nicht nur auf ihren Vater oder ihre Mutter stolz sind, sondern daß sie die Namen der großen und bedeutenden Männer unseres Vaterlandes kennen und daß Vater und Mutter in ihrer Vorstellung als Mitglieder dieser großen Reihe tätiger Menschen erscheinen ...

Aber die Eltern dürfen nicht nur als Mitarbeiter der begrenzten Front ihres Kollektivs erscheinen. Unser Leben ist das Leben der sozialistischen Gesellschaft. Vor ihren Kindern müssen Vater und Mutter als Teilnehmer an diesem Leben hervortreten. Die Ereignisse des internationalen Lebens ... (müssen) sich im Denken von Vater und Mutter, in ihrem Fühlen und Streben widerspiegeln. Nur solche Eltern, die ein erfülltes Leben als Bürger unseres Landes leben, werden bei ihren Kindern über wirkliche Autorität verfügen ...

Aber sie sind nicht nur Staatsbürger. Sie sind auch noch Eltern. Und ihre elterliche Aufgabe müssen sie so gut wie möglich erfüllen. Darin ist ihre Autorität verwurzelt.»[4]

Makarenko faßt noch einmal zusammen: «Autorität ist in der Familie (im Erziehungskollektiv) unerläßlich. Man muß echte Autorität unterscheiden von falscher Autorität, die auf künstlichen Prinzipien beruht und darauf gerichtet ist, den Gehorsam durch die verschiedensten Mittel zu erreichen. Wahrhafte Autorität (der Eltern, der Erzieher schlechthin) beruht immer auf ihrer staatsbürgerlichen Tätigkeit, auf ihrem Bewußtsein als Staatsbürger, auf ihrem Wissen um das Leben des Kindes, auf der Hilfe, die sie ihm leisten» – nämlich seinerseits zum verantwortungsvollen Staatsbürger zu werden – «und auf ihrer Verantwortung für seine Erziehung.»[5] Makarenko läßt keinen Zweifel, daß sozialistische als proletarische Erziehung zu begreifen ist.

Hier ist nicht darüber zu reden oder zu rechten, ob und wann sein pädagogisches Programm in der Sowjetunion erfüllt worden ist. Ich halte aber den Versuch für gerechtfertigt, die Leit- und Zielvorstellungen des Russen Makarenko in der Pädagogik der Volksrepublik China aufzufinden. Als er Ende der dreißiger Jahre im Moskauer Rundfunk vortrug, gab es zwar manche taktischen Widersprüche zwischen der Staatspolitik der UdSSR und der Parteipolitik der KP China, jedoch zumindest strategisch keinen Widerspruch in Erziehungsfragen. Das hat sich, wie so vieles andere, spätestens seit Mitte der sechziger Jahre gründlich geändert; denn *ein* Aspekt der Großen Proletarischen Kulturrevolution ist durch die Weisung Mao Tse-tungs vom 7. Mai 1966 angegeben: «Im Erziehungswesen eine Revolution machen!»[6]

II

Warum war es 1966 notwendig, das Erziehungswesen in China zu revolutionieren? War es denn überhaupt notwendig? Immerhin bestand die Volksrepublik damals eineinhalb Jahrzehnte. Nähern wir uns dieser schwerwiegenden Frage behutsam und skeptisch.

Noch 1971, ehe BRD-Offizielle andere Kunde brachten, war hierzulande der erstaunliche Zweifel so häufig wie unwidersprochen zu hören: Wir wüßten ja noch nicht einmal, ob die Chinesen überhaupt Zeitung lesen könnten. Sollte die implizierte Behauptung sich bewahrheiten lassen, so liefe dieser Satz darauf hinaus, daß die Erziehungspolitik der Volksrepublik China zwanzig Jahre verabsäumt hätte, die Bevölkerung schreiben und lesen zu lehren, daß sie statt dessen interessiert gewesen wäre, das überkommene Analphabetentum möglichst beizubehalten. Nun habe ich im Oktober 1964 auf nordchinesischen Bahnhöfen selber beobachtet, wie Zeitungsverkäufern die druckfrischen Exemplare mit der Meldung, China habe seine erste Atombombe gezündet, aus der Hand gerissen wurden. Ich zog daraus den Schluß, daß viele (ich denke, die meisten) Chinesen imstande sind, Zeitung zu lesen. Trotzdem bin ich geneigt, jenen Satz, der in seiner Allgemeinheit freilich töricht klingt, in gewissen Grenzen sehr ernst zu nehmen.

Im September 1966 las ich bei L. L. Matthias, einem der wenigen von Anfang an maßvollen Beurteiler der Kulturrevolution: «Die Funktionäre unterließen es, sich mit der Landbevölkerung zu beschäftigen. Es war mühselig, den Bauern die chinesischen Schriftzeichen beizubringen – und wozu war es auch erforderlich? Es genügte, wenn man im Interesse dieser Bauern die Agrarreform durchführte und für gute Ernten sorgte. Es waren also die Ansätze zu einer Art ‹Klassenbildung› vorhanden, und eine solche Entwicklung wollte Mao verhindern.»[7] Ähnliches las ich später in den beiden China-Berichten von Jan Myrdal.[8] Ich zog daraus den Schluß, daß einige (ich denke, wenige) Chinesen *nicht* imstande seien, Zeitungen zu lesen. Und ich fragte mich, in wessen Absicht ein auch nur teilweises Analphabetentum liegen könne. Die Kulturrevolution – ein Begriff übrigens, den bereits Lenin 1923 mit der endgültigen Überwindung des Analphabetentums in engste Verbindung brachte[9] – hat die Antwort gegeben: Es lag in der Absicht, auch im Interesse einer teils alten, Machtpositionen noch immer behauptenden, teils neuen, Machtpositionen schon wieder erstrebenden Klasse. Diese Klasse – vor allem die *neue*, deren zwar nicht notwendige, doch mögliche Entstehung der Jugoslawe Djilas beschrieben und beklagt hat[10] – zu eliminieren, mußte das Ziel sein (und zwar, sie *als Klasse, nicht in Personen* zu eliminieren). Hieß das zu erreichende Positivum aber Diktatur des Proletariats (ich komme auf Wort und Sache zurück), so konnte das hindernde Negativum kaum anders denn bürgerliche Klassenherrschaft oder «kapitalistischer Weg» benannt werden.

Dafür, daß irgend etwas – wir werden noch genauer sehen, was – pädagogisch nicht in Ordnung gewesen ist, um Chinesen proletarisch, will sagen: zu Werktätigen mit sozialistischem Bewußtsein zu erziehen, möchte ich einen so kenntnisreichen wie unparteiischen Experten anführen. Der Nordamerikaner Stewart Fraser, Verfasser von «Chinese Communist Education»[11], worin er die erste Dekade der volksrepublikanischen Erziehungspolitik dokumentiert hat, äußert sich dazu so: «Die Jahre von 1966 bis 1968 mit der umfassenden Einbeziehung der Jugend in die Kulturrevolution sind vielleicht zu den bedeutendsten in der zwanzigjährigen Geschichte des kommunistischen China geworden. Das alte Bildungssystem hatte offenbar in einem solchen Maße – trotz des kommunistischen ‹Wiederaufbaus› fortbestanden, daß 1967 tiefgreifende Reformen im Bildungswesen in Übereinstimmung mit den Endzielen der Kulturrevolution eingeleitet wurden. Die Kulturrevolution wird zweifellos beachtliche Konsequenzen für jede weitere Entwicklung im Erziehungswesen haben.»[12]

Daß Mao Tse-tung bereits im Frühjahr 1966 – Monate vor dem August-Beschluß über die Kulturrevolution – forderte, das Erziehungswesen zu revolutionieren, hatte also objektive, in der Misere der chinesischen Pädagogik liegende Gründe, keineswegs subjektive Motive. Das traditionelle Bildungssystem hatte sich sogar in den ersten fünfzehn Jahren der Volksrepublik als übermächtig erwiesen; die Gefahr bestand, auch weiterhin würden «Mandarine», nämlich elitär statt egalitär denkende Kandidaten, Staats- und Parteiämter bekleiden. Ein Rückblick auf teils dynastische, teils republikanische Traditionen scheint daher angebracht. Ich gebe ihn, um überflüssige Einwände zu vermeiden, mit ideologisch «unverdächtigen», dem Sozialismus kaum zugeneigten Autoren, behalte mir jedoch Zwischenbemerkungen vor. Die dynastisch-historischen Grundlagen beurteilt der Sinologe Tilemann Grimm (Universität Tübingen) so: «Die traditionelle chinesische Erziehung ist elitär, politisch orientiert und ideologisch fundiert. Rechtes Verhalten nach gesetzten Regeln . . . war ein Hauptziel erzieherischer Bemühungen. Die ‹Substanz› China, in der Reformliteratur seit 1900 stark hervorgehoben, war wesentlich ‹moralische› Substanz.»

Der Autor gebraucht die Wörter *Substanz* und *moralisch* in Anführungsstrichen. Will er zitieren oder disqualifizieren? «Das Ziel, ein ‹Edler› zu werden, der man von Geburt nicht sein konnte, indem man ethische Regeln mittels überlieferter Texte in einer der schwierigsten Kunstsprachen der Welt, im klassischen Chinesisch, erlernte, schuf eine gebildete Elite, die den übrigen sozialen Gruppen hoch überlegen war . . . Staatliche Examina vermittelten politische Macht, ihre Ableistung war schwierig, sie konnten ein Leben ausfüllen, wenn man mehrfach scheiterte. Prüfungsregelungen und Schulordnungen als amtliche Literatur füllten Kompendien. Der traditionelle Typus chinesischer Politik war somit pädagogisch intendiert, die Gesellschaft sollte zur sozialen Harmonie erzogen und überredet werden.» Auch das Wort *Edler* steht in Anführung (chinesisch *chün-tzu*; besser: Herr). Kein Geburts-, aber ein Bildungsadel war seit Jahrtausenden zur Herrschaft über China auserwählt – mithin eine zwar säkularisierte, doch erkennbar geist*liche* (und erst infolgedessen geist*ige*) Oberschicht; Feudalismus allemal. «Fundiert war diese Erziehung im *Konfuzianismus* als politischer Ethik für eine Agrargesellschaft, in der Familienbeziehungen modellhaften Charakter annahmen. Diese Ideologie der Literaten-Beamten zielte auf einen höchstmöglichen Glückszustand der Menschheit, der erreichbar schien durch Kultivierung von Selbstbescheidung, gegenseitigem Respekt und Loyalität gegenüber der Gruppe in der Person ihres Oberhauptes (der Familie, der übergeordneten Gemeinschaft, des Staates), das seinerseits Wohlwollen, Gerechtigkeit und Verläßlichkeit schuldete.»

Kein Zweifel, daß die erwähnten Familienbeziehungen autoritär waren: Der Mann hatte alles zu sagen, die Frau wenig, die Kinder gar nichts; immer hatte der Ältere – zum Beispiel der ältere Bruder – das Wort. Kein Zweifel, daß solche Familienbeziehungen, wurden sie etwa auf das Gemeinwesen übertragen, die hierarchische Struktur noch verfestigten und vertieften. «Die Gestalt des Lehrers und Erziehers verdiente daher höchsten Respekt.»[13]

Hinzuzufügen ist, daß theoretisch zwar jedermann, ohne Ansehen des Her- oder Einkommens, auf diese Weise zu höchsten Staatsämtern aufsteigen konnte, daß praktisch jedoch eben Her- und Einkommen darüber entschieden, wer den langen, schwierigen, kostspieligen Weg einer so elitären Erziehung erfolgreich zurückzulegen vermochte. Andernfalls bestand die Gefahr, der Begabte, doch Mittellose würde sich durch seine Mäzene «systemerhaltend» korrumpieren lassen.

III

Der Verdacht liegt nahe, nunmehr werde auch Mao Tse-tung unter die Respektspersonen qua Lehrer oder Erzieher subsumiert. Tatsächlich steht bei Grimm zu lesen: «Die starken pädagogischen Impulse . . ., welche die konfuzianische Tradition entwickeln half, sind auch im chinesischen Nationalismus und im Kommunismus unübersehbar.»[14] Diesem Urteil kommt die Pädagogik der Volksrepublik, so scheint es jedenfalls, durchaus entgegen. Antiautoritäre Erziehung wurde niemals gutgeheißen, weder vor noch nach der Kulturrevolution: Die Kinder werden angehalten, die Schüler ermahnt, die Studenten beaufsichtigt. Weshalb und wozu? Damit sie denken (oder denken lernen)! Was denken? Mao Tse-tung! Er ist *der* Erzieher des chinesischen Volkes, wie es vordem Konfuzius gewesen; das läßt sich kaum leugnen. Allerdings wird Mao aus weniger irrationalen denn rationalen Beweggründen so hoch gestellt. Der konfuzianische Zögling hatte im wesentlichen nachzuplappern, was man ihn lehrte, und je besser er auswendig lernte, desto geeigneter war er. Der von Mao Tse-tung erzogene, so jung er sein mag, sagt nichts untertänig her, er spricht alles freimütig aus.

Carl Schmitt, der umstrittene Staatsrechtler des Deutschen Reiches, hat gerne die Diktatur mit «Dezision» synonym gesetzt.[15] Als Jurist, der des Lateinischen noch mächtig ist, weiß er, daß die Vokabel von *decidere*, «abschneiden», kommt: Dezision, das ist Abschneiden des Gesprächs, der Argumentation. Als Politiker, der Erfahrungen in Diktatur hat[16], weiß er, daß *dictare* ein Iterativum von *dicere*, «sagen», abgibt: «Zum Nachschreiben einsagen, (wieder und wieder) vorsagen». Nun soll, würden wir gewissen Kritikern trauen, das *Vor*sagen, dessen Kehrseite das *Nach*sagen von Auswendiggelerntem wäre, Mao Tse-tungs China durchweg charakterisieren. Man beruft sich leichthin auf Lin Piao, der zu Zeiten, da er noch in Amt und Würden war, selber empfohlen habe: «Um die Ideen Mao Tse-tungs wirklich zu meistern, muß man viele der grundlegenden Ansichten des Vorsitzenden Mao immer wieder studieren; am besten ist es, einige seiner Sentenzen auswendig zu lernen, sie wiederholt zu studieren und wiederholt anzuwenden.»[17]

Jedoch zeigt bereits der Nachdruck, womit selbst in diesem Zusammenhang, selbst von diesem später des Konfuzianismus bezichtigten Fürsprecher auf stets erneutes Studium, auf stets erneute Anwendung – und das heißt nichts anderes als: auf Denken – Wert gelegt wird, daß der Schein trügt. In der Volksrepublik herrscht so wenig Dezisionismus = Diktatur wie «Maoismus», gerade in der Erziehung nicht; die Diskussion, das Argumentieren wird, anstatt abgeschnitten zu sein, noch ermutigt. Eben darauf lautete ja, in einigen Punkten, der Tenor des ZK-Beschlusses vom 8. August 1966, der die Kulturrevolution groß und proletarisch machte: Selbsterziehung der Massen durch Wandzeitungen und Debatten, durch Kritik und Selbstkritik; Überzeugung statt Gewaltanwendung. Carl Schmitt wendet freilich ein[18]: Nun ja, nachdem die *Grund*dezision getroffen, geschehen sei ... Das letzte Wort hätte also immer Mao Tse-tung gehabt? Er wäre also, wie man's auch drehe und wende, ein Diktator gewesen? Nach allem, was beispielsweise von der Kulturrevolution bekannt wurde, hatte sogar er dieses Wort nicht.

Mao Tse-tung ist zweifellos der Initiator, auch der Motor einer revolutionären Hochschulpolitik in China, an der seit 1966/67 – jetzt ein Jahrzehnt – gearbeitet wird. Ebenso gewiß ist er die dominierende Figur der chinesischen Pädagogik, ist er *der* Erzieher Chinas heute. Ich führe thesenartig an, inwiefern ich meine, daß er trotz allem, was dagegen zu sprechen scheint, einen so rationalen wie demokratischen Prozeß eingeleitet hat.

1. Mao ist kein «Religionsstifter», wie nicht nur tendenziöse Publizisten, sondern leider auch seriöse Sinologen suggerieren wollen.[19] So meint etwa Wolfgang Bauer, der Chinas «Paradiese, Utopien, Idealvorstellungen» historisch bedenkenswert, politisch bedenklich dargestellt hat, «das Schwimmen des Vorsitzenden» sei ein Indiz für Religion.[20] Tatsächlich ist Mao Tse-tung im Frühsommer 1956 (und später wieder) unter der Yangtze-Brücke bei Wuhan dahingeschwommen – kein religiöses, aber ein politisches Signal, der Große Strom könne künftig aus der eigenen Kraft jedes einzelnen bewältigt werden; und vielleicht würde er diesen Fluß sogar zu Fuß, allerdings kein Jesus, überschreiten können – auf der neuen Brücke, die zu bauen bis dahin unmöglich schien.[21]

2. Es ist kaum zu leugnen, daß zeitweise eine Art «Personenkult» um Mao getrieben wurde – wenn auch ohne die paranoiden Auswirkungen, die einige Phasen der Stalin-Ära kennzeichnen. Es ist aber auch kaum zu leugnen, daß Mao Tse-tung selber zunehmend alles versucht hat, um diesen Kult abzubauen. Nicht seine subjektive Person, sondern sein objektivierbares Denken soll Maßstab sein.

3. In diesem Zusammenhang sei en passant an Konfuzius erinnert. Ich meine, es könnte notwendig, zumindest sinnvoll gewesen sein, *dem* Lehrer von einst *den* Lehrer von jetzt entgegenzusetzen. Die Frage an Geschichte und Gegenwart heißt freilich, welchem Lehrer die Massen, und zwar die arbeitenden Massen, von sich aus gefolgt sind und folgen.

4. Ein immer wiederkehrender Begriff in diesem Buch ist «Maotsetung-denken». Der chinesische Ausdruck lautet *Mao Tse-tung szu-hsiang*. Darin meint *szu-hsiang* keineswegs so etwas wie «-ismus» (chinesisch *chu-i*), was ein fixiertes, mithin Orthodoxie nahelegendes Satzgebäude der Naturwissenschaften, der Mathematik und Logik, auch des Marxismus-Leninismus (chinesisch *Ma-lieh chu-i*) implizieren würde. Ich kann darüber keine offizielle Mitteilung beibringen, behaupte aber

aus Gründen, die mir sprachlich nahegelegt sind, daß *chu-i* (also das Suffix für -ismus) semantisch eine anerkannte, nicht mehr zu bezweifelnde Lehrmeinung anzeigt. Das suffigierte *szu-hsiang* bedeutet hingegen, und zwar mit außerordentlichem Nachdruck, «denken – denken». (Der erste Bestandteil des Binoms, *szu*, steht in buddhistischer Terminologie für das aktive Bewußtsein.) Auf Maos eigenes Denkgebäude angewendet, fordert das nicht die amtliche, seit dem IX. Parteitag der KPCh[22] obligatorische Eindeutschung «Maotsetung*ideen*», sondern involviert die ständige Aufgabe, auch und sogar Maos Denken zu überdenken. Die deutsche Formulierung ist noch unglücklicher als die englische («Mao Tse-tung's *thought*») gewählt; zu empfehlen wäre eine verbale, intensivierende Übersetzung wie «Maotsetung-*denken*». Falls überhaupt Mao, dann seine, ihn womöglich wandelnde, Anwendung; Maoisten qua Dogmatiker, Doktrinäre sind nicht gefragt. Um zu rekapitulieren: Schließt das Suffix *chu-i* die Hinnahme des Marxismus-Leninismus eo ipso ein, schließt das Suffix *szu-hsiang* die Annahme eines Maoismus eo ipso aus. *Den* Marxismus-Leninismus gibt es in China, *einen* Maoismus gibt es in China nicht.

5. Werner Hofmann hat in seiner Studie «Stalinismus und Antikommunismus»[23] den Begriff der «*Erziehungs*diktatur» eingeführt; er hat ihn definitorisch distinkt gegen faschistische Diktaturen abgegrenzt. Ich möchte behaupten – auf Grund dessen, was Castillo Ríos aus China berichtet, was ich selber dort erfahren habe –, daß die Volksrepublik die Erziehungs*diktatur* in eine Erziehungs*demokratie* umwandelt und beträchtliche Schritte dahin schon getan hat. Diese Behauptung geht bereits über den engeren Bereich von Pädagogik hinaus – ins Ökonomische, Politische, Militärische. Freilich ist in der VR China das eine nicht vom anderen zu trennen.

6. Stichwort «Diktatur des Proletariats». Diesem und nur diesem Begriff von Diktatur wohnt *notwendig* der Begriff von Demokratie inne; denn die Diktatur des Proletariats, sowieso als Machtausübung einer Mehrheit zu verstehen, ist marxistisch-leninistisch – eo ipso auch «maoistisch» – als eine Erziehungsdiktatur daraufhin angelegt, sich selber im Fortschreiten ihrer selbst aufzuheben.

7. Erziehung durch proletarische Autorität? Für China lautet gegenwärtig die Antwort: Erziehung nicht durch die Person Mao Tse-tung, wohl aber Erziehung durch das Maotsetung-denken.

IV

Die Frage ist, ob Mao Tse-tung – jedenfalls in Sachen Erziehung – während der ersten fünfzehn Jahre der Volksrepublik überhaupt ein maßgebendes Wort zu sagen hatte. Was Mao 1949 vorgefunden hat, referiert kurz Stefan Hsü (Münster): «Mit der kulturellen Erneuerungsbewegung seit dem 4. Mai 1919[24] gewannen die pädagogischen Ideen (John) Deweys einen solchen Einfluß, daß 1922 das chinesische Schulwesen weitgehend dem amerikanischen angeglichen wurde: Sechs Jahre Elementarschule, drei Jahre Mittelschule (*Junior High School*), drei Jahre höhere Schule (*Senior High School*), vier Jahre Universität . . . Außerdem blieben die nach deutschem Vorbild eingerichteten höheren Fachschulen und Berufsfachschulen weiter bestehen.»[25]

Wie kaum anders zu erwarten, haben die Nationalisten unter Tsiang Kai-shek 1949 das sogenannte 6-3-3-Schema nach T'aiwan *mit*genommen. (Die inzwischen durchgeführten Veränderungen halten sich im Rahmen einer bürgerlichen Pädagogik. Im Herbst 1968 Verlängerung der allgemeinen Schulpflicht auf neun Jahre, also obligatorische Elementar- *und* Mittelschule; Erhöhung des Bildungsniveaus; geringe materielle Erleichterungen für den Übergang auf Oberschule und Universität; kaum formelle Milderung der Zulassungsprüfungen.) Entgegen allen Erwartungen haben die Kommunisten 1949 das 6-3-3-Schema in der Volksrepublik *über*nommen. «Trotz Versuchen, das . . . größtenteils von den USA inspirierte . . . Modell aufzugeben und einen einheitlichen Schultyp von zehn Jahren für die Altersgruppe von 7 bis 17 zu schaffen», so Stewart Fraser[26], «hat man es bei dem dargestellten zwölfjährigen System mit zwei Zyklen von je sechs Jahren belassen.»

Um zunächst die *organisatorischen* Probleme zu verstehen, die angesichts einer Bevölkerung von etwa 500 bis 800 Millionen zu meistern sind, bedürfen wir einiger Zahlen. Einer Schätzung der Vereinten Nationen zufolge beträgt die jährliche Zuwachsrate zwischen zwei und fünf Prozent; das sind mindestens, bei einem Mittel von 3,5 Prozent, fünfzehn Millionen Menschen (wahrscheinlich mehr). Die Zahl der Fünf- bis Vierundzwanzigjährigen soll von etwa 255 Millionen im Jahr 1958 auf 300 Millionen im Jahr 1963, auf 350 Millionen im Jahr 1968 angestiegen sein.[27] Bei einer Bevölkerung von, sagen wir, 750 Millionen Menschen haben wir über 120 Millionen Elementarschüler, rund 30 Millionen Mittel- und Oberschüler (sowie mehr als zwei Millionen Studenten) einzurechnen; genaue Zahlen sind uns nicht bekannt.

Ein Beobachter der pädagogischen Provinz Chinas bemerkt: «Dieser Zuwachs bürdet einem System, das seiner gesamten Bevölkerung Ausbildung und Arbeit vermitteln und das allen Jugendlichen angemessene Arbeitsplätze verschaffen will, ungeheure Lasten auf. Erziehungssystem und Wirtschaft der Volksrepublik hatten sich dieser Belastung nicht gewachsen gezeigt. Das mangelnde Angebot an Ausbildungs- und Arbeitsplätzen wurde noch verschärft durch das Monopol, das die alten Funktionäre (*lao kan-pu*) in Partei, Verwaltung und Industrie hatten. Diese Funktionärsgruppe versprach 1965/66 sobald noch nicht abzutreten.»[28]

Dieses «System» hat zunächst versucht (ab 1. Oktober 1949), die Arbeiter und Bauern in den Bildungsprozeß einzubeziehen sowie deren Kindern den Schulbesuch zu ermöglichen oder wenigstens zu erleichtern. (Man schätzt, daß Mitte der sechziger Jahre über 80 Prozent von 120 Millionen Schulpflichtigen die Elementarschule absolviert haben; es sollen «in den Städten fast 100 Prozent, auf dem Land teilweise weniger als 75 Prozent gewesen sein»[29].) Man richtete Schulen ein, in denen zur Hälfte gelernt, zur Hälfte gearbeitet wurde. «Diese Schulen wurden geschaffen, um Bauern und Industriearbeitern größere Bildungschancen zu eröffnen und ihnen dazu zu verhelfen, ‹rot und qualifiziert› zugleich zu sein.»[30] Man richtete sie ein, um der politischen Probleme Herr zu werden; doch man wurde es nicht.

Um noch einmal den oben erwähnten Beobachter zu zitieren: «Der Wettbewerb um den Zugang zu weiterführenden Schulen und um befriedigende Arbeitsplätze wurde in den sechziger Jahren härter. Die Zulassungsprüfungen, die im Juni 1966 abgeschafft wurden» – also einen Monat nach Mao Tse-tungs Weisung vom 7. Mai –, «erwiesen sich als schwer zu passierende Hürde, deren Überwindung dann noch nicht einmal eine wissenschaftliche oder wirtschaftliche Karriere versprach. Die materiell bessergestellten, vorgebildeten Kinder bürgerlicher Herkunft mit besseren häuslichen Bildungschancen waren den Kindern von Arbeitern und armen Bauern nicht nur objektiv überlegen bei der Bewerbung um Schul-, Studien- oder Arbeitsplätze, sondern auch subjektiv, wie die Auswahlkriterien der Prüfer und Schulleiter – die meisten von ihnen selber bürgerlicher Herkunft – beweisen.»[31]

Die Halb-Arbeit-halb-Studium-Schulen (*pan-kung pan-tu hsüeh-hsiao*) wurden 1964, spät genug, eingeführt. Sie sollten endlich Theorie mit Praxis verbinden, sollten die Lernenden wie die Lehrenden proletarisieren – das heißt: an körperliche Betätigung, an Anstrengung und Anforderung der Produktion gewöhnen –, sollten das bürgerliche Denken im Erziehungswesen überwinden helfen. Der Amerikaner Stewart Fraser nennt sie «das einfallsreichste Experiment», um die Pädagogik zu revolutionieren;[32] der Deutsche Dietmar Albrecht (unser Gewährsmann) urteilt in seinem Aufsatz «Die Roten Garden» ganz anders: «Diese Schulen wurden unter den Händen der bürgerlichen Erzieherelite zu Auffangschulen für Versager proletarischer Herkunft. Die erzieherische Tradition erwies sich stärker als der rationale Versuch, geistige und körperliche Arbeit zu verbinden, den überlasteten Lehrplan zu reduzieren, Bildung und Ausbildung in die Massen zu tragen, qualifizierte Arbeiter zu nebenberuflicher Lehrtätigkeit heranzuziehen und den Lernenden aktiv am Lernprozeß zu beteiligen. Lehrer und Parteifunktionäre trafen sich in der Meinung, daß Halb-und-halb-System auf Grundschulen sowie allfällige Neugründungen zu beschränken und die bestehenden Vollzeitschulen unangestastet zu lassen.»[33]

Albrecht zieht ein Fazit dessen, was pädagogisch bis 1966/67 in der Volksrepublik China geschehen – oder, besser: nicht geschehen – ist: «Das Bemühen der chinesischen Führung, die Unterschiede zwischen intellektueller Aristokratie und ungebildeten Massen sowie zwischen geistiger und körperlicher Arbeit zu verringern – mit dem Ziel, sie ganz aufzuheben –, war . . . gescheitert.»[34] Die Rationalität des Versuchs, Lehrtheorie durch Lernpraxis zu erweitern, mithin Studierende und Dozierende auch arbeiten, Arbeiter und Bauern auch lehren zu lassen, Massen auszubilden anstatt Eliten heranzuziehen, war an der Emotionalität der Versuchung, Privilegien zu wahren, zerbrochen. Deshalb mußte Mao Tse-tung deutlich werden: «Es darf auf keinen Fall weiterhin so sein, daß die bürgerlichen Intellektuellen unsere Schulen beherrschen.»[35]

V

Die Weisung vom 7. Mai 1966, «im Erziehungswesen eine Revolution» zu machen, hat Mao später durch weitere Weisungen[36] ergänzt. Insgesamt dürfen diese Texte (ich habe sie zu sammeln versucht[37]) als Kanon der gegenwärtigen Pädagogik Chinas gelten. Wer über diese ein Urteil gewinnen will, sollte sie, ehe Details und Konkreta der Praxis anstehen, in extenso zur Kenntnis nehmen, um sich der ihnen zugrundeliegenden Theorie zu versichern. Einer ihrer Kernsätze lautet: «Die Erziehung muß der proletarischen Politik dienen, die Erziehung muß mit produktiver Arbeit verbunden werden.»[38]

Das Problem ist so alt wie der Marxismus; Sache und Name «System halber Arbeit und halber Schule» stammen sogar aus dem Frühkapitalismus, dem Marx freilich vorwerfen muß, er proklamiere «den Elementarunterricht als Zwangsbedingung der Arbeit». Der englische Fabrikakt von 1864 (*Factory Acts Extension Act*) verpflichtete die Eltern, Kinder unter vierzehn Jahren nicht in Fabriken zu schicken, ohne sie zugleich unterrichten zu lassen. Warum? Mit den Gesetzgebern waren die Fabrikanten «durchaus überzeugt, daß das wahre Geheimnis der Produktion tüchtiger Arbeiter gefunden ist in der Vereinigung der Arbeit mit Unterricht von der Periode der Kindheit an». Marx hat als erster erkannt, daß es gelte, dieses System zu einem gegenteiligen Zweck in sein Gegenteil zu verkehren, sozusagen die Arbeit als Zwangsbedingung des Unterrichts zu fordern: «Aus dem Fabriksystem, wie man im Detail bei Robert Owen verfolgen kann, entsproß der Keim der Erziehung der Zukunft, welche für alle Kinder über einem gewissen Alter produktive Arbeit mit Unterricht ... verbinden wird, nicht nur als eine Methode zur Steigerung der gesellschaftlichen Produktion, sondern als die einzige Methode zur Produktion vollseitig entwickelter Menschen.»[39]

Man beachte: Marx sagt nicht einfach «Arbeit», er sagt «produktive Arbeit», und auf dieses Adjektiv kommt es an. Keineswegs genügt es, daß die Schüler, was immer sie sonst lernen, auch arbeiten lernen; ihre Arbeit *in* Industrie oder Landwirtschaft muß auch eine *für* Industrie oder Landwirtschaft sein. Das hat bereits Engels gewußt, als er Herrn Dühring vorwarf, er habe «auch etwas davon läuten gehört, daß in der sozialistischen Gesellschaft Arbeit und Erziehung verbunden und dadurch eine vielseitige technische Ausbildung, sowie eine praktische Grundlage für die wissenschaftliche Erziehung gesichert werden solle; auch dieser Punkt wird daher für die Soziebilität in üblicher Weise dienstbar gemacht. Da aber ... die alte Arbeitsteilung in der Dühringschen Zukunftsproduktion im wesentlichen ruhig fortbesteht, so ist dieser technischen Schulbildung jede spätere praktische Anwendung, jede Bedeutung für die Produktion selbst, abgeschnitten, sie hat eben nur einen Schulzweck.»[40]

Engels nennt Einsichten und Absichten à la Dühring «haltungslose und inhaltslose Kannegießerei»[41]. Vielleicht ahnte, befürchtete er, selbst Sozialisten, die sich auf Marx berufen, könnten eines Tages ihre Schwierigkeiten haben, das Halb-und-Halb-System eher im Unsinn seiner bourgeoisen Erfinder als im Sinn seiner proletarischen Wiederentdecker anwenden und somit mißbrauchen. Makarenko, um ein letztes Mal auf ihn zu verweisen, hat solche Schwierigkeiten 1938 zugegeben; ganz fertig war er mit ihnen auch damals noch nicht: «Heute kann ich mir keine Arbeitserziehung der Kommunarden vorstellen, die sich außerhalb der Bedingungen der Produktion vollzöge. Wahrscheinlich ist eine solche Erziehung ebenfalls möglich, das heißt eine Erziehung durch Arbeit, die nicht den Charakter einer Produktion hat. Ich erlebte diese Erziehung vergleichsweise kurze Zeit in den ersten Jahren des Bestehens der Gorkij-Kolonie, als ich mich mangels einer Produktionsstätte und Produktionseinrichtung gegen meinen Willen sozusagen mit der produktiven Selbstversorgung und dem sogenannten Produktionsprozeß zufriedengeben mußte. Ich bin heute der Überzeugung, daß Arbeit, die nicht die Schaffung von Werten zum Ziele hat, kein positives Erziehungselement ist, da die Arbeit, auch die sogenannte Lehrproduktionsarbeit, von der Vorstellung der durch die Arbeit zu schaffenden Werte ausgehen muß.»[42]

Die Frage ist, ob und wie diese Schwierigkeiten des Halb-und-Halb, nachdem sie einmal erkannt waren, in der Volksrepublik China überwunden werden konnten. Ich möchte dazu, anstatt theoretisch zu bleiben, Eindrücke, Beobachtungen, Erfahrungen von der *Ts'ing-hua*, der TU Pekings, mitteilen; sie datieren zwar von 1970, sind indes ganz und gar nicht überholt. Ich referiere ein Gespräch mit dem Revolutionären Komitee; zu ihm gehören Mitglieder der Gruppe für Propagierung des Maotsetung-denkens und für Unterrichtsreform, revolutionäre Jungdozenten, Studenten, die Rotgardisten (oder Rotgardisten, die Studenten) sind, ältere Professoren; auch Arbeiter sind vertreten.

Wie gliedert sich der Universitätsunterricht? «Zwanzig Prozent basieren auf dem Maotsetung-denken.» Und die übrigen achtzig Prozent? «Die landwirtschaftlichen Kurse beanspruchen fünf Prozent, die militärischen ebenfalls; für Natur- und Ingenieurwissenschaften werden siebzig Prozent aufgewendet.» Wie hoch schätzen Sie das Ausbildungsniveau ein? «Es genügt, um die Macht der Bourgeoisie zu überwinden.» Meine nächste Frage gilt dem internationalen Standard. Ehe sie beantwortet wird, setzt eine interne Diskussion ein; obwohl meine Gesprächspartner wissen, daß ich ihrer chinesischen Unterhaltung folgen kann, sprechen alle ungeniert. Die einen votieren für «Ja», und es sind ausgerechnet die Kapazitäten, frühere Autoritäten, die den Standard für gewährleistet halten. Die anderen zweifeln, mehr oder weniger, ob der Studiengang der Ts'ing-hua schon genüge. Ich bemerke, daß die Jüngeren auch die Skeptischeren sind: «Wir haben gewiß viel erreicht, wir haben aber auch viele Fehler gemacht. Außerdem experimentieren wir gegenwärtig noch.» Die marxistische Tugend der Selbstkritik wird seit der Kulturrevolution großgeschrieben.

Weitere Informationen: «Die Ts'ing-hua hat zur Zeit 2500 Studenten. Davon sind 45 Prozent Arbeiter, 40 Prozent Bauern (nämlich arme und untere Mittelbauern), 15 Prozent kommen aus der Volksbefreiungsarmee; die weiblichen Studenten machen ‹nur›», wie man entschuldigend sagt, «20 Prozent aus.» Wie lange studieren sie? «Etwa zwei bis drei Jahre.» Wie lange haben sie früher studiert? «Etwa fünf bis sechs Jahre.» Die Studiendauer ist also um die Hälfte verkürzt. Genügt diese Zeit? «Es ist ein Experiment.» Ich werde an Mao Tse-tungs Weisung erinnert: Es sei notwendig, den Hochschulbetrieb (und zwar hauptsächlich an naturwissenschaftlichen und technischen Universitäten) aufrechtzuerhalten, aber man müsse die Zeit theoretischen Lernens verkürzen, die Erziehung mit produktiver Arbeit verbinden . . . Dieser Weisung ist auch die Ts'ing-hua gefolgt. Ihr Revolutionäres Komitee – 1968/69 aus Arbeitern, Studenten und Dozenten sowie Propagandisten der Volksbefreiungsarmee gebildet – führte ein 7-Punkte-Programm durch:

1. Verbindung von Schulwissen mit Fabrikerfahrung (im Bau von Auto-

maten, Generatoren, Computern etc.);
2. wissenschaftliche Experimente;
3. Errichtung eines Landwirtschaftsbetriebes in der Provinz Kiangsi;
4. Beteiligung an der Regulierung des Huangho;
5. technische Neuerungen;
6. Entsendung von Lehrern in Fabriken und Volkskommunen, damit sie von Arbeitern und Bauern erzogen werden;
7. Entsendung von Studenten in Industrie und Landwirtschaft, damit sie fabrik- und agrartechnische Neuerungen ausprobieren und verbessern sowie neues Lehrmaterial beibringen.

Ich bitte um Erläuterung dieses Programms, das thematisch an Marx' Überlegungen, an Makarenkos Schwierigkeiten – Arbeitserziehung innerhalb der Bedingungen der Produktion; Erziehung durch Arbeit, die den Charakter einer Produktion hat – deutlich anklingt. Die Antwort zu Punkt 1: «Sie haben selber die von Studenten gebauten Computer in Tätigkeit gesehen. Diese Elektronenrechner wären nicht konstruiert noch fabriziert worden, ohne daß die Studenten ihr theoretisches Wissen mit Fabrikpraxis kombiniert hätten.» Und Punkt 2? «Denken Sie an die drei Kardinalforderungen unserer Situation: Klassenkampf, Kampf für die Produktion, wissenschaftliches Experimentieren.» Nun gut; diese Forderungen werden seit August 1966 programmatisch, in den Schriften des Vorsitzenden Mao schon seit den dreißiger Jahren erhoben.[43] Die Punkte 3 und 4, eigene Landwirtschaft und Arbeiten am Gelben Fluß, verstehen sich marxistisch von selber. Aber 5? «Den technischen Neuerungen werden Sie in den Fabriken begegnen.» Tatsächlich machen diese Neuerungen, erfunden oder entwickelt von Arbeitern und Studenten, zwischen 40 und 50 Prozent der technischen, ja technologischen Remedur aus. Meine letzte Frage gilt den Punkten 6 und 7.

«Indem wir Studenten und Hochschullehrer aufs Land schicken, oder in die Industrie, erhalten wir Lektionen in gesellschaftlicher Arbeit. Die Ts'ing-hua ist auf diese Weise mit der Gesamtgesellschaft verbunden, sie kann den sozialistischen Aufbau unserer Heimat voranbringen, sie kann dem Proletariat in aller Welt revolutionär zu Hilfe kommen.» Der Dozent fährt fort: «Wir lernen Neues und können Neues lehren. Unsere Studenten meistern die modernen, die modernsten Techniken, vergessen aber niemals den Anteil der Arbeiter. Sie gewinnen sozialistisches Bewußtsein und entwickeln sozialistische Kultur.» Inwieweit sind die Methoden der Ts'ing-hua, den Lehr- und Lernbetrieb zu revolutionieren, allgemein verbindlich? «Sie haben gehört, daß wir die Verkürzung der Studiendauer auf zwei, drei Jahre als Experiment betrachten.» An anderen Universitäten werden also andere, auch längere Studienzeiten neu überprüft? «Ja.» Meine nächste Frage: Es gibt noch keine einheitliche Regelung für ganz China? «Nein. Auch an der Ts'ing-hua selber werden andere Möglichkeiten erprobt.» Welche Möglichkeiten? «Wir lassen, zum Beispiel, Arbeiter und Bauern studieren, die vorher keine Universität besucht haben. Und wir meinen, sie benötigen auf Grund ihrer Praxis noch weniger Zeit, um ihr technisches Wissen zu vervollkommnen.» Wie lange brauchen sie? «Ein Jahr.» Ist das nicht ziemlich wenig? «Sie haben sich bereits politisch und praktisch bewährt. Nunmehr kommt es lediglich darauf an, ihren theoretischen Standard zu heben.» Das ist ein Versuch, nicht wahr? «*Shih-ti*!», zur Bekräftigung wiederholt, indes klingt kein Zweifel am Ausgang durch.[44]

VI

Soweit persönliche Erfahrungen (von Castillo Ríos und mir) zum Beschreiben der pädagogischen Provinz Chinas heranzuziehen sind, habe ich sie genutzt. Im folgenden bin ich ausschließlich auf chinesische Äußerungen sowie auf nichtchinesische Beobachtungen und Berichte angewiesen; allerdings kann die mögliche Extrapolation auch eine unnötige Spekulation vermeiden helfen.

Meine einleitende Skizze hat ungefähr den Zustand 1970/71 erreicht, zu überdenken, zu beurteilen ist das anschließende Jahrfünft. Eine grobe Einteilung ergibt das Schema: 1966–1968 als drei Jahre, in denen die Erziehung revolutioniert wird; 1969–1973 als fünf Jahre, in denen das Resultat der Revolution sich bewährt; 1974–1976 als drei Jahre, in denen die revolutionierte Erziehung erneut in Frage gestellt wird. Der 9. September 1976, als *der* Erzieher stirbt, wirft überdies ein besonderes, zugleich grundsätzliches Problem auf: Ob auch nach Mao Tse-tungs Tod gewährleistet ist, daß sein *Denken*, nicht seine *Person*, weiterhin erzieht; die objektive Probe aufs subjektive Exempel, zu erbringen von der ersten Generation der so Erzogenen.

Ich knüpfe an meinen Besuch in Pekings TU an. Im Herbst desselben Jahres 1970 war Maria A. Macciocchi[45] in der Ts'ing-hua zu Gast, vermutlich hatten wir dieselben Gesprächspartner. Ihr erwidert man auf ihre Frage, was mit dem früheren Rektor «seit seinem ideologischen Bankrott» geschehen sei: «‹Er arbeitet in der Lastwagenfabrik 27. Juli.› Ich bin überrascht», sagt sie und hört weiter: «‹Wir führen lange Diskussionen mit ihm, um zu erfahren, ob er bereit sei, auf seine Fehler zurückzukommen.› Und er? ‹Er antwortet, daß wir die Ts'ing-hua in den Abgrund führen, und daß er unserm Ruin beiwohnen werde. Er bleibt dabei, daß er nichts zu berichtigen habe. So verbleiben wir jedesmal, und er begibt sich zurück zur Fabrik des 27. Juli, um seine Arbeit wiederaufzunehmen.›»[46]

Dieser Auskunft ist einiges zu entnehmen. Erstens, daß viele, womöglich sehr viele der abgelösten Pädagogen sich keineswegs ideologisch für bankrott erklärten. Zweitens, daß sie damit rechneten, über kurz oder lang würde der Kurs der siebziger Jahre seinerseits zum pädagogischen Bankrott führen. Drittens, daß sie Kritik verwarfen und Selbstkritik verweigerten, infolgedessen zwar nicht unterrichten durften, aber weiterhin Einfluß übten (zum Beispiel an ihrem neuen Arbeitsplatz). Der Kampf zwischen den zwei Linien in der Erziehung war kulturrevolutionär entschieden worden, indes lief, um im Bilde zu bleiben, neben der stark ausgezogenen proletarischen die bourgeoise gleichsam gestrichelt fort; eine desto gefährlichere Parallele, je unscheinbarer sie blieb.

«Mehr für die Revolution lernen» und «Revolution heißt mehr lernen» – das sind Positionen, zwischen denen unter idealen Umständen nur ein kleiner Schritt, unter nicht idealen jedoch ein großer Sprung liegt. Ziel der Revolution ist nicht, mehr zu lernen; Ziel der Revolution ist, eine neue Art des Lernens zu schaffen. Dieser Satz hat seine strenge Analogie in dem anderen: «Ziel der Revolution ist nicht, mehr zu produzieren . . .; Ziel der Revolution ist, eine neue Art des Produzierens zu schaffen, nämlich neue Produktionsverhältnisse.»[47] Hierin zeigt sich, wie behutsam einer der so leichtfertig gebrauchten Grundsätze aller Dialektik – jener vom Umschlag der Quantität in Qualität – selber dialektisch zu lesen ist: Eine neue Qualität vermag auch das Quantum wohl zu mehren, freilich nicht eines vom alten Zuschnitt. Also erst das neue, dann das Mehrproduzieren; erst das neue, dann das Mehrlernen. Wie Chinas jüngste Geschichte zeigt, ist beides ineinander unlösbar verstrickt. Warum sonst hätte die Bewegung, die 1973/74 einsetzte, Lin Piao *und* Konfuzius, das rückständige Urteil über Produktion *und* Pädagogik kritisiert.

Lin Piao oder die Produktion betreffend, sei Jacques und Claudie Broyelle[48] das Wort gegeben; sie haben die Volksrepublik während der Kampagne bereist: «Zur Zeit des IX. Parteitags und danach meinte Lin Piao, . . . Revolution und Produktion, aber alles zu seiner Zeit. Jetzt müsse man produzieren. Für die Arbeiter bestehe Politik, also ihr Beitrag zur Revolution, darin, viel zu produzieren. ‹Der Unterschied zu Liu Shao-ch'i› (den die Kulturrevolution aus Staats- und Parteiämtern entfernt hatte), so sagte man uns in der Schwermaschinenfabrik in Shenyang, ‹ist rein formal: Liu legte das Gewicht auf den Profit, den man in der Produktion an die erste Stelle setzen müsse. Scheinbar übte Lin Piao Kritik daran, aber nur, um die Produktion an die erste Stelle zu setzen . . . in der Produktion!› Er sprach nicht vom Profit, sondern vom Produktionsergebnis, von den Produktionsmengen. Er sagte, man müsse an erster Stelle ‹mehr produzieren›.»

«Um die Produktion zu steigern», schreiben die Autoren weiter, «nahm man Zuflucht zu allen möglichen ultralinken Phrasen: Man erklärte Vorschriften schlechthin für bürgerlich, was dann auch die Sicherheitsbestimmungen in Frage stellte. Man legte das Gewicht einseitig auf Quantität, auf individuelle Rekorde und nicht auf Qualität und Sparsamkeit bei der Produktion. So konnte man die Arbeiter zu einem Höchstmaß individueller Anstrengungen aufrufen, nicht jedoch zur Zusammenarbeit und zum gemeinsamen Durchdenken der Probleme.»[49]

Man versucht auch, die Unarten des bloßen Mehrlernens klarer zu analysieren, die Art des neuen Lernens aber noch besser politisch zu begründen, methodisch zu entwickeln und institutionell abzusichern: Überall in China wird jahrelang pädagogisch experimentiert, in verschiedenen Regionen auch auf verschiedene Weise, wobei gelegentlich der Eindruck vorherrschte, daß mehr *über* als *an* Schulen (welchen immer) gelernt würde. Dieses Stadium – von allen Verantwortlichen für ein Interim erachtet, bis dauernde Strukturen sich herausbilden – signalisierte Chancen wie Risiken. Die Chancen: zum erstenmal werden *Volks*wirtschaft und *Volks*bildung beim Wort, nämlich beim Sinn ihrer gleichlautenden Vorsilben genommen; wird ökonomische Einbuße um des pädagogischen Gewinns willen gutgeheißen; werden Produktion und Edukation nicht länger nur theoretisch zur proletarisierenden Einheit erhoben, sondern auch praktisch in einem, proletarisch eben, betrieben. Den Zustand des chinesischen Erziehungswesens, um diese Chancen zu realisieren, fasse ich (in Anlehnung an Erhard Neckermann und Rudolf G. Wagner[50]) für 1975/76 zusammen.

1. *Grund- und Mittelschulen.* «Die Grundlage des heutigen Schulsystems bildet die 7-Klassen-Schule mit der 5jährigen Grundschule als Basis plus der 2jährigen Mittelschul-Unterstufe. Durch das gewaltige Schulaufbauprogramm während und nach der Kulturrevolution wurde dieser Schultyp in fast allen Teilen des Landes verbreitet.[51] Daneben gibt es noch die 9-Klassen-Schule, die neben der 5jährigen Grundschule und der 2jährigen Mittelschul-Unterstufe die 2jährige Mittelschul-Oberstufe umfaßt. Diese Schule hat sich in den Städten und Großstädten schon durchgesetzt. Ziel ist es, diesen Schultyp auch auf dem Lande zu verbreiten. Außerdem wird in den großen Städten wie Peking, Shanghai u. a. mit der 10-Klassen-Schule (5 Jahre Grund- und 5 Jahre Mittelschule) experimentiert.» Wer eine *Ober*schule vermißt, gar eine *höhere*, muß sich sagen lassen, was mir 1970 gesagt wurde.[52] Chinas Erziehungssystem differenziert zwar Elementar- (oder Grund-), Mittelschule und Universität, doch ist diese Nomenklatur bloß funktionell; damit Namen und Sachen übereinstimmen, damit weder Standesunterschiede noch Klassengegensätze provoziert werden, hat man die frühere Oberschule abgeschafft. Der einzige Unterschied, der akzeptiert wird, ist der zwischen *hsüeh*, «Schule», und *ta hsüeh*, «große Schule» gleich Universität;

und «Universität» leitet sich im chinesischen Fall keineswegs von *universitas litterarum* her.

«Die heutige Struktur des Schulsystems, die als 5-2-2-Struktur bezeichnet wird, hat die 6-3-3-Struktur vor der Kulturrevolution . . ., die in den zwanziger Jahren von den Amerikanern in China eingeführt wurde, abgelöst. Sie enthält keine Sackgassen mehr wie vor der Kulturrevolution, das heißt alle Jugendlichen haben grundsätzlich die Möglichkeit, weiterführende Bildungseinrichtungen jedweder Art zu besuchen.» Damit sie alle das können, müssen sie alle erst einmal zur Schule gegangen sein. «Die Einschulungsrate der im Schulalter stehenden Kinder liegt durchschnittlich bei 90 Prozent, in vielen Gebieten schon bei nahezu 100 Prozent. Demgegenüber kann Indien», ein in gewisser Hinsicht vergleichbares Land der Dritten Welt, «heute nur eine Einschulungsrate von 41 Prozent aufweisen[53].»

2. *Der «reguläre» Übergang zu Hochschulen und Universitäten.* Hier gilt im allgemeinen das Muster von 1970/71 weiter: «In China üben alle Jugendlichen nach Absolvierung der Mittelschul-Unterstufe *oder* der Mittelschul-Oberstufe eine praktische Tätigkeit aus. Nach mindestens zwei Jahren beruflicher Tätigkeit (dazu gehört auch der Dienst in der Volksbefreiungsarmee, zumal er militärische Ausbildung mit dem Einsatz für Produktionszwecke verbindet) können sie zum Hochschul- oder Universitätsstudium von der sozialen Einheit, in der sie tätig sind, empfohlen werden.» Aber dieses Empfehlungsrecht des Kollektivs – der Belegschaft, der Kommune, der Militäreinheit – wurde 1973 eingeschränkt, wenn nicht beseitigt. Den Ausschlag sollte fortan eine Prüfung, schriftlich und mündlich auf Kreisebene abzuhalten, geben: der eher akademische als politische «Kulturtest».

Darüber, das kulturrevolutionäre Prinzip des Lernens und Lehrens «bei offener Tür» beizubehalten, so daß Arbeiter, Bauern und Soldaten gleichsam beim Studium mitreden (ja, ins Studium hineinreden!) können, kam es zum Sturm und zum Schwur. Das neue Parteistatut vom August 1973 verpflichtete jeden Kommunisten, gegen diese und andere «Strömungen von rechts» anzukämpfen. So wurde auch der umstrittene Kulturtest revidiert – in Shensi folgendermaßen: «In unserer Provinz haben wir dieses Verfahren mit der 1974er Hochschulzulassung aufgegeben. Nun ist es so, daß, nachdem aus den verschiedenen Einheiten die Empfehlungen für die Aufnahme von Jugendlichen eingegangen sind, die mit der Hochschulaufnahme betrauten Leute in die Einheiten gehen. Sie führen mit den empfohlenen Jugendlichen persönliche Gespräche, halten mit den Bauern Aussprachen und Diskussionen ab und führen dann eine mündliche Prüfung durch, deren Inhalt sich an der tatsächlichen Lage und den Anforderungen des landwirtschaftlichen Aufbaus im betreffenden Gebiet orientiert. Diejenigen, die die Kandidaten gut kennen, sind die Arbeitskollegen. Zwar beansprucht ein solches Verfahren mehr Zeit, aber die von den Lehranstalten geschickten Verantwortlichen können nun die Fähigkeit der Kandidaten, Probleme zu lösen und zu analysieren, besser beurteilen.»[54]

3. *Hochschulen und Universitäten.* Der Weisung Mao Tse-tungs, die Studienzeit müsse verkürzt werden, war schwerer entgegenzuarbeiten, sobald sie Ende der sechziger Jahre institutionalisiert war. So gilt nach wie vor, obwohl zwischendurch Bedenken laut wurden: «Die Studienzeit an den Hochschulen und Universitäten beträgt im allgemeinen zwei bis drei Jahre.» Da auch gemäß dem Prinzip, mehr für die Revolution zu lernen, weder auf Unterricht noch auf Prüfung verzichtet werden kann, ist methodisch ein Dreischritt zu entwickeln (und entwickelt worden): Kein «Eintrichtern» von Lernstoff mehr[55]; Benutzung eines Lehrmaterials, das zur Selbständigkeit erzieht und daher zum Selbststudium taugt; die «Lebendigkeit» der Prüfungen. Der letzte Schritt leuchtet unmittelbar ein; auch ohne seine chinesische Implikation läßt er sich politisch auf westliche Verhältnisse (zum Beispiel der BRD) übertragen:

«Ein wichtiges Problem in der Reform der Unterrichtsmethoden ist, das alte Prüfungssystem zu verbessern. Auch in dieser Frage muß man die Dinge im Licht des Kampfes zwischen zwei Linien betrachten, d. h. die neuen Prüfungsmethoden von den alten unterscheiden. Das alte Prüfungssystem behandelte die Studenten wie Feinde und hatte zum Prinzip, ‹Überraschungsangriffe› auf sie auszuführen. Dieses System mußte geändert werden. Dies bedeutet aber nicht, daß alle Prüfungen abgeschafft werden sollen.» Ich erinnere an die oben zitierte ultralinke Phrase, Vorschriften, also auch Prüfungen, für bürgerlich zu erklären, was dann auch die Sicherheitsbedürfnisse des Proletariats in Frage stellen würde. Vielmehr bedeutet die Systemänderung, «daß ein lebendiges Prüfungssystem eingeführt werden muß: die Themen sollen vorher bekanntgegeben werden, und den Studenten soll gestattet werden, sie zu studieren und bei der Antwort auf die Fragen in Büchern nachzuschlagen, damit sie sich darauf konzentrieren können, ihre Fähigkeiten auszubilden, zu analysieren und Probleme zu lösen».[56]

VII

7. August 1973. Die Pekinger «Volkszeitung» veröffentlicht am Vorabend des siebten Jahrestages des (am 8. August 1966 gefaßten) ZK-Beschlusses über die Große Proletarische Kulturrevolution einen Leit- und Grundsatzartikel von Yang Chung-kuo, Philosophieprofessor (und Dekan) in Kanton: «Konfuzius – ein hartnäckig die Gesellschaftsordnung

der Sklaverei verfechtender Denker».

15. August 1973. Die «Rote Fahne», das offizielle Organ der KPCh, ruft die Bevölkerung auf, «die Kulturrevolution fortzuführen». Keineswegs sei der Klassenkampf schon beendet, immer noch gebe es im Staatswesen bürgerliche und andere nichtproletarische Tendenzen. Nicht einmal abgeschlossen sei die Phase *Kampf-Kritik-Umgestaltung*: nämlich Kampf gegen bürgerliche Klassenfeinde, Kritik an bürgerlichen Autoritäten (zum Beispiel in der Erziehung), Umgestaltung bürgerlicher Ideen.[57]

24. August 1973. Chou En-lai erstattet das Referat auf dem X. Parteitag. Der hierzulande so gerne als «Pragmatiker» in Gegensatz zum «nur»-Revolutionär Mao Tse-tung gebrachte Ministerpräsident fordert: «Wir müssen dem Klassenkampf im Bereich des Überbaus Aufmerksamkeit schenken . . . Wir müssen die Revolution in Literatur und Kunst, im Bildungs- und Erziehungswesen erfolgreich weiterführen.»[58] Kein Wort von Konfuzius – aber:

11. September 1973. Der erste nach dem X. Parteitag in der «Volkszeitung» erscheinende Artikel nennt den Namen (so historisch wie zeitgeschichtlich zu verstehen) und verbindet ihn gnadenlos mit einem anderen: Lin Piao, weiland designierter Nachfolger des Vorsitzenden Mao. Die Kampagne *p'i Lin p'i K'ung*, «Kritik an Lin Piao, Kritik an Konfuzius», hat begonnen.

27. September 1973. Die «Volkszeitung» stellt die Frage, ob Konfuzius ein «Erzieher des ganzen Volkes» gewesen sei. Diese Frage ist nicht rhetorisch zu verstehen, sie ist ernst zu nehmen. Zu ihrer Beantwortung darf einem Europäer auch kein europäisches Urteil genügen, so einleuchtend und richtig es ausfällt, etwa die Feststellung von Simone de Beauvoir: Der Konfuzianismus habe «nicht nur die Gesellschaft so hingenommen, wie sie ist, sondern . . . durch Riten und Institutionen ihre Evolution verhindert», der Konfuzianismus sei «bis zum XX. Jahrhundert ein vollendetes Werkzeug der Unterdrückung geblieben».[59] Die Sache geht China an, das erste Wort haben Chinesen.

«Meister K'ung sagte: ‹Ein kleiner Mann ist er . . . Was braucht er (um zu regieren) Kenntnisse in der Landwirtschaft.›»

«Der Meister sagte: ‹Wer nach dem Studium noch genügend Kraft hat, möge Beamter werden.›»

«Der Meister sagte: ‹In der Erziehung gibt es keine Klassenunterschiede.›»[60]

«Warum loben die Reaktionäre Konfuzius?» Mit dieser Fragestellung der «Volkszeitung» vom 2. November 1973 waren die sowohl ideologischen als politischen Zwecke und Ziele der Kampagne abgesteckt. Aber hatte K'ung-fu-tze seinerzeit (500 ante) nicht wahrhaft revolutionär gesprochen, als er Klassenunterschiede im Lernen und Lehren leugnete?

Wir müssen, mit den Chinesen selber, sinologisch werden. In den Gesprächen des Konfuzius (XV, 38) heißt es: «*Yu chiao wu lei*»; Wort für Wort deutsch: «Es gibt (*yu*) Erziehung (*chiau*), es gibt nicht (*wu*) Klassen (*lei*).» Die chinesischen Sinologen, auf Etymologie gestützt, interpretieren präziser als westliche, daß als *chiao* nicht irgendeine Erziehung für irgend jemanden, sondern militärischer Drill von Sklaven gegolten habe und daß deswegen *lei* als Zugehörigkeit zu einer Klasse (oder zu einem Klan) verneint worden sei. Lin Piao und seinesgleichen trifft der Vorwurf, sie hätten in der Erziehung «*snob divisions*» – so übersetzt Ezra Pound![61] – aufs neue einführen wollen.

Konfuzius, so westliche Ausleger, hätte betont: Wissen sei nicht angeboren, vielmehr erst mittels Lernen und Erfahren zu gewinnen. Diese Auslegung übersieht, *wodurch* Konfuzius zu lernen gedachte – durchs Studium der alten, damals unbestritten einer Sklavenhalter-Gesellschaft. Parallel geht seine Verachtung körperlicher Arbeit, insbesondere in der Landwirtschaft, die Sklaven überlassen wurde. Parallel geht auch seine Überschätzung des Studiums, seine Geringschätzung des Staatsdienstes; welcher «Edle»[62] noch Kraft, Lust und Zeit habe, nachdem er gelernt habe und gelehrt sei, möge sich öffentlichen Aufgaben widmen, im übrigen seien sie Sache des «kleinen Mannes». Lin Piao trifft der Vorwurf, und zwar konkret, er habe sich dagegen verwahrt, die junge Intelligenz vorübergehend, aber regelmäßig zur Land- und Fabrikarbeit, zu «minderem» Staatsdienst schlechthin zu verpflichten.

Chinas Schüler und Studenten greifen heftig und konsequent in die Konfuzius-Debatte ein. «Rebellieren ist gut!»; der berühmte, auf Mao Tse-tung selbst zurückgehende Slogan von 1966/67 wird neuerdings aufgenommen. Jugendliche revoltieren, mehr oder minder abstrakt, gegen Konfuzius, ganz und gar konkret aber gegen «bürgerliche Autoritäten» im pädagogischen Überbau. Die Pekinger Schülerin Huang Shuai, zwölf Jahre, kritisiert ihren Lehrer wegen seiner «auf absolute Autorität gerichteten Schulmeisterprinzipien». Sie wird gerügt und wehrt sich (in einem Brief an die «Volkszeitung»): «Was habe ich falsch gemacht? Sollen wir, die Kinder der Zeit Mao Tse-tungs, uns unter der vom alten Bildungssystem geschaffenen absoluten Autorität des Schulmeisters wie Sklaven verhalten?» Das Mädchen Huang hatte sich «gegen den Strom» gestellt.

Andere, zum Beispiel der Schüler Chang T'ieh-sheng, fischten in diesem Strom allerdings im Trüben. Chang hatte im Juli 1973, als er geprüft wurde, angeblich ein leeres Blatt abgegeben und darauf geschrieben: «Gegen die Strömung anzukämpfen, ist ein marxistisch-leninistisches Prinzip.» In Wahrheit war seine Arbeit so schlecht beurteilt worden, daß sie Chang zum Studium der Landwirtschaft nicht qualifizierte. Der Fall ist erwähnenswert, weil die «Viererbande» ihn zur revolutionären Legende stilisierte und weil Hua Kuo-feng bereits in seiner Rede vom 25. Dezember 1976 die Verführung dieses Jugendlichen zur Spekulation auf Macht und zur Konterrevolution anklagte.[63]

Die Schüler und Studenten konnten sich prinzipiell auf Mao Tse-tung berufen. Auf seinen Satz von 1939, den die Kulturrevolutionäre wiederaufnahmen: «Es gibt unzählige Prinzipien des Marxismus, doch können sie alle letzten Endes in einem Satz zusammengefaßt werden: Rebellion ist gerechtfertigt.» Auf seine Forderung von 1964, die Schulfächer zu reduzieren und die Prüfungen zu vereinfachen. Auf den Rat, den er 1964 seiner Nichte Wang Hai-jung gibt, sie solle sich nicht in der Klasse «zu Tode rackern»: «Schulordnung hin und her, was kümmert dich das schon. Du gehst einfach nicht hin und sagst: Ich durchbreche eben die Schulordnung.» Auf seine Äußerung vom 21. Juli 1966, wenige Tage vor dem ZK-Beschluß über die Kulturrevolution: «Man kann sich nur auf die revolutionären Studenten und Dozenten stützen . . . Es ist antimarxistisch, wenn Kommunisten eine Studentenbewegung fürchten.»[64] Im gleichen Sommer 1973 aber, der einen Ansatz zu neuen Schüler- und Studentenrebellionen bringt, mehren sich dennoch die Anzeichen, daß die Gegenlinie, die revisionistische, an Einfluß wieder zuzunehmen droht.

VIII

Eine Schlüsselfigur der Jahre 1973–1976, vielleicht auch 1977 und später noch, ist Teng Hsiao-p'ing. Er hatte 1967 sein Amt als Generalsekretär der Partei eingebüßt, letzten Endes, weil er vieles personifizierte, was die Kulturrevolution bekämpfte: Trennung von den Massen, Selbstgefälligkeit, Routinestil, Herrschaftsallüren, Formalismus . . . diese und andere der zwanzig von Mao Tse-tung beschriebenen Ausdrucksformen des Bürokratismus. Man darf annehmen – entgegen der landläufigen Unterstellung, der «Pragmatiker» Chou En-lai habe den «Pragmatiker» Teng Hsiao-p'ing zurückhaben wollen[65] –, daß Teng auf Kritik gehört und Selbstkritik geübt hat *und* daß seine Selbstkritik (im Gegensatz zu der rein formalistischen des ehemaligen Staatspräsidenten Liu Shao-ch'i) auch angenommen wurde. So erschien Teng im April 1973 wieder in der Öffentlichkeit, amtierte dann als einer der Stellvertreter des Premierministers Chou und wurde 1975 zu einem der stellvertretenden Parteivorsitzenden gewählt; als Chou schwer erkrankte, übernahm Teng die Leitung der Staatsgeschäfte, wurde jedoch nach dessen Tod nicht zum Nachfolger ernannt, vielmehr auf Empfehlung des Vorsitzenden Mao aller Ämter innerhalb und außerhalb der Partei enthoben. Das Jahr 1976 sah ihn als Zielscheibe der Kampagne gegen den «rechtsabweichlerischen

Wind zur Revision gefällter richtiger Urteile» (nämlich der während der Großen Proletarischen Kulturrevolution gefällten und immer noch für richtig zu haltenden), gegen eine «rechte» Linie, die sich bereits 1972/73 ankündigte. Zu wehren sei, wie Mao Tse-tung im März erklärte, jeder Revision der kulturrevolutionären Politik, insbesondere in Ökonomie und Pädagogik.

Den oben beschriebenen revolutionären Tendenzen (Abschnitt VII) traten restaurative, sich Jahr für Jahr steigernd, entgegen. «Im Erziehungswesen», schreiben Elo und Jürg Baumberger[66], «war das Phänomen ‹eine Tendenz verdeckt die andere› besonders deutlich . . . Die alten Prinzipien waren (in der Kulturrevolution) kritisiert worden, aber in den Köpfen eines großen Teils der Lehrerschaft, die die neuen Dinge oft nur oberflächlich angenommen hatte, spukten sie weiter herum und wurden erneut, wenn auch nicht in genau der gleichen Form, in die Tat umgesetzt . . . Die neuen Dinge der Kulturrevolution konnten nicht offen angegriffen und abgeschafft werden, da dies die Studenten und fortschrittlichen Lehrer auf keinen Fall zugelassen hätten. Als aber auch im Erziehungswesen im Sommer 1972 die ultralinken Tendenzen kritisiert wurden, nutzten das die konservativen Kräfte dazu aus, die Veränderungen, die die Kulturrevolution gebracht hatte, ebenfalls als ultralinks hinzustellen und in vielen Fällen Schritt für Schritt wieder rückgängig zu machen. Als ein fast klassisches Beispiel dafür mag eine Weisung von sehr hoher Stelle an die Peking-Universität dienen, in der es hieß, die Einheit von Theorie und Praxis, von politischem und fachlichem Studium sei sehr wichtig, aber in der vorangegangenen Zeit habe man das politische Studium überbetont und das Fachliche sei zu kurz gekommen. Es gelte, ein ausgewogeneres Verhältnis von politischem und fachlichem Studium herzustellen, die wissenschaftliche Arbeit müsse mehr betont werden. Diese Weisung stärkte den auf Wiederherstellung alter Zustände bedachten Kräften den Rücken und führte kurz darauf, im August 1972, zur Anordnung der Universitätsleitung, in den nächsten zehn Monaten müsse das Hauptgewicht auf dem Fachstudium liegen. Diese Anordnung wurde später von den Studenten scharf kritisiert.»

Vorerst kam alles, wie es, nach Meinung derer, die Wind von rechts in die Pädagogik bliesen, kommen sollte. Die Schülerproteste von 1973 zeigten den Widerstreit zweier Tendenzen; nicht anders die Selbstkritik des Studenten Chung Chih-min vom Januar 1974, er sei «durch die Hintertür», also durch Beziehungen, zur Universität zugelassen worden. (Anders allerdings die fortgesetzte Bemühung des schon genannten Chang T'ieh-sheng in Frühling und Sommer 1974, der unter dem Vorwand, die «offene Tür» am Landwirtschaftsinstitut T'ieh-ling propagieren zu wollen, mit dem Anspruch, «alle Parteiorganisationen» in Shansi «operieren» zu müssen, die pädagogische Revolution konterkarierte.[67])

Allmählich schien es fraglich, ob weiterhin verharmlosend von «Tendenzen» zu sprechen sei, ob nicht vielmehr ein Kampf zwischen zwei «Linien» stattfinde, der freilich nicht als Kampf zwischen den für sie einstehenden Personen – Mao Tse-tung und Teng Hsiao-p'ing – zu begreifen ist.

Die sogenannte Linie – ob revolutionäre oder revisionistische, ja konterrevolutionäre; ob proletarische oder bourgeoise – ist keine Metapher, wie Chinesen sie angeblich lieben, sondern ein wohldefinierter Begriff. Damit von einer Linie gesprochen werden kann, müssen drei Voraussetzungen gegeben sein: eine Theorie, ein Programm und eine Organisation. Eine Organisation, die einer Theorie und eines konkreten Aktionsprogramms ermangelt, bleibt politisch wirkungslos; eine Theorie (mag sie richtig oder falsch sein), die eines Programms und einer Organisation ermangelt, spiegelt bloß (richtige oder falsche) Tendenzen wider. Teng Hsiao-p'ing, heißt es, habe alles drei hinter sich gehabt, sein «Allgemeines Programm» (vom März 1975) habe die letzte Lücke geschlossen, so daß falsche Tendenzen zur falschen Linie wurden, mithin zur Gefahr für Staatswesen und Staatsorgane, die von Spaltung bedroht waren.

Im Oktober 1974 hatte Mao Tse-tung die Weisung, eher noch Empfehlung, «Stabilität und Einheit» ausgegeben, im Frühjahr 1975 eine andere, die zum «Vorantreiben der Volkswirtschaft» aufruft; immer wieder mahnte er drittens an den Klassenkampf. Zweifellos wiegen diese Weisungen, so ernst jede für sich zu nehmen ist, politisch verschieden schwer; das Hauptgewicht fällt für alle, die der proletarischen Linie folgen, der Beachtung des Klassenkampfes zu. Teng jedoch stellte in seinem Programm gleichwertig nebeneinander, was er dem Range nach hätte ordnen müssen, er wollte «die drei Weisungen als das Hauptkettenglied betrachten». Dies *kann* dahin ausgelegt werden, wie seine schärfsten Kritiker meinen, er zitiere den Klassenkampf als Aufgabe lediglich zum revolutionären, insbesondere *kultur*revolutionären Schein. Die mildere Kritik – sie würde auch Tengs, von Mao selber empfohlenes Verbleiben in der Kommunistischen Partei erklären –, er leugne zwar den Klassenkampf nicht ganz und gar, *packe ihn aber nicht an*[68], verharmlose also die Gefahr, die in dessen Vernachlässigung liegt, leuchtet eher ein.

Teng forderte Vorrang für die «Vier Modernisierungen»: der Landwirtschaft, der Industrie, der Landesverteidigung sowie der Wissenschaft und Technik; was Schulen und Hochschulen seit der Kulturrevolution dazu beitrugen, hielt er nicht für ausreichend; die Erziehung müsse reorganisiert, Regeln und Vorschriften «immer strenger» gefaßt und befolgt werden.[69] Ende Oktober 1975 beschloß das Zentralkomitee unter Vorsitz von Mao Tse-tung, «vom Erziehungsbereich her gegen den rechten Wind der Revision richtiger Urteile zurückzuschlagen, indem von der Ts'ing-hua Universität her die große revolutionäre Debatte und die große Kritik in Gang gesetzt wird»: ein neuerlicher «Großer Strategischer Plan des Vorsitzenden Mao und des ZK».[70] Diese «große Debatte über die Erziehungsrevolution» begann am 3. November, mittels Massenversammlungen, Wandzeitungen und Diskussionen erreichte sie jeden Studenten und jeden Lehrer; die Peking-Universität (*Pei-ta*[71]) schloß sich an. Die «Gruppe zur großen Kritik» an beiden Hochschulen resümierte die wichtigsten Punkte im Parteiorgan «Rote Fahne», damit die revolutionäre Pädagogik landauf, landab, wo immer sie beeinträchtigt war, sich neuerlich durchsetze. Die Kritik zeigt aber, wie weit ihre Beeinträchtigung durch die Linie, die Teng Hsiao-p'ing damals vertrat, schon gediehen war.

«1. Kritisiert wurde die Forderung in den naturwissenschaftlichen Fächern, daß ‹gute Mittelschüler ausgewählt werden sollen, die direkt an die Universitäten gehen›. Dies widerspricht der Weisung Maos vom 21. Juli (1968)[72], die eine mindestens zweijährige praktische Arbeit zwischen Mittel- und Hochschule fordert.

2. Es wird die Kritik am ‹Unterricht bei offenen Türen› zurückgewiesen, die behauptet, daß nun ‹nicht mehr über das Erlernen der Kultur gesprochen› würde, sondern es nur noch heiße: ‹Praxis, Praxis und nochmals Praxis›. Gerade die damit angegriffene Einbeziehung der Praxis und der Probleme aus der Praxis in den Unterricht auf allen Ausbildungsstufen muß als eines der wichtigsten Resultate der Kulturrevolution bezeichnet werden.

3. Kritisiert wurde auch die Meinung, daß in der Ausbildung ‹die Qualität zu niedrig sei›, denn es gehe nicht darum, ob jemand einige Lehrbücher mehr oder weniger studiert habe, sondern um die Fähigkeit, ‹Probleme zu analysieren und zu lösen›.

4. Als letztes geht es um die Leitung und die Verantwortung in der Schule. Die Kulturrevolution brachte die Arbeiter-Propagandatrupps an die Schulen und Universitäten, die für die richtige Ausrichtung auf die Praxis und für politische Fragen allgemein verantwortlich sein sollten. Manche forderten nun, daß sich diese ‹Unwissenden› nicht in die Leitung einmischen sollten, ‹Außenstehende› also nicht bei wissenschaftlichen Sachfragen entscheiden sollten.»[73]

Der Autor dieser Zusammenfassung, Urs Widmer, setzt hinzu: «Diese Fragen betreffen nun nicht nur den engeren Universitätsbereich, sondern sind engstens mit der globalen Ausrichtung des Bildungsbereiches verbunden. Muß China vor allem Anstrengungen unternehmen, ein breit angelegtes, auf die Bedürfnisse der Bauern, der städtischen und ländlichen Arbeiter ausgerichtetes Bildungssystem aufzubauen? Oder sind die einsetzbaren Mittel auf wenige, aber hochqualifizierte Erziehungseinrichtungen zu konzentrieren? Es geht um die Frage: Elite- oder Massenerziehung.»[74] Wem fällt die Antwort schwer, wenn er bedenkt, daß die

Republik China den Risiken elitärer Erziehung erlegen ist, daß die Volksrepublik China die Chancen revolutionärer Pädagogik bisher nicht voll hat nutzen können.

IX

Als Mao Tse-tung am 9. September 1976 starb, war sozusagen der zweite Tod des Konfuzius zu beklagen. Nicht nur, daß ein Denken, Nachdenken, Überdenken (nämlich das *Maotsetung szu-hsiang*) einem -ismus (nämlich dem Konfuzianismus) endgültig den Garaus gemacht hatte; mit Mao war auch der neue Erzieher vom gleichen Rang für *seine* Gesellschaft gestorben. Ich habe zu Anfang beiläufig an Konfuzius erinnert, weil ich meine, es könnte notwendig, zumindest sinnvoll gewesen sein, *dem* Lehrer von einst *den* Lehrer von jetzt entgegenzusetzen. Die Frage an Geschichte und Gegenwart laute freilich, welchem Lehrer die Massen, und zwar die arbeitenden Massen, von sich aus gefolgt sind und folgen; nunmehr ist hinzuzusetzen: und folgen werden. Wäre Mao Tse-tung ein Charismatiker gewesen, so ließe sich fürchten, mit seinem Tod sei alles, wozu er angehalten, vorüber.

Max Weber nennt als historische Hauptfiguren des Charismatikers den Magier und den Propheten, den Bandenführer und den Condottiere, als zeitgeschichtliche den großen Demagogen und den parlamentarischen Partei«führer».[75] Mao war alles dies nicht, obwohl zuzeiten manchem der Verdacht gekommen ist, die Vielen gäben sich dem Einen hin, und sie fügten «sich ihm nicht kraft (geheiligter) Sitte oder (legaler) Satzung», gegen die er selber ja immer aufbegehrt hat, «sondern weil sie an ihn glauben».[76] *Eine* Figur läßt Weber bewußt aus: den *Erzieher*; bewußt, denn sie muß ihm während seiner chinesischen Studien zur Religionssoziologie in Konfuzius begegnet sein. Sollte Mao, recht verstanden, nicht Politik, sondern Erziehung als Beruf ergriffen haben? Es wäre schwer für die Menschen, sagte er 1970 zu Edgar Snow, die Gewohnheiten einer 3000jährigen Verehrung der Kaiser zu überwinden: «Die sogenannten ‹Großen Vier› – die auf Mao selbst angewandten Epitheta ‹Großer Lehrer, Großer Führer, Großer Oberkommandierer, Großer Steuermann› – seien gräßlich. Früher oder später würden sie fallen. Nur das Wort ‹Lehrer› werde man beibehalten – einfach im Sinne von Schullehrer.»[77]

Wenn Mao Tse-tung als Lehrer getaugt hat, dann dazu, die im Konfuzianismus unmündig Gehaltenen zur Mündigkeit zu erziehen – auch ihm selber gegenüber, sogar dem Maotsetung-denken gegenüber, dessen Bedeutung eben darin liegt, daß es, sich wandelnd, auf gewandelte Situationen anwendbar ist; diese Lehre vom Widerspruch entzieht sich einem aus Gründen Widersprechenden nicht. Daß das chinesische Volk und die Kommunistische Partei Chinas auch nach dem 9. September mündig bleiben, zeigt die Veröffentlichung einer Rede, die Mao 1956 gehalten hat: «Über die Zehn Großen Beziehungen»; sie war bisher, um umlaufende Falschmeldungen zu korrigieren, in der VR China zwar nicht «zum Zitieren», wohl aber «zum Studieren» freigegeben.[78] Warum? In ihr steht unter anderem, was Doktrinäre und Dogmatiker entsetzen würde: «Die Kommunistische Partei und die demokratischen Parteien sind alle Produkte der Geschichte. Was auftaucht in der Geschichte, verschwindet in der Geschichte. Deshalb wird die Kommunistische Partei eines Tages verschwinden, und so die demokratischen Parteien. Ist dieses Verschwinden so unerfreulich? Nach meiner Meinung ist es sehr erfreulich. Ich denke, es ist gerade schön, daß wir eines Tages imstande sein werden, die Kommunistische Partei und die Diktatur des Proletariats zu beseitigen. Unsere Aufgabe ist es, ihre Auslöschung zu beschleunigen.»[79]

Eines Tages, den es so schnell wie möglich herbeizuführen gilt. Doch solange er nicht gekommen ist, wird der proletarischen Autorität zu gehorchen sein. «Also», mit Friedrich Engels[80], «von zwei Dingen eins: Entweder wissen die Antiautoritarier nicht, was sie sagen, und in diesem Fall säen sie nur Konfusion; oder sie wissen es, und in diesem Fall üben sie Verrat an der Bewegung des Proletariats. In dem einen wie in dem anderen Fall dienen sie der Reaktion.»

Anmerkungen

1 So 1961 der Verlag Ferdinand Schöningh, Paderborn: Ausgewählte pädagogische Schriften; 1976 der Otto Maier Verlag, Ravensburg: Gesammelte Werke, bisher vier Bände der zweisprachigen Werkausgabe, drei Bände der Studienausgabe. – Mit welchem Recht die Sowjetpädagogik sich gegenwärtig auf Makarenko beruft, ist nicht mein Thema. Vgl. dazu die Artikelfolge in INFO. Initiative für den Aufbau des Bundes sozialistischer Lehrer und Erzieher, bes. 1976/4–5, und Dokumente 3, 4 (Einleitung).

2 Die folgenden Zusammenfassungen und Zitate in: A. S. Makarenko, Ausgewählte pädagogische Schriften, Paderborn 1961, S. 62ff. Ausdrücke in Klammern von mir.

3 Auch weiterhin ist bei «Familie» sinngemäß «Kollektiv», bei «Eltern» entsprechend «Erzieher» *mit*zulesen.

4 A. a. O., S. 66f.

5 A. a. O., S. 68.

6 Dieser Slogan findet sich in dem Satz: «Aber man muß die Schulzeit verkürzen, *im Erziehungswesen eine Revolution machen*, der proletarischen Politik Vorrang geben und den Weg der Werkzeugmaschinenfabrik Shanghai gehen, Techniker aus der Arbeiterschaft heranzubilden.» Hervorhebung von mir. Vgl. auch Anm. 37.

7 L. L. Matthias, Was geht in China vor? In: Bulletin des Fränkischen Kreises, 90/September 1966.

8 Bericht aus einem chinesischen Dorf, München 1966, und China: Die Revolution geht weiter. Bericht über den Fortschritt in Liu Ling, München 1971. Myrdal: Dritter Bericht aus Liu Ling, der weitere Fortschritte (zum Beispiel mit Kindertagesstätten) schildert, ist abgedruckt im Katalog der Ausstellung Holzschnitt im Neuen China, Berlin 1976, S. 153 ff.

9 Vgl. Über das Genossenschaftswesen, 1923.

10 Milovan Djilas und Mao Tse-tung reagieren beide – der eine mit Die Neue Klasse, der andere mit Über die richtige Behandlung der Widersprüche im Volk – auf Ungarn 1956. Ihre Schriften differenzieren sich weniger in der unterschiedlichen Bewertung von Diagnose und Therapie, von Theorie und Praxis als vielmehr darin, sich in Konterrevolution zu ergeben oder Revolution in Permanenz zu erklären.

11 Nashville 1965.

12 S. E. Fraser in Das neue Lexikon der Pädagogik, Bd. I, Artikel China, Abschnitt III (Volksrepublik), Freiburg 1970.

13 Die vorstehenden Zitate von T. Grimm siehe in demselben Lexikon, a. a. O., Abschnitt I (Historische Grundlagen).

14 T. Grimm, ebd.

15 So in einem mir überlassenen Handexemplar seiner Schrift Die geistesgeschichtliche Lage des heutigen Parlamentarismus, 4. Aufl. Berlin 1969, S. 68 ff., sowie in einer Unterhaltung zum Freund-Feind-Thema, die ich im Dritten Programm des NDR/SFB am 9. Februar 1971 teilweise referiert habe.

16 Ich will Carl Schmitts diesbezügliche Erfahrungen, auch Wirkungen, gar nicht verharmlosen (er selber würde es nicht wollen). Allerdings meine ich, daß Erfahrungen wie die seinen gerade in diesem Zusammenhang nicht außer acht bleiben dürfen.

17 Im Vorwort zur zweiten Auflage des «Roten Buches», datiert vom 16. Dezember 1966.

18 In der in Anm. 15 erwähnten Unterhaltung.

19 Ihre Argumente basieren letzten Endes auf dem Erbübel aller antimarxistischen Diskussion: der schlechten Gleichsetzung von erweisbarer Wissenschaft und behauptetem Glauben. Das Grundmuster einer solchen Polit-»Theologie», die sich vor Polit-Ökonomie geniert, liefert ihnen neuerdings der amerikanische Psycho-Historiker Robert Jay Lifton (aus dem Kreis um Erik Erikson): «Die Sehnsucht des Menschen nach Unsterblichkeit als wesentliche psychische Basis des chinesischen Kommunismus maoistischer Observanz . . .» In: Die Unsterblichkeit des Revolutionärs. Mao Tse-tung und die chinesische Kulturrevolution, München 1970.

20 W. Bauer, China und die Hoffnung auf Glück, München 1971, S. 563 ff.

21 Vgl. dazu das Gedicht Schwimmen in meiner Übersetzung und Kommentierung: Mao Tse-tung, 37 Gedichte, Hamburg 1965, S. 34 und 129 ff.

22 Der IX. Parteitag der KPCh fand im April 1969 statt.

23 Frankfurt/Main 1967.

24 Die Parole des 4. Mai 1919 lautete: *Wen-hsüeh ko-ming*, «Revolution im Erlernen des Geschriebenen». Erst sie ermöglichte 1966 die andere Parole: *Wen-hua ko-ming*, «Revolution der Bildung durch Geschriebenes», was wir

als «Revolution» (*ko-ming*) der «Kultur» (*wen-hua*) oder «Kulturrevolution» übersetzen. Vgl. dazu meinen Aufsatz Dialektik in China (2), Mao Tse-tung und die Große Kulturrevolution. Zuerst in Kursbuch 9 (1967); sodann in Große Mauer, Große Methode. Annäherungen an China, Stuttgart 1968 (als Taschenbuch Frankfurt/Main 1976), bes. S. 177f.

25 S. Hsü in dem in Anm. 12 genannten Lexikon, a. a. O., Abschnitt II (Republik China und T'aiwan).

26 S. E. Fraser, a. a. O.

27 Die UN-Schätzung vgl. bei M. Oksenberg, China: Forcing the Revolution to a New Stage. In: Asian Survey VII/1 (Januar 1967).

28 Dietmar Albrecht, Die Roten Garden. In der Beilage zur Wochenzeitung das parlament vom 15. Nov. 1969.

29 Laut S. E. Fraser, a. a. O.

30 S. E. Fraser, ebd.

31 D. Albrecht, a. a. O.; dort auch weitere Nachweise.

32 S. E. Fraser, a. a. O.

33 D. Albrecht, a. a. O.

34 D. Albrecht, ebd.

35 Weisung (wahrscheinlich von 1967). Vgl. Anm. 36 und 37.

36 Im September 1967 inspizierte Mao Tse-tung die Provinzen Honan, Hupei, Hunan, Kiangsi und Chekiang (also den mittleren Osten Chinas); er suchte auch Shanghai auf, wo neun Monate zuvor die «Januarrevolution» neue Maßstäbe gesetzt hatte. Das Resultat dieser Inspektion waren Maos «jüngste» oder «letzte» Weisungen: Direktiven vermutlich der ersten und zweiten Septemberwoche (oder der Wochen danach), die auch unter dem Titel «Großer Strategischer Plan» in Umlauf kamen.

37 In meiner Dokumentation: Mao Tse-tung, Der Große Strategische Plan, Berlin 1969, S. 567ff.

38 A. a. O., S. 574.

39 K. Marx, Das Kapital, MEW 23, S. 507f.

40 F. Engels, Anti-Dühring, MEW 20, S. 300.

41 Ebd.

42 A. S. Makarenko, a. a. O., S. 130f.

43 Diese Trias ist seit dem «Kommuniqué des Elften Plenums des VIII. ZK der KP Chinas» (vom 12. August 1966) geläufig; sie geht zurück auf den Mao-Satz von 1937 («Über die Praxis»): «Wenn man die Gesetzmäßigkeit der Welt erkannt hat, muß man diese Erkenntnis wieder zurückführen in das konkrete Handeln, um die Welt zu erneuern, man muß sie wieder einsetzen in der Praxis der Produktion, des revolutionären Klassenkampfes . . . sowie in der Praxis wissenschaftlichen Experimentierens.»

44 Vgl. das Gespräch mit dem Revolutionären Komitee der *Ts'ing-hua* in meinem Buch: Die Mobilisierung der Massen. Chinas ununterbrochene Revolution, München 1971, S. 33ff.

45 Maria A. Macciocchi, 1970 noch Redakteurin der Unità und KPI-Abgeordnete für Neapel im italienischen Parlament, folgte einer Einladung der Pekinger Regierung. Ihre Bücher Dalla Cina, Mailand 1971, und Polemiche sulla Cina, Mailand 1972, lösten bei Italiens Linken heftige Theorie-Debatten aus.

46 Zitiert nach: Bettelheim, Macciocchi u. a., China 1972, Ökonomie, Betrieb

und Erziehung seit der Kulturrevolution, Berlin 1972, S. 117. – Am 27. Juli 1968 entsandte Mao Tse-tung Einheiten der Volksbefreiungsarmee und Arbeitertrupps an die Pekinger Universitäten. Mit der Benennung ihrer Fabrik nach diesem Datum wollte die Belegschaft «jenen Tag in Erinnerung rufen, an dem die Arbeiter die Szene des Überbaus betraten» (ein Arbeiter zu Maria A. Macciocchi, a. a. O., S. 115).

47 Ich nehme hier Sätze von Jacques und Claudie Broyelle, Der Kampf zwischen den zwei Linien in den Fabriken seit der Kulturrevolution, Berlin 1976, S. 5 f., zu freier Verwendung auf.

48 A. a. O., S. 6. – Claudie Broyelle hat eines der besten Bücher über Frauenemanzipation und Kindererziehung in China geschrieben: La moitié du ciel, Paris 1973. Deutsch als Die Hälfte des Himmels, Berlin 1973.

49 Ebd.

50 Wer erzieht wen?, Berlin 1976; S. 40f., S. 123 und passim.

51 Anm. der Autoren (S. 40): Die Jenmin Jihpao vom 28. 12. 71 berichtet: «1971 ist im Vergleich zu 1965 die Zahl der Mittel- und Volksschulen in ganz China um über 30 Prozent angestiegen.» – Und in der Peking Rundschau Nr. 41/1973 steht: «Das Gebiet im Uigurischen Autonomen Gebiet Sinkiang hat 854 Mittelschulen, d. h. 539 mehr als im Jahre 1965, dem Jahr vor der Kulturrevolution, und dreimal soviel Mittelschüler wie damals. Die Zahl der Grundschulen beträgt 10051, 2936 mehr als 1965.»

52 Vgl. Die Mobilisierung der Massen, a. a. O., S. 54.

53 Anm. der Autoren (S. 41): Die Armut des Volkes. Verelendung in den unterentwickelten Ländern, Auszüge aus Dokumenten der Vereinten Nationen, Hamburg 1974, S. 75.

54 Laut Wang Lu-yuan, einem Dozenten der Pädagogischen Hochschule Shensi. Von den Autoren S. 123 zitiert nach: Akio Saito, Chugoku keizoku kakumei to daigaku kaikaku (Die permanente Revolution in China und die Hochschulreform). In: Chugoku kenkyu geppo (Monatszeitschrift der Chinaforschung) Nr. 12/1975, S. 18.

55 Gemäß der Weisung von Mao Tse-tung: «Die Methode des Eintrichterns abschaffen»; auch Lenin hat «das alte Büffeln, den alten Drill» in Schulen kritisiert (in: «Die Aufgaben der Jugendverbände»).

56 Forderungen des Revolutionären Komitees der *Ts'ing-hua*. Ihren Artikel Lebendiger Unterricht, aktives Studium vgl. in Peking Rundschau 1973/3.

57 Laut einer (von der Süddeutschen Zeitung am 16. August 1973 übernommenen) AFP-Meldung.

58 Vgl. Chous Bericht in Der X. Parteitag der Kommunistischen Partei Chinas, Peking 1973, S. 38f.

59 S. de Beauvoir, China, Hamburg 1960, S. 265.

60 Nach meiner (noch unveröffentlichten) Übersetzung der Gespräche des Konfuzius (*Lun-yü*).

61 In: Confucian Analects, London 1956, S. 106.

62 Chinesisch *chün-tzu*; besser mit «Herr» zu übersetzen.

63 Huas Rede vgl. in Peking Rundschau 1977/1. – Zum Vorstehenden siehe sonst auch meine Sammlung: Konfuzius. Materialien zu einer Jahrhundert-Debatte, Frankfurt/M. 1976.

64 Zitiert nach: Thomas Scharping, Mao Chronik, München 1976, S. 64.

65 Den Pragmatiker im guten Sinne des Wortes charakterisiert nichts weiter, als daß er die Staatsgeschäfte betreibt und in ihnen erfahren ist. Ausgerechnet bei Chou En-lai wird das Wort in dem hierzulande beliebten, aber schlechten Sinne gebraucht, er habe die Prinzipien der Revolution irgendwelchen Sachzwängen geopfert; nicht einmal Teng Hsiao-p'ing wird Prinzipienlosigkeit vorgeworfen.

66 In ihrem Buch Beethoven kritisieren! Konfuzius verurteilen. Was geschah in China 1973/74?, Reinbek bei Hamburg 1975, S. 55.

67 Vgl. Frankfurter Rundschau vom 28. Januar 1977.

68 Formulierung von Mao Tse-tung; vgl. Jenmin Jihpao vom 28. März 1976.

69 Zu Teng Hsiao-p'ings Programm vgl. Jenmin Jihpao vom 3. und 5. April 1976; auch Peking Rundschau 1976/28.

70 Siehe Jenmin Jihpao vom 3. März 1976.

71 Abkürzung von *Pei-ching ta-hsüeh* (Pekinger große Schule).

72 Vgl. den Wortlaut der Weisung im Dokumentationsteil dieses Buches.

73 Urs Widmer, Der Kampf gegen die ‹Revision richtiger Urteile› in China. Zur Linie von Teng Hsiao-p'ing (1972 bis 1976); in China heute Nr. 7, München 1976, S. 32.

74 Ebd.

75 Vgl. Politik als Beruf. In: Max Weber, Gesammelte politische Schriften, 2. Aufl. Tübingen 1958, S. 495.

76 Max Weber, a. a. O., S. 496.

77 Edgar Snow, Die lange Revolution, Stuttgart 1973, S. 195.

78 Und zwar seit Dezember 1966. Diesen Sachverhalt teilt Stuart R. Schram mit: Das Mao-System, München 1972, S. 77, Anm. 83.

79 Die Rede datiert vom 25. April 1956, Mao hielt sie vor dem Politbüro des ZK. Hua Kuo-feng sagte in seiner Rede vom 25. Dezember 1976: «Auf dieser Konferenz (der Zweiten Nationalen Konferenz ‹In der Landwirtschaft von Tachai lernen›) haben wir bewußt das glänzende Werk des Vorsitzenden Mao ‹Über die Zehn Großen Beziehungen› studiert.» Gleichzeitig mit der Rede des Parteivorsitzenden und Ministerpräsidenten Hua wurde Mao Tse-tungs Rede neuerdings veröffentlicht. Ich zitiere nach der Peking Review 1977/1.

80 F. Engels, Von der Autorität. In MEW 18, S. 308.

Carlos Castillo Ríos

Erziehung in China

1. Vorbemerkung

Niemand leugnet, daß die Erziehung die Menschen so formt, wie die herrschenden Kreise sie zu ihrer Stabilität und Regeneration brauchen. Die Erziehung der sogenannten westlichen Welt ist ein Instrument des kapitalistischen Systems, genau wie die chinesische Erziehung ein Instrument des sozialistischen Systems ist. In beiden Bereichen leistet die Erziehung nichts anderes, als die Ideologie jener Gruppe durchzusetzen und zu propagieren, die über die politische Macht verfügt.

Die westliche Erziehung formt Unternehmer, Manager, Werbeleute, Techniker, Angestellte und Arbeiter, wie die Konsumgesellschaft sie benötigt, genau wie die chinesische Erziehung die Soldaten, Bauern und Arbeiter formt, wie die soziale Revolution sie erfordert. Das eine System verleiht Grade und Titel an Personen, die sich in die kapitalistische Sphäre eingliedern; das andere bildet die Arbeiter, die es braucht, um Rückständigkeit und Elend, die Hinterlassenschaft vieler Jahre der Unterdrückung, zu beseitigen.

Erfolg oder Scheitern beider Systeme läßt sich nur an Hand ihrer Ergebnisse beurteilen: an der Menschlichkeit der Bevölkerung. Ginge es darum, zwischen dem einen oder dem anderen sozialpolitischem System zu wählen, dann gäbe es für uns keinen Zweifel; denn wir glauben, daß in China, abgesehen von seinen anderen großen Leistungen der letzten Jahre, ein neuer – altruistischer und großzügiger – Menschentyp hervorzutreten beginnt.

Dieser Umstand erklärt sich daraus, daß die sozialpolitische Organisation Chinas einzigartig auf der Welt ist. Die Modelle der sozialen Interaktion entsprechen einem ideologischen Schema, das mit gleicher Intensität in der Gesellschaft vorherrscht, wie es in der Schule vermittelt und durch alle Kommunikationsmittel verbreitet wird.

Obwohl es in China keinen Pluralismus westlicher Art gibt, erhält die Bevölkerung eine umfassende und ausreichende Summe von Informationen (auch über «negative Exempel», wie Liu Shao-ch'i oder Breschnjew; J. S.). Das sind keine Formeln, die einstudiert oder auswendig gelernt werden müßten. Vielmehr sind es Normen, Leitsätze, Richtlinien des Handelns. Es sind Ideale, die inzwischen einen wesentlichen Teil des Lebens der chinesischen Menschen ausmachen: Anfangs Gegenstand täglicher Reflexion, sind sie nunmehr gleichbedeutend mit chinesischem Lebensstil und chinesischer Weltauffassung.

Man muß sich vergegenwärtigen, daß der heutige Chinese in einer vollkommen durch eine sozialistische Ethik konditionierten Welt lebt, die in vielfältiger Weise von ihm fordert, sich zu steigern, die Routine zu besiegen, bei allen Handlungen ein beispielhaftes Niveau anzustreben. Konditioniert, sagen wir, und das ist tatsächlich der Fall: Die gesamte familiäre, schulische, außerschulische, Freizeit- und Arbeitsumwelt ist eine dauernde Aufforderung zur persönlichen Vervollkommnung.

Fernsehen, Kino, Radio, Zeitungen und Zeitschriften, Tagungen und kollektive Reflexionen erfüllen eine permanente erzieherische Funktion. In den Zuschauerräumen von Kinos und Theatern, in Bilderbüchern und Liedern, in Ballett und Zirkus geschieht nichts anderes, als daß der Mensch angeregt wird, sich an der kollektiven Arbeit zu beteiligen, den Egoismus zu unterdrücken, bei sich selbst die Entwicklung eines unbeugsamen sozialistischen Bewußtseins zu fördern. Ganz China ist eine erzieherische Gemeinschaft. Die gesamte Bevölkerung wird veranlaßt, nach den Normen einer revolutionären Ethik zu leben, und es gelingt, das Volk zum höchsten Maß an Nächstenliebe und Selbstentäußerung anzuhalten.

Politik ist zur Religion geworden. Deswegen setzt der neue chinesische Mensch sein Vertrauen – mehr als auf die technische Entwicklung der letzten Jahre oder auf die eindrucksvolle Hebung des Lebensstandards – auf das Ausmaß seiner moralischen Energie, Willenskraft und grenzenlosen Ausdauer, die Produkte und Resultate des von ihm erreichten Grades ideologischen Bewußtseins sind.

Der neue Mensch Chinas muß tüchtig, arbeitsam, unerschrocken, sparsam, kühn, revolutionär und altruistisch sein. Auch muß er lernen, seine Klassenfeinde zu hassen und unnachsichtig gegen sie zu sein. Im Krieg darf er kein Mitleid mit dem Feind empfinden, aber auf Grund seiner Bildung und seiner Grundsätze wird er den Krieg nicht in Plünderung und Gewalttätigkeit ausarten lassen.

Der neue chinesische Mensch muß ein gesundes und einfaches Leben führen, wie es dem Kämpfer in einer sozialistischen Revolution entspricht. Er muß wachsam sein, um jedes Anzeichen von Arroganz und Hochmut zu beseitigen. Er muß zutiefst bescheiden sein, gleichzeitig aber stolz: Er lernt die Bescheidenheit von den Bauern und bezieht seinen Stolz aus der «Armut und Nacktheit Chinas».

Niemals darf er überheblich sein. Hochmut und Eitelkeit widersprechen seinem Rang als Revolutionär, der das Volk, dem er angehört, liebt. Ist er Künstler oder Schriftsteller, dann muß er für das Volk schaffen und seine Gefühle im sozialen Kampf anspornen. Bildet er sich zum Arzt aus, dann muß er die traditionellen Ärzte konsultieren, damit sie ihm die

Geheimnisse der alten chinesischen Medizin anvertrauen, die durch mündliche Überlieferung gelehrt wird und das Erbe jahrtausendelanger Erfahrung ist. Bauer, Arbeiter und Soldat müssen an der Produktion teilnehmen, nicht nur weil die chinesische Wirklichkeit dies fordert, sondern weil man dort der Ansicht ist, daß die manuelle Arbeit den Menschen läutert, den Hochmut bricht und das Volk einigt, und daß man durch sie ebensoviel oder mehr lernt, als aus «toten Büchern».

Die Politik muß alle seine Handlungen bestimmen. Die individuelle Existenz hat keinerlei Bedeutung. Der Chinese muß ausnahmslos bereit sein, die größten Opfer zu bringen und sein Leben, wenn notwendig, in der Verteidigung seines politischen Denkens und für den Sieg seines Volkes im Kampf um die Konsolidierung des Sozialismus hinzugeben. Seine ideologische – politische, kulturelle und militärische – Prägung muß der Antrieb aller seiner Handlungen sein; sie muß seine Lebensgestaltung, seine Einstellung, sein Denken und seine tägliche Praxis bestimmen.

Der Staat erwartet von dem in China entstandenen neuen Menschen, daß er persönliche Ambitionen, innere Widersprüche, den Wunsch, materielle Güter zu horten, und egoistische Impulse bei sich eliminiert, um sich ganz der Revolution zu widmen; das ist gleichbedeutend mit andauernder Liebe zur Arbeit und Verachtung materieller Güter. Auf diese Weise hat sich in China eine neue Wertskala entwickelt, in der die Kategorien des Schönen und Häßlichen, des Glücks, der Liebe und der Arbeit – um es vorsichtig auszudrücken – andere sind als in der westlichen Welt.

Zugleich ist dies ein weiterer Punkt des Mißverständnisses zwischen China und der übrigen Welt: Die Wörter, die Begriffe haben andere Bedeutungen. Deshalb brauchen wir, um das chinesische Volk zu verstehen, wirklich unsere ganze Vorstellungskraft.

Diese Zeilen versuchen, Zeugnis zu geben von der überreichen Wirklichkeit Chinas, seiner geheimnisvollen Kraft und seinem mächtigen Zauber. Sie wurden mit flüchtiger Feder geschrieben, um frische Eindrücke exakt festzuhalten. Vielleicht werden wir später einmal Zeit finden, ausgefeilteres Material vorzulegen. Für heute müssen die folgenden Seiten ausdrücken, was wir bei einem Aufenthalt von 60 Tagen gesehen und erlebt und im Lebensrhythmus der Volksrepublik China zu Papier gebracht haben: das heißt, bei durchschnittlich 12 Arbeitsstunden pro Tag, ohne Feiertag und mit der Leidenschaft, wie außergewöhnliche Dinge sie wecken.

2. Geschichte der chinesischen Erziehung

> «Jede historische Periode trachtet danach, das Vergangene zu beseitigen, und schafft ihre eigenen künstlerischen Ausdrucksformen und ihre eigenen Werte. Jede neue Epoche ist ikonoklastisch: Um ihre eigenen Werte zu schaffen, leugnet und zerstört sie die ihr vorhergehenden.»
>
> Han Suyin

Die chinesische Erziehung ist weder ein Produkt des Zufalls, noch unmittelbares Ergebnis der Revolution. Sie ist mit der chinesischen Geschichte verknüpft und weist ihre eigene Kontinuität und Folgerichtigkeit auf. Mehr noch: Sie entspricht in all ihren Schattierungen und Modalitäten den Etappen und Verhältnissen, die China während seiner turbulenten Geschichte erlebt hat. Deshalb kann man den Prozeß der chinesischen Erziehung nicht von den Ereignissen isolieren, die das Land erschütterten und ihre Spuren nicht nur in den fundamentalen Aspekten seines kulturellen Lebens, sondern auch in der Struktur seiner Erziehung hinterließen.

Die chinesische Erziehung machte folgende Entwicklung durch:

Feudale Periode (bis 1919)

Bis vor etwa 60 Jahren war China eines der rückständigsten Länder der Welt. Es litt unter einer Außenpolitik der absoluten Abhängigkeit – seine Außenbeziehungen wurden in Europa und in den USA bestimmt – und unter einer Innenpolitik, deren beherrschendes Merkmal der Feudalismus war.

Seine Bevölkerung bestand zu 85 Prozent aus Bauern, die mit den primitivsten Methoden arbeiteten – und für Löhne, die nicht ausreichten, um die grundlegenden Bedürfnisse zu befriedigen. Hinzu kam ein weiteres Übel: 95 Prozent der Bevölkerung konnten weder lesen noch schreiben; Aggressionskriege, Opiumhandel und schwere wirtschaftliche Lasten, die dem Land unter dem Vorwand von Kriegsentschädigungen auferlegt wurden, hielten China am Rande eines in der Weltgeschichte beispiellosen Elends.

Der Pachtzins für Boden wurde mehr als 2500 Jahre lang in Naturalien entrichtet. Bauernbewegungen, die eine Befreiung von Hunger und Elend erreichen wollten, wurden von bewaffneten Banden im Dienst der feudalen Oligarchie niedergeworfen.

Wenn China unter internationalem Gesichtspunkt ein der Willkür der Westmächte unterworfenes Land war und, wie alle unterdrückten Länder, keine eigenen Entscheidungen treffen konnte, so unterstand es im Inneren der Macht einiger weniger, die im Besitz der Produktionsmittel waren und daher über alle Privilegien verfügten.

Im Dienst der Aristokratie stand – zu deren Schutz und Erhaltung – eine feudalbürokratische Klasse, die ein Erziehungssystem für Privilegierte aufbaute und deshalb mit der Aufgabe betraut wurde, die Werte und die Weltanschauung der herrschenden Klasse zu vermitteln. Obwohl diese Form der Erziehung theoretisch allen Chinesen das Recht zugestand, die Schulen zu besuchen, begünstigte sie doch in der Praxis, durch ihre Auslese- und Diskriminierungssysteme, die Söhne der begüterten Klasse.

Diese Erziehung zeigte alle Merkmale der traditionellen Schule: Ohne die chinesische Realität zu berücksichtigten, förderte sie den Intellekt, stützte sich auf religiöse Konzepte, überbewertete die Bedeutung der Disziplin, hielt den Schüler von jeglicher Aktivität fern, «bei der er sich die Hände schmutzig machen konnte». Das heißt, sie vermittelte das Wissen, die Einstellung und den Lebensstil der privilegierten Klasse und bereitete ihre Nutznießer darauf vor, späterhin Beamte des Staates zu werden. Im Grunde bestand ihre Aufgabe darin, Eliten heranzubilden, die später zu Agenten der Ausbeuterklasse und des Imperialismus berufen sein würden.

Erteilt wurde diese Erziehung in Studienkreisen von akademischem Zuschnitt, bei Vorherrschaft der Theorie und Vernachlässigung der Praxis. Man wollte Intellektuelle ausbilden, die denn auch die einzigen waren, die, ohne Adlige zu sein, Macht, Einfluß und Annehmlichkeiten genossen.

Erst im Mai 1911, mit der von Sun Yat-sen angeführten bürgerlich-demokratischen Revolution, begann das Volk sich dieser Situation bewußt zu werden. Es bildeten sich die ersten nationalistischen Gruppen, die aktiv dafür arbeiteten, China in eine Demokratie westlichen Typs zu verwandeln.

Schon ein paar Jahre später mußten Sun Yat-sen und seine Gefolgschaft erkennen, welch eine Farce es war, in einem unterdrückten Land von Freiheit, Selbstbestimmung und Rechten der Massen zu sprechen. Diese Enttäuschung war ein erster Schritt für eine heftige antiimperialistische und antifeudale Bewegung, die sich besonders gegen die ausländische Unterdrückung und gegen die rückständig eingestellten Militärmachthaber richtete, die so viele Jahre lang die authentischen Interessen Chinas verraten hatten.

So entstanden, kurz gesagt, die ersten revolutionären Ansätze im chinesischen Volk: in einer ersten, demokratischen Phase, die bis 1956 andauerte – dem Jahr, in dem sie von einer sozialistischen abgelöst wurde.

Die kulturellen Ausdrucksformen dieser Periode waren bestimmt durch ein antifeudales und antiimperialistisches Bewußtsein, durch die Ablehnung der Tradition, die als Synonym für Rückständigkeit und Obskurantismus verstanden wurde, durch politische Debatten, die von studentischen Gruppen angeregt wurden, durch eine Bewegung zugunsten der Befreiung der Frau, durch Bestrebungen zur Demokratisierung der Erziehung, durch die Veröffentlichung von Manifesten und Zeitschriften, die wegen ihres stark politischen Inhalts von den Hütern der ungerechten Gesellschaftsordnung als subversives Material angesehen wurden.

Periode der Befreiung (1919–1949)

Von 1919 bis 1949 – dem Jahr, in dem die Kommunistische Partei die Macht übernahm, verstrichen 30 Jahre des bewaffneten Kampfes, die das heroischste, großartigste und gewaltsamste Unternehmen in der Geschichte unseres Jahrhunderts darstellen. In diesem Heldenkampf stürzten, wie die Chinesen sagen, «die drei großen Berge: der Feudalismus, der Imperialismus und die Herrschaft der Kuomintang».

In diesem Kampf vermittelte der europäische, amerikanische und japanische Imperialismus zusammen mit seinem chinesischen Verbündeten unter dem Befehl Tsiang Kai-sheks, Mao Tse-tung und seinen Guerilleros die breiteste politische und militärische Erfahrung, die eine menschliche Gruppe überhaupt erwerben kann. Das heißt, wenn die Imperialisten es 1919 mit einem entzweiten, demoralisierten und korrupten Volk zu tun hatten, so wurden dieselben Invasoren, nach 30 Jahren des Kampfes, durch eine Nation von Millionen Soldaten besiegt, die perfekt organisiert und, wie die Chinesen zu sagen pflegen, durch Entbehrungen und Ungerechtigkeiten «gestählt» waren.

Was die Erziehung betrifft, so zehrte diese an Heldentaten und aufopfernden Kämpfen reiche Periode von den Lehren und dem Beispiel Mao Tse-tungs, des Organisators des chinesischen Widerstands und Anführers der chinesischen Befreiung. In einer Kampfpause, im Dezember 1929, fand er Zeit, den folgenden Dekalog pädagogischer Prinzipien abzufassen:

1. Den Schüler einführen.
2. Vom Naheliegenden zum Entfernten fortschreiten; vom Oberflächlichen zum Tiefen.
3. Vom Einfachsten ausgehen, um beim Schwersten anzukommen.
4. Die Lehre popularisieren.
5. Eine klare Sprache gebrauchen.

6. Das Interesse der Zuhörer wecken; interessanten Unterricht geben.
7. Wenn nötig, mit Gebärden sprechen.
8. Unermüdlich das Grundsätzliche des Unterrichts wiederholen, bis zum vollkommenen Verständnis.
9. Das Gesagte zusammenfassen, das Wichtigste hervorheben.
10. Die Praxis der Diskussionen und Debatten entwickeln.

Diese Prinzipien bilden die Basis dessen, was viele Jahre später die revolutionäre Erziehung Chinas werden sollte. Außerdem kommt ihnen historische Bedeutung zu: Erstmals erfährt man damit vom pädagogischen Denken Mao Tse-tungs und seiner Sorge, eine Erziehung zu schaffen, die nicht dekoratives Element für einige wenige Privilegierte sein sollte, sondern das unentbehrliche Werkzeug für eine gründliche Veränderung des Volkes.

Wir kommentieren:

Mit dem Prinzip Nummer 1 postuliert Mao Tse-tung die Notwendigkeit, den Schüler sehr behutsam in das schulische Leben einzuführen.

Das Kind, das an sein Zuhause gewöhnt ist, bedarf besonderer Aufmerksamkeit, um seine neue schulische Situation zu akzeptieren.

Mit diesem Prinzip waren die Fundamente der Vorschulerziehung gelegt, die viele Jahre später in Erscheinung treten sollten.

Mit dem Prinzip Nummer 2 weist der chinesische Politiker auf die Notwendigkeit hin, das Lehrbuch und die Ideen des Lehrers zurückzustellen und sogar ein wenig zu vergessen, um die Kenntnis der realen Umwelt besser zu fundieren.

Diese Auffassung ist für die damalige Zeit ziemlich revolutionär. Damit lehnt Mao Tse-tung im Grunde die traditionelle Schule ab, die das Kennenlernen von Welt und Leben durch Vorbilder (große Männer oder große Werke) begünstigt.

Die Prinzipien Nummer 3, 4, 5, 6, 7, 8 und 9 bezeugen nichts anderes als die Absicht Mao Tse-tungs, die Erziehung aus ihrem Elfenbeinturm herauszuführen, um sie in den Dienst der Arbeiter von Stadt und Land zu stellen.

Es geht darum, aus der Schule eine Institution zu machen, die der ganzen Bevölkerung offensteht. Es geht darum, die Erziehung zu proletarisieren und zu popularisieren, damit sie sich mit dem Volk verbindet. Man muß mit dem Einfachsten beginnen: Eine klare, interessante Sprache gebrauchen (wenn nötig, auch mit Gebärden), um sich den Schülern verständlich zu machen. Danach wiederholen, zusammenfassen, synthetisieren, Schlußfolgerungen ziehen.

Viele dieser Prinzipien kündigten bereits das an, was der gleiche Mao Tse-tung später die «Popularisierung der Philosophie» nennen wird, das heißt sein Ziel, das Wissen allen Menschen, auch den am wenigsten gebildeten, zugänglich zu machen. Später wird er die Philosophie wegführen von dem, was er «die toten Bücher» nennt, und sie zu einem alltäglichen geistigen Hilfsmittel der Bauern, Arbeiter und Soldaten machen.

Das Prinzip Nummer 10 ist eine Kritik am autoritären Frontalunterricht. Es geht nicht darum, durch passives Zuhören im Klassenzimmer zu lernen, sondern darum, durch Dialog, Diskussion, Ideenaustausch und dauernde Debatte schöpferisch mitzuarbeiten.

Der Erfolg dieser praktischen und einfachen Pädagogik ließ nicht lange auf sich warten: Die Periode der Befreiung dauerte 30 Jahre, wohl die dramatischsten und zugleich schönsten Jahre des chinesischen Volkes. In diesem Zeitraum wurden die Ungerechtigkeit und die ausbeuterische Unterdrückung besiegt. Mao Tse-tung fand ein deprimiertes, lasterhaftes und geschlagenes Volk vor, und binnen 30 Jahren des Kampfes verwandelte er es in ein würdevolles, der tiefsten Verwandlungen fähiges Volk.

Aber Mao Tse-tung lehrte nicht nur mit Hilfe dieser pädagogischen Zehn Gebote. Vor allem hinterließ er andere, weniger auf die formale Erziehung ausgerichtete, sondern lebendigere und praktischere Lehren.

Periode des sowjetischen Einflusses (1949–1956)

Mit der Begeisterung über einen Sieg, an den nur die chinesischen Revolutionäre geglaubt hatten, begann 1949 die Periode des sozialen Wiederaufbaus und, wenn man will, des Aufbaus des Sozialismus. In diesem Jahr begann der erste Fünfjahresplan zu wirken, und die ersten Reformen wurden in Angriff genommen.

In dieser Zeit war die Welt von den sowjetischen Leistungen geblendet. Außerdem war die UdSSR das einzige Land, wo die sozialistischen Ideen imponierend gesiegt hatten. China konnte sich dieser berechtigten Bewunderung in der ganzen Welt nicht entziehen und übernahm in mancherlei Hinsicht das sowjetische Vorbild; dabei rechnete es auch mit der entschlossenen Unterstützung Stalins bei der Reorganisation all dessen, was die Kuomintang zurückgelassen hatte.

Auch die Erziehung folgte dem sowjetischen Weg. Viele Erzieher aus der UdSSR reisten nach China, man begann sowjetische Texte für den Schulgebrauch zu übersetzen und führte das Russische als erste Fremdsprache ein.

An die Stelle der sehr einfachen Pädagogik Mao Tse-tungs trat diejenige Kairows, einer russischen Autorität auf pädagogischem Gebiet, der als einer der anerkannten Nachfolger Makarenkos und erfolgreicher Gegner des Nordamerikaners John Dewey galt.

Kairows Pädagogik, ins Chinesische übersetzt, wurde zum äußerst wertvollen Ratgeber für die Lehrerkandidaten. Sie galt als die sozialistische Pädagogik *par excellence* und etablierte sich daher als offizieller Text auf dem Gebiet der Erziehung. Kairow reiste nach China und besuchte die bedeutendsten Zentren der Lehrerausbildung in Peking, Shanghai und Kanton, den wichtigsten Städten.

In ganz China verbreitete Kairow seine pädagogischen Ideen. Wen er aber am meisten beeinflussen konnte, das waren wohl Liu Shao-ch'i, der Präsident der Republik, und Lu Ting-yi, der Verantwortliche für Erziehungsfragen.

Aber – welchen Standpunkt vertritt Kairow? Zitieren wir seine Grundideen aus dem Text «Wer erzieht wen um?», der vom Kritischen Revolutionären Redaktionskollektiv von Shanghai formuliert wurde:

«1. Die Erziehung ist ein Menschheitsphänomen.
2. Die Erwachsenengenerationen vermitteln mit Hilfe der Erziehung ihre Kenntnisse und Erfahrungen den jungen Generationen. Folglich ist es die wichtigste Aufgabe der sozialistischen Schulen, an die Schüler allgemeine, gründliche und exakte Kenntnisse über die Natur, die Gesellschaften und die Entwicklung des menschlichen Denkens weiterzugeben.
3. Alle Kinder sind gleich, wenn es darum geht, Wissen zu erwerben.
4. Die Schulen haben eine doppelte Aufgabe:
   a) Die Schüler durch vorzügliche Erziehungsanstalten auszubilden; und
   b) Schüler auszubilden, die sich später in die kollektive Arbeit eingliedern werden.
5. Die Erziehung ist gut, wenn es den Schülern gelingt, das vorhandene, seit Jahrhunderten von der Menschheit akkumulierte Wissen aufzunehmen. Dieses stellt einen festen, sicheren wissenschaftlichen Schatz dar.
6. Die beste Art der Erziehung ist der Unterricht im Klassenzimmer. Jedes Wort, jede Anweisung des Lehrers hat den Charakter eines Gesetzes.
7. Aus dem Unterricht muß all das ausgeschlossen werden, was umstritten oder erst noch durch die Wissenschaft zu bestätigen ist.»

Kairows Pädagogik bedeutete damit den Anfang einer umfassenden Bewegung zur Ausbreitung der verschulten Erziehung in China. In allen Teilen des Landes wurden Schulen eröffnet. Der Beruf des Lehrers wurde zu einem der begehrtesten, und die Kultur zu dem gesellschaftlich am höchsten bewerteten Element.

Jede Stadt kämpfte darum, eigene Fachschulen, Universitäten und

Kollegien zu haben. In jeder Kleinstadt wurde ein Museum eröffnet, ein Tempel der Kunst, der die Kunstwerke vereinigte, genau wie die Schule, der Tempel des Wissens, die kulturellen Ziele der Gemeinschaft absteckte.

Nur auf dem privilegierten Niveau der höheren Bildung begann man folgende Erziehungsinstitute zu unterscheiden:

Die Universitäten mit mehreren Fakultäten, die humanwissenschaftliche und naturwissenschaftliche Abteilungen umfaßten. (Sie bildeten Dozenten und Akademiker in vier Jahren aus.)

Die Fachhochschulen zur Ausbildung von Ärzten, Industrietechnikern, Agronomen, Ökonomen und überhaupt jeder Art höherqualifizierter Spezialisten aller Richtungen.

Die Fachschulen, die in zwei oder drei Jahren Spezialisten mittlerer Qualifikation und Techniker heranbildeten.

Kritische, vorrevolutionäre Periode (1956–1966)

Diese Periode ist reich an bedeutsamen politischen Ereignissen. Wahrscheinlich ist die revolutionäre Schule, wie sie heute in China besteht, das Ergebnis vieler dieser Ereignisse; deshalb ist es notwendig, die wichtigsten aufzuzählen:

1956
- Chruschtschow verurteilt Stalin auf dem XX. Parteitag der Kommunistischen Partei der UdSSR.
- Weltkrise um den Suezkanal.
- Aufstände in Polen und Ungarn.
- Universitätsstreiks, die sich gegen aristokratiefreundliche Abweichungen der Erziehung und Rechtstendenzen bei den Intellektuellen richten.
- Kollektivierung der Landwirtschaft und Verstaatlichung von Privatunternehmen gegen Entschädigung.
- Aufschwung der Bewegung der Hundert Blumen, die geschaffen wurde, um die Einheit der Intellektuellen zu stärken.
- Mao Tse-tung hält eine Rede: «Die richtige Lösung der Widersprüche im Volk», ein eindeutiges Indiz für das Vorhandensein ernsthafter innerer Probleme.
- Mao Tse-tung reist, zum ersten und letzten Mal, nach Moskau.

1958
- Es wird eine Bewegung gegen die «Rechten» ausgerufen, und gleichzeitig wird die Politik des Großen Sprungs nach vorn (Beschleunigung des Industrialisierungsprozesses) und der Volkskommunen (in-

tegrale Sozialisierung der Landwirtschaft) verkündet.

- Einige chinesische Generale fordern ein technokratisches Berufsheer an Stelle eines ideologischen Heeres.
- Die für alle Intellektuellen obligatorische Arbeit in der Produktion und die Eröffnung von Erziehungszentren für alle Arbeiter und Bauern werden nicht gut aufgenommen.
- Chruschtschow besucht Eisenhower genau zu dem Zeitpunkt, da die Beziehungen zwischen China und den USA sehr gespannt sind.

1960

- Abrupter Abbruch der sowjetischen Projekte in China und Rückberufung aller Techniker durch die UdSSR.

1962

- Mao Tse-tung schreibt: «Niemals den Klassenkampf vergessen», ein neues beredtes Symptom der Situation.

1964

- In den Kommunen wird die Bewegung der sozialistischen Erziehung eingeleitet.

1965

- Die Erziehung wird in zwei Stufen unterteilt: eine höhere und eine niedrigere, die zwei verschiedenen Ministerien unterstellt werden.

Jede vorrevolutionäre Periode ist kritisch, komplex und widersprüchlich, und auch China konnte sich diesem fatalen Gesetz nicht entziehen. In materieller Hinsicht wurde im ganzen Land, besonders zwischen 1962 und 1966, ein beispielloser Fortschritt registriert. China lernte einen allgemeinen Wohlstand, das reichliche Vorhandensein aller Lebensmittel und Konsumgüter sowie Preisstabilität kennen.

In politischer Hinsicht erzeugte der Bruch mit der Sowjetunion nach mehreren Jahren des lautlosen, indirekten Kampfes ideologische Konflikte, die das Land in zwei Lager teilten: das eine folgte der von Mao Tse-tung proklamierten politischen Linie, die für den Primat der Ideologie in der politischen Arbeit eintrat; das andere der von Liu Shao-ch'i, dem Präsidenten der Volksrepublik, angeführten revisionistischen Linie, die vorsichtiges Taktieren, Aufgeben harter Positionen, technokratische statt politischer Orientierung der Erziehung befürwortete.

Dieser Kampf, ein Kampf zweier unvereinbarer Linien, wurde nicht offen und ehrlich geführt. Liu Shao-ch'i wagte nicht, Mao Tse-tung zu widersprechen, sondern war entschlossen, mit Hilfe seiner Parteigänger die Reformen zu verwässern und die rein schulische, selektive Erziehung im Kairowschen Stil auszubauen. Seine Gefolgschaft, die die Schlüsselstellungen der Regierung völlig unterwandert hatte, verzeichnete viele momentane Siege. In vielen Fällen blieb Mao nichts anderes übrig, als sich mit harten inneren Widerständen abzufinden, während er folgende deutliche Zeichen der revisionistischen Vorherrschaft konstatierte:

- Nach mehr als 25 Jahren auf dem Weg zum Sozialismus waren 45 Prozent der Studenten bürgerlicher Herkunft.
- In fast 15 Prozent der Volkskommunen lebte die Mentalität der alten Eigentümer und Kapitalisten wieder auf, wobei sich erneut egoistische Motive und der Wunsch nach persönlicher Bereicherung zeigten.
- Man sah, wenn auch in geringem Maß, Korruption, Nepotismus und doktrinäre Abweichung wiedererstehen.
- Die Entscheidungen der Autoritäten gegen die Rechte der Mehrheiten gewannen erneut Kraft. Auch der Kampf um Ruhm zeigte sich bei den Schriftstellern aufs neue.
- In der chinesischen Gesellschaft kehrte die sogenannte «Politik der Drei Höhen: hohes Gehalt, hohe Position und hoher Lohn» – Ausdrucksformen des Individualismus – wieder ein.

Diese Schwächung der revolutionären Linie und den Aufstieg einer neuen bürgerlichen Klasse erklärte Mao Tse-tung mit folgenden Worten:

«Zwischen der proletarischen und der bürgerlichen Kultur findet ein gewaltiger Kampf statt. Die Ausbeuterklassen sind geistig entwaffnet. Wir haben ihre Besitztümer eingezogen, aber wir konnten ihnen nicht die reaktionären Ideen austreiben.

Die Reaktionäre versuchen dauernd, sich der Reste ihres früheren Einflusses zu bedienen, um die öffentliche Meinung zu formen, mit dem Ziel, die politische und ökonomische Restauration des Kapitalismus vorzubereiten.»

Was die Erziehung betrifft, so manifestierte sich das Scheitern der revolutionären und der Triumph der revisionistischen Linie in der Bildung vieler Gruppen von Fachleuten, Ärzten, Technikern und Ingenieuren auf höchster Ebene; in der Rückkehr zum Bücherwissen, die schon die Wiederkehr der Kulturmandarine (der Akademiker) vorbereitete; im Verfall des proletarischen Denkens der Arbeiter, die sich wünschten, daß ihre Kinder Funktionäre würden – als Antwort auf die gar zu simple Frage: «Warum sollen unsere Kinder eine Erziehung erhalten, wenn sie doch nur Arbeiter und Bauern werden wie wir?»

Zu diesem Zeitpunkt hielten Mao Tse-tung und seine Anhänger – besonders die Jugend – es für unerläßlich, eine gründliche Kulturrevolution durchzuführen. Diese Revolution sollte eine psychologische und politische Kampagne sein, die fähig wäre, die ganze Bevölkerung massiv aufzuwühlen und sie zu veranlassen, sich an der Gestaltung einer authentisch sozialistischen Gesellschaft zu beteiligen. Wie sollte das geschehen? Man begann einige Ideen zu skizzieren:

- Den Sturz der bürgerlichen Autoritäten herbeiführen.
- Die chinesische Realität gründlich studieren, um Lösungen für die unmittelbaren Probleme zu suchen; ausländische Vorbilder zurückweisen.
- Die Jugend motivieren, sich an der kollektiven Arbeit zu beteiligen.
- Universitäten und Schulen besetzen, um sie der Leitung von Bauern, Arbeitern und Soldaten zu unterstellen.
- Die Bindungen zwischen Volk und Armee wiederherstellen und China damit in ein Revolutionsheer mit «unerschrockenem, unabhängigem» Denken verwandeln.
- Den Kampf mit Vernunft, nicht mit Terror und Gewalt führen.
- Den nordamerikanischen Imperialismus und den sowjetischen Revisionismus herausfordern.

Periode der Kulturrevolution (1966–1969)

Die Chinesen nennen sie nicht einfach Kulturrevolution, sondern Große Proletarische Kulturrevolution; sie verstehen darunter eine Massenbewegung, die dazu bestimmt ist, die Restauration des Kapitalismus abzuwenden, die Diktatur des Proletariats zu festigen und in China den Sozialismus aufzubauen.

Diese Bewegung, in ihrer Art einmalig in der Weltgeschichte, bedeutete im Grunde den Aufstieg des Proletariats zur Macht, die Beseitigung der Privilegien, die Demokratisierung von Fabriken und Volkskommunen, die Vereinfachung der administrativen Verfahren und die Schaffung der Grundlagen, auf denen der Sozialismus aufgebaut werden sollte.

Die Kulturrevolution begann bei den Studenten, die (wie Joan Robinson in ihrem Buch «Die Kulturrevolution in China» schreibt) ihre Ausbildung folgendermaßen kritisierten:

«Wenn die rebellierenden Studenten die Ausbildung, die sie erhielten, ablehnten, so hatte dies verschiedene Motive. Erstens, daß die Kurse viel zu groß und formalistisch waren und keine praktische Anwendung beinhalten; zweitens, daß es das Ziel der Ausbildung war, eine von den Volksmassen getrennte ‹Elite› aufzubauen; und drittens, daß den Studenten aus Arbeiter- und Bauernfamilien nicht geholfen wurde, ihren Mangel an literarischen Kenntnissen auszugleichen, sondern daß sie im Gegenteil diskriminiert wurden.»

So begann die Revolution mit der Kritik am Erziehungssystem sowie als eine Bewegung, die auf die Veränderung der bürgerlichen Kunst und Literatur zielte; sie endete mit der Machtergreifung von unten, durch die Massen. Das heißt, mit der Errichtung einer authentischen Diktatur des Proletariats und vor allem der Organisation des größten Volkes der Welt unter einem gemeinsamen Glauben, Ideal und Ziel.

Eine so tiefgreifende Revolution mußte sich auf den gesellschaftlichen Überbau stützen: Erziehung, Kultur und Kunst. In dieser Zeit der Zweifel fragte sich das chinesische Volk: «Warum schafft die Erziehung einen Geistesadel, bildet hochmütige Menschen für die höchsten Ämter aus und dient als Sprungbrett für den persönlichen Sieg?» Der Vorsitzende Mao hatte gesagt: «In der Revolution ist die grundlegende Frage die Macht.» Wenn dem so war, wer sollte dann in der Ausbildung die Macht haben? Die Antwort lautete: Wenn in China das Proletariat die Macht hat, dann gebührt es ihm, die neue Erziehung zu planen. Dies war eine dringende Aufgabe, weil die politische Macht sich nicht ohne die kulturelle Macht stabilisieren konnte.

Und am 27. Juli 1968, auf der Höhe der Kulturrevolution, drangen Arbeiter und Soldaten in Schulen und Universitäten ein und übernahmen deren Leitung. Die traditionelle Pädagogik, der bürgerliche Intellektualismus und die Elitekultur verloren an diesem Tag ihre letzte Schlacht. China sollte das erste Land der Welt sein, wo die Erziehung in die Hände des Proletariats gelangte.

Dennoch stellte sich ein Problem: Wie sollte man ein neues Erziehungssystem planen, wenn man Arbeiter, Bauer oder Soldat war und schließlich nicht einen einzigen pädagogischen Text gelesen hatte? Abermals fand die Antwort sich in den Worten des Vorsitzenden Mao: «Die Massen besitzen eine unbeschränkte schöpferische Kraft. Man muß von den Massen ausgehen, um zu den Massen zurückzukehren.» Dies besagte, daß man das Volk mobilisieren mußte, damit es sich eine Meinung bildete, Kritik übte und mit dem Aufbau begann.

Das ausersehene Vehikel, um die Massen zu erreichen, war die Zeitung «Jenmin Jihpao» (Volkszeitung), die nunmehr Ideen forderte, Meinungen anerkannte und die schöpferische Aktion der Massen mobilisierte.

Die Antwort des Volkes ließ nicht auf sich warten: Revolutionäre Arbeiter, Studenten, Lehrer, Soldaten und Bauern beteiligten sich an der Diskussion. Hier eine Zusammenfassung der wichtigsten Punkte der Kritik, die gegen das herrschende System vorgebracht wurde:

Kritik an den Vorstellungen Kairows. (Siehe das Kapitel «Periode des sowjetischen Einflusses». Die Nummern entsprechen den Kairowschen Thesen.)

«1. In der Klassengesellschaft ist die Erziehung ein Phänomen des Klassenkampfes. Sie entspricht dem Bedürfnis einer Klasse, ihre Herrschaft zu erhalten. Das heißt: In einem kapitalistischen Land ist die Erziehung ein Instrument der bürgerlichen Herrschaft. In einem sozialistischen Land muß die Erziehung dazu dienen, das Ziel der sozialistischen Revolution zu erreichen.

2. Als Kampfinstrument vermittelt die Erziehung ein Wissen, das ganz und gar vom Klassencharakter durchdrungen ist.

   In der Sklavenhaltergesellschaft wurde gelehrt, wie man Sklaven umbringt und von ihrer Arbeit einen unmenschlichen Gebrauch macht. Unter Hitler lehrte die Schule den Faschismus, ‹um die Erde beben zu lassen›. Die kapitalistische Schule lehrt, in einer Konsumgesellschaft zu leben.

3. Es stimmt nicht, daß alle Kinder gleich sind, was den Erwerb von Wissen betrifft. Alle Ausbeuterklassen haben das Wissen zu ihrem Vorteil monopolisiert, wobei sie den ausgebeuteten Klassen ihr Recht auf Erziehung raubten.

   In den unterentwickelten Regionen werden die Kinder durch mangelnde Ernährung, unzureichende Wohnungen und fehlende kulturelle Anreize im Vergleich zu den Kindern aus entwickelten Regionen in ihrer Entwicklung gehemmt.

4. Das von Kairow propagierte System schafft eine Pyramide. An den Gipfel gelangt nur eine Minderheit, die später das Bürgertum bilden wird. Die große Mehrheit wird am Boden gehalten.

5. Wegen der Verwendung von Ausdrücken wie ‹akkumuliert›, ‹Schatz›, ‹fest und sicher› verdient Kairow die Bezeichnung Wissenskapitalist.

   Wie kann man die absurde, reaktionäre Litanei, die die Grundbesitzer und die Bourgeoisie seit Jahrhunderten proklamieren, als einen ‹festen und sicheren Schatz› ansprechen, den wir erhalten sollten?

6. Das ganze Jahr in das Klassenzimmer eingesperrt wie in einen geschlossenen Käfig, sind die Schüler gezwungen, unverdauten Wissensstoff zu lernen, der aus vergangenen Jahrhunderten stammt. Während der ganzen Schulzeit haben die Schüler keine Gelegenheit, den Reis, den Weizen oder den Mais wachsen zu sehen, zu erfahren, wie die Arbeiter arbeiten, die Bauern die Felder bestellen und die Produkte verkauft werden. Heißt das nicht, sie vorsätzlich zu Dummköpfen zu machen?

   Warum diese Wichtigkeit der Worte des Lehrers? Wenn sich die Schüler unterwerfen, werden sie Sklaven der bürgerlichen Erziehung sein und ihr Gehirn wird nur dazu dienen, die Worte des Lehrers auswendig zu lernen.

   Die revolutionären Schüler müssen sich mit den revolutionären Lehrern vereinigen, um die von den Grundbesitzern und der Bourgeoisie anerkannte ‹Würde des Lehrers› abzuschaffen und um zu vermeiden, daß die Schüler wie Feinde behandelt werden.»

(Ein vom Kritischen Revolutionären Redaktionskollektiv von Shanghai formulierter Text.)

Allgemeine Kritik an der Erziehung

Bis 1966, dem Jahr, in dem die Kulturrevolution begann, herrschte folgende Kritik vor (im Gespräch mit vielen Erziehern, Arbeitern und Bauern gesammelt):

1. Durch die Bewertung der schulischen Leistung ausschließlich durch Notengebung, die theoretische Kenntnisse bestätigt, setzt die Schule die Intelligenz des Schülers an die erste Stelle. Mit anderen Worten: Sie berücksichtigt nur die Fähigkeit des Schülers, kulturelle Informationen zu speichern. Die Schule informiert und instruiert, aber sie erzieht nicht.
2. Die Schulorganisation trennt die Schüler von den Arbeitern. Die Schule fördert den Intellekt, konsumiert Informationen und ist unproduktiv.
3. Gegenüber dem Arbeiter nimmt die Schule zwei Haltungen ein: Entweder verbürgerlicht sie ihn, oder sie weist ihn zurück. Und das in einem Land wie China, das einen hohen Produktionsindex braucht, um den Lebensstandard des Volkes zu heben.
4. Gleichgültig gegenüber der chinesischen Realität, bildet die Schule ohne jedes proletarische Gefühl Intellektuelle, Manager und Spezialisten heran, die später im Namen und anstelle des chinesischen Volkes herrschen werden.
5. Durch die kulturelle Vorherrschaft und besonders über die Erziehung versucht man, die politische Macht wiederzuerlangen, um das Proletariat erneut der Unterdrückung und Beherrschung auszusetzen.
6. Die Ausbildungszentren stützen sich ausschließlich auf die «toten Bücher». Sie fördern das Privateigentum an Wissen mit dem Ziel, Privilegierte zu schaffen und ihnen Führungspositionen, Ruhm und Geld zu geben.
7. Der unpolitische Charakter der Erziehung ist geheuchelt; denn indem sie den von den Universitäten hervorgebrachten vornehmen Intellektuellen wieder zu Macht verhilft, verfolgt sie nicht zu verhehlende politische Absichten: Sie strebt die Restauration der bürgerlichen Werte an und will China in ein revisionistisches, prokapitalistisches und antiproletarisches Land verwandeln.
8. Während des ersten Studienjahres verhalten sich die Studenten aus Arbeiter- oder Bauernfamilien noch ihrer Herkunft entsprechend. Im zweiten beginnen sie nach Annehmlichkeiten zu streben, und im

dritten Jahr vergessen sie ihre Eltern nicht nur, sondern lehnen sie sogar ab..

Schlußfolgerung: Die bürgerliche Schule löst die bescheidene Familie auf.

9. Vor der Kulturrevolution sah die Laufbahn des Intellektuellen folgendermaßen aus: Mit 30 Jahren mußte er eine lokale Berühmtheit sein; mit 40 ein im ganzen Land anerkannter Experte; mit 50 versuchte er, auf der ganzen Welt bekannt zu sein.

Um diesen Gefahren zu entgehen, bestimmten nunmehr die Massen, was die neue Erziehung vermeiden mußte; vor allem schrieben sie vor, daß diese nicht intellektuell, einseitig informierend und produktionsfremd sein durfte. Auch durfte sie nicht unpolitisch sein.

Aber wie würde diese Erziehung aussehen? Das wußte damals niemand. Ihre Postulate mußten aus der neuen chinesischen Wirklichkeit hervorgehen. Man war sich dessen gewiß, daß aus der Vertiefung der gesellschaftlichen Revolution auch eine neue kulturelle Ordnung, eine neue Erziehung revolutionären Stils hervorgehen würde.

Im November 1968 befahl das vom Denken Mao Tse-tungs inspirierte Zentralkomitee der Kommunistischen Partei Chinas: «Die Reform des alten Erziehungssystems sowie der alten Unterrichtsprinzipien und -methoden ist eine äußerst wichtige Aufgabe für die gegenwärtige Große Proletarische Kulturrevolution.»

Die Antwort auf diese Weisung war nicht eine Reform, sondern eine Revolution der Erziehung. Vom alten System blieb nichts übrig. Stück für Stück wurde die neue chinesische Erziehung erarbeitet in politischen Diskussionen, in Zeitungen und Zeitschriften, durch die Auswertung von unzähligen, auf allen Gebieten gesammelten Erfahrungen und Theorien; vor allem aber durch die Interpretation der Texte, Richtlinien und Artikel von Mao Tse-tung.

Um eine Vorstellung vom Charakter der Beiträge zu geben, die als Antwort auf den Aufruf der Zeitung «Jenmin Jihpao» eingingen, wollen wir hier einen kollektiv verfaßten Text wiedergeben:

«Wir Studenten, Arbeiter, Bauern und Soldaten messen dem sogenannten ‹Höhenflug der Ingenieure› (der Ausdruck bezieht sich auf Liu Shao-ch'i) keinerlei Bedeutung bei. Wir glauben nicht an den Mythos der bürgerlichen Macht und weigern uns, aus der Tradition der Vergangenheit oder des Westens eine Religion zu machen.

Mit der Tapferkeit der Revolution und dem Mut des Neuen sind wir entschlossen, dem Weg der Universität des Widerstandes (während des Befreiungskrieges durch Mao Tse-tung in Yenan gegründet) zu folgen; das heißt, einer Universität zur Ausbildung von Revolutionären.

Wir werden uns weder durch wirtschaftliche Interessen noch durch den Wunsch, berühmt zu werden, korrumpieren lassen. Unsere Entscheidung ist getroffen: Welche Stellung oder Funktion wir auch einnehmen, unser revolutionäres Bewußtsein muß immer dasselbe sein. Ob wir als Arbeiter in die Fabrik oder auf die Felder gehen, unsere Gesinnung als Arbeiter des Volkes wird stets dieselbe sein. Welche neue Aufgabe man uns auch stellt, wir werden mit der gleichen Begeisterung und Ausdauer kämpfen.»

Solche und andere Beiträge, auf die wir später noch eingehen werden, machten die Wirklichkeit der neuen chinesischen Erziehung aus.

3. Hauptmerkmale der Erziehung in China

Das heutige Erziehungssystem Chinas unterscheidet sich von dem jedes anderen Landes der Welt. Während der Kulturrevolution trat der Zusammenbruch des Alten ein, und unter Beteiligung der Massen begann die Periode der Schaffung des Neuen. Wir unterscheiden folgende Merkmale dieser Periode:

Politische Erziehung: Primat der Ideologie

Die alte Erziehung diente, wie die Chinesen sagen, nur dazu, vom Volk ganz und gar getrennte akademische Mandarine auszubilden. Dagegen muß die neue Erziehung alle Untugenden des bürgerlichen Individualismus beseitigen, um so den neuen Menschen, den die sozialistische Revolution braucht, ideologisch, philosophisch und moralisch zu bilden.

Folglich geht es nicht darum, «Eliten» zu erziehen, die später zur privilegierten Klasse aufsteigen werden. Es geht vielmehr darum, diese Erziehung, die sich an den Anlagen des Menschen orientiert, um einen optimalen Nutzeffekt zu erreichen (kapitalistische Erziehung), durch eine andere Erziehung zu ersetzen, die völlig dem Dienst am chinesischen Volk und seiner sozialen Revolution gewidmet sein muß. Alles, was dieses Ziel verfehlt, wird unnötig sein.

Die Erziehung zur Fortführung dieser sozialen Revolution muß eine fundamental politische sein. Ihr erstes Ziel ist nicht die Ausbildung von Ingenieuren, Ärzten, Gelehrten und Akademikern, sondern von Revolutionären mit solidem ideologischen Wissen.

Die Hauptkräfte dieser Erziehung, die in den Ausbildungsinstituten, in der politischen Partei, in den Arbeitszentren und Massenkommunikationsmitteln zu leisten ist, müssen vorrangig auf die Bildung dieses ideologischen Bewußtseins zielen. Die Revolution, sagen die Chinesen, muß vor allem im Geist des Menschen stattfinden.

Das Land kann sich also nicht ausschließlich damit befassen, die Produktion voranzutreiben, um eine ökonomische und soziale Entwicklung zu erreichen; auch nicht damit, das Privateigentum abzuschaffen, um es in kollektives, staatliches oder gesellschaftliches Eigentum zu verwandeln, oder Ungerechtigkeiten auszurotten, indem die Produktionsmittel vergesellschaftet werden. All dies ist wichtig, aber vorrangig muß man den Geist des Menschen verwandeln und ihm eine neue Weltanschauung geben, indem man ihn in seinem innersten Sein erreicht, damit er vor allem eine politische, rationale und wissenschaftliche Ideologie hat – anstelle der Mythen, des Aberglaubens, der merkantilistischen Gesinnung und der Antiwerte der Konsumgesellschaft.

Die sozialistischen Produktionssysteme dürfen sich nicht weiterentwickeln und konsolidieren, ohne sozusagen den angemessenen Überbau errichtet zu haben. Ohne eine neue, gerechtere und humanere Weltanschauung, ohne eine neue Lebensform, ohne neue, auf den Altruismus gegründete soziale Beziehungen, ohne neue Einstellungen und neue Verhaltensformen wird die für den Aufbau des Sozialismus notwendige ökonomische Basis sowohl auf der Ebene der Produktionskräfte als auch der Produktionsverhältnisse vom Rückschritt bedroht sein. Ohne diesen Überbau wird der Kapitalismus erneut herrschen.

Schließlich will man, daß das Volk mittels der Erziehung eine neue Wertskala übernimmt. Die kapitalistischen Normen der Kultur müssen durch sozialistische ersetzt werden. Die Ideologie muß Motor und Antrieb der Produktionskräfte sein.

Das ideologische Fundament des Chinesen muß der historische Materialismus sein: das heißt eine Konzeption, die Geist und Materie unauflöslich integriert. Der Mensch handelt so, wie er denkt. Durch die Verwandlung des Kollektivgeistes – durch seine Politisierung oder, wenn man so sagen darf, durch seine «Revolutionierung» – werden die für die Schaffung einer neuen Gesellschaft notwendigen Kräfte entstehen. Der echte Revolutionär, der eine revolutionäre Theorie besitzt, ist kein fauler, egoistischer oder lasterhafter Mensch. Er kann es nicht sein; denn das würde ihm sein ideologisches Bewußtsein nicht erlauben.

Deshalb muß die chinesische Erziehung auf allen Ebenen und in allen Ausdrucksformen vor allem politische Erziehung sein: Sie muß in den Kindergärten beginnen und in den Schulen und Universitäten fortgesetzt werden. Niemand bleibt von der in rationaler und systematischer Weise vermittelten politischen Bildung unberührt.

Das wichtigste Ziel der Massenkommunikationsmittel (Radio, Kino, Fernsehen, Zeitungen und Zeitschriften) muß sein, die politische Bildung des Volkes zu vertiefen. Deshalb müssen die verbreiteten Nachrichten, ob aus dem In- oder Ausland, sich direkt auf die politischen Probleme Chinas oder jener Länder beziehen, die im Kampf um ihre politische, ökonomische und soziale Befreiung stehen.

Wichtige Punkte für die Erziehung des chinesischen Volkes sind:

1. Maotsetung-denken;
2. Die Anwendung der Massenlinie und die Beteiligung aller;
3. Die Kenntnis der politisch-sozialen Realität Chinas.

Das «Maotsetung-denken»

In vorsätzlich schlecht informierten Kreisen des Westens wird viel über ein China gesprochen, das von Mao Tse-tung wie von einem Mann beherrscht werde, der mit Hilfe einer Art Katechismus, dem volkstümlich so genannten «Roten Buch», das Land mit der größten Bevölkerungszahl der Welt seinem Willen unterworfen habe. Man sagt, die Chinesen seien vor allem Objekte, nämlich Produkte des Fanatismus und der Angst.

Nichts ist falscher und absurder. China ist genau das Gegenteil: Es ist ein Volk, das lächelt, diskutiert und sich an den politischen Diskussionen beteiligt, das mit der von einem Ideal hervorgerufenen Begeisterung arbeitet; ein so wenig steifes und so sehr spontanes Volk, daß es auf den ersten Blick den Eindruck der Unordnung bietet. Schließlich: ein Volk, das, inspiriert vom «Maotsetung-denken», leidenschaftlich für den Sieg seiner Revolution arbeitet.

Aber was bedeutet das «Maotsetung-denken» für das chinesische Volk? Diese Redewendung kam 1945 auf, und heute gehört sie zu den geläufigsten. Es ist die Anwendung der universellen Wahrheit des Marxismus-Leninismus auf die chinesische Realität. Es wurde von Mao Tse-tung während seines ganzen kämpferischen Lebens in Reden, Artikeln, Richtlinien und politischen Werken erarbeitet. Der Führer Chinas war der Auffassung, daß damals das ganze Volk noch nicht imstande sei, durch die Lektüre von Marx, Engels oder Lenin direkt zu den Quellen des Kommunismus vorzudringen; und deshalb beschloß er, die Werke dieser Autoren zu popularisieren und zu kommentieren, indem er Vorgänge aus dem Chinesisch-Japanischen Krieg, dem Befreiungskrieg und dem bewegten politischen Leben Chinas der letzten Jahre als veranschaulichende Beispiele wählte.

Das «Maotsetung-denken» ist Leitfaden des Handelns, Lehrbuch des Lebens und kein unveränderliches Dogma. Es führt zur Analyse der konkreten Realität; es zeigt Wege auf und gibt Orientierungshilfen, damit das Handeln über den zufälligen Anlaß hinauskommt und sich in positive Erfahrungen verwandelt. Von diesem Denken ausgehend, muß der neue chinesische Mensch sich selbst, die Revolution und die Welt entdecken.

Die gründliche Verinnerlichung des «Maotsetung-denkens» ist ein unabdingbarer Imperativ des Volkes. Nur indem man von diesem Denken ausgeht und es als Fundament wählt, findet man Möglichkeiten, kritisches Urteilsvermögen zu entwickeln, alltägliche Phänomene zu beobachten und Erfahrungen zu realisieren.

Dieses Denken ist auch die Synthese von Prinzipien, die zu einem erfüllteren, vollkommeneren Leben führen; ein Leben der Güte, dessen oberstes Ziel das allgemeine Wohl ist, ohne Rückfall in die Ausbeutung des Menschen durch den Menschen. Das «Maotsetung-denken» besteht aus philosophischen Abhandlungen, Gedichten, militärischen Schriften, Berichten, Reden und Artikeln, die während der letzten 50 Jahre erschienen sind, da Mao Tse-tung mit dem Kampf für den Sieg des Sozialismus in seinem Land verbunden lebt.

Aber es enthält auch ganz einfache Maximen und Prinzipien, die das Leben der chinesischen Menschen regeln. Hier eine kleine Auswahl:

– Niemand darf sich der manuellen Arbeit oder der direkten Beteiligung an Industrie und Landwirtschaft entziehen.
– Kampf dem Individualismus: Man lebt, man existiert in Abhängigkeit von der Gesellschaft.
– Es gibt kein Wissen ohne Praxis.
– Eins teilt sich in zwei. Das heißt, jedes Phänomen hat seine positive und seine negative Seite; ein Widerspruch, den man kennen muß.
– Man muß sich auf die eigenen Kräfte stützen und beharrlich arbeiten.
– Die einfache Wahrheit liegt beim Volk. Die Macht der Massen ist unbegrenzt. In Übereinstimmung mit ihren Bedürfnissen und Wünschen handeln, heißt, in Übereinstimmung mit der Wahrheit sein, und ist eine Garantie für revolutionäres Handeln.
– Ein einfaches, gesundes, genügsames Leben führen.

Was bedeutet Mao Tse-tung für das chinesische Volk? Gibt es wirklich einen Personenkult? Es liegt auf der Hand, daß Mao außerordentlich beliebt ist, und dafür gibt es gewichtige Gründe: Mao Tse-tung war an der chinesischen Revolution seit 1920 aktiv beteiligt. Seit 1935 hat er sie angeführt. In jener Zeit war China, wie viele Chinesen sich noch erinnern, ein von seinen nordamerikanischen, deutschen, britischen, französischen und – in den letzten Jahren – japanischen Kolonisatoren gedemütigtes und ausgebeutetes Land. Es war ein von Hunger und Seuchen geplagtes Land.

Die Chinesen sagen, daß der Vorsitzende Mao sie von den «Drei Bergen: dem Feudalismus, dem Kolonialismus und dem Imperialismus», befreit hat. Unter diesen Umständen – erinnert man sich an den «Langen Marsch», vergegenwärtigt man sich den Kampfgeist, die Lehren, die Integrität dieses Politikers, der durch das eigene Beispiel regierte – ist die Bewunderung, die ihm entgegengebracht wird, natürlich und erklärbar. Auf keinen Fall aber handelt es sich um einen durch Zwang oder Propaganda erzeugten Kult. Mao Tse-tung ist für das chinesische Volk kein Kaiser mit übernatürlichen Kräften. Im Gegenteil, ein Mensch, der spricht wie es selbst, der in der Genügsamkeit und Einfachheit des Volkes lebt und der vor allem von Grund auf Chinese und Revolutionär ist. Für viele Chinesen sind Mao, das neue China und der Sozialismus Synonyme.

Die Denkmäler, Büsten und Bildnisse, die während der Kulturrevolution propagiert wurden, verschwinden immer mehr. Man glaubt, daß sie in jener Epoche viel verwendet wurden, weil Mao vor allem das Symbol der authentischen revolutionären Linie war und der innere Kampf es so erforderte (man weiß aber auch, daß Lin Piao den Vorsitzenden absichtlich «überhöhen» ließ, um ihn aus der Politik auszuschalten; J. S.).

Über diesen angeblichen Persönlichkeitskult sagte derselbe Mao zu Edgard Snow:

«Es gibt bei diesem Persönlichkeitskult Übertreibungen; das Volk kann nur schwer eine 3000 Jahre alte Tradition überwinden. (Er bezieht sich auf die Tradition der Verehrung des Kaisers, Anmerkung des Autors.) Heute verändern sich die Dinge. Man sagt über mich, ich besäße die vier Größen: des großen Lehrers, des großen Führers, des großen Heerführers und des großen Steuermanns. Früher oder später wird das alles aufhören. Bleiben wird nur das Wort Lehrer, das einzige, was ich gewesen bin: Schullehrer.» (Bevor Mao Tse-tung in die Kommunistische Partei eintrat, war er Volksschullehrer.)

Gemäß dieser Haltung leitete der gleiche Mao zuletzt die «Entmaoisierung» Chinas. Seine Auftritte in der Öffentlichkeit wurden sehr selten, nach und nach verschwinden die Büsten, Bilder und Denkmäler. Das Engagement gilt weniger Mao als dem «Maotsetung-denken».

Anwendung der Massenlinie und Beteiligung aller

Wer bestimmt, ob eine Schule eröffnet werden soll? Wer finanziert sie? Wer wählt das Personal aus? Wer wählt die besten gebildeten Arbeiter aus, damit sie an die Universität gehen, um sich zu vervollkommnen? Wer hat, nach dem Denken Mao Tse-tungs, immer recht? Die einzige

Antwort ist: die Massen.

«Von den Massen ausgehen, um zu den Massen zurückzukehren», lautet die politische Formel, die sich durchgesetzt hat. Die Massenlinie ist für das chinesische Volk die Quelle von Wahrheit und Weisheit, zu der man zurückkehren muß, wenn man Orientierung, Leitung und Rat braucht.

In Erfüllung dieses Prinzips besuchen die Lehrer häufig die Eltern, um sie nach ihrer Meinung über die Erziehung zu befragen, die ihre Kinder erhalten, und um Vorschläge und Rat von ihnen zu erbitten.

Diese Methode hat sich bis heute als sehr positiv erwiesen: Es ist gelungen, die Isolierung der Schule aufzubrechen, indem die Gemeinschaft direkt am Erziehungsprozeß teilnimmt. Auf diese Weise betrachtet das Volk das Erziehungssystem als eigene Sache, die es persönlich betrifft und die zu seiner Zufriedenheit eine angemessene Erziehung seiner Kinder garantiert.

Die Schulen ihrerseits stehen im Dienst der Gemeinschaft, für die sie da sind, und nehmen, natürlich ohne von den in China herrschenden politisch-sozialen Richtlinien abzuweichen, jene Form und Funktion an, die die Massen ihnen vorschreiben. Es wird in Übereinstimmung mit den Bedürfnissen der Zone, der Region oder des Distrikts gelernt. Die Massen sind es, die bestimmen, was gelernt werden soll, wie intensiv es gelernt werden soll und welche besonderen Merkmale das Erziehungszentrum haben muß, um die Bedürfnisse der Gemeinschaft zu befriedigen.

Ein weiteres wichtiges Wort im Vokabular des heutigen China ist «Beteiligung». Auch sie ist ein Produkt der Massenlinie. Die Chinesen mobilisieren sich und treffen die wichtigsten Entscheidungen, indem sie die Massen konsultieren, ihre Ideen anerkennen und einen jeden für die kollektiven Vorhaben verpflichten. So bringen sie die nötige Kraft auf, um die unwahrscheinlichsten Taten zu vollbringen.

Bei jedem Arbeitsplan, je nach Umfang, gelingt es, Hunderte, Tausende oder Millionen Menschen zu beteiligen. Wenn alle übereinstimmen und sich selbstverständlich für die Arbeit einsetzen, ist es nicht schwierig, dies durch gemeinsames Handeln zu verwirklichen.

Solche Motivation geschieht durch ideologische Bewegungen, denen es nicht an psychologischen Anreizen fehlt, damit die zu leistende Arbeit vergnüglich ist. Man hält Versammlungen, Debatten und Diskussionen ab, damit jedermann sich an dem zu schaffenden Werk beteiligt. Deshalb hat jedes Projekt seine Parolen und Spruchbänder, seine Lieder und Helden.

Der Besucher Chinas begegnet nicht selten Menschenmengen, die auf den ersten Blick den Eindruck erwecken, als feierten sie gerade ein Freudenfest, man hört Lachen und Rufe; in fast allen Fällen handelt es sich aber um den gemeinschaftlichen Aufbau einer öffentlichen Einrichtung, einer Schule, eines Bewässerungskanals, eines unterirdischen Schutzraumes.

Ähnliches geschieht auf anderen Gebieten: Auch die Wissenschaft steht nicht im Dienst partikularer Interessen. Niemand studiert Medizin, um sich zu bereichern, niemand befaßt sich mit Physik oder erfindet einen Apparat, um ihn dann patentieren zu lassen und so seine wirtschaftlichen Probleme zu lösen. Wissenschaft und Technik stehen nicht im Dienst des einzelnen, sondern des Volkes.

In diesen Kontext eingebettet, ist jede Aktion, jede Arbeit ein Beitrag des einzelnen zum Aufbau des neuen China oder zur Befreiung der Welt. Der Chinese weiß, daß seine Anstrengung weder einen Ausbeuter bereichern noch einem anderen egoistische Vorteile verschaffen wird, sondern daß sie der Gemeinschaft dienen, eine Ideologie, ein kollektives Streben verwirklichen wird.

Kenntnis der politisch-sozialen Realität Chinas

Die auf dem «Maotsetung-denken», der Beteiligung aller und der Massenlinie beruhende politische Erziehung muß vervollkommnet werden durch die Kenntnis der politisch-sozialen Realität Chinas.

Die Chinesen erhalten eine Erziehung, die weder Zugeständnisse an die unfruchtbare Phantasie macht, noch sich auf Euphemismen und vage Vorstellungen gründet. Die Geschichte, die sie lernen, ist keine Geschichte der Legenden und Mythen, sondern klar und einfach die Geschichte Chinas mit all seinem Elend und Verrat der Vergangenheit.

Der chinesische Schüler muß sein Lernen auf die soziale Praxis gründen. Das heißt, auf die Gegenüberstellung von Theorie und Praxis; auf seine persönliche Beteiligung am Kampf um die Produktion (die Schulen sind Farmen, Fabriken oder Anbaufelder); auf den Klassenkampf (Kenntnis des Lebens und Handelns der Arbeiter und Bauern und tiefe Anteilnahme daran); auf Partizipation und wissenschaftliches Experiment (das kollektive Verlangen, die Technik zu verbessern, die schöpferische Erfindung anzuregen und den Mut für die Suche nach geeigneten neuen Wegen für den Fortschritt des chinesischen Volkes zu stärken).

All dies setzt voraus, daß der zu Erziehende völlig von der ihn umgebenden physischen und sozialen Realität durchdrungen ist. Das chinesische Kind lernt Botanik, indem es die in seiner Region gedeihenden Pflanzen anbaut; Zoologie, indem es die Tiere pflegt; Physik und Mathematik, indem es mit den eigenen Händen in den Fabriken arbeitet.

Seine Welt ist voll von konkreten Qualitäten. Es will sein Wissen nicht aus «toten Büchern», sondern aus der eigenen Erfahrung beziehen. Genau wie das Volk im Krieg selbst gelernt hat, Krieg zu führen, muß das

Kind lernen, ein guter Revolutionär zu sein, indem es die Revolution macht. Das heißt, indem es ohne Unterlaß für sein Land, für seine Ideen und für seine Mitmenschen arbeitet.

Regelmäßig erhält der Schüler Besuch von alten Chinesen, die ihm erzählen, was sie noch vor 50 Jahren an Schmerz, Ausbeutung und Elend erlebt haben. Da er sich an allem beteiligt, tut er dies auch in der Politik und wird regelmäßig über den Weg des Sozialismus in China und in den anderen Ländern der Welt informiert.

Auf diese Weise ist jedes chinesische Kind und jeder chinesische Bürger ein von der Massenlinie geleiteter politischer Träger des «Mao-tsetung-denkens» und zudem ein aktiver Teilnehmer an allen öffentlichen Angelegenheiten Chinas.

Diese politische Bildung, die der ideologischen Arbeit Priorität zuschreibt, gründet sich auf zahlreiche Werke Mao Tse-tungs und wird zudem im «Roten Buch» folgendermaßen zusammengefaßt:

«Die 4 Ersten nicht vergessen:
1. Der Mensch muß über der Materie stehen;
2. die politische Arbeit über den anderen Aufgaben;
3. die ideologische Arbeit über den anderen Aspekten der politischen Arbeit; und
4. das konkrete Wissen über dem Bücherwissen.»

Diese Art der Bildung hat solche Bedeutung, daß wir einige unserer Erfahrungen mitteilen müssen, um eine Vorstellung von ihrer Tragweite zu geben.

Nixons Besuch

Einige Abschnitte aus einem Gespräch, das wir mit Li Yen-shin, einem jungen Mann von 22 Jahren, über den Besuch des Präsidenten Nixon in China führten, können eine Vorstellung vom politischen Wissen und Denken, von der politischen Vernunft und Informiertheit des einfachen, normalen Chinesen geben.

Das Gespräch fand am Morgen des 18. Juli 1971 statt; das heißt, am selben Tag, als die chinesischen Zeitungen ohne weiteren Kommentar, in einer kleinen Notiz, den so plötzlichen und überraschenden Besuch bekanntgaben:

«Ich bin einverstanden mit der Einladung Mr. Nixons. Der Vorsitzende Mao hat uns gelehrt, verschiedene Methoden des Kampfes einzusetzen. Eine davon, eine sehr wichtige, ist der Dialog und die Verhandlung. Erinnern Sie sich, daß der Vorsitzende Mao verschiedene Male mit

Tsiang Kai-shek, einem anderen Feind unseres Volkes, verhandelt hat. Man kann miteinander sprechen; man soll miteinander sprechen. Ich bin mir völlig sicher, daß wir nicht einen Millimeter von unseren Prinzipien abweichen werden.

...

Es könnte sein, daß Mr. Nixon, wie Sie sagen, diesen Besuch für den Wahlkampf ausnutzt. Aber im großen und ganzen wird der Dialog dem chinesischen Volk mehr nützen.

...

Nein, ich werde nicht pfeifen und keine Tomaten auf Mr. Nixon werfen. Ich weiß, daß man den nordamerikanischen Präsidenten in anderen Ländern so empfängt. Dort haben sie ihre eigenen Kampfmethoden. Wir Chinesen sind daran interessiert, daß die Verhandlungen positiv verlaufen. Mr. Nixon ist bei uns sehr bekannt. In diesem Augenblick werden auf seinen Befehl in Vietnam und auf anderen Schlachtfeldern Massaker angerichtet. Wegen alledem verdient er meine Verachtung und meinen Haß. Aber gleichzeitig muß ich mithelfen, daß meine Regierung einen positiven Dialog mit ihm führt.

...

Ich wiederhole es: Unsere antiimperialistische Position wird sich niemals ändern. Wir haben eine klar umrissene Außenpolitik, die sich weder bei einem noch bei tausend Besuchen von Mr. Nixon oder anderen Politikern ändern wird.

...

Nein, ich bin nicht intelligent. Ich folge nur den Lehren des Vorsitzenden Mao.»

Es muß betont werden, daß wir diesen jungen Mann im Vorbeigehen auf der Straße ansprachen. Es fand keine vorherige Auswahl durch den Dolmetscher oder Führer statt.

Kombination von Unterricht und Produktionsarbeit

Ein in China viel verwendetes Wort ist «Kombination». Die Theorie muß mit der Praxis kombiniert sein; die technischen Neuerungen sind möglich gewesen dank der «dreifachen Kombination von Arbeitern, Technikern und Ingenieuren». In unserem Fall hat der Unterricht nicht viel Wert, wenn er nicht mit der produktiven Arbeit kombiniert ist.

Die ersten Versuche, den Unterricht in den Schulen mit der Arbeit in der Produktion zu verbinden, setzten 1958 unter der Formel ein: «Im Geist von Fleiß und Sparsamkeit gleichzeitig studieren und arbeiten». Mit dieser Maßnahme wurde vor allem beabsichtigt, die manuelle Arbeit wieder in ihr Recht einzusetzen, statt sie zu verachten, und diese Haltung auf die ganze Gesellschaft zu projizieren und zu übertragen.

Wenn die geistige Arbeit überbewertet und die manuelle hintangestellt wird, dann, so glauben die Chinesen, erlangen die Werte der bürgerlichen Gesellschaft wieder volle Geltung.

Dieser Überzeugung entsprechend wurden viele technische und landwirtschaftliche Schulen eingerichtet, die alle von den Massen getragen wurden. Diese Schulen wuchsen, behauptet man, «ebenso schnell, wie der Bambus im Frühling nach dem Regen wächst».

Diese Haltung impliziert eine Gegenposition zum Bücherwissen und, so könnte man sagen, zu einem der Akkumulation von theoretischen Kenntnissen gewidmeten Leben. Mao Tse-tung hat 1951 geschrieben (später, besonders während der Kulturrevolution, radikalisierte sich seine Meinung über die theoretischen Kenntnisse sehr viel mehr, wie wir noch sehen werden):

«Welche Kenntnisse erwerben die Schüler aus den Büchern? Angenommen, alle diese Kenntnisse seien wahr, dann sind sie Theorien, die unsere Vorfahren, gestützt auf die Summe ihrer Erfahrungen im Kampf um die Produktion und im Klassenkampf, erarbeitet haben, und nicht Kenntnisse, die von den Schülern selbst gewonnen wurden. Es ist unerläßlich, solche Kenntnisse zu übernehmen; nichtsdestoweniger muß man berücksichtigen, daß sie für die Schüler in gewissem Sinn einseitig sind. Diese Kenntnisse wurden von anderen bewiesen; nicht von den Schülern selbst. Das Wichtigste ist, sie im Leben und in der Praxis anwenden zu können.»

Aber die Kritik Mao Tse-tungs richtete sich nicht nur gegen die Theoretiker, die sich weigern, Praxis zu machen. Er kritisierte auch diejenigen, die ihre Kenntnisse einzig auf die Erfahrung gründen und die Theorie ablehnen. Seine Auffassung war:

«Unsere mit der praktischen Arbeit beschäftigten Genossen besitzen häufig große Erfahrung, was sehr wertvoll ist. Aber es wäre sehr gefährlich, wenn sie sich nur mit ihrer Erfahrung zufriedengäben.
Diese Genossen müssen begreifen, daß ihre Kenntnisse das Ergebnis sinnlicher Erfahrung sind. Deshalb sind sie bruchstückhafte Kenntnisse; es fehlen ihnen rationale Kenntnisse, allgemeine Kenntnisse. Anders gesagt: Es fehlt ihnen an Theorie, und folglich sind ihre Kenntnisse relativ unvollständig.»

Diese Vorstellungen sowie der gegen die sowjetisch beeinflußte Erziehung aufkommende Widerstand waren Anlaß für die Eröffnung vieler

Erziehungsinstitute, die das «Halb Arbeit, halb Studium» genannte System zu praktizieren begannen. Die Arbeiter und Bauern ihrerseits fingen ebenfalls an zu lernen: Allein in Shanghai ließen sich 24 000 Arbeiter zu Ingenieuren ausbilden, und über 200 000 Bauern aus den Volkskommunen wurden Mechaniker, Elektriker, Buchhalter usw., nachdem sie Kurse für Radio- und Fernsehtechnik oder Handelskorrespondenz besucht hatten.

In den Schulen der großen Städte begann sich die Jugend zu mobilisieren; sie nutzte die Sommer- und Herbstferien, um den Bauern zu helfen und gleichzeitig von ihnen zu lernen. Das Ideal jedes Jugendlichen war, «mit den Bauern leben, an ihrem Tisch essen, an ihrer Seite arbeiten».

Das sind die direkten Vorläufer der Kombination von Unterricht und produktiver Arbeit, die seit der Kulturrevolution ganz intensiv in die Praxis umgesetzt wurde.

Die enge Verbindung von produktiver Arbeit und Unterricht wird seit vielen Jahren praktiziert, aber sie gewinnt immer noch an Umfang und Stärke: Sie begann mit einer Wiederherstellung des Rechts der manuellen Arbeit und endete mit der Verpflichtung, daß einerseits alle Schulen Anbaufelder, Farmen, Werkstätten usw. betreiben, und andererseits die Fabriken, Volkskommunen sowie die Armee Stätten der Arbeit und zugleich Schulen sein sollen.

Diese Maßnahme hat also zwei Dimensionen: Sie verschafft der produktiven Arbeit und der Erziehung universelle Geltung. Beide sind untrennbar; die eine kann nicht ohne die andere bestehen.

Die künftigen Folgen dieser Maßnahme sind nicht vorhersehbar. Bislang hat sie das Volk mächtig geeint, wobei sie nicht nur Hierarchien und Arbeitsteilung, sondern auch berufsständische Unterschiede beseitigte. Indem der Bauer, der Arbeiter, der Soldat, der Intellektuelle, der Politiker, der Wissenschaftler und der Schüler auf der Grundschule, der Sekundarschule oder der Universität körperliche und geistige Arbeit leisten und an der Produktion teilnehmen, gewinnen sie jeden Tag an Verständnis und Sinn für die Zusammenhänge. Das ist erklärlich, denn in China gibt es keine getrennten Aufgaben für Erwachsene und für Jugendliche; alle arbeiten auf ähnlichen Gebieten entsprechend ihren Möglichkeiten zusammen.

Keineswegs selten ist im heutigen China die Ehe von Bauern oder Arbeitern mit Ärztinnen, oder die feste Freundschaft, die aus der Interessengemeinschaft zwischen Arbeitern auf dem Felde und in der Fabrik und intellektuellen Arbeitern der Universität entsteht: Alle drei bestellen den Acker, arbeiten in der Produktion und studieren das «Maotsetung-denken»; jedes zu seiner Zeit.

Aber zunehmend stellen sich heute auch schon weitere Folgen ein: Es scheint so, als verschwände die Kluft zwischen den Generationen; da das

Kind und der Jugendliche in der Produktion arbeiten und den gleichen Stoff lernen wie der Erwachsene, haben sie auch keine anderen Rollen zu erfüllen. Wie die Erwachsenen gehören sie zur tätigen Bevölkerung. Sie werden völlig ernst genommen und sind gesellschaftlich nützlich.

Folglich gibt es mehr Kommunikation zwischen Jugendlichen und Erwachsenen von gleich zu gleich. Es gibt mehr gegenseitigen Respekt als im Westen, weil es keine Abhängigkeit gibt. Alle arbeiten entsprechend ihrem Stand und ihren Möglichkeiten (die Kinder arbeiten weniger in der Produktion mit, lernen aber mehr) und haben auch im Leben die gleichen Pflichten und Aufgaben, die gleiche Ideologie.

Folglich kann es keine Unterbrechung der sozialen Kommunikation geben. Da jeder am selben politischen Tun beteiligt – und keiner ein gleichgültiger Zuschauer – ist, gibt es in den Beziehungen untereinander mehr Übereinstimmung als Abweichung.

Dies macht sich auch ganz deutlich in der Beziehung zwischen Männern und Frauen bemerkbar, denn es sind ihnen die gleichen sozialen Rollen zugewiesen: Von Kindheit an arbeiten die Frauen wie die Männer, und wie diese lernen sie und beteiligen sich an der Politik. Für gleiche Arbeit [wobei ihnen die leichter auszuführende zugewiesen wird; J. S.] erhalten sie die gleiche Vergütung wie die Männer. Die Welt der Frau enthält die gleichen Pflichten und Aufgaben wie die Welt des Mannes.

Die Öffnung des Produktionsbereichs für Kinder, Jugendliche, Frauen, Politiker, Offiziere, Beamte und Wissenschaftler erscheint, oberflächlich betrachtet, als Maßnahme, die auf Grund dringender Erfordernisse der wirtschaftlichen Entwicklung ergriffen worden ist. Doch die Gründe dafür waren weniger ökonomischer, als vielmehr didaktischer und pädagogischer Natur. Es kam weniger auf die Zahl der Reiskörner und Produkte als auf die sozialistische Moral, die Entbürgerlichung des Menschen und seine ideologische Bildung an.

Alle beteiligen sich an der produktiven Arbeit, hauptsächlich um sich des Kontakts mit den Massen zu versichern. Man will im Grunde, daß alle den Bauern und den Arbeiter aus der Nähe kennenlernen, daß sie an seinem Leben teilnehmen, sein Brot, seine Sorgen, seine bescheidenen und einfachen Lebensformen teilen. Man möchte die proletarischen Massen verstehen und von ihnen lernen und hat dabei folgende politische und pädagogische Ziele – Parolen, die in China beinah synonym sind:

- Die Verbürgerlichung derjenigen verhindern, die keine körperliche Tätigkeit ausführen und deshalb die Neigung haben, sich von den Massen zu isolieren.
- Die Führenden in engem Kontakt mit den Geführten halten, beide vereinigt in der Arbeit auf dem Feld und an konkreten Problemen.

China hat auch zur Genüge die zentralistischen und bürokratischen

Tendenzen des Staatsapparats kennengelernt und weiß, daß diejenigen, die verantwortliche Ämter ausüben, in Versuchung sind, Entscheidungen vom Schreibtisch aus zu fällen, ohne das greifbare Wissen und die Erfahrung zu haben, die man einzig bei der Landarbeit erwirbt.

– Im ganzen Volk eine positive Einstellung gegenüber der Basisarbeit herstellen und die zweifelhafte Attraktivität der bequemen, wenig revolutionären Führungspositionen zerstören.
– Bessere Effizienz bei der Führung der öffentlichen Unternehmen und der politischen Aktivitäten erzielen; denn es versteht sich von selbst, daß derjenige, der Basisarbeiter gewesen ist und geschwitzt und sich die Hände schmutzig gemacht hat, bei seiner Arbeit mehr Tatkraft zeigt.

Verallgemeinerung des Lernens: die lehrende Gemeinschaft

Im revolutionären China ist das Lernen nicht mehr ausschließlich Sache der Schule, sondern hat sich als verallgemeinerte Praxis durchgesetzt, die überall und in jedem Augenblick verwirklicht wird. Niemand hört je auf zu lernen.

Der alte Analphabet muß noch lesen lernen; die Soldaten («Eine Armee ohne Kultur ist eine unwissende Armee, und eine unwissende Armee kann den Feind nicht besiegen» Mao Tse-tung), die Arbeiter und die Bauern müssen sich dem Lernen widmen, um ihre persönliche Veränderung und die des sozialistischen China zu erreichen.

Das Lernen darf nie enden, «weil die Verhältnisse sich dauernd ändern». Aber, sagen die Chinesen, man muß zu lernen verstehen: Die Erziehung muß antidogmatisch und reflexiv sein, sie muß versuchen, das theoretische Wissen auf die persönliche Erfahrung anzuwenden.

Aber, so warnt man, das Wissen darf nicht eingebildet machen. Mao sagt:

«Das Wissen ist eine Frage des Bewußtseins und diese erlaubt weder Unehrlichkeit noch Anmaßung. Es fordert ganz gewiß das Gegenteil: Ehrlichkeit und Bescheidenheit.»

Die Verallgemeinerung des Lernens ist wahrscheinlich das wichtigste Merkmal, das das heutige China kennzeichnet. Obwohl die Ausbildungszentren beinah 100 Millionen Schülern Platz bieten, sind sie nur ein kleiner Teil der chinesischen Erziehungsbewegung. Man könnte auch sagen: China ist eine gewaltige Erziehungsgemeinschaft von Kindern, Jugendlichen, Erwachsenen und Alten.

Anders als im Westen übt die Schule kein Monopol der Erziehung aus.

Sie ist nur eine der vielen Institutionen, die sich der Erziehungsarbeit widmen; denn sie teilt diese Aufgabe mit Fabriken, Volkskommunen, der Armee, Straßenklubs, Massenkommunikationsmitteln und künstlerischen Veranstaltungen.

Der Inhalt der Erziehung ist in allen diesen Institutionen ganz ähnlich: Es ist eine politische Erziehung, die auf die gründliche Umwandlung des Menschen und seine Hingabe an die Aufgaben zielt, die die Revolution zur Konsolidierung des Sozialismus verlangt.

In den Erziehungs-, Kultur- und Arbeitsinstitutionen sind die ersten, die besten Stunden des Tages dem politischen Studium gewidmet. Wie wir zeigten, muß jeder Chinese, ausgehend vom Denken Mao Tse-tungs, zur Entwicklung seiner eigenen Ideen gelangen. Oder anders gesagt: Man will, daß die Gemeinschaft den Marxismus-Leninismus verinnerlicht, damit das Volk danach – von innen nach außen fortschreitend – diese Kenntnisse schöpferisch interpretieren, anwenden und mit der Realität konfrontieren kann.

Die Früchte dieser massiven Erweiterung des Lernprozesses zeigen sich bereits: Vor irgendein Phänomen gestellt, beginnen die chinesischen Arbeiter, Bauern oder Angestellten es dialektisch zu analysieren; sie lassen das Nebensächliche beiseite, um das Wesentliche zu entdecken; sie suchen die inneren und äußeren Widersprüche des Phänomens auf, bis sie das erreichen, was sie «die richtige Linie» nennen.

Im Bereich der Fabriken und Volkskommunen regt das universelle Studium die Steigerung der Produktion und die Einführung technischer Neuerungen an. In den öffentlichen Geschäften und Büros hilft es mit, Wartezeiten, Unhöflichkeit und schlechte Behandlung abzuschaffen; denn es lehrt, «mit ganzem Herzen dem chinesischen Volk zu dienen». In der Armee ermutigt es, «weder Härten noch den Tod zu fürchten».

Die Universalität des Lernens verstärkt sich mit der häufigen Anwendung bestimmter Prinzipien:

Popularisierung der Philosophie

Obwohl das Studium der Rhetorik in China in Ungnade fiel, ist das mit der Philosophie jedoch nicht geschehen. Im Gegenteil: Aus dem beschränkten akademischen Bereich, wo sie früher zu Hause war, ist sie herausgetreten, um volkstümlicher Wissensstoff und eine wichtige Waffe für die ideologische Verwandlung des Individuums zu werden.

In den Worten Mao Tse-tungs heißt das: «Die Philosophie aus den Hörsälen und Lehrbüchern befreien», damit sie in der weiten Welt der Arbeiter heimisch werde. Wer ein Buch des chinesischen Führers in die Hand nimmt, wird sofort dessen außerordentliche Gabe der Popularisierung von Wissen bemerken. Er schreibt mit äußerster Klarheit; er gebraucht ganz einfache Wörter und Wendungen, wobei er immer wieder zusammenfaßt und zu seinen Grundideen zurückkehrt, um sie bei seinen Lesern besser zu verankern. Oft greift er auf Legenden des alten China oder auf beim Volk wohlbekannte Sprichwörter zurück. Vielleicht deswegen und aufgrund seines enormen moralischen Einflusses, hat er es geschafft, daß die Philosophie, häufig nur von einem beschränkten Personenkreis akzeptiert, in China vom Volk studiert und angewandt wird. Alle sind «Amateur»-Philosophen und suchen nach der tiefen Wahrheit der Dinge.

Die Aufgabe der Kunstwerke

Nach der Kulturrevolution haben nur diejenigen Kunstwerke überdauert, die zur Steigerung der Werte beitragen, die die Revolution beseelen.

Seit damals behandeln alle Kunstwerke ein ideologisches Thema. Die Figuren in den revolutionären Theaterstücken, Balletten oder Filmen sind für gewöhnlich Arbeiter, Bauern oder Soldaten, Mitglieder der Kommunistischen Partei. Die negativen Charaktere sind Grundbesitzer, Offiziere des [japanischen] Invasionsheeres, Arbeiter, die die Sache des Proletariats verraten.

Die Hauptpersonen in den Kunstwerken sind heroische Gestalten, deren Gefühle, Handlungen und sogar Reflexe sich präzise am Vorbild des revolutionären Volkshelden ausrichten. Natürlich streben sie danach, die allgemeine Bewunderung zu erwecken, um sodann nachgeahmt zu werden. Sie sind Vorbilder für das Verhalten.

Das Hauptziel der Kunst ist es, die sozialistischen Prinzipien zu bekräftigen und dem Volk Mut zu machen in seinem Kampf für die gründliche Verwandlung.

Selbstlos und großzügig zu sein, wie es die neue sozialistische Moral verlangt, ist nicht einfach; daher müssen alle Kunstwerke zusammenwirken in dem Bemühen, die Erziehung zu verallgemeinern und ganz China zu einer erzieherischen Gemeinschaft zu machen.

Die Kunstwerke stellen eine besondere Lehrmethode dar, und als solche werden sie in weitesten Kreisen studiert.

Massenkommunikationsmittel

Eine ähnliche Aufgabe erfüllen die kollektiven Kommunikationsmittel. Sie sind einzig dazu da, das Volk über die Ereignisse und Vorgänge zu informieren, deren Kenntnis für die Stärkung des ideologischen Bewußtseins notwendig ist, und wirken direkt an der Aufgabe mit, das Volk zu erziehen.

Wie wir später noch ausführen werden, stellen die Massenkommunikationsmittel eine echte «Parallelschule» dar.

Bei solcher Mitwirkung ist ganz China eine lehrende Gemeinschaft.

Weitere Merkmale

Der Sozialismus wird in China mit Hilfe einer politischen Erziehung aufgebaut, die der ideologischen Bildung, der Universalisierung des Studiums und der Verwandlung des ganzen Landes in eine Erziehungsgemeinschaft Priorität zuweist. Diese Erziehung verbindet auf allen Ebenen produktive Arbeit und Unterricht.

Diese drei, als Mittel der Transformation fungierenden Kräfte haben der gesellschaftlichen Organisation Chinas und natürlich auch seinem Erziehungssystem folgende Merkmale aufgeprägt:

Eine neue Wertskala

Seit vielen Jahren, aber besonders seit der Kulturrevolution war den Erbauern des Sozialismus in China daran gelegen, die Verbreitung und Übernahme der Werte der bürgerlichen Gesellschaft zu eliminieren.

Aus diesem Kampf ist ein neuer Mensch mit einer neuen Wertskala hervorgegangen.

Untersuchen wir einige – die hervorspringendsten – dieser Werte:

Den Individualismus durch den Altruismus ersetzen

Die Chinesen sind Marxisten-Leninisten. Studium und Reflexion haben ihnen ein Bild von der Welt und vom Menschen gegeben, das sich in den Rahmen des historischen Materialismus einfügt. Für sie beherbergt jedes konkrete Phänomen zwei Elemente, die einander widersprechen und sich negieren: «Eins teilt sich in zwei», wie Mao Tse-tung sagt.

Diese beiden Elemente im Menschen sind: ein positives, das zum Altruismus, zur Solidarität, zur Liebe für den Nächsten und für die eigene sozialistische Revolution tendiert, und ein anderes, negatives und individualistisches, das zu Genuß, Faulheit, Völlerei, Bequemlichkeit und Sinnlichkeit neigt.

Jedes menschliche Wesen, sagen die Chinesen, ist ein Schlachtfeld, auf dem sich das positive und das negative Element im dauernden Kampf um die Übermacht befinden. Kurz, ein innerer Kampf um die Vorherrschaft des altruistischen und sozialistischen oder des individualistischen und bürgerlichen Standpunkts.

Die chinesische Erziehung wählte den Altruismus anstelle des Egoismus. Sie trachtet folglich danach, daß man bei allen seinen Handlungen weniger an sich selbst als vielmehr an die anderen, an das chinesische Volk, an die Menschheit denkt. Und daß man nicht nur in abstrakter Form daran denkt, sondern unter Ablehnung der individualistischen Werte, im Sinne einer vertieften gesellschaftlichen Verpflichtung, handelt und mitwirkt.

Altruistisch zu sein, ist nicht leicht. Man muß Hilfe bekommen, sich bei diesem Vorhaben gegenseitig Mut machen. Dies wird in der Schule und in den übrigen Institutionen Chinas gelernt.

Diese Bildung erhält man bereits in den ersten Jahren der Schulzeit, im Kinderladen und im Kindergarten. Dort wird nicht das individuelle Handeln gewertet (die gut gemachte Zeichnung, die wunderbare Stimme, der gewandteste Knabe oder das hübscheste Mädchen – Vorstellungen, die den Wettbewerb unter den Kindern stimulieren und kleine Hierarchien errichten), vielmehr sollen in der Gruppe identische emotionale Zustände hervorgerufen werden, um das Gruppen-, Gesellschafts- und Gemeinschaftsbewußtsein zu formen.

Die Kinderkrippe oder die Vorschule soll ein Sozialisierungszentrum in dem Sinne sein, daß sie das Kind nicht nur lehrt, Freunde zu haben und mit ihnen zu spielen, sondern auch, sich in das Kollektiv, in kooperative, nicht kompetitive Beziehungen einzufügen. Was in einer auf der Trennung zwischen geistiger und körperlicher Arbeit basierenden Gesellschaft, in der es Klassenantagonismen gibt, schwer zu verwirklichen ist, fällt in einem sozialistischen Land leichter.

Später, in der Primar- und Sekundarschule, wird diese Haltung gegenüber der Gruppe verstärkt. Dort ist kein Platz für egozentrische Standpunkte oder individualistische Einstellungen: Das Privateigentum am Wissen wird abgeschafft, und die Erfahrungen sind möglichst allen gemeinsam.

Diese nichtindividualistische, altruistische Konzeption erlaubt es, nicht ausschließlich an die Gegenwart zu denken. Bei allen Handlungen wird auch die Zukunft, die ferne Zukunft bedacht, und deshalb arbeiten die Chinesen intensiv an Werken, deren Auswirkungen sich frühestens in 100, 200 oder 300 Jahren bemerkbar machen werden.

Die Chinesen bringen die gleiche Begeisterung auf für den Bau des Hauses, das sie demnächst bewohnen werden, und des Bewässerungskanals, der erst in vielen Jahren Wasser führen wird – in so vielen Jahren, daß die heutigen Generationen es nicht erleben werden. Unter Singen und Freudenbekundungen wurden zum Beispiel unlängst in der Umgebung der Stadt Nanking Bäume gepflanzt, damit in 50 oder 60 Jahren der Sommer etwas kühler ist.

Wie Mao Tse-tung, so empfinden alle eine große Verantwortung für das zukünftige Schicksal Chinas und arbeiten dafür. Für heute vertrauen sie darauf, daß, wenn sie das Denken Mao Tse-tungs studieren und in die Praxis umsetzen, die Ideologie der künftigen Generationen dieselbe sein und China weiterhin den sozialen Werten und dem Sozialismus verpflichtet sein wird.

Die materiellen Anreize beschränken

Ein Land wie China, das sich für eine revolutionäre Erziehung entschied, mußte notwendig die Bedeutung der materiellen und individuellen Anreize beschränken und statt dessen nichtökonomischen, kollektiven Anreizen große Bedeutung beimessen.

Die Arbeitsvergütungen werden nach einer einfachen Norm gezahlt: «Einem jeden nach seiner Arbeit.» Das will sagen, daß der Lohn nicht von der individuellen Leistung abhängig ist, sondern von der Qualifikation des Arbeiters.

Die in Überstunden an Sonn- und Feiertagen oder während der Ferien geleistete Arbeit wird nicht bezahlt. Solche Aufgaben, die freiwillig geleistet werden, können durch nichtökonomische Anreize prämiiert werden, die allgemein in «sozialer Anerkennung» bestehen – einem erzieherischen, nichtmateriellen Wert –, aber nur, wenn sie echte Beispiele der Selbstverleugnung und hoher solidarischer Gesinnung waren.

Diese soziale Anerkennung ist eine moralische Gratifikation, die nicht auf Initiative oder Beschluß der Führungskader zugestanden wird, sondern von der den Arbeiter umgebenden sozialen Gruppe ausgeht.

Wenn möglich, werden die Entscheidungen in China horizontal, und nicht vertikal getroffen. Prämiiert werden Mut, Selbstverleugnung, schöpferische Initiative und bedingungslose Hingabe an die Arbeit.

Die Prämienanreize werden an Arbeitsgruppen verliehen, und zwar auf Veranlassung anderer, ähnlicher Gruppen. Individuelle Prämien sind die Ausnahme und werden in allen Fällen auf Verlangen der Gemeinschaft gewährt.

Nicht erlaubt ist die Entschädigung in materiellen Werten, und erst recht nicht in Geld, denn das wäre, wie die Chinesen meinen, eine Rückkehr zur Herrschaft des Kapitalismus.

Wie die Ausbeutung des Menschen durch den Menschen abgeschafft wurde, so soll der Chinese bei sich auch den auf Privateigentum und die Ansammlung von Reichtümern gerichteten persönlichen Ehrgeiz beseitigen.

Ein materieller Anreiz, der häufig solchen Gruppen zugestanden wird, die mit ihrer Arbeit eine «Norm der Quantität, Geschwindigkeit, Qualität und Wirtschaftlichkeit» übertroffen haben, ist die Zuteilung einer größeren Menge Saatgut, wenn es sich um Bauern handelt, oder von Rohstoffen, wenn es eine Fabrik ist, um damit der ganzen Gemeinschaft zu nützen.

Diese, ökonomischen Werten entgegengesetzte Haltung ist in China sehr verbreitet. Selten werden materielle Geschenke gemacht, und Trinkgeld wird nicht akzeptiert. Gute Bedienung und Gastfreundschaft machen sich durch Freundlichkeit bezahlt: Ein Brief, ein Gruß haben für das chinesische Volk große Bedeutung, denn sie tragen sehr zur Stärkung dessen bei, was dort «die Liebe und Solidarität der Klasse» genannt wird.

Die Werte der Konsumgesellschaft ablehnen

China steht im Begriff, die Unterentwicklung zu besiegen, indem es einen in seiner Geschichte beispiellosen Kampf für die Vermehrung von Produktion und Konsum führt. Wie wir schon sahen, muß sich die ganze Bevölkerung, einschließlich Frauen und Schüler, aktiv an der produktiven Arbeit beteiligen.

Aber Produktion und Konsum anzuregen, heißt etwas anderes, als die Werte der Konsumgesellschaft zu übernehmen. Im letzteren Fall sei direkt auf die Länder des Westens verwiesen, wo ein grausamer Wettlauf um die Anhäufung von Reichtum stattfindet und wo der größte Konsum auch soziales Prestige verleiht.

Die Chinesen weisen die Werte der Konsumgesellschaft schroff zurück. Sie betrachten sie als Anti-Werte, als direkten Ausdruck der Diktatur der Bourgeoisie. Dem stellen sie entgegen das Lob der Armut, die Treue zu sozialen Werten und die Notwendigkeit, ein gesundes Leben zu führen – arm an materiellen Reichtümern, aber reich an lebendigen Erfahrungen.

Der individuelle Wettlauf um die Akkumulation von Reichtum, behaupten die Chinesen, negiert de facto die sozialistische Bildung des Menschen. Ein guter Soldat der Revolution kann seine Ideale nicht am persönlichen Vorteil, zum Nachteil von seinesgleichen ausrichten: Ein Mensch kann nicht der Gegenstand von Kaufen und Verkaufen (Prostitution) sein, und ebensowenig kann er in Waren den Grund seiner Existenz sehen.

Die wirtschaftliche Entwicklung, erklären sie, kann kein Ziel an sich sein, sondern nur ein Instrument, ein Mittel, durch das die ganze Gesellschaft ein erfülltes, ausgeglichenes und vollkommenes Leben führen kann, ausgedrückt in besseren Indizes der Gesundheit, der Erziehung und der schöpferischen Aktivität für die ganze Gemeinschaft und nicht nur für einen Teil von ihr.

Während im Westen Erziehung, Wissenschaft und Technik im Dienst der individuellen Entfaltung stehen, orientieren sie sich in China an der gesellschaftlichen Entwicklung.

Wissenschaftler, Erfinder oder hochbegabte Künstler erhalten und genießen keine individuellen Vorteile wegen ihres Beitrags zur Gesellschaft. Was im Westen schädlich wäre, weil es die Anreize, die den wissenschaftlichen und technischen Fortschritt ermöglichen, verringern würde, ist es in China nicht, eben wegen der so anderen Motivationen und Werte, die dort gelten.

In China gibt es einen offenen Krieg gegen Luxus, Verschwendung, Anhäufung von Reichtum und Müßiggang: China ist wahrscheinlich das einzige Land der Welt, wo die Löhne nur bescheiden steigen, wo aber die Lebenshaltungskosten immer weiter sinken.

Das ist der Weg, den man dort gefunden hat, um die sozialen Hierarchien abzubauen und eine Politik authentischer Gleichheit einzuführen.

Die eigenen Kräfte gebrauchen

China hatte in seiner Geschichte viele Schwierigkeiten zu überwinden. Doch mit ungeheurem Stolz erinnert es sich der Anstrengungen, die es seit 1960 aufbringen mußte, weil es keine sowjetische Unterstützung mehr erhielt.

Aus dieser Epoche stammen die Parolen: «Auf seine eigenen Kräfte zählen», oder «Sich aus eigener Anstrengung entwickeln» – Schlagworte, die mithalfen, die Energie und Phantasie der Nation zu mobilisieren und den Stillstand, der China bedrohte, zu durchbrechen. Im Laufe der Zeit sind diese Parolen zur Lebensform, zur Handlungsweise und zum wichtigen Merkmal des chinesischen Verhaltens geworden. Diese Parolen sind im Erziehungssystem sehr kräftig wirksam. Jede Schule muß sich aus eigener Kraft entwickeln: In den ersten Jahren ihres Bestehens erhält sie Hilfe von der Gemeinschaft, der sie dient; später muß sie die Selbstfinanzierung erreichen, und noch später produzieren, um ihrerseits die Entstehung weiterer Institute zu unterstützen.

Die Lehrer und Schüler selbst erbauen das Schulgebäude, erarbeiten das Lehrmaterial, schreiben und drucken vielfach ihre eigenen Lehrbücher und suchen ganz allgemein nach eigenen Wegen der Entwicklung.

Dasselbe Schema gilt auch für den einzelnen: Jeder Arbeiter, jeder Auszubildende strengt sich an, um sich selbst zu überwinden und besser zu sein, um Methoden und Verfahren zu entdecken, zu erfinden und zu erneuern, mit denen er dem chinesischen Volk noch besser nützen kann.

Die schwierigsten Probleme und Aufgaben werden als persönliche Herausforderung begriffen, sich zu «stählen»; d. h. sich zu stärken. Das Leben soll eine dauernde Suche nach Lösungen für immer schwierigere Probleme sein. Man darf sich nicht durch Schwierigkeiten und Unannehmlichkeiten besiegen lassen. Man muß ausdauernd, beharrlich und unermüdlich sein. Mao Tse-tung gibt in dieser Hinsicht zwei vortreffliche Lehren:

- «Der Mensch muß dauernd seine Erfahrungen zusammenfassen und entdecken, erfinden, schöpferisch arbeiten und fortschreiten»; und
- «Kämpfen, scheitern, wieder kämpfen, erneut scheitern, abermals in den Kampf zurückkehren, und so fort – bis zum endlichen Sieg».

Für die Chinesen ist das wissenschaftliche Experiment eine Kampfmethode, die nicht nur Spezialisten vorbehalten ist, sondern dem ganzen Volk gehört.

Dies gilt so allgemein, daß man kaum übertreibt, wenn man sagt, daß jedes chinesische Kind potentiell ein unermüdlicher Arbeiter und Erfinder ist. Die Chinesen bauen sich gern ihr eigenes kleines Labor oder ihre Werkstatt, und dort probieren sie in einfacher, handwerklicher Form Tausende von Verfahren aus, um zu entdecken und zu erfinden, was später der Gemeinschaft dienen kann.

Diese recht verbreitete Einstellung (wir sahen kleine, bescheidene Krankenhäuser der Volkskommunen, die Serum, Impfstoffe und Grundheilmittel produzierten) war die kollektive Antwort Chinas an die Sowjetunion. Wichtig sind für das chinesische Volk nicht Arbeitserleichterungen, technische Anlagen und ökonomische Ressourcen, sondern der Mensch, Triebkraft und Motor jeder Revolution.

Die flexible Schule: Verkürzung der Schulzeit und Vereinfachung des Unterrichts

China ist ein dezentralisiertes Land. Zur Autonomie der Volkskommunen kommt die wachsende Unabhängigkeit nicht nur der chinesischen Regionen, sondern auch der Provinzen und Distrikte voneinander.

Die Schulen sind dazu da, um regionale, zonale oder lokale Bedürfnisse zu befriedigen. Deshalb unterscheiden sie sich erheblich – je nach der Produktionstätigkeit, der sie sich widmen, und der Orientierung, die die jeweilige Gemeinschaft ihnen gibt.

Diese Unterschiede können auch die innere Ordnung, die Zahl und den Inhalt der Fächer und sogar die Schuljahre betreffen: Manche Schulen führen in 5 Jahren zur Sekundarreife, andere in 4 und wieder andere in 3 Jahren; es gibt eine eindeutige Tendenz zur Verkürzung der Schulzeit auch bei solchen Erziehungszentren, wo dies in den letzten Jahren noch nicht geschehen ist. Das gleiche Phänomen macht sich auf der Primarstufe bemerkbar.

Diese Tendenz, eine Form der Einleitung von Entschulungsprozessen, wird durch die außerschulische Erziehungsarbeit ergänzt, die in der Familie, in der Blockorganisation, in der Volkskommune, in der Fabrik, in der Armee und in den Massenkommunikationsmitteln geleistet wird.

Verschwunden sind viele als überflüssig betrachtete Unterrichtsfächer. Im Grunde glaubt man offenbar, daß die Schule nur das Lernen und Arbeiten lehren und später die Arbeit und die permanente Erziehung als bildende Kräfte des Menschen wirken lassen soll.

Man hat auch das Spektrum der akademischen Berufe reduziert: Es gibt keine Psychologen, Soziologen, Psychoanalytiker, Berufsberater usw. Eine Schule, die so flexibel und an die Bedürfnisse der Gemeinschaft, der sie dient, angepaßt ist, ist tatsächlich frei von der Bürde eines belastenden bürokratischen Apparats.

Es laufen viele Erziehungsprogramme ganz verschiedener Natur: mobile Schulen in Bussen oder Booten; Schulen, die im Zweitagesrhythmus unterrichten; Spezialkurse von kurzer Dauer für Erwachsene; Schulen mit ungewöhnlichem Stundenplan; Fernkurse in Handelskorrespondenz, Radio- und Fernsehtechnik.

Es gibt weder rigide Einschreibefristen noch irgendwelche Bestimmungen, die im Falle von Abwesenheit, Krankheit oder Schulschwänzen den weiteren Schulbesuch der Kinder verhindern würden.

Die kleineren Probleme löst man im schulischen, die größeren im kommunalen Bereich, wobei einzig das kollektive Wohl und die Bedürfnisse der Schüler berücksichtigt werden.

Da China sich andererseits in ein einziges großes Erziehungszentrum verwandelt hat, bestand für die Schule als Institution die Notwendigkeit, ihren Aktionsradius zu beschränken und sich zu verkleinern, wobei sie der produktiven Arbeit breiten Raum ließ. Noch auffälliger ist diese Verringerung, wenn auch aus anderen Gründen, in den Universitäten und höheren Studienzentren, die seit der Kulturrevolution die Studenten in zwei bis maximal drei Jahren ausbilden. So verhindert man die Isolierung des Schülers von seiner Familie, seiner Gemeinschaft, der chinesischen Realität.

Diese Maßnahme kann auch jegliche Gefahr beseitigen, daß eine neue Kaste von Intellektuellen entstehen könnte, die aufgrund ihrer hohen theoretischen Kenntnisse und ihres langen Aufenthalts an der Universität schließlich die Arbeiter, Bauern und Soldaten, die Grundberufe der chinesischen Gesellschaft ausüben, als minderwertige Menschen betrachten würde.

Ihre ergänzende Bildung *erfahren* die Schüler im Arbeitslager, das Gruppen von Arbeitern, Technikern und Fachleuten vereinigt, durch permanente Erziehung.

Ein Beispiel für die Flexibilität der chinesischen Schule gibt eine gebildete Bäuerin, die in einer Schule in der Nähe von Shanghai unterrichtet; sie erklärt:

«Bei meiner Arbeit hatte ich eine Schwierigkeit: Meine Kinder fehlten häufig in der Schule. Ich beschloß damals, die Familien der Kinder zu besuchen, um die Ursachen des Fehlens zu untersuchen. So erfuhr ich, daß die Kinder fehlten, weil sie auf ihre kleineren Geschwister aufpassen mußten.

Da fragte ich mich: Warum kommen die Kinder nicht mit ihren kleineren Geschwistern in die Schule? Die Folge ist: Heute habe ich mehr Arbeit, aber gleichzeitig ist meine Schule fröhlicher. Sie ist Volksschule, Kindergarten und Kinderkrippe in einem.»

Abschaffung der Noten und Prüfungen

Im Westen endet die Erziehung in der Regel mit der Vergabe eines Titels, Diploms oder Zertifikats – Dokumente, die die Befähigung und Tauglichkeit bescheinigen, eine bestimmte Tätigkeit beruflich auszuüben. Sie sind so etwas wie persönliche Belohnungen, die später die Türen zu normalerweise gutbezahlten Tätigkeiten öffnen werden. Diejenigen, die diese Dokumente – es sind Titel, ähnlich wie Adelsprädikate – nicht besitzen, bilden den großen Haufen der schlechtbezahlten Bürger. Sie sind so etwas wie Bürger zweiter Klasse.

Diese Situation bestand einst auch in China. Man studierte, um Funktionär oder Führungskader zu werden, was bis zur Kulturrevolution eine privilegierte Situation bedingte.

Die neue Erziehung hat mit allen diesen Mythen radikal aufgeräumt, indem sie als erstes die Geltung von Noten und Prüfungen beschränkte, die nicht nur der Auslese dienten, sondern auch – und das sehr wirksam – dazu beitrugen, daß die Schüler Zeit verloren, entmutigt wurden und die Schule vorzeitig verließen.

Andererseits sind Noten geeignet, um Kenntnisse zu bewerten; viel schwerer ist es aber, Einstellung, Betragen, Arbeitsfreude, soziale Solidarität, persönliche Hingabe an eine Ideologie, Opferbereitschaft usw. zu quantifizieren – alles Elemente, die zum Leben des chinesischen Schülers gehören.

Wie soll man Kinder numerisch qualifizieren, die in ihren schulfreien Stunden bereitwillig ihren Mitschülern helfen, freiwillige Arbeit im Dienst der Gemeinschaft leisten oder ihren Kameraden bei der Lösung von persönlichen Problemen helfen? Man mußte also die Geltung der

Noten und Prüfungen einschränken, und das gleiche geschah mit Titeln und Diplomen. Es konnte auch gar nicht anders sein, seitdem Arbeiter und Bauern mit solidem ideologischem Wissen, aber ohne akademischen Titel eingesetzt werden, um Krankenhäuser, Laboratorien, Fabriken, Museen, Universitäten, Forschungszentren, Zeitungen und Schulen zu leiten.

Die positiven Resultate dieser Neuerung lieferten den Beweis, daß akademische Titel keine Garantie für Tüchtigkeit und Effizienz sind. Unter der Leitung der Arbeiter begann in China die Produktion zu steigen, die technischen Neuerungen erfolgten in einem in diesem Lande noch nie gekannten Tempo, die Institutionen entbürokratisierten sich und stellten sich, mit großem Erfolg, ganz in den Dienst der Gemeinschaft.

Die traditionellen chinesischen Ärzte, die nie eine Universität betreten haben, aber zu heilen verstehen, besitzen dasselbe Prestige wie ihre sogenannten «westlichen» Kollegen, die an den höheren Ausbildungsstätten erzogen wurden. Beide Fachleute arbeiten gemeinsam für gleiches Gehalt in den Krankenhäusern. Die Patienten können wählen, welche Art der Medizin sie bevorzugen, wobei sich eine Tendenz zur Kombination beider Schulen bemerkbar macht.

Beseitigung aller repressiven Systeme

Für die Chinesen bedeutet jede Repression automatisch ein Eingeständnis der politischen Ohnmacht. Deshalb besteht eine klare, ausgeprägte Tendenz, unter keinen Umständen physischen oder moralischen Druck auszuüben.

In den Erziehungszentren gibt es keinerlei Strafen, wie es auch keine Gendarmerie oder Polizei gibt, außer zur Regelung des Straßenverkehrs.

Kinder mit Lern- oder Verhaltensschwierigkeiten – deren es im Verhältnis zum Westen sehr wenige gibt – werden behandelt, oder besser gesagt: Es wird ihnen durch die Erziehungsgemeinschaft geholfen, indem die Ursachen, die die Unregelmäßigkeit bedingten, beseitigt werden.

Faule, fehlentwickelte oder zum Stehlen neigende Kinder erhalten in der Regel eine Überdosis «Maotsetung-denken», die ihnen die Kleinen Roten Garden, Kinder mit höherem ideologischen Bewußtsein, verabreichen. Das heißt: Lektüre des Roten Buches, Meditation und Reflexion sowie Zureden, damit sie ihr Verhalten ändern und fähig werden, sich der kollektiven Anstrengung anzuschließen, aus China eine bessere Welt zu machen.

Die Kleinen Roten Garden sind in solchen Fällen unzertrennliche Freunde des Problemkindes. Sie versuchen dessen Besserung zu erreichen, indem sie mit ihm sprechen, sich unterhalten, spielen, es zur Reflexion veranlassen und überhaupt an seinem Leben teilnehmen.

In den schwierigen und ungewöhnlichen Fällen, in denen dieses System versagt, wird die ganze Schule, Schüler wie Lehrer, mobilisiert, um dem Kleinen mit kollektiver Therapie zu helfen. Die Heilung des Problemkindes stellt dann eine Herausforderung an die Erziehungsgemeinschaft dar. Alle wirken auf das Kind ein und bilden eine Bewegung des sozialen Drucks, damit das Problemkind sein Verhalten ändert. Wenn sich die ersten Symptome der Besserung zeigen, werden diese wie ein kollektiver Sieg lautstark gefeiert.

Dieses Umerziehungssystem ist ein weiterer Beweis, der das positive Wirken der Massen bestätigt. In keinem Fall greift man zu Maßnahmen wie Nachsitzen, Prügelstrafe oder Schulverweis.

Maria Antonietta Macciocchi hat in ihrem Buch «Dalla Cina», Mailand 1971, folgende Zeugnisse gesammelt:

- Ein Schüler, Mitglied des Revolutionären Komitees einer Schule in Shanghai, sagte mir: «Die Lehrer gebrauchen die ideologische Methode anstelle von Rohrstock und Ohrfeigen.»
- Aussage von Sun Yu-min, 13 Jahre: «Uns überzeugt man nicht damit, daß man mit der Faust oder mit dem Stock auf den Tisch haut. Ein Lehrer, der das tut, hat keine Autorität. Der Vorsitzende Mao lehrt das Gegenteil: Um die anderen zu überzeugen, muß man sie überreden, aber nicht verängstigen.»

Die chinesische Erziehung bietet auch den taubstummen Kindern neue Perspektiven: Es wurden besondere Institute für sie eingerichtet, wo man sie zuerst mit Hilfe der Akupunktur hören und sie dann in Sprachlabors sprechen lehrt. In 90 Prozent der Fälle hat diese Behandlung, wie berichtet wird, guten Erfolg.

Die von Geburt an Taubstummen hören und sprechen zu machen – das ist ein weiterer Erfolg, der Mao Tse-tung zugeschrieben wird. Vor einigen Jahren gab er die Weisung aus: «Mit den verbotenen Zonen aufräumen.» In Erfüllung dieser Anweisung brachen die Ärzte mit den Mythen und Halbwahrheiten, die aus dem Westen nach China gelangt waren. Eine dieser Halbwahrheiten besagte, es sei unmöglich, die von Geburt an Tauben hören zu machen. Der Arzt Chao Po-yu besiegte diese «verbotene Zone», indem er mit seinen Nadeln die das Gehör regulierenden Nervenzentren stimulierte und damit erreichte, daß die Tauben hörten.

Ähnliche Erfahrungen macht man jetzt mit geistig zurückgebliebenen Kindern. Deren Behandlung ist aber erst im experimentellen Stadium.

Repressive Methoden werden nicht nur in der schulischen Organisation selten eingesetzt. Für die Chinesen sind Delikte und Fehler nichts anderes als Nachlässigkeit oder Versäumnis bei der Aufnahme des «Maotsetung-denkens». Mit Ausnahme ganz ungewöhnlicher Fälle ist die Therapie nicht das Gefängnis. Wenn jemand Straftaten begeht, muß er sich unter der Kontrolle der Massen in einer Fabrik oder Volkskommune umerziehen lassen. So befand sich z. B. Liu Shao-ch'i, der frühere Präsident und einer der Wortführer des Revisionismus in China, [bis zu seinem Tod J. S.] nicht in Haft: In einer bescheidenen Kleinstadt auf dem Lande erzog er sich durch Feldarbeit um, wobei er auf die Hilfe der Bauern zählen konnte.

Verringerung der Spezialisierung

Während im Westen die Erziehung auf zunehmende Spezialisierung zielt, läßt sich in China eine deutliche Tendenz zur Allgemeinbildung feststellen.

Wie wir schon sagten, hat die Erziehung das Ziel, einen Menschen mit ideologischem Bewußtsein heranzubilden. Dies ist möglich dank dauernder politischer, kultureller und militärischer Schulung.

Wer ideologisches Bewußtsein besitzt, gilt als befähigt, die verantwortungsvollsten, schwierigsten und komplexesten Aufgaben zu erfüllen, ganz gleich ob er Bauer, Arbeiter oder Soldat ist.

Wie wir sahen, stehen alle Institutionen unter der Verantwortung von Arbeitern mit solidem ideologischem Bewußtsein, die keinerlei Spezialkenntnisse besitzen. Diese Arbeiter von ausgeprägt revolutionärer Gesinnung haben es verstanden, sich an ihre neue Lage als Leiter von Institutionen anzupassen; sie haben an Ort und Stelle die Mechanismen der ihnen aufgetragenen Arbeit gelernt und haben in ihren jeweiligen Arbeitszentren die Liebe und Begeisterung verbreitet, die notwendig ist, um jede Möglichkeit eines Rückfalls in Routine, Quietismus oder Bürokratie auszuschließen.

Es gibt keine Schulen zur Ausbildung von Geschäftsführern, Direktoren, Vorgesetzten oder Chefs. Man bildet Revolutionäre aus, und nichts anderes. Die Spezialisierung des leitenden Personals geschieht durch die tägliche Arbeit, durch die Erfahrung. In China glaubt man, daß die politische, kulturelle und militärische Bildung des Menschen eine geheimnisvolle «Fähigkeit, Berge zu versetzen» schafft; alles übrige bewirkt die Praxis. Nach dieser Logik sind die Chinesen sich absolut sicher, daß jeder, der ein guter Revolutionär ist, seinen Erfindungsgeist und seine schöpferische Kraft entwickeln wird, um mit Erfolg die verantwortliche Aufgabe zu erfüllen, die das Land ihm aufträgt. Das spezialisierte Studium wird ersetzt durch den glühenden Wunsch, dem chinesischen Volk tüchtig zu dienen, und die auftretenden Schwierigkeiten werden in

Übereinstimmung mit dem «Maotsetung-denken» gelöst. Sind diese sehr komplex, dann beruft man sich auf die Massenlinie, das heißt, man befragt das Volk.

Wan Yu-che, ein zur Führungsgruppe des Kinderkrankenhauses in Kanton gehörender Arbeiter, gab uns einen Bericht über seine Arbeit:

«Ich kam in dieses Krankenhaus nach der Kulturrevolution. Anfangs war ich sehr unsicher. Ich fragte mich: Wie würde ich ein Krankenhaus führen können, ohne Arzt zu sein? Aber ich mußte es tun, und ich glaube, daß die Ergebnisse meines Wirkens nicht negativ sind.

Natürlich mische ich mich nicht in die Behandlung der Kranken ein, denn ich bin kein Arzt. Ich bin Arbeiter. Von Anfang an ist es meine Aufgabe gewesen, alle Voraussetzungen zu schaffen, damit die ‹westlichen Ärzte› (diejenigen mit Universitätsausbildung) und die traditionellen Ärzte (mit Praxis, aber ohne akademische Bildung) ihre Aufgabe besser erfüllen können.

Wie tue ich meine Arbeit? Indem ich mit der ganzen Belegschaft in lebendiger Form das Denken Mao Tse-tungs studiere. In ihm finden wir die Quelle unseres Tuns, die Mittel, die die Bürokratisierung des Krankenhauses und das Abstumpfen des Personals verhindern. Unsere Sorge ist es, nicht aus den Augen zu verlieren, daß wir einen öffentlichen Dienst leisten und die Aufgabe haben, unserem Volk zu helfen. Wir sorgen dafür, daß die Distanz, die man manchmal künstlich zwischen Arzt und Patient schaffen will, radikal beseitigt wird.

Den Arbeitern sind wir es schuldig, daß in der Krankenhausarbeit einige Veränderungen vorgenommen werden. Zum Beispiel haben wir es erreicht, daß die Ärzte und Medizinprofessoren dem Dienstpersonal helfen, das Krankenhaus zu putzen und zu kehren. Das eint die Belegschaft und bringt den Ärzten Einfachheit und Bescheidenheit nahe.

Heute setzen die Ärzte sich stundenlang mit dem Patienten und seiner Familie im Gespräch zusammen. Ärzte, Arbeiter, Krankenpfleger und Patienten studieren gemeinsam das Denken Mao Tse-tungs. Dies erzeugt Klassenbewußtsein und stärkt die Entschlossenheit des Patienten, im Interesse der Revolution zu gesunden.

Hier gibt es keine ökonomische Beziehung zwischen Arzt und Patient; statt dessen gibt es revolutionäre Freundschaft und Kameradschaft.»

Wer die Kälte der menschlichen Beziehungen in westlichen Krankenhäusern kennt, ihren Mangel an menschlichem Gefühl, den Kommerzgeist, der die Privatkliniken beseelt, wo Gesundheit zu exklusiven Preisen verkauft wird, der wird leicht erkennen, welche Vorteile ein Gesundheitszentrum unter der Leitung eines sozial empfindenden Arbeiters gegenüber einer von Ärzten geleiteten Klinik hat, die eine hochspezialisierte Krankenhaustechnik, aber keinen ideologisch-sozialen Inhalt aufweist.

Diese allgemeine, nichtspezialisierte Bildung, die die schulische und außerschulische Erziehung in China beseelt, läßt sich folgendermaßen zusammenfassen:

Politische Bildung

Der heutige Chinese studiert in Form der Reflexion «Marxismus-Leninismus-Maotsetung-denken».

Die politische Bildung ist geeignet, der ganzen Bevölkerung «ideologisches Bewußtsein» zu geben. Mit anderen Worten: Sie lehrt, 24 Stunden am Tag als Revolutionär zu handeln und zu leben. Es geht nicht um Wissen oder Kenntnisse, sondern um das Sein, das Gefühl und die Praxis des Sozialismus.

Kulturelle Bildung

Sie hat nichts zu tun mit kultureller Information. Man muß die Theorie mit der Praxis kombinieren, und umgekehrt; man muß sinnliche Erkenntnisse in rationales Wissen verwandeln.

Militärische Bildung

Die Außenpolitik Chinas ist von Friedfertigkeit beseelt. Aber es reagiert auf die Drohung des Imperialismus, indem es sich auf den Krieg vorbereitet hat.

Jeder Chinese ist Soldat. Er sieht seine Revolution unter dem Gesichtspunkt des weltweiten proletarischen Kampfes gegen den Kapitalismus.

Der Soldat ist weder Techniker noch politisch neutraler Fachmann. Vielmehr ist er Politiker und Revolutionär.

Inhalt der Informationen

Die Informationen, die im «Maotsetung-denken» enthalten sind, beziehen sich auf vier verschiedene Bereiche:

Persönlicher Bereich

- Man muß Überheblichkeit vermeiden. Nicht einmal diejenigen, die bei ihrer Arbeit große Erfolge erzielt haben, dürfen überheblich sein.
- Man muß stolz auf die Armut Chinas sein. Sie scheint ein Nachteil zu sein, ist es aber nicht. Die Armut regt das Verlangen nach Veränderung an. Auf ein leeres, blankes Blatt Papier kann man die neuesten, schönsten Worte schreiben und die originellsten und hübschesten Bilder malen.

- Man muß ein einfaches Leben führen und schwer arbeiten, um weder Härten noch den Tod zu fürchten.
- Bescheidenheit führt zum Fortschritt, Einbildung zum Rückschritt.
- Man muß entschlossen sein, keine Opfer fürchten, alle Schwierigkeiten überwinden, um den Sieg zu erringen. Man muß alle Kräfte anspannen und angestrengt immer voran marschieren, um den Sozialismus nach der Norm der Quantität, Schnelligkeit, Qualität und Sparsamkeit aufzubauen.
- Man muß die physische Kultur entwickeln und die Gesundheit des Volkes stärken.
- Man muß Kritik und Selbstkritik üben. Dies besagt, man muß sich berichtigen, wenn einem bewiesen wurde oder wenn man sich bewußt wird, daß man gleichgültig oder ungeschickt gehandelt hat. Auch muß man die bürokratische, metaphysische oder dogmatische Kritik vermeiden.
- Kämpfen, scheitern, wieder kämpfen, erneut scheitern, abermals in den Kampf zurückkehren, und so fort – bis zum endlichen Sieg. Dies ist die Logik des Volkes.

Politischer Bereich

- Den Egoismus und den Revisionismus bekämpfen.
- Über das Problem der richtigen Linie müssen wir jedes Jahr, jeden Monat, jeden Tag sprechen.
- Das Hauptziel unseres Kampfes und unseres Lebens ist die vollkommene Durchführung der sozialistischen Revolution. Dazu braucht man die revolutionäre Theorie, breite Informationen über die politische Wirklichkeit und viele Stunden der Arbeit zusammen mit Arbeitern und Bauern.
- Man muß sich bewußt sein, daß die Arbeiterklasse und die Bauernschaft die Basis der chinesischen Revolution bilden. Zugleich muß man der Volksbefreiungsarmee dankbar sein, die die Unabhängigkeit des chinesischen Volkes ermöglicht hat und seine politische Stabilität im Sozialismus garantiert.
- Man muß zutiefst antiimperialistisch sein. Nach dem Gesetz des Widerspruchs muß man wissen, daß die Reaktionäre gleichzeitig echte Tiger und Papiertiger sind. Echte Tiger sind sie wegen ihrer Bewaffnung und ihres technischen Vorsprungs; Papiertiger sind sie aber, weil sie einen Aggressions- und Eroberungskrieg führen, der ihnen weder die Kraft noch den Mut gibt, die notwendig sind, um tapfer zu kämpfen.
- Das Volk, und nur das Volk ist die treibende Kraft der Weltgeschichte.

- Man muß ganz bewußt jede negative Erscheinung beseitigen, die geeignet ist, die Einheit zwischen Volk und Partei zu beeinträchtigen.

Militärischer Bereich

- Man muß sich bewußt sein, daß die Politik Krieg ohne Blutvergießen, und der Krieg Politik mit Blutvergießen ist. Wenn sich die Politik bis zu einer bestimmten Stufe entwickelt hat, wo sie nicht mehr auf die alte Weise fortgeführt werden kann, dann bricht der Krieg aus, mit dessen Hilfe die der Politik im Wege liegenden Hindernisse hinweggefegt werden.
- Alle Macht kommt aus den Gewehrläufen.
- Die Revolution ist die Machtergreifung durch die bewaffnete Macht; das heißt, die Lösung des Problems durch den Krieg.
- Ohne den bewaffneten Kampf kann die Revolution nicht siegen.
- Wir wollen den Krieg nicht. Aber um die Gewehre abzuschaffen, muß man das Gewehr ergreifen.
- Man muß den Krieg durch den Krieg bekämpfen; mit dem revolutionären Krieg den konterrevolutionären Krieg bekämpfen. Wenn wir die Gesetze des Krieges studieren, dann gehen wir von dem Wunsch aus, alle Kriege zu beenden.
- Wir sind für den Frieden und gegen den Krieg. Aber wenn die Imperialisten beschließen, den Krieg zu erklären, sollen wir keine Angst haben. Unsere Haltung muß sein: Erstens sind wir gegen den Krieg. Zweitens fürchten wir ihn nicht.
- Unsere Nation hat den Mut, den Feind bis zum letzten Blutstropfen zu bekämpfen; die Entschlossenheit, aus eigener Kraft alles wiederzugewinnen, was wir verloren haben, und die Fähigkeit, unter den anderen Nationen auf eigenen Füßen zu stehen.
- Immer wenn das Volk eines kleinen Landes es wagt, sich im Kampf zu erheben, wenn es die Waffen ergreift und sein Schicksal selbst in die Hand nimmt, wird es unfehlbar die Aggression eines großen Landes besiegen können. Dies ist ein Gesetz der Geschichte.

Bereich von Arbeit und Schule

- Man muß fest auf dem System der Beteiligung der Kader an der kollektiven Produktionsarbeit beharren.
- Wir müssen uns nicht nur mit denen einigen können, die unsere Meinung teilen, sondern auch mit denen, die anderer Meinung sind.
- Beim Aufbau des Landes muß man den revolutionären Geist der

Unabhängigkeit und Selbstbestimmung, die Selbständigkeit, den harten Kampf, die Arbeitsamkeit und Sparsamkeit fördern; der proletarischen Politik Vorrang geben und die Bewegung der Massen verbreitern.

- Es gibt viele Dinge, die man nicht aus Büchern lernt. Man muß sie in der Produktion mit den Arbeitern und Bauern lernen.
- Die «Vier Ersten» nicht vergessen:
  1. Der Mensch muß über der Materie stehen;
  2. die politische Arbeit über den anderen Aufgaben;
  3. die ideologische Arbeit über den anderen Aspekten der politischen Arbeit; und
  4. das konkrete Wissen über dem Bücherwissen. Der Mensch muß seine Erfahrungen dauernd zusammenfassen und entdecken, erfinden, schöpferisch arbeiten, fortschreiten.
- Das gesellschaftliche Sein der Menschen bestimmt ihr Denken. Sobald die richtigen Ideen, die die fortschrittliche Klasse repräsentieren, von den Massen beherrscht werden, werden sie zur materiellen Gewalt, die die Gesellschaft und die Welt umgestaltet.

Informationen dieser Art, stets wiederholt und reflektierend kommentiert und studiert, haben den neuen chinesischen Menschen geschaffen.

4. Wie unterrichtet wird

Die chinesische Erziehung hat aufgehört, ausschließlich innerhalb der Schulmauern zu wirken, um sich, mit allen Merkmalen einer permanenten Erziehung, auf die ganze Gemeinschaft auszudehnen. In erheblichem Maß hat sie den sogenannten Frontalunterricht abgeschafft, um statt dessen Gruppenarbeit, Diskussion und Reflexion einzuführen.

Die Lehrer sind weniger Vortragende als vielmehr Initiatoren und Förderer praktischer Arbeiten, Aktivisten, die kommentierte Lesungen, Diskussionen am runden Tisch, Exkursionen in Museen, auf Farmen oder in Fabriken organisieren. Das heißt, sie sind Berater und Führer der verschiedensten erzieherischen Aktivitäten.

Die Schüler beteiligen sich voll und aktiv am Prozeß der Erziehung. Denn die Erziehung erfolgt durch Gespräche, kollektive Arbeit, Betrachten und Kommentieren von Fernsehprogrammen und Reisen durch verschiedene Zonen des Landes, wobei man aktiv an den Bau-, Feld-, Reinigungs- und Herstellungsarbeiten teilnimmt – alles Aktivitäten, die nicht nur lehrreich sind, sondern auch den Geist des Kindes bereichern.

Der traditionelle Unterricht ist in Ungnade gefallen. Lieber lernt man die Dinge kennen, indem man sie in der Praxis erprobt und selbst mit ihnen experimentiert. Um von den Fachleuten zu lernen, begibt sich die ganze Schule, der Lehrer an der Spitze, in die Arbeitszentren. Biologie, Physik und fast alle Wissenschaften lernt man auf dem offenen Feld beim Anbauen von Reis, beim Herstellen von Gerät, beim Produzieren.

In China wurde und wird immer noch über die traditionelle Schulpädagogik diskutiert. Ein junger Student, Mitglied der Roten Garden, erläutert seine Ideen:

«Früher hatten wir so viele Methoden wie Professoren. Jeder pflegte sein eigenes System zu praktizieren, und das desorientierte uns natürlich. So waren manche Professoren sehr streng. Sie waren darauf versessen, sich Respekt zu verschaffen. Um dies zu erreichen, erließen sie rigide Normen wie: *Man darf im Unterricht nicht sprechen; man muß die schulischen Pflichten erfüllen; man muß stehend die Fragen des Professors beantworten.* Wenn wir diese Anweisungen nicht respektierten, wurden wir bestraft.

Wir, die Roten Garden, denken nach. Es handelt sich, sagten wir, um feudale Methoden. Der Professor ist ein mächtiger Herr, ein Mandarin. Entweder man führt seinen Willen aus, oder man erhält eine Strafe.

Andere Professoren wollten unsere Sympathie gewinnen, indem sie ihre Vorlesungen mit den verschiedensten – wahren oder fiktiven – Geschichten auflockerten. Es war ihre Absicht, unser Interesse zu erwekken und unsere Aufmerksamkeit gefangenzunehmen, um dann ‹zur Sache zu kommen›.

Diese Methode überzeugte uns auch nicht. Bei so vielen Geschichten liefen wir Gefahr, unsere politische Richtung zu verlieren oder durch manche dieser Erzählungen vergiftet zu werden.

Wir zogen es vor, die Dinge an ihren Platz zu stellen und sie zu revolutionieren. Wir sagten uns: Wir dürfen uns nicht täuschen lassen. Wir studieren, um besser der marxistisch-leninistischen Revolution und dem Maotsetung-denken dienen zu können. Die Professoren müssen sich also in diesen theoretischen Rahmen stellen und dürfen ihn nicht verlassen. Um die Parteigänger der revolutionären Sache des Proletariats auszubilden, müssen die Erzieher vor allem dafür sorgen, das Niveau unseres politischen Bewußtseins zu heben. Und dafür brauchen sie weder autoritäre Vorschriften noch Geschichtchen und Tricks.

Heute ist der Unterricht dynamischer. Er hat die volle Beteiligung der Schüler ohne falsche Kriterien absoluter Autorität erreicht, indem er die früher existierende Kluft zwischen Lehrer und Schüler beseitigte und beide zu Bildungsarbeitern machte, die fähig sind, gemeinsam zu diskutieren, zu analysieren und zu reflektieren.»

Die Methode, nach der in der chinesischen Schule gelernt wird, läßt sich folgendermaßen zusammenfassen: *Kenntnisse* erwerben, *Praxis,* wieder *Kenntnisse* erwerben, und so immer weiter. Vor jeder Unterrichtsstunde wird, von der Praxis ausgehend, ein Aktionsplan aufgestellt. Danach kommt die kollektive Arbeit in einer Produktionseinheit, einem Labor oder einer Farm, die hinterher im Schulzimmer diskutiert und analysiert wird. Vom Feld der Arbeit zu Tafel und Lehrbuch, um dann zur produktiven Arbeit zurückzukehren und erneut zur Theorie zu gehen – dies ist der Weg, den die Chinesen gefunden haben, um die sinnliche Erkenntnis zu rationaler zu erheben.

Häufig nehmen die Schüler den Platz des Lehrers ein, um ihre Auffassungen zu erläutern, die dann von den Lehrern ergänzt werden. Es kommt vor, daß die Schüler den durchzunehmenden Stoff besser kennen als jene. In solchen Fällen sind es die Lehrer, die lernen. Da sich die Theorie nicht von der Praxis und der Kenntnis des Handelns entfernen darf, wird die Erziehung so zu einem doppelten Prozeß, bei dem gleichzeitig gelehrt und gelernt wird.

Inner- und außerhalb der Schule wird von folgenden Verfahren Gebrauch gemacht, die die Chinesen als «Erziehungsmethoden» bezeichnen:

Erziehung durch die Arbeit und für die Produktion

Die körperliche Arbeit ist nicht nur ein wichtiger Ausdruck der chinesischen Erziehung, sondern auch ein fundamentales Element ihrer neuen gesellschaftlichen Organisation. In China kann sich niemand der manuellen Arbeit entziehen; denn sie ist auf allen schulischen und beruflichen Ebenen obligatorisch. Gleichzeitig ist sie, seit dem Mai 1966, Praxis der Bescheidenheit, Schule der nationalen Einheit und Umerziehungsmethode.

In China ist die manuelle Arbeit von gleicher Bedeutung wie die akademische Arbeit im Westen. In China der Sohn eines Arbeiters oder Bauern zu sein, ist dasselbe, wie im Westen «der Sohn des Herrn Doktor» zu sein. Und darin liegt wahrscheinlich der größte Unterschied zwischen China und der übrigen Welt. Das Sozialprestige, das Geld und akademischer Titel in Paris, Neu-Delhi, Kairo oder Lima verleihen, kommt dem Prestige gleich, das in China diejenigen haben, die das Feld bestellen oder in den Fabriken arbeiten. Stärker noch: Die außerhalb der Grenzen Chinas so hochgeschätzte akademische Arbeit wird dort dermaßen geringgeachtet, daß die Intellektuellen und Akademiker, um sich des Volkes würdig zu erweisen, in regelmäßigen Abständen körperliche Tätigkeiten verrichten, die als Mittel der persönlichen Läuterung und präventive Praxis gegen eine mögliche Verbürgerung gelten.

Diese privilegierte Situation derjenigen, die mit den Händen arbeiten, scheint durch Absichten bedingt, die über eine einfache Wiederanerkennung der körperlichen Arbeit weit hinausgehen. Man will:

- die Jugendlichen veranlassen, sich freudig in die Arbeit in der Armee, in Fabriken und Volkskommunen einzureihen;
- den Wunsch der Jugend nach hohen akademischen Qualifikationsgraden beseitigen, in der Einsicht, daß die echte persönliche Vervollkommnung in der Arbeit, durch die Kombination der Theorie mit der Praxis erreicht wird;
- den Auszug von Tausenden von Menschen städtischer Herkunft auf das Land ermöglichen, die Technologie und Kultur mitbringen, und damit die Störung des demographischen Gleichgewichts zwischen Stadt und Land verhindern;
- alle Chinesen in aktive Elemente der Produktion verwandeln.

Um dem Grundsatz der Erziehung durch die Arbeit und für die Produktion zu entsprechen, gehen Kinder vom 12. Lebensjahr an wenigstens zwei Monate im Jahr zur Arbeit in Fabriken und Volkskommunen. Dieser sogenannten Erziehungsmethode der Arbeit entspricht es auch, daß diese Kinder im schulischen Bereich Produktionswerkstätten aufbauen, wobei sie von den Arbeitern und Bauern des Revolutionären Komitees, das die Schule leitet, unterstützt werden.

Die manuelle Arbeit ist ein Ehrentitel, der allen gemeinsam ist und der den Menschen keineswegs vom Wissen und vom wissenschaftlichen Experiment isoliert. Im Gegenteil: Nachdem das Prinzip, daß die persönliche Vervollkommnung in der Arbeit zu erreichen sei, einmal festgestellt worden war, multiplizierten sich die technologischen Neuerungen – dank der permanenten Erziehung und der Anreize, die der Staat der technischen und wissenschaftlichen Entwicklung bietet, die aus diesen Arbeitszentren hervorgeht.

Im heutigen China ist die Gesellschaft das Klassenzimmer. Die Schulen auf dem Lande sind Farmen und Pflanzgärten zugleich. Die Schulen in der Stadt sind eng mit benachbarten Fabriken verbunden, die sie auch finanzieren. Das Revolutionäre Komitee, das die Erziehungszentren leitet, setzt sich zusammen aus 36 Prozent Lehrern, 34 Prozent Arbeitern, Soldaten und Bauern, 15 Prozent Schülervertretern und 15 Prozent Verwaltungspersonal. Dieses Komitee hat die Vorherrschaft der manuellen Arbeit und eine volle Beteiligung des Schülers an der produktiven Arbeit ermöglicht.

Jeder Besucher in China bestätigt, in welchem Maß die Schule mit der Arbeit verschmolzen ist. In allen Erziehungszentren, die wir besuchten, konnten wir diese Orientierung feststellen. Doch die besten Ergebnisse bewunderten wir in der Sekundarschule Nummer 2 in Peking, der Zweigstelle einer normalen Universität. In den Werkstätten dieser Schule bauen Jugendliche beiderlei Geschlechts Transistoren für die spätere Verwendung in elektronischen Präzisionsgeräten. Eine Fabrik liefert ihnen das Rohmaterial, wobei es den Schülern obliegt, den Transistor zusammenzusetzen, die Anschlüsse herzustellen, ihn in einem Spezialofen zu brennen und elektronisch zu prüfen. Hier verrichten Schüler unter der Leitung von spezialisierten Arbeitern eine komplizierte Arbeit, mit der in anderen Ländern nicht Jugendliche von 13–15 Jahren, sondern hochqualifizierte Arbeiter betraut würden.

Diese Erziehung durch die manuelle Arbeit und für die Produktion steht völlig im Einklang mit den sogenannten «Drei Verboten»:

- Kein Geld vom Staat verlangen und versuchen, die Projekte mit eigenen Mitteln zu verwirklichen.
- Weder Geld noch Hilfe von anderen Gemeinschaften verlangen, sondern versuchen, sich allein zu entwickeln.
- Sich nicht durch Schwierigkeiten besiegen lassen. Man sagt in China, daß es möglich sei, der Sonne und dem Mond zu befehlen, die Plätze zu tauschen. Das Wort «unmöglich» gibt es nicht.

Die Schüler und Lehrer der Erziehungszentren arbeiten mit eigenen Händen am Ausbau der Schulgebäude, graben unterirdische Bunker, wo sie vor einem eventuellen Atomangriff Schutz zu finden hoffen, und bauen und reparieren Tafeln, Schulbänke und Lehrmaterial.

Die Schulleiter, Schüler, Eltern und Lehrer beklagen sich nie über fehlende Haushaltsmittel. Jedes Zentrum schafft seine eigenen ökonomischen Mittel. Dies nicht zu tun, hieße scheitern. Nicht umsonst handelt ein Abschnitt im Roten Buch vom «Selbstvertrauen und harten Kampf».

Dies ist eine weitere vortreffliche Lehre, die China den unterentwickelten Ländern gibt.

Bericht über die Leiden der Vergangenheit

Früher erreichte die Ausbeutung des Menschen in China ungewöhnliche und unvorstellbare Ausmaße. Seuchen, Hungersnöte, grausame Strafen und Servilität waren vorherrschende Merkmale der alten Gesellschaft. Noch heute gibt es Millionen Chinesen, die sich daran erinnern.

Die Wiederbelebung der Leiden der Vergangenheit, ihre Vergegenwärtigung in jedem Augenblick, zum besseren Verständnis der heutigen Entwicklung, ist eine weitere Form der Erziehung des chinesischen Volkes. Dies erreicht man, indem man die Alten – Zeugen früherer Zeiten – mobilisiert, sie in Schulen, Fabriken, Farmen und Militäreinheiten einlädt, damit sie dort als Aushilfslehrer objektive Berichte über die Leiden geben, die sie in der Vergangenheit erleben mußten.

Menschen, die von den Grundbesitzern brutal ausgebeutet wurden, Überlebende früherer Unterwerfungskriege, einstige Bettler, die ihre Familien an Hunger und Kälte zugrunde gehen sahen, erzählen dramatisch ihre leidvollen Erfahrungen. Vor den tränengeblendeten Augen der Kinder und Jugendlichen berichten sie von den Plagen des alten China: Prostitution, Opium, Korruption, Folter, Vergewaltigung, Hunger und Seuchen. Diese Erinnerungen, die immer eine Moral enthalten, werden zu einem wirksamen Mittel, den Patriotismus zu steigern und die Einsicht zu wecken, daß es möglich ist, sich durch Arbeit für die Revolution, durch Zurückstellen persönlicher Interessen und durch Befolgung der Anweisungen des Vorsitzenden Mao immer weiter von dieser finsteren Vergangenheit zu entfernen.

China ist immer noch ein armes Land. Sein Lebensstandard, der dem der verarmten Schichten in den Ländern der Dritten Welt (Pakistan, Peru oder Argentinien) hoch überlegen ist, liegt doch unter dem der armen Schichten in den westlichen Ländern (USA, England oder BRD). Aber auf Grund der Erinnerung an die Leiden der Vergangenheit ziehen die Chinesen keine Vergleiche mit den Schweden, Nordamerikanern oder Deutschen, sondern mit ihrer eigenen Vergangenheit, mit dem entbehrungsreichen Leben, das die früheren Generationen führten. Auf diese Weise erfahren sie auch, daß sie sich nur in dem Maß wirtschaftlich entwickeln, wie die Revolution fortschreitet, und daß für sie immer noch ein schwerer Weg voll harter Arbeit zurückzulegen bleibt. So wird ihnen auch klar, daß jede Anstrengung, jede Tat, die sie vollbringen, einen Schritt vorwärts im Kampf für ein entwickeltes China ohne Hunger und ohne Elend bedeutet.

Die Chinesen sind sich bewußt, daß das «Maotsetung-denken» sie einen guten Weg führt, aber sie wissen auch, daß dieses Denken nur Antrieb und Führer für große Leistungen sein kann, mehr nicht. Alles übrige – sagen sie stets – muß vom Volk in harter Arbeit geschaffen werden. Deswegen darf sich niemand diesem Kampf entziehen. Beiseitestehen, den Kampf meiden, das gilt den Chinesen als Verrat am chinesischen Volk und an sich selbst. Irgendwelche Fälle von Desertion, Faulheit oder Sabotage an der kollektiven Arbeit werden nicht verfolgt. In solchen Fällen wirken, wie bei den Problemkindern, Prozesse der Umerziehung: Überredung, Überzeugung und soziales Handeln; sie sollen erreichen, daß der Schüler oder Bürger mit abweichendem Verhalten sich der kollektiven Anstrengung anschließt, China zum endgültigen Sieg des Sozialismus zu führen.

Die gleiche Politik der dramatischen Erinnerung an die Leiden der Vergangenheit wird in den vom kaiserlichen China hinterlassenen Palästen und Pagoden praktiziert, die vom heutigen Regime in herrlichem Zustand erhalten werden.

Diese Kunstdenkmäler stehen dem Volk offen und leuchten in all ihrem Glanz und ihrer Schönheit. Ihr Unterschied zu den historischen Reliquien des Westens liegt in den Erläuterungen der Führer, die im Falle Chinas – mit Hilfe von Illustrationen und visuellen Hilfsmitteln – nicht nur auf die ästhetischen Werte des Kunstwerks, sondern auch auf eine andere Kategorie von Realität hinweisen: Welchen Lebensstandard hatte der Schöpfer dieses Kunstwerks – was aß er, wie lebte er, wieviel verdiente er? Mit wenigen Worten wird erklärt, wie die Situation der Arbeiter jener Epochen im Verhältnis zu derjenigen der Kaiser und Adligen war, die diese Paläste bewohnten.

Es werden auch Vergleiche gezogen zwischen dem Lebensstandard der Arbeiter im China jener fernen Jahre und dem der Arbeiter und Bauern der heutigen Zeit.

Diese vergleichenden Erklärungen werden nicht nur in statistischer Form gegeben, sondern häufig auch durch Modelle und graphische Darstellungen der schmutzigen Hütten, der ärmlichen Nahrung und der unzulänglichen Lebensbedingungen der damaligen Arbeiter illustriert.

Diese Art der Erinnerung an das frühere Leben erlaubt es den Chinesen, sich mit ihrer einstigen Wirklichkeit und gerade nicht mit den entwickelten Ländern zu vergleichen.

Belehrung durch das Leben der Vorbilder

Mit der Schaffung eines ideologischen Bewußtseins des Menschen verfolgt man nicht nur dessen intellektuelle Verwandlung, sondern vor allem seine totale und absolute Hingabe an die revolutionäre Sache. Jeder muß seine eigene innere Revolution machen – indem er den Individualismus und die natürliche Tendenz zu Bequemlichkeit, leichtem Leben und Faulheit bekämpft –, um sich sodann an der Revolution Chinas und aller Länder, die den Weg zu ihrer Befreiung gewählt haben, zu beteiligen.

Diese tiefe Verwandlung des Menschen geschieht auch mit Hilfe ideologischer Kampagnen, in denen das Beispiel der chinesischen Vorbilder hervorgehoben wird. In China gibt es nicht nur Menschen, die ihr Leben im Dienst des Landes opferten, sondern auch jene, die im Bestreben, dem Volke besser zu dienen, Heldentaten vollbrachten und noch am Leben sind.

Das Erzählen und Kommentieren solcher Taten mit anschließender gründlicher Reflexion über das Beispiel der Vorbilder ist zu einem sehr wichtigen Bestandteil der täglichen Erziehung geworden. Dieses Verfahren bewirkt sehr positive Ergebnisse bei den Kindern und Jugendlichen

Chinas. Sie haben stets die Taten ihrer Vorbilder vor Augen. Sie wollen sie nachahmen, ihrem Weg folgen. Sie sind sich dessen bewußt, daß die einzig wirklich sinnvolle Lebensform die vollkommene Hingabe an den Dienst am Volk und seine Revolution ist.

Die Resultate dieser Kampagne sind beachtlich: Die Bewunderung und Verehrung, die die Jugendlichen für ihre Vorbilder empfinden, bewirkt bei ihnen, daß sie sich in einem für uns unvorstellbaren Maß zum Dienst berufen fühlen. Offenbar sind alle Jugendlichen wachsam gegenüber den täglichen Verhältnissen; denn sie wollen keine Gelegenheit zu vorbildlichen Taten auslassen; sie brennen darauf, zu zeigen, daß auch sie bereit sind, ihr Leben zu riskieren, indem sie anderen helfen. Sie vergessen nicht, daß der Tod und das Opfer im Dienste des Volkes schwerer wiegen als der T'ai-Berg. Das ist eine Anspielung auf einen der meistgelesenen Artikel des Roten Buches, Dem Volke dienen. (Siehe unten Seite 112, Anm. d. Übers.).

Nach den Erzählungen, die wir gehört haben, könnte man drei Kategorien von Vorbildern unterscheiden:

- Diejenigen, die im Dienste des Volkes den Tod fanden.
- Diejenigen, die vorbildliche Taten vollbrachten und heute noch leben.
- Die fiktiven Helden der neuen chinesischen Theaterstücke, Opern und Ballette.

Die Vorbilder der Chinesen sind keine Übermenschen, sondern der Typ des gewöhnlichen Menschen. Sie sind weder von der Realität noch von den anderen Menschen getrennt. Sie sind keine Legendengestalten, sondern einfache, alltägliche Menschen, die in ihrem Handeln von den anderen nachgeahmt werden können. Sie sind also Vorbilder, die allen zugänglich sind. Wir lernten kennen:

Vorbilder, die im Dienste des Volkes den Tod fanden

Lei Fan, der Beispielhafte:

Als er im Dienste des Volkes starb, war er erst 26 Jahre alt. Das war 1962. Kaum war er tot, wurde ein Bericht über seine Heldentaten verfaßt, und der Vorsitzende Mao sagte ihm zu Ehren: «Vom Genossen Lei Fan lernen.» Seither lebt er im Herzen des Volkes.

Lei Fan hatte es zum Zugführer einer Einheit der Befreiungsarmee in Tsen-yan gebracht. Er betrachtete sich selbst als ein Rädchen in dieser gewaltigen Maschinerie, der Revolution.

Er führte ein einfaches Leben voll harter Arbeit. Auf allen Posten, wo er dienen mußte, war er ein Vorbild. Immer bewies er viel Begeisterung für das Studium der Werke des Vorsitzenden Mao und erinnerte an dessen Worte: «Die Genossen mit der Milde des Frühlings behandeln; die Arbeiten mit der Hitze des Sommers; die Fehler mit dem Herbstwind, der die Blätter hinwegfegt, und die Feinde mit der Kälte und Grausamkeit des Winters.»

Als Soldat standen ihm drei Uniformen im Jahr zu. Er benutzte eine und gab zwei zurück. Er flickte seine alten Socken, um die neuen seinen Waffengefährten geben zu können. Von seinen wenigen Pfennigen sparte er 200 Yüan (etwa 300 DM), um sie an Bauern zu verschenken, die Opfer von Katastrophen geworden waren.

Alles, was er am Wege fand, hob er auf, um es später zu verwenden. Am Feierabend reparierte er die Lastwagen der Armee.

Er hatte eine integre, uneigennützige Gesinnung. Mehr als für sich selbst sorgte er für die anderen. Einmal traf er eine alte Bäuerin, die ihren Sohn suchte, ohne die Richtung zu wissen. Lei Fan nahm sich der Alten an und begleitete sie durch den Regen, wobei er sie stützte und ihr Mut machte. Nach vielen Mühen und Anstrengungen fand er den Sohn. Die dankbare Frau fragte nach seinem Namen. Lei antwortete: «Ich heiße *Dem Volke Dienen.*»

Ein andermal erfuhr er, daß der Vater eines seiner Kampfgenossen krank war und kein Geld für seine Arzneien hatte. Lei Fan schickte ihm in einem anonymen Brief alles, was er hatte. Erst nach seinem Tod entdeckte man, daß er der unbekannte Spender gewesen war.

Innig liebte er die Kinder, in deren Gesellschaft er die Sonn- und Feiertage verbrachte. Er spielte mit ihnen und gab ihnen Ratschläge, wie sie gute Revolutionäre sein könnten.

Die Jugendlichen lassen sich ständig von Lei Fans Vorbild inspirieren. Sie ahmen ihn oft nach. Wenn sie anderen einen Dienst leisten und nach ihrem Namen gefragt werden, antworten sie wie er: «Ich heiße *Dem Volke Dienen.*» In Kanton haben Kleine Rote Garden die Gruppe «Lei Fan» organisiert; sie ziehen in Brigaden aus, um nach Leuten zu suchen, denen sie einen Dienst erweisen können. Sie gehen in die Häuser der Blinden, um für sie Hausarbeiten zu verrichten, sie sorgen bei Menschenansammlungen für Ordnung, sie helfen den Alten, Pakete tragen.

Wan Ch'ieh, der Märtyrer

Auch er war Soldat in der Befreiungsarmee, Kommandeur einer Milizeinheit, die er militärisch ausbildete.

Einmal fand er einige Sprengkörper, die aus Nachlässigkeit liegengelassen worden waren und im Begriff waren zu explodieren. Ohne Zögern warf er sich darauf, um das Leben seiner Waffengefährten zu retten. So starb er mit erst 20 Jahren.

Liu Ju-lan, die Opferbereite

Liu war ein Mädchen von kaum 16 Jahren, das «weder Härten noch den Tod fürchtete». In der Zeit des Widerstandskrieges gegen Japan drangen Aggressionstruppen in ihr kleines Dorf ein. Wie sie es überall taten, begannen sie nach einem Kommunisten zu suchen, um aus ihm durch Folter die Namen der Führer herauszuholen.

Liu stand als Kandidatin kurz vor dem Eintritt in die Reihen der Kommunistischen Partei. Trotzdem trat sie vor die Invasoren und sagte zu ihnen: «Ich bin Kommunistin.»

Man fing an sie zu «verhören». Liu widerstand allen Folterungen und starb, ohne ein einziges Wort zu sprechen. Sie schnitten ihr die Zunge und den Kopf ab.

Für ihren Heldenmut wurde sie nach dem Tod in die Kommunistische Partei aufgenommen.

Vorbilder, die noch am Leben sind

Im Westen findet man eine großzügige Haltung nur gegenüber denen, die gestorben sind, ob sie sich auszeichneten oder nicht. Die stärksten Adjektive und Lobsprüche, die einem Menschen zuerkannt werden, äußert man in Nekrologen. Abgesehen von Sportlern und Filmstars, für die Experten Reklame machen, gebührt der Ruhm ausschließlich denen, die nicht mehr existieren.

China hingegen hat Vorbilder, die noch leben. Ihre Namen kennt man in den Schulen, ihre Fotografien und die Berichte ihrer Taten füllen die Seiten der Zeitschriften und die Wandzeitungen in den Institutionen. Sie sind buchstäblich lebende Beispiele für die neue Gesellschaft.

Die letzten fünf Jahre waren besonders reich an vorbildlichen Taten. Es gibt sehr viele Chinesen, die sich durch ihr Verhalten im Krieg oder im Produktionskampf oder durch Mut und Beharrlichkeit bei der Arbeit ausgezeichnet haben.

Besprechen wir einige Fälle:

Mai Hsien-te, der Soldat

Mai Hsien-te gehörte zur Mannschaft des Kriegsschiffs «Heldin der Meere», das während einer Küstenpatrouille von den Schiffen Chien-men und Ch'iang-chiang angegriffen wurde. Diese beiden Schiffe waren in Nordamerika gebaut worden und gehörten zur Flotte Tsiang Kai-sheks. Es war der 6. August 1965.

Das Kanonenboot nahm den Kampf auf und torpedierte die Ch'iang-chiang. Mitten im härtesten Kampf fiel seine Maschine aus. Im gleichen Augenblick wurde Mai von einem Geschoß getroffen und verlor das Bewußtsein.

Als er wieder zu sich kam, war er verwundet. Das Blut floß ihm über das Gesicht, er konnte nicht aufrecht stehen. Er wurde ohnmächtig. Aber unter Einsatz seines Lebens und zum Erstaunen aller seiner Kampfgefährten, die ihn nicht hindern konnten, stieg er hinunter zu den Maschinen und setzte sie wieder in Gang.

Fast als Sterbender kehrte er aus dem Kampf zurück. Er hatte bewiesen, daß er mit dem Denken Mao Tse-tungs stark bewaffnet war. Bei seiner Rückkehr erboten sich die besten Krankenhäuser, ihn zu pflegen. Er behielt eine partielle Lähmung zurück, die er ebenfalls mit eisernem Willen besiegte. Heute ist er ein vorbildlicher Soldat, der die «Vier Verdienste» besitzt und deshalb die Aufnahme in die Kommunistische Partei Chinas erreicht hat.

Ch'en Yung-kui, der Beliebte

1963 wurde die Volkskommune Tachai von einer Überschwemmung betroffen. Die Felder verwandelten sich in einen gewaltigen Morast, wo keinerlei Anbau mehr möglich war. Der Staat bot, wie es seine Pflicht war, Tachai jegliche Hilfe an, aber Ch'en Yung-kui, der Führer der Kommune, riet, sie nicht anzunehmen. Er bedankte sich für das Angebot mit folgenden Worten:

«Da wir das Maotsetung-denken haben, haben wir alles, was wir brauchen. Die Überschwemmung ist nicht so furchtbar. Sie ist nicht mehr als ein Papiertiger. Sie kann unsere Felder zerstören, aber niemals könnte sie das Maotsetung-denken aus unserem Geist vertreiben.»

Und er machte sich mit seinen Genossen an die Arbeit, nicht nur um die Folgen der Überschwemmung zu beseitigen, sondern um Tachai zu einer der produktivsten Volkskommunen zu machen.

Heute gibt es in China niemanden, dem das Beispiel von Ch'en Yung-kui und Tachai unbekannt wäre. Wie in einer dauernden Wallfahrt kommen die Bauern zu Besuch, um sich von den Wundern zu überzeugen, die durch den unermüdlichen, hartnäckigen Arbeitseinsatz des Bauernführers vollbracht wurden. Ch'en Yung-kui ist heute nicht nur ein hervorragender Verbreiter des «Maotsetung-denkens», sondern er genießt auch das Prestige und die Autorität, die er durch seinen Mut und seine Beharrlichkeit erworben hat. Er erhielt auch Rückenstärkung durch den Vorsitzenden Mao, der sagte: «In der Landwirtschaft von Tachai lernen.»

Ch'en ist ein Held in Zivil, der immer noch als Vorbild wirkt.

Kinderkunst und -literatur im Dienst der Erziehung

Das Kunstwerk ist in China ein weiteres sehr wichtiges Hilfsmittel der Erziehung. Oper, Theater, Lied und Tanz sind nicht mehr ausschließlich Elemente der Erholung und geistigen Erbauung, sondern haben sich in Werkzeuge der Bewußtseinsbildung von großer populärer Wirkung verwandelt.

Dieser Wandel geht auf die Konzeption Mao Tse-tungs zurück, der natürlich nichts von Kunst um der Kunst willen hielt. Mao meint, daß jede ästhetische Manifestation der revolutionären Sache untergeordnet und in ihren Dienst gestellt sein muß. Er postuliert auch, daß Könige, Prinzen und Feudalherren – die Charaktere vieler alter Theaterstücke, Ballette und Opern – durch Arbeiter, Bauern und Soldaten zu ersetzen sind.

Schon 1942 schrieb er:

«Jede Kultur, jede Literatur und Kunst ist einer bestimmten Klasse zugehörig, einer bestimmten politischen Linie verpflichtet. Eine Kunst um der Kunst willen, eine über den Klassen stehende Kunst, eine Kunst, die neben der Politik einherginge oder unabhängig von ihr wäre, gibt es in Wirklichkeit nicht.»

1944 begrüßte er begeistert das von der Peking-Oper aufgeführte Werk «Kein anderer Weg als die Rebellion», das im Unterschied zu anderen üblicherweise vorgestellten Stücken das Volk und seinen Kampf wieder in sein Recht einsetzte. Über dieses Motiv sagte er: «Da das Volk die Geschichte macht, ist es nicht möglich, daß das Kunstwerk – Roman, Theater, Oper, Poesie, Legende oder Chronik – sich mit Stutzern, Höflingen und Adligen befaßt.»

1951 beschäftigte er sich wieder mit der Kunst, diesmal aber nicht, um ein neues Kunstwerk zu loben, sondern um es zu verreißen. Es ging um den Film «Das Leben des Wu Hsün», der vom Leben eines Chinesen unter der Ch'ing-Dynastie handelte, der auf Grund seiner Servilität eine hohe Stellung erreichte. Unter Bezug auf den Erfolg dieses Werkes schrieb Mao einen deutlichen Artikel in der «Volkszeitung», in dem er feststellte, daß der Film den Beifall, den er erhielt, ausschließlich der «ideologischen Verwirrung» verdanke, die in den intellektuellen Zirkeln des Landes herrsche.

1963 fragte sich Mao abermals: Ist es nicht absurd, daß sich viele Kommunisten leidenschaftlich für die Förderung feudaler und kapitalistischer Kunst einsetzen und keinerlei Begeisterung für die Pflege der sozialistischen Kunst zeigen?

Das Denken Mao Tse-tungs im allgemeinen und seine Gedanken über die Kunst im besonderen fanden schließlich erst während der Kulturrevolution allgemeine Verbreitung. Damals wurden die Grundsätze beschlossen, die die künstlerische Richtung des neuen China bestimmen sollten; wir fassen sie zusammen:

1. Man muß eine neue, revolutionäre und sozialistische Kunst und Literatur schaffen.
2. Man muß den Themen der sozialistischen Revolution und des sozialistischen Aufbaus bevorzugt Aufmerksamkeit widmen.
3. Man muß die revolutionäre, kämpferische Kritik der Massen in Kunst und Literatur fördern, das von einigen wenigen Kritikern ausgeübte Monopol zerschlagen.
4. Man muß den revolutionären Realismus mit der revolutionären Romantik kombinieren.
5. Man soll einen Helden nicht erst nach seinem Tod anerkennen. Da es in Wirklichkeit viel mehr lebende als tote Helden gibt, müssen die Schriftsteller auch deren Heldentaten verbreiten.
6. Bei der Beschreibung von Kriegen muß man berücksichtigen, ob es gerechte oder ungerechte Kriege sind.
7. Man muß den chinesischen Heroismus wiedergeben, ohne die Schrecken des Krieges zu übertreiben.
8. Quelle der Motive für die Kunstwerke müssen das wirkliche Leben und der Kampf des Volkes sein.
9. Man muß jene Kunstwerke abschaffen, die sich ausschließlich mit der Liebe befassen, wobei sie «einen vulgären Geschmack pflegen und vorgeben, Liebe und Tod seien ewige Themen. All dies ist bürgerlicher und revisionistischer Schund, der entschlossen bekämpft werden muß».
10. Bei den Ideen, die das künstlerische und literarische Schaffen, die organisatorische Linie und den Arbeitsstil leiten, muß man entschieden am Prinzip der proletarischen Parteilichkeit festhalten und Korruption durch die bürgerlichen Ideologien bekämpfen.

Mit diesen Prinzipien begann schließlich die neue chinesische Kunst, die lediglich Instrument der revolutionären Erziehung sein will. Kinder, Jugendliche, Arbeiter, Bauern und Soldaten besuchen in Massen künstlerische Vorstellungen; dort erleben sie Augenblicke der revolutionären Begeisterung, weil sie sich leicht mit den Helden der Bühne identifizieren können – mit Menschen wie sie selbst, die für die gleichen Ziele kämpfen.

Lin Fan-yan, der Regisseur des Balletts «Das weißhaarige Mädchen» – ein Stück, das seiner Schönheit wegen auf allen Bühnen der Welt gezeigt wurde –, erklärte uns:

«Für uns existieren ‹Schwanensee› oder ‹Feuervogel› nicht mehr. Mit diesen Stücken verstanden uns die Arbeiter nicht. Sie fragten uns: Warum zieht ihr euch so an? Warum macht ihr solchen Aufstand? Wir begriffen, daß dies ein irriger, falscher Weg war. Deswegen wurden diese Bewegungen, die eine leere, abstrakte Welt ausdrücken, aufgegeben. Unsere Bewegungen drücken heute Kampf aus, sie haben die Explosivkraft und den revolutionären Inhalt unseres Volkes.

Unsere Künstler sind nicht darauf aus, Ruhm und Reichtum zu erringen. Sie sind vom Eifer beseelt, getreulich das Bild des proletarischen Helden zu interpretieren. Auch haben wir das Ballett mit Folklore kombiniert, wodurch wir an Authentizität und Kolorit gewonnen haben.»

Die Wahrheit ist, daß zu jeder Vorstellung – und dieses Stück wird seit Jahren gegeben – Massen von Begeisterten strömen. Sie können sich dem Vergnügen nicht entziehen, der Vorstellung beizuwohnen, zu applaudieren, an gewissen Stellen zu unterbrechen, um ihre Gefühle zu äußern.

Wir sprachen mit den Hauptdarstellern des Balletts. Jeder von ihnen wäre im Westen ein Star. Das wissen sie, aber sie ziehen es vor, weiterhin anonyme Künstler-Soldaten zu sein. Sie leben in der Gruppe, kleiden sich bescheiden, mit der nüchternen Einfachheit des chinesischen Volkes. Sie erhalten Tausende von Briefen, die merkwürdigerweise an die Figuren des Stücks, nicht an ihre Darsteller gerichtet sind. Anscheinend ist es so, daß sie als Privatpersonen kein Recht auf Ehrung und Bewunderung haben; daß sie einfach eine Arbeit verrichten, die weder besser noch schlechter ist als jede andere Arbeit und daß sie, wie die anderen Chinesen, nichts anderes als ihre Pflicht tun. Und da die Ehrungen, die sie erhalten, an die Figuren gerichtet sind, die die Schauspieler verkörpern, und nicht an sie selbst, haben sie keinen Grund, Überheblichkeit oder jene blasierte, eitle Haltung anzunehmen, die die Künstler im Westen kennzeichnet.

Seit der Kulturrevolution wurden etwa 12 bis 15 bedeutende Werke aufgeführt. Die Kunstwerke, ob Ballett, Theater oder Oper, ziehen die Veröffentlichung von Schallplatten, Zeitschriften und Bilderbüchern nach sich. Das heißt, sie erfahren die weiteste Verbreitung, was ihren erzieherischen Einfluß verstärkt. In Schulen, Fabriken und Institutionen aller Art werden die schönsten Teile dieser Werke auswendig gelernt und Aufführungen organisiert.

Auch der Zirkus, ein weiteres Schauspiel, das immer schon vom chinesischen Volk geliebt wurde, entzieht sich nicht dem politischen Ziel, welches das heutige China beherrscht. Vor jeder Vorstellung wird ein Wort des Vorsitzenden Mao Tse-tung zitiert. Die kleinen Zwischendialoge haben politischen Inhalt. Bei den schwierigsten Nummern oder gefährlichsten Wagestücken wird ein Plakat gezeigt oder ein Text rezitiert, der sich auf die sozialistische Revolution Chinas bezieht.

Auch die Kinderliteratur trägt erzieherisch dazu bei, das politische Bewußtsein der Kinder zu bilden, und ist folglich ein wichtiges pädagogisches Instrument. Sie hat mit den phantastischen Geschichten und übernatürlichen Helden Schluß gemacht. Ihre Themen bezieht sie aus dem Leben der Helden, aus den Bemühungen des Volkes in seinem Kampf, aus China ein Land mit hohem ideologischem Niveau zu machen.

Kinderzeitschriften veröffentlichen den Inhalt der künstlerisch-revolutionären Werke. Einem Erzieher gegenüber drückten wir unsere Verwunderung darüber aus, daß es keine Kinderliteratur wie Andersen, Brüder Grimm, Perrault oder Dickens gibt, und er antwortete uns:

«Wir bevorzugen die chinesischen Vorbilder. Unsere Kinderliteratur zielt auf die Vervollkommnung des Menschen. Sie ist ganz Ausdruck des solidarischen Handelns zugunsten der anderen, des individuellen Opfers für das Allgemeinwohl. Das Leben unseres Volkes ist reich an Erfahrungen, und wir ziehen es vor, daraus und nicht aus der Phantasie unsere besten Vorbilder zu entnehmen.

Vergleichen Sie zum Beispiel unsere Bilderbücher mit den Comics des Westens, die Erotik, Kampf um das Geld, Grausamkeiten in Unterwerfungskriegen, superphantastische Figuren mit dem Freibrief zu töten propagieren. Wir hingegen wollen den Altruismus steigern und den Menschen zum sozialen Handeln führen.»

Im Chinesischen heißen die Bildergeschichten «lien-huan hua». Sie erscheinen in kleinformatigen Heften, die auf jeder Seite eine einzige, figurative und dichte Zeichnung mit drei oder vier Zeilen Text zeigen. Ähnlich wie im Westen werden «Comic strips» in Zeitungen, Zeitschriften, Wandzeitungen und Fernsehprogrammen verbreitet.

Bis zur Kulturrevolution gehörten diese Bilder eher zur volkstümlichen denn zur Kinderliteratur. Sie erfüllten die Funktion einer visuellen Hilfe und waren ein Mittel der Popularisierung für jene, die des Lesens nicht mächtig waren.

Schauplätze der Bilderbücher und Comic strips sind Fabriken, Volkskommunen und städtische oder ländliche Umgebungen, wie es der Inhalt gerade erfordert. Die Zeichner dieser Bildergeschichten vermeiden es möglichst, die Realität zu verändern. Sie wollen den Menschen und seine Umwelt respektieren, und deshalb wenden sie besondere Sorgfalt auf, die Landschaft, die Kleidung, die regionalen Bräuche in einem an Details reichen Realismus wiederzugeben. Diese getreue Kopie des physischen Milieus und der Sitten verbindet sich mit der Achtung vor dem Thema, das man darstellen will. Da die Geschichten sich für gewöhnlich auf wahre Ereignisse beziehen, bemüht sich der Zeichner, sie in all ihrer historisch-geographischen Wahrheit einzufangen. Zwischen Phantasie und Realität neigen die Chinesen mehr zur Realität.

In den für Kinder bestimmten Erzählungen, Bildergeschichten und Comic strips steht die Frau immer gleichberechtigt an der Seite des Mannes und erfüllt die gleichen Aufgaben: kämpfend, das Feld bestellend, an politischen Versammlungen teilnehmend, ein Flugzeug steuernd. Auf diese Weise bricht man mit dem Mythos der «weiblichen Rolle» und beteiligt den Mann wie die Frau an der Politik der Gleichheit, an gleichen Rechten und Pflichten.

Die Parallelschule

Alle Massenkommunikationsmittel sind in China Instrumente im Dienste der Erziehung des Volkes. So stellen Zeitungen, Radio, Fernsehen und Kino im objektivsten Sinn des Wortes eine echte Parallelschule dar.

Wie die Erziehungszentren, so weichen auch die «Massenmedien» ideologisch nicht einen Schritt vom Denken Mao Tse-tungs ab. Sie haben die Aufgabe, die Aktivität der chinesischen Bevölkerung auf die Produktivität auszurichten, ihr ideologisches Bewußtsein zu stärken, sie an die Leiden der Vergangenheit und die Taten der Helden zu gemahnen und durch die Verbreitung von revolutionären Kunstwerken eine revolutionäre Gesinnung zu schaffen. Ihre Hauptaufgabe ist es also, das Feuer der Revolution in allen Herzen lebendig zu halten.

Radio, Schallplatten, Kino, Presse, Plakate, Fernsehprogramme, Spruchbänder und «Parolen», die an Orten mit großem Publikumsverkehr von Mund zu Mund weitergesagt werden, propagieren nichts, was nicht auf der Linie der Massenpolitisierung läge. Sie werden eingesetzt, um das Volk bei seiner täglichen Arbeit zu ermutigen, um jeden Rest von Individualismus auszurotten, um die Klassensolidarität zu propagieren und den Haß auf die Bourgeoisie und den Revisionismus lebendig zu halten. Ihre Ausdrucksweise ist direkt: Ähnlich wie der Literatur werden den Massenkommunikationsmitteln ein wenig die Flügel der Phantasie gestutzt, aus Furcht, die Seele des Volkes mit fiktiven Machwerken zu vergiften, die für den Prozeß der permanenten «Revolutionierung», in dem sich das Land befindet, gefährlich sein könnten.

In den chinesischen Zeitungen wird nichts über das Privatleben oder die Liebe veröffentlicht, Themen, die die Revolutionäre nicht interessieren, wie sie sagen. Dagegen wird viel über das Land und seine mittelbaren und unmittelbaren Probleme und über den Kampf der anderen Völker der Welt für ihre Befreiung und Unabhängigkeit berichtet. Da die Zeitungen und Zeitschriften politisch informativ sind, und mehr auch nicht, fehlen ihnen die Beweglichkeit und der Schwung, die einen Teil der westlichen Presse kennzeichnen. Sie machen – das muß betont werden – nicht das mindeste Zugeständnis an Frivolität, Sensationslust oder Pornographie, Elemente, die völlig unbekannt sind.

Es gibt natürlich keine kommerzielle Werbung. Es werden weder «Stars», politische Idole oder Künstler, noch Konsumgüter propagiert. Alle kollektiven Kommunikationsmedien stehen im Dienst einer proletarischen Erziehung. Mit der gleichen Beharrlichkeit, mit der im Westen die Menschen genötigt werden, Mineralwasser zu trinken oder bestimmte Waschmittel zu verwenden, fordert man dort das Volk auf, seine individualistischen, egoistischen Neigungen abzulegen, um in der kollektiven Arbeit und der revolutionären Politik aufzugehen.

Doch das ist nicht alles. Die Parallelschule hilft auch mit, das Leben in den großen Städten und Volkskommunen zu ordnen. Auf Straßen, Plätzen und Märkten regelt man den Fußgänger- oder Fahrradverkehr, man empfiehlt, nicht auf den Boden zu spucken, die Straßen nicht zu verschmutzen, anderen zu helfen, wenn sie in Schwierigkeiten sind, zur öffentlichen Ordnung und Sicherheit beizutragen.

Deshalb gibt es, wie man uns sagte, in China keine Polizei außer der Verkehrspolizei. Diese Behauptung mag ein wenig erstaunen, vor allem, wenn man bedenkt, daß China das Land mit der größten Bevölkerungszahl ist und immer noch soziale Probleme zu lösen hat. Aber es ist erklärlich: Die Polizei ist nicht notwendig, weil das Volk sich selbst der Sicherheitsfragen annimmt. Jeder Fußgänger, jeder Bürger, jeder Schüler ist für die Ordnung verantwortlich. Falls notwendig, schreitet er unmittelbar ein. Doch solche Fälle sind selten und im Verschwinden begriffen, weil Delinquenten in einem Land, wo man die soziale Solidarität als Norm und die persönliche Hingabe als Verhaltensmaxime akzeptiert, nichts anderes als geistig Erkrankte sind. Und deren Zahl ist geringer, wenn es keine Arbeitslosigkeit gibt, der Lebensstandard progressiv steigt, Vorbilder von zweifelhafter Moral beseitigt sind und die ganze Gesellschaft dahingehend Druck ausübt, ein echt sozialistisches Leben zu führen.

Lektüre, Kommentar und Reflexion der «Drei ständig zu lesenden Artikel»

Es handelt sich um drei vom Vorsitzenden Mao geschriebene Artikel, die in der chinesischen Gemeinschaft Gegenstand ständiger Lektüre und Reflexion im Privaten und in Gruppen sind. Es wurde befohlen:

«Die drei Artikel müssen nicht nur von den Soldaten, sondern auch von den Funktionären der Verwaltung studiert werden. Ihre Texte sind leicht zu verstehen, obwohl es nicht so leicht ist, sie in die Praxis umzusetzen. Sie müssen als Maximen auf allen Ebenen studiert werden. Einmal verstanden, müssen sie angewandt werden, um die ideologische Revolutionierung zu vervollständigen.»

Diese Anweisung wurde durch die Tatsachen vollkommen erfüllt und übererfüllt. Die drei Artikel werden in lebendiger Form studiert – nicht nur in der Armee und in politisch-administrativen Büros, sondern auch zu Hause, in Schulen, Krankenhäusern, Bergwerken, Geschäften und Volkskommunen. Es sind kurze, einfache Berichte, die durch dauerndes Studium zu solidesten Instrumenten der ideologischen Verwandlung Chinas geworden sind:

1. Dem Volke dienen

(Ein Text, geschrieben zu Ehren von Chang Szu-te, der [1944] im Dienst der Achten Route-Armee starb. Gekürzte Version.)

Der Tod ist jedem beschieden, aber nicht jeder Tod hat die gleiche Bedeutung. Der altchinesische Schriftsteller Szu-ma Ch'ien sagte einmal: «Es stirbt allerdings ein jeder, aber der Tod des einen ist gewichtiger als der T'ai-Berg, der Tod des anderen hat weniger Gewicht als Schwanenflaum.» Stirbt man für die Interessen des Volkes, so ist der Tod gewichtiger als der T'ai-Berg; steht man im Sold der Faschisten und stirbt für die Ausbeuter und Unterdrücker des Volkes, so hat der Tod weniger Gewicht als Schwanenflaum. Genosse Chang Szu-te starb für die Interessen des Volkes, und sein Tod ist gewichtiger als der T'ai-Berg.

«Weil wir dem Volk dienen, fürchten wir nicht, daß man, wenn wir Mängel haben, uns darauf hinweist und kritisiert. Jedermann darf unsere Mängel bloßlegen, wer immer es auch sei. Insofern sein Hinweis richtig ist, sind wir bereit, unsere Mängel zu korrigieren. Wenn sein Vorschlag dem Volk zum Wohl gereicht, werden wir danach handeln. Wir brauchen uns nur im Interesse des Volkes an all das, was richtig ist, zu halten, brauchen im Interesse des Volkes nur all das, was falsch ist, zu korrigieren, dann werden unsere Reihen zweifellos wachsen und erstarken.

Wir ... haben uns um des gemeinsamen revolutionären Zieles willen zusammengefunden ... In schwierigen Zeiten müssen unsere Genossen die Erfolge sehen, die lichte Zukunft vor Augen haben, müssen wir unseren Mut heben ... Wo es Kampf gibt, gibt es auch Opfer, und der Tod des Menschen ist keine Seltenheit. Uns liegen jedoch die Interessen des Volkes am Herzen, wir denken an die Leiden der gewaltigen Mehrheit des Volkes, und wenn wir für das Volk sterben, dann sterben wir einen würdigen Tod. Allerdings müssen wir alles tun, um unnötige Opfer zu vermeiden.

Unsere Funktionäre müssen sich um jeden Kämpfer kümmern; alle Menschen in den Reihen der Revolution müssen füreinander sorgen, müssen einander betreuen, einander helfen.

Von nun an werden wir jedem, der in unseren Reihen fällt – wer immer es auch sei: ein Koch oder ein Kämpfer, wenn er nur etwas Nützliches geleistet hat –, das letzte Geleit geben, werden wir sein Andenken auf einer Trauerkundgebung ehren. Das muß zur Regel werden. Damit soll man auch die Bevölkerung vertraut machen ... So werden wir unsere Trauer zum Ausdruck bringen und den Zusammenschluß des gesamten Volkes fördern.»

Viele Ausdrucksformen und Verhaltensmaximen des chinesischen Volkes sind wohl das direkte Ergebnis der Botschaften und Lehren in der Rede zu Ehren von Chang Szu-te. Vor allem die Tatsache, daß die Chinesen des Todes als Wort und Realität jeden Augenblick gedenken. Man könnte sagen, daß sie alle einen Tod erhoffen, der so viel Gewicht hat wie der T'ai-Berg. Sooft wir auch junge Leute von 7 bis 14 Jahren fragten (und es waren nicht wenige), ob sie den Tod fürchteten, war die Antwort stets verneinend und lautete in etwa:

«Ich fürchte den Tod nicht, wenn er mich im Dienste des Volkes trifft.»

Auf diesen Artikel geht es auch zurück, daß wir, wann immer wir eine Institution oder Dienststelle besuchten, am Schluß aufgefordert wurden, Kritik vorzubringen. Die Chinesen akzeptieren keine Komplimente. Kritik scheint für sie zweierlei zu bedeuten: erstens das Aufweisen von Fehlern, zweitens die Aufforderung, die Arbeit zu verbessern.

Selbst die höchsten Funktionäre des Landes äußern ihre Kritik auch in Gegenwart von Fremden. Beim Besuch der Brücke von Nanking wurde der Generalsekretär der Kommunistischen Partei Rumäniens, Nicolas Ceausescu, von Ministerpräsident Chou En-lai begleitet. Als der Besuch beendet war, gab der für die Verwaltung der Brücke verantwortliche Ingenieur begeistert eine lange, ausführlich dokumentierte Darstellung der technischen Merkmale des Bauwerks, der Investitionen und der Schwierigkeiten, die es beim Bau gegeben hatte. Nach Beendigung seiner Darstellung forderte er, wie es der Brauch ist, diese hochgestellten Persönlichkeiten zur Kritik auf.

Chou En-lai sagte zu ihm: «Wenn man Darstellungen dieser Art gibt, dann muß man bescheidener sein. Die Brücke ist von Menschen gemacht. Man muß auch Fehlern ihren Platz einräumen und sie nicht als vollkommenes Werk darstellen.»

Diese Version erfuhren wir von demselben kritisierten Ingenieur, der, wenn er heute die Brücke erläutert, auch auf die Unvollkommenheiten und Fehler hinweist, die zuzugeben ihm vorher so schwergefallen war.

Der Text zu Ehren von Chang Szu-te trägt dazu bei, die Grundlagen der Solidarität zu stärken, die das chinesische Volk eint: die Art, so kameradschaftlich untereinander zu sein, einander mit Liebe und hilfsbereiter Aufmerksamkeit zu begegnen. Dieser Eindruck, der von allen westlichen Beobachtern geteilt wird, steht in völligem Gegensatz zu den westlichen Ländern, wo sich zunehmend Intoleranz bemerkbar macht und sich die Abgründe der sozialen Isolation immer mehr vertiefen.

2. *Dem Andenken Bethunes*
(Ein Artikel, geschrieben zu Ehren des kanadischen Arztes Norman Bethune, der [1939] im Widerstandskrieg gegen Japan starb. Gekürzte Version.)

«Welche Gesinnung spricht daraus, wenn ein Ausländer, ohne auch nur den geringsten Vorteil zu suchen, die Sache der Befreiung des chinesischen Volkes zu seiner eigenen Sache macht? . . .

Der dem Genossen Bethune eigene Geist der absoluten Selbstlosigkeit und der absoluten Hingabe für andere fand seinen Ausdruck in einem äußerst tiefen Gefühl der Verantwortlichkeit für die Arbeit und in einer äußerst warmen Herzlichkeit gegenüber den Genossen und dem Volk. Jeder Kommunist muß von ihm lernen. Es gibt nicht wenig Menschen, die sich verantwortungslos zu ihrer Arbeit verhalten, das Leichte suchen und vor Schwerem zurückschrecken, anderen die schwere Last aufbürden und selbst die leichte schultern . . .

Wer von der Front zurückkam, sprach von Bethune mit höchster Achtung, alle waren von seiner Gesinnung tief berührt . . .

Genosse Bethune war Arzt. Das Heilen kranker Menschen hatte er zu seinem Beruf erwählt, und er vervollkommnete unermüdlich sein Können. Im gesamten Sanitätsdienst der Achten Route-Armee stand seine ärztliche Kunst hoch im Ansehen. Sein Beispiel ist eine ausgezeichnete Lehre sowohl für unbeständige und wählerische Menschen als auch für Leute, die eine praktisch-technische Arbeit verachten, da sie diese für unbedeutend, für aussichtslos halten . . .

Ich bin durch seinen Tod in tiefe Trauer versetzt. Jetzt ehren wir alle sein Andenken, und das zeigt, wie tief wir alle von seiner Gesinnung berührt sind. Wir alle müssen von ihm den Geist der Selbstlosigkeit und Uneigennützigkeit lernen. Davon ausgehend, kann man ein Mensch werden, der dem Volk großen Nutzen bringt. Man kann mit größeren oder geringeren Fähigkeiten ausgestattet sein, aber nur wer eine solche Gesinnung besitzt, wird ein edler Mensch mit klarem Charakter und hohen moralischen Qualitäten sein, ein von niedrigen Interessen freier Mensch, der dem Volk nützlich ist.»

Norman Bethune ist neben Ho Tschi-minh einer der wenigen in China verehrten Ausländer. Andere internationale Kämpfer, die bei der Verteidigung der sozialistischen Revolution gestorben sind, unter ihnen Che Guevara, sind weniger bekannt als im Westen.

Der Vorsitzende Mao verfolgte mit dem Hinweis auf das Beispiel Bethunes drei Absichten: Erstens sollte jeder alle egoistischen Vorstellungen bei sich besiegen (wie man weiß, verließ Norman Bethune sein Vaterland, um für die Befreiung des chinesischen Volkes zu kämpfen). Zweitens sollten die Chinesen jede Arbeit freudig akzeptieren, in der absoluten Gewißheit, daß man an jeder Front und in jedem Beruf effektiv der Revolution des Volkes dienen kann. Und drittens wollte er die Solidarität mit allen Völkern betonen, die um ihre politische und ökonomische Unabhängigkeit kämpfen.

Das Ergebnis könnte für das heutige China nicht befriedigender ausfallen: Hotelangestellte, Ladenverkäufer, Polizisten, Krankenpfleger, Ärzte, Verwaltungsangestellte empfangen diejenigen, die zu bedienen ihre Pflicht ist, mit lächelndem Gesicht. Den anderen zu dienen, ist nicht nur eine Verpflichtung, sondern ein Vergnügen und eine Form der persönlichen Verwirklichung. In China lernt man die wahre Bedeutung des Wortes «Solidarität».

Der Artikel zum Gedenken Bethunes hatte wahrscheinlich auch Chen Li-fan beeinflußt, ein schönes junges Mädchen von 16 Jahren, die in einem Museum in Kanton arbeitete, und mit der wir folgendes Gespräch führten:

Chen: «Ich widme zwei Stunden täglich dem Studium der Mao-Tse-tung-Werke. Das hat mir erlaubt, mein revolutionäres Bewußtsein erheblich zu steigern.»

Frage: «Können Sie das konkretisieren?»

Chen: «Früher, zum Beispiel, war ich nicht zufrieden mit meiner Arbeit. Ich bin sehr unruhig: Ich spiele gerne Volleyball, Basketball, und ich zeichne. Dem Maotsetung-denken verdanke ich das Glück, das ich heute in meiner Arbeit finde. Heute weiß ich, daß ich mit dieser Arbeit, die mir früher nicht gefiel, dem Volke diene. Ich treibe immer noch Sport, aber nur, um meinen Charakter zu stählen, um meine Gesundheit zu erhalten und so besser der Revolution dienen zu können.»

Frage: «Würden Sie in einem Krieg kämpfen?»

Chen: «Ja, wenn es ein gerechter Krieg ist.»

Frage: «Haben Sie keine Angst zu töten oder zu sterben?»

Chen: «Nein.»

Frage: «Würden Sie gerne in der Luftwaffe, in der Marine oder im Heer dienen?»

Chen: «Dort, wo es am nötigsten ist. Wir Jugendlichen betrachten es als hohe Ehre, Soldat zu sein.»

Frage: «Was halten Sie von den westlichen jungen Mädchen? Sie benützen Make-up, um hübscher zu erscheinen.»

Chen: «Wir haben verschiedene Weltanschauungen. Sie leben für sich selbst – und wir, um eine revolutionäre Arbeit zu leisten. Hier will man ein einfaches Leben führen, aber hart arbeiten.»
Frage: «Wie sollte der Mann sein, den Sie gern heiraten würden?»
Chen: «Ich denke noch nicht an solche Dinge. Ich konzentriere meine Gedanken auf meine Arbeit.»
Frage: «Aber haben Sie irgendeine Vorliebe?»
Chen: «Er muß ein Kämpfer sein, der entschlossen ist, mit ganzem Herzen dem Volk zu dienen. Sein Ideal muß sein, die kommunistische Revolution auf der ganzen Welt zu verwirklichen.»

Für Chen und die heutigen Chinesen ist die Arbeit das Wichtigste, und sie gehen völlig darin auf. Jede Arbeit ist gut, mit ihr dienen sie mit ganzem Herzen dem chinesischen Volk und den anderen Völkern der Welt. Die persönlichen Wünsche, das individuelle Interesse für eine bestimmte Arbeit, werden hinter das Interesse der Gemeinschaft gestellt.

Als wir verschiedene Jugendliche fragten, was sie werden wollten, wenn sie erwachsen wären, verstanden sie den Sinn der Frage nicht. Wir mußten sie mehrere Male umformulieren. Dort wählt man nicht einen Beruf oder eine Beschäftigung. Man ist sich bewußt, daß sich das Individuum in jeder Situation oder Arbeit voll verwirklichen kann.

Höchstens meinten einige Jugendliche: «Ich möchte, daß man mich an die gefährlichste Stelle schickt, um die schwierigsten Aufgaben zu erfüllen.»

3. Yü-kung versetzt Berge

(Artikel, geschrieben am 11. Juni 1945. Gekürzte, freie Version.)

«Es gibt ein altes chinesisches Gleichnis, die Parabel ‹Yü-kung versetzt Berge›. Darin wird erzählt, daß in alten Zeiten im Norden Chinas ein Greis aus den nördlichen Bergen namens Yü-kung (‹närrischer Greis›) lebte. Den Weg, der von seiner Haustür nach Süden führte, versperrten zwei große Berge: der T'aihang und der Wangwu.

Yü-kung faßte den Entschluß, gemeinsam mit seinen Söhnen diese Berge mit Hacken abzutragen. Ein anderer Greis namens Chih Shou (‹weiser Alter›) lachte, als er sie sah, und meinte:

‹Ihr treibt aber wirklich Unfug, ihr paar Leute könnt doch unmöglich zwei riesige Berge abtragen!›

Yü-kung antwortete ihm:

‹Sterbe ich, bleiben meine Kinder; sterben die Kinder, bleiben die Enkelkinder, und so werden sich die Generationen in einer endlosen Reihe ablösen. Diese Berge sind zwar hoch, aber sie können nicht mehr höher werden; um das, was wir abtragen, werden sie niedriger. Warum sollten wir sie da nicht abtragen können?›

Damit ließ Yü-kung auf das Wort die Tat folgen und machte sich daran, Tag für Tag die Berge abzutragen, ohne auch nur im geringsten zu schwanken. Das rührte den Himmelskaiser, und er schickte zwei seiner Götter auf die Erde, die beide Berge auf dem Rücken davontrugen.

Gegenwärtig lasten ebenfalls zwei große Berge schwer auf dem chinesischen Volk. Der eine heißt Imperialismus, der andere Feudalismus. Die Kommunistische Partei Chinas ist schon längst entschlossen, diese beiden Berge abzutragen. Wir müssen unseren Entschluß beharrlich in die Tat umsetzen, wir müssen unermüdlich arbeiten, und wir werden die Gottheit ebenfalls rühren; und unsere Gottheit ist niemand anders als die Volksmassen Chinas. Und wenn sich das ganze Volk erhebt, um mit uns zusammen diese Berge abzutragen, sollten wir sie da etwa nicht abtragen können?»

Auf Grund der in dieser Erzählung enthaltenen Lehre haben die Chinesen angefangen, die Natur ihres Landes, die so sehr für Katastrophen anfällig ist, auf verschiedenste Weise zu unterwerfen: sie graben Kanäle am Fuße der Hügel, bohren Tunnel und verwirklichen unerreichbar erscheinende Werke. Zahllose Menschen – Männer, Frauen und Kinder ohne Unterschied und Ausnahme – verwandeln in harter Arbeit und mit dem Eifer eines Kampfes auf Leben und Tod Ödlandgebiete in Anbaufelder, indem sie die Bewässerung an bis dahin unzugängliche Stellen führen.

Das chinesische Volk ist ein geduldiges Volk. Ein Volk, das manchmal in Jahrhunderten denkt. Zu dieser natürlichen Tugend tritt noch das Vorbild des närrischen Greises hinzu, der Berge versetzte und der dem Volk ausreichend Mut und Kraft gibt, um Aufgaben zu verwirklichen, die manchmal sogar die Natur verändern. In China sagt man oft: «Man muß Volkskriege führen, um Berge zu versetzen und Flüsse umzuleiten.»

Erziehung durch das Vorbild

Die menschlichen Beziehungen, das soziale Leben Chinas allgemein, bedingen Verhaltensmodelle, die den vom Denken Mao Tse-tungs geförderten Prinzipien absolut entsprechen.

In China besteht völlige Übereinstimmung zwischen Theorie und Praxis; zwischen der Norm und dem Leben. Dies ist eine so feststehende Tatsache, daß wir meinen, man könnte sich ganz leicht ein Bild vom chinesischen Volk machen, indem man aufmerksam die Werke des Vorsitzenden Mao – besonders die unter dem Titel *Das Rote Buch* bekannte

Auswahl von Zitaten – liest, wobei man besonders auf die dort postulierten Verhaltensnormen achtet, und sich dann ein Volk vorstellt, das zahlreichste Volk der Erde, in dem jeder diese Normen erfüllt und die anderen veranlaßt, sie zu erfüllen.

Mao fordert ein einfaches, genügsames ernstes Leben voller Bescheidenheit, das ganz und gar dem Wohl des chinesischen Volkes gewidmet ist. Und so ist auch sein eigenes Leben wie das aller chinesischen Funktionäre, welches immer ihr Amt, ihre Verantwortung, ihre Fähigkeit oder Erfahrung ist: Politiker, Generale, Leiter der Krankenhäuser und Schulen leben bescheiden und sogar demütig – und müssen so leben.

Für niemanden gibt es Vorrechte und Privilegien. Im Gegenteil: Diejenigen, die eine nach westlichen Kriterien «sehr hohe» Position bekleiden (Bürgermeister, politische Funktionäre, Wissenschaftler) müssen die anderen durch ihr Vorbild erziehen.

Wo die fundamentalen Normen des Sozialismus nicht erfüllt werden, laufen diejenigen, die sie verletzen, Gefahr, öffentlich getadelt zu werden, weil man dem Volk explizit das Recht gegeben hat, Vorbilder von seinen Führern zu fordern und jedes Zeichen von Ungleichheit und Ungerechtigkeit zu bekämpfen.

Das zur Ausübung des Rechts auf Kritik am häufigsten verwendete Verfahren ist das «Ta-tzu Pao» (Wandzeitung mit großen Schriftzeichen), die große Waffe der Kulturrevolution, die bis heute weiterbesteht. Sie ist nichts anderes als die Vollmacht aller, der Erwachsenen, Jugendlichen und Kinder, öffentlich jede Unregelmäßigkeit anzuprangern, indem sie Protest-Wandschriften schreiben und die Massen mobilisieren – mit dem Ziel, Rechte wiederherzustellen, Fehler zu korrigieren, Unterlassungen nachzuholen oder Ungerechtigkeiten gutzumachen.

Dies ist die chinesische Art, Gerechtigkeit zu üben. Alle Institutionen stehen im Dienst des Volkes; jede Abweichung, jeder Autoritätsmißbrauch, jede Unregelmäßigkeit, durch die Rechte verletzt werden, wird durch die Anwendung unmittelbarer Korrektive von seiten der Massen berichtigt. Auf diese Weise sind die leitenden Funktionäre und Politiker aller Ebenen moralisch und materiell verpflichtet, die Rechte anderer zu respektieren, und aufgefordert, ein dauerndes Vorbild zu bieten. Die Mandarine, die Privilegierten der Vergangenheit, sind heute nur noch eine böse Erinnerung.

Hierzu ein Beispiel: Als wir zu einem zweistündigen Gespräch von Kuo Mo-jo, dem Vizepräsidenten der Nationalversammlung, Mitglied des Zentralkomitees der Kommunistischen Partei Chinas und Präsident der Chinesischen Akademie der Wissenschaften, eingeladen waren, begegneten wir einem liebenswürdigen und bescheidenen Mann, der trotz seiner hohen Ämter, seiner persönlichen Kultur und seines außerordentlichen Prestiges das einfache, saubere Gewand des alltäglichen Chinesen

Fünfhunderttausend Buchstaben . . .

... wenn nicht mehr oder weniger, sind in einem einzigen Taschenbuch abgedruckt, die Satzzeichen nicht mitgezählt. Eine halbe Million!

Umgerechnet auf den Preis bedeutet das: Man bekommt etwa 2000 gemischte Buchstaben pro Pfennig. Aneinandergereiht eine drei Meter lange Letternkette. Das ist sehr preiswert, verglichen etwa mit den Buchstaben auf einer Briefmarke.

Für rund sechseinhalb Mark, das ist der Jahreszins eines einzigen Hundertmark-Pfandbriefs, kann man bei günstigem Kauf von Prosa bis zu 1,5 Millionen gedruckte Vokale und Konsonanten erwerben, zwei Kilometer Alphabetschnur. Bei Lyrik sind die Stückzahlen entsprechend dem Versmaß kleiner, besonders bei moderner Raumsparlyrik.

trug; obwohl in jenem Sommer die Hitze 40 Grad erreichte, trug er die gleichen Plastikschuhe, die die ganze chinesische Bevölkerung trägt.

Auch die Professoren geben in ihrem Unterricht und in ihrem Leben Vorbilder der Bescheidenheit und Demut. Ein despotischer Führer, ein verbürgerlichter Professor oder ein Politiker mit Privilegien, jedes Symptom der Verbürgerlichung, das geringste Zugeständnis an Luxus, Frivolität oder Strebertum – all dies wird sofort von diesen strengen Kritikern, den Schülern, Arbeitern, Soldaten und Bauern, bemerkt.

Diese Haltung ist das Erbe der Kulturrevolution. Die Chinesen glauben, daß in einem Land, worin Stille, Ruhe und Unbeweglichkeit herrschen, auch die Möglichkeit besteht, daß Langeweile und Überdruß aufkommen. Sie begrüßen es, wenn die Umwelt in Bewegung ist. Massenbewegungen zur Berichtigung von Unregelmäßigkeiten, so könnte man sagen, kommen bei den chinesischen Revolutionären gut an.

In China werden mittels nationaler Kampagnen, an denen sich das ganze Volk beteiligt, große Aktionen zur allgemeinen Mobilisierung durchgeführt. Das zeigte sich in einem Volkskrieg gegen Fliegen und Ratten, die, eine um die andere, von der ganzen Bevölkerung praktisch mit der Hand erschlagen wurden.

Wollten einzelne Gruppen sich eine privilegierte Situation verschaffen oder eine neue Ausbeuterklasse bilden, so würde das tatsächlich die Mobilisierung der ganzen Bevölkerung zur Folge haben. Das wäre nämlich eine ernste Herausforderung des Volkes, und die Möglichkeiten eines Erfolges wären gering, wegen der dauernden Wachsamkeit, in der die Massen leben – immer bereit, jegliche Unregelmäßigkeit zu korrigieren.

Man muß durch das Beispiel erziehen. Dies ist die allgemeine Parole. Sie besagt nicht, daß man Bescheidenheit hinausposaunt oder die Armut apologisiert; es besagt nicht, daß man theoretisch die materiellen Güter zurückweist oder von den anderen Bestleistungen bei der Arbeit und Heroismus im Kampf fordert, sondern daß man lebendige, praktische und unwiderlegbare Beispiele dessen bietet, wofür man eintritt. Die Theorie gilt nichts ohne die Praxis. Und die Revolution, so meinen die Chinesen, muß im Kopf jedes einzelnen beginnen; dann im persönlichen Verhalten und danach in der eigenen Familie. Sobald der einzelne eine gründliche Wandlung vollzogen hat, ist es seine Aufgabe, die anderen durch sein Beispiel zu erziehen.

So propagiert und apologisiert China seine Revolution nicht nur, sondern lebt und praktiziert sie. Die politischen Führer, die Künstler von Film und Theater, die lebenden Helden und die großen Sportler kennen weder Luxus noch materiellen Reichtum. Sie kleiden sich und leben mit der Bescheidenheit, die das ganze chinesische Volk auszeichnet. Immer wenn diese Führer der Gemeinschaft Volkskommunen und Fabriken besuchen, ist es für sie selbstverständlich, sich mit den Massen an der Arbeit zu beteiligen. Und dies nicht nur in symbolischer Form.

Ein ähnliches Vorbild geben die Ärzte, wenn sie die entlegensten Regionen des Landes besuchen. Sie kommen mit ihrem Rucksack, in dem sie Medikamente und ärztliche Instrumente tragen, und sobald alle Einwohner geheilt sind, widmen sie sich viele Stunden der landwirtschaftlichen Arbeit.

Dieses soziale Klima, das durch die Massenkommunikationsmittel noch verstärkt wird, begünstigt die Wirkung der formalen Erziehung: Was man in der Schule fordert und praktiziert, ist genau dasselbe wie das, was man zu Hause, auf der Straße und bei der Arbeit sieht und verficht. Dies ist anders als in der kapitalistischen Welt, wo die Normen häufig im Widerspruch zum gewohnten Verhalten stehen. Im Westen bekämpft man den Drogenkonsum der Jugend auf Versammlungen von Erwachsenen, die ein Schnapsglas in der Hand halten; in den Zeitungen singt man auf der einen Seite das Lob des Friedens und rechtfertigt auf der anderen den Vietnamkrieg. Und diese Dualität, ja häufig Pluralität desorientiert die Kinder und Jugendlichen, sie vertieft die Kluft zwischen den Generationen und verstärkt das Mißtrauen der westlichen Jugend, die die gesellschaftlichen Formalitäten, Konzessionen, Euphemismen, Widersprüche und Heucheleien nicht akzeptiert – und sich deshalb auflehnt.

Untersuchung der konkreten Probleme

Was liest man in Berichten und Artikeln, die im Ausland über China publiziert werden und von denen einige sogar von den Chinesen selbst, durch *Peking Rundschau* und *China im Bild*, ihre offiziellen Organe, verbreitet werden? Es sind Nachrichten, die den Eindruck erwecken, mit Hilfe des «Maotsetung-denkens» sei erreicht worden:

- daß die Taubstummen sprechen;
- daß die Tomaten nicht so schnell verderben;
- daß man höchst komplizierte chirurgische Operationen durchführen kann;
- daß Wüstengebiete bewässert werden, indem man Kanäle durch die Berge gräbt;
- daß der Athlet Ni Ch'in-ch'in die Latte bei 2,29 m überspringt und damit einen neuen Hochsprung-Weltrekord aufstellt.

Nimmt man all das wörtlich, dann kann man leicht den Eindruck gewinnen, die Chinesen seien ein abergläubisches und fanatisches Volk, und es habe als einzige Lösung für alle Probleme und als Wundermedizin gegen alle Leiden ein göttliches Elixier namens «Maotsetung-denken», das in gleicher Weise verwendet wird, um Wunderheilungen, öffentliche Werke und persönliche Heldentaten zu vollbringen.

Diese Deutung ist nicht nur zu einfach, sondern auch falsch. Das «Maotsetung-denken» bekämpft ja gerade Mythen, Aberglauben und jede Form des Dogmatismus. Mao Tse-tung postuliert nicht ein Gesetz für jegliche Wissenschaft, sondern systematisiert zuerst die auf dem dialektischen Materialismus fußenden *allgemeinen Gesetze der Entwicklung und Entfaltung des Universums*, um sie dann durch tägliche Studien und Reflexionen im Geist des ganzen Volkes zu verankern.

Mao hat die Philosophie, die überall auf der Welt Privileg einer ausgewählten Minderheit ist, in eine Arbeitswaffe für Hunderttausende verwandelt. Er sagt, man müsse die Philosophie aus den Studierzimmern und Büchern der Philosophen befreien, um sie zu einer stählernen Waffe in den Händen der Massen zu machen. Durch diese einzigartige Leistung, die viel weitreichender ist, als man glaubt, konnten sich die Chinesen, bis vor kurzem noch eines der rückständigsten Völker der Welt, von abergläubischen, esoterischen, fatalistischen oder mechanistischen Vorstellungen befreien und brauchbare Methoden einführen, um die Realität zu untersuchen und Lösungen für konkrete Probleme zu finden.

Folglich stellt sich das Problem ganz anders dar: Es dauert länger, bis die Tomaten verfaulen; es gelingt, Taubstumme zu heilen; man führt sehr komplizierte chirurgische Operationen durch; man bewässert Ödland, indem man an ungewöhnlichen Orten Kanäle gräbt, und Ni Ch'in-ch'in stellt den Weltrekord im Hochsprung auf, weil die Landwirte, Ärzte und Ingenieure bei jeder Schwierigkeit, auf die sie im Prozeß der technischen oder wissenschaftlichen Forschung stießen, und auch die Athleten beim sportlichen Training die materialistische Dialektik anwendeten, die es ihnen ermöglichte, das konkrete Problem objektiv und realistisch zu untersuchen und seine Widersprüche zu erkennen, um sodann rational die Lösung abzuleiten.

Diese Untersuchung der alltäglichen Probleme wird so intensiv und so systematisch betrieben, daß sie inzwischen in das Verhalten der chinesischen Bevölkerung, nicht nur der studentischen Massen, eingegangen ist. Ausnahmslos alle – Schüler, Bauern, Arbeiter, Soldaten, Verwaltungsbeamte und Intellektuelle – untersuchen ihr Leben, ihre persönlichen und Arbeitsprobleme im Licht der Dialektik. Und dies ist eines der Geheimnisse der chinesischen Welt, ihres Unterschieds zum Westen: Während in den westlichen Ländern die systematische Reflexion, die wissenschaftliche Beobachtung und das Experiment nur von einer Minderheit praktiziert werden, die die Privilegien einer strengen akademischen Ausbildung genossen hat, wird das in China praktisch von allen geleistet.

Diese Art und Weise, die konkreten Phänomene und Probleme zu untersuchen, ist also eines der wichtigen erzieherischen Hilfsmittel, die in China eingesetzt werden. Mao Tse-tung hat sie in vier seiner Philosophischen Schriften behandelt, nämlich in:
Über die Praxis;
Über den Widerspruch;
Über die richtige Behandlung der Widersprüche im Volk;
Woher kommen die richtigen Ideen der Menschen?

Es ist unmöglich, glauben wir, diesen fundamentalen Teil der chinesischen Erziehung zu verstehen, ohne zumindest oberflächlich die Grundlagen dieser im chinesischen Volk so verbreiteten philosophischen Thesen zu kennen. Auf die Gefahr hin, daß wir wichtige Aspekte übergehen, wollen wir versuchen, die ersten beiden zusammenzufassen:

Über die Praxis

- Ein Wissen, getrennt von der Praxis, ist unvorstellbar.
- Die Erkenntnisse des Menschen über die Natur oder die Gesellschaft entwickeln sich, Schritt für Schritt, von den niedrigeren zu den höheren Stufen. Das heißt, von der Oberfläche in die Tiefe; vom Einseitigen zum Vielseitigen.
- Um Erfolge in der Arbeit zu erzielen, müssen die Ideen im Einklang mit den Gesetzmäßigkeiten der objektiven Außenwelt sein. Dies kann man nur erreichen, indem man sich persönlich am praktischen Kampf beteiligt, indem man in Kontakt mit den Dingen tritt, ihr Wesen entdeckt, sie begreift.
- Der erste Schritt im Prozeß der Erkenntnis ist der Kontakt mit den Dingen, das heißt die Etappe der sinnlichen Erkenntnis.
  Der zweite ist die Synthese, der durch die sinnlichen Erfahrungen vermittelten Daten, ihre Ordnung und Verarbeitung. Das ist die Etappe der Begriffe, Urteile und Schlußfolgerungen.
- Nur wenn man über eine reiche Fülle der durch sinnliche Erkenntnisse vermittelten Daten (und nicht fragmentarische, unvollständige Daten) verfügt, die auch der Realität entsprechen (und nicht illusorisch sind), kann man, darauf aufbauend, richtige Begriffe und Deduktionen erarbeiten.

Über den Widerspruch

- Allen Dingen wohnen Widersprüche inne, und sie sind es, die Bewegung und Entwicklung der Dinge verursachen (Allgemeinheit des Widerspruchs).

- Die Widersprüche, die den Dingen selbst innewohnen, sind die Grundursache ihrer Entwicklung, während der Zusammenhang und die Wechselwirkung zwischen zwei Dingen sekundäre Ursachen darstellen.
- Die objektiven Widersprüche, wie sie sich im subjektiven Denken widerspiegeln, stellen die Bewegung der Gegensätze in den Begriffen dar, treiben die Entwicklung des Denkens voran und lösen beständig dessen Probleme.
- Jede Form der Gesellschaft, jede Form der Ideologie hat ihren besonderen Widerspruch und ihre besondere Eigenschaft (Besonderheit des Widerspruchs).
- In jedem Prozeß gibt es viele Widersprüche, aber einer ist der hauptsächliche. Diesen Hauptwiderspruch gilt es zu finden. Jeder Widerspruch erfordert zur Auflösung eine bestimmte Methode. Der Hauptwiderspruch bestimmt den Einfluß, die Existenz und die Entwicklung der anderen Widersprüche.

Das sind, kurz zusammengefaßt, zwei der philosophischen Thesen Mao Tse-tungs, die dem chinesischen Volk bei der Untersuchung der konkreten Phänomene und Probleme helfen. Einige Beispiele sollen illustrieren, wie sie sich praktisch auswirken:

Die Einheit der Widersprüche in der Medizin

(Ein Text, geschrieben von Ärzten der Volksbefreiungsarmee.)

«Der menschliche Körper ist eine Einheit von Widersprüchen. Die verschiedenen Teile des menschlichen Körpers sind untereinander verbunden. Sie sind vereint und befinden sich im Widerspruch; sie sind verschieden und wirken zusammen. Die pathologische Störung eines Teils des menschlichen Körpers kann andere Teile oder den Körper insgesamt angreifen. Genauso kann der Allgemeinzustand des Organismus sich in der Entstehung einer lokalen pathologischen Störung auswirken. Nur indem man diese Beziehungen zwischen Teil und Ganzem richtig und dialektisch begreift und auflöst, kann man eine Krankheit diagnostizieren und heilen.

Ein Beispiel bietet die Behandlung eines Knochenbruchs. In der Medizin gibt es eine Schule, die glaubt, Ruhigstellung und Unbeweglichkeit seien für die Heilung von Frakturen unerläßlich. Sie berücksichtigt den Bruch, und nicht das ganze Glied oder den Körper insgesamt. Das heißt, sie denkt nur an den Nutzen für den Bruch als solchen, und nicht an den Schaden oder die Belästigung, die sich aus der Inaktivität des Gliedes oder des ganzen Körpers ergeben können.

Diese Methode, die nur einem Teil Aufmerksamkeit schenkt und das Ganze vernachlässigt, steht im Widerspruch zum Gesetz der physiologischen Aktivitäten eines Gliedes und schädigt daher dieses Glied und den ganzen Körper. Daraus können sich folglich eine verspätete Heilung des Bruchs, eine Verlängerung der Behandlung, eine unzureichende Wiederherstellung des Gliedes und andere Schwierigkeiten ergeben.

Den Lehren des Vorsitzenden Mao über das Gesetz von der Einheit der Widersprüche folgend, haben die chinesischen Medizinarbeiter das Gute aus der westlichen Medizin und das Gute aus der traditionellen chinesischen Medizin angenommen. Im Fall eines Knochenbruchs stabilisieren wir ihn mit kleinen Stäbchen, aber wir erlauben die Bewegung des Gliedes und des ganzen Körpers. Diese Dualität erlaubt uns die Vereinigung der beiden Gegensätze: des Passiven, das heißt der Bewegungslosigkeit des geschädigten Teils, und des Aktiven, der normalen Beweglichkeit des Körpers. So befriedigen wir die Teile und das Ganze.

Auf diese Weise wirkt die Behandlung schnell und birgt keine Gefahren; die Rekonvaleszenz ist gut, und die Komplikationen sind gering. Dies ist ein Sieg des dialektischen Materialismus.»

Die Schwachen und die Starken

Chiang Yu-wang, der Sekretär der Brigade T'ai Hsiang-mei, bestimmte, daß vier Personen, zwei Männer und zwei Frauen, die Pflanzen begießen sollten. Als er hinging, um sich vom Fortschritt der Arbeit zu überzeugen, traf er sie diskutierend an. Die Männer beklagten sich, daß die Frauen nicht genügend mithalfen.

Chiang, in seiner Eigenschaft als Verantwortlicher, mußte dieses Problem lösen. Am Abend versammelte er alle Mitglieder der Kommune und stellte das Problem zur allgemeinen Erörterung, wie es seit der Kulturrevolution üblich ist. «Es handelt sich», sagte er, «um einen Widerspruch zwischen starken Arbeitern und schwachen Arbeitern.»

Um die Argumente besser kennenzulernen, erteilte er einem der starken Arbeiter das Wort. Dieser sagte: «Die schwachen Arbeiter hemmen unsere Leistung. Ohne sie könnten wir viel reichere Ernten haben.» Dann forderte Chiang eine Frau auf, ihren Standpunkt zu erläutern. Sie meinte, die starken Arbeiter würden gerne die schwächeren beherrschen und ihnen ihre Arbeitsweise aufzwingen.

Da das Problem zur allgemeinen Diskussion stand, sagte ein Junge:

«Sind denn vielleicht die Starken unter allen Umständen stark? Werden sie nicht irgend einmal zu Schwachen? Der Vorsitzende Mao zeigt in seinem Werk *Über den Widerspruch*, daß sich alle Dinge im Prozeß der Entwicklung und Veränderung befinden. Wenn wir seinen Gedanken anwenden, werden wir sehen, daß das Starke und das Schwache keine absoluten Dinge sind. Ich bin 17 Jahre alt, und deshalb bin ich ein schwacher Arbeiter. Wenn ich 27 bin, werde ich ein starker Bauer sein.»

Ein Greis stimmte zu: «Ich war ein starker Arbeiter, und jetzt mit 60 bin ich ein schwacher geworden.»

Eine Frau fing an zu sprechen: «Man sagt, daß der Pflug und die Egge auf die Starken angewiesen sind. Das erscheint mir nicht gerecht. Wie würde unsere landwirtschaftliche Produktion ohne die Kinder, die die Büffel führen, und ohne die Frauen, die den Reis in der Sonne ausbreiten, aussehen?»

Das Endergebnis: Die Männer überzeugten sich davon, daß die Mitarbeit der Frauen und Kinder unentbehrlich ist. Das Denken Mao Tsetungs sagte ihnen, daß man nicht in allen Dingen absolut sein darf. Das Starke und das Schwache sind die Pole eines Widerspruchs, Pole, die unter bestimmten Umständen ihr Zeichen wechseln können.

Revolution heißt die Widersprüche lösen

Li Kuo-sai, von Beruf Gasinstallateur, schreibt:

«Seit zehn Jahren bin ich entschlossen, die Doktrin des Vorsitzenden Mao anzunehmen und anzuwenden. Dank ihm begreife ich nunmehr, daß die Revolution bedeutet, die Widersprüche aufzulösen.

Einige wollten mich von meinem Streben abbringen, die philosophischen Essays des Vorsitzenden Mao zu studieren. Sie sagten, die seien für die Intellektuellen, und nicht für die Arbeiter da. Ich antwortete, dies sei falsch.

Der Vorsitzende Mao zeigt uns, daß es nichts gibt, was keine Widersprüche hätte. Indem ich diese Lehre mit der Praxis verband, habe ich begriffen, daß es Widersprüche zwischen den Menschen und in der Partei gibt. Daß das ganze Universum voll von Widersprüchen ist, ohne die nichts existieren würde.

Die Lösung des Widerspruchs zwischen dem chinesischen Volk und seinen drei Feinden (Imperialismus, Feudalismus und bürokratischer Kapitalismus) hat uns erlaubt, uns zu befreien und die Führer unseres Volkes zu werden. Revolution heißt Widersprüche auflösen, und Widersprüche auflösen heißt kämpfen.»

Diese oft genug veröffentlichten Beispiele sind in aller Munde. Auch wir konnten viele spontane Beispiele für die Anwendung dieser Prinzipien sammeln, manche davon waren sehr einfallsreich. So beobachteten wir einmal in einer Schule in Peking ein Kind, das, im Gegensatz zu seinen Kameraden, nicht arbeitete.

«Stimmt's nicht», sagten wir durch unseren Dolmetscher, «daß es manchmal ganz angenehm ist, die Arbeit bleiben zu lassen?»

Das Kind, es war ungefähr 13 Jahre alt, antwortete uns ganz ernst: «Ich bin faul. Das ist mein Hauptwiderspruch! Ich muß versuchen, ihn zu überwinden!»

5. Struktur der Schule

Zur Einführung in die chinesische Schulstruktur müssen wir kurz auf die gesellschaftliche Organisation, auf die Vorstellungen der neuen Gesellschaft von Familie, Liebe und Sexualität eingehen. Diese Vorstellungen haben sich während der chinesischen Geschichte verändert. Ursprünglich stellte das chinesische Reich eine große Familie dar, deren Vater Oberhaupt und Führer der Kaiser war. Seine Handlungen waren von der Formel geleitet: «Die Persönlichkeit kultivieren, die Familie harmonisieren, den Staat regieren und den Frieden in der Welt bewahren.»

Diese gewaltige Familie unterteilte sich in kleine Familiengruppen, sozusagen Klassen, die der väterlichen Autorität unterstanden, welche, wie in jeder feudalen Organisation, absolute Macht über das Leben, das Eigentum und die Freiheit aller ihrer Mitglieder hatte. Die Unverheirateten konnten sich nicht von der väterlichen Autorität unabhängig machen, auch wenn sie volljährig waren. Die Verheirateten blieben, wenn sie Männer waren, in ihrem Klan, und die Töchter gingen in der Familiengruppe des Ehemannes auf. Die heilige Pflicht des Vaters war: «der Familienehre Respekt zu verschaffen», was manchmal hieß, grausame Kämpfe gegen andere Familiengruppen zu führen.

Bei bestimmten Verbrechen wurde die ganze Familie verurteilt, denn die soziale Einheit war nicht die Person, sondern die Familiengruppe.

So entwickelten sich die Väter-Oberhäupter der Familie zu absoluten Diktatoren ihrer sozialen Gruppe: Sie wählten Gattinnen für ihre Söhne und übten gegenüber ihren Frauen und allen übrigen Mitgliedern des Klans eine despotische Herrschaft aus. Die Familie war auch die einzige vom Gesetz anerkannte wirtschaftliche Einheit; das Eigentum war nicht individuell, sondern Sache der Gruppe, die als solche den Boden bestellte und Steuern zahlte.

Zuerst die demokratisch-bürgerliche Revolution und dann die sozialistische Revolution setzten es sich zur Aufgabe, eine gründliche Veränderung der chinesischen Familienorganisation herbeizuführen. Besonders letztere ermöglichte die rechtliche Gleichstellung von Mann und Frau und führte die Freiheit der Eheschließung ein; dabei wurden alle Erscheinungen des absolutistischen Patriarchats abgeschafft.

Im heutigen China besteht die Familie aus einer Gruppe, die sich aus dem Elternpaar und den Kindern zusammensetzt, wozu noch als erweiterte Gruppe die Großeltern und angeheirateten Verwandten kommen. Die einigenden Bande sind hauptsächlich affektiver Natur.

Von dieser Veränderung wurde die chinesische Frau am meisten begünstigt: Wenn sie früher zur häuslichen Sklaverei verurteilt oder gezwungen war, sich für ihren Unterhalt der Prostitution hinzugeben, dann wird sie heute, da ihre Abhängigkeit und Unterordnung gegenüber dem Ehemann abgeschafft ist, mit den gleichen Rechten und Pflichten wie die Männer in das produktive Leben eingegliedert.

Dieser Prozeß der Befreiung der Frau geht viel weiter als in irgendeinem anderen Land der Welt. Die sogenannte *weibliche Seite* der Frau – die Verpflichtung zum Schönsein, ihr ausschließliches Aufgehen im häuslichen Leben, die Beschäftigung mit zarten, erlesenen Dingen, zur Betonung ihrer Fragilität – verträgt sich nicht mit dem Denken Mao Tse-tungs, der mit dem Mythos der weiblichen Schwäche aufgeräumt und die Frau von den «Vier Formen der Autorität, die sie unterdrückten», befreit hat: Autorität des Klans, politische Autorität, religiöse Autorität und Autorität des Ehemannes.

Die chinesische Frau ist dem Mann absolut gleichgestellt. Das dauernde, gründliche Studium des «Maotsetung-denkens» hat den Männern geholfen, ihre Haltung gegenüber den Frauen zu verändern und sie auf allen Gebieten und in jeder Hinsicht als ebenbürtig zu betrachten.

Die neue chinesische Gesellschaft weist dem Mann und der Frau keine verschiedenen Rollen zu. Diese Tatsache allein hat das chinesische Volk stark geeint und die Kluft zwischen den Geschlechtern gänzlich verschwinden lassen.

Im heutigen China sind Frauen Staatsminister, Fabrikleiter, Lokomotivführer, Soldaten, Mechaniker, Schreiner und Lastenträger, die in Schubkarren gewaltige Lasten befördern. Die Männer ihrerseits verrichten auch häusliche Arbeiten.

Zu diesem Prozeß der Angleichung von Mann und Frau trägt die chinesische Schule viel bei. Die Koedukation ist eine Praxis, die in den Vorschulen beginnt, in allen chinesischen Erziehungsinstitutionen fortgesetzt wird und in keinem Augenblick die Schüler nach Geschlechtern trennt.

In Fabriken und Volkskommunen verfolgt man dieselbe Politik der Gleichheit: Die Arbeiten werden je nach Geschick und persönlichen Fähigkeiten verrichtet, wobei Männer und Frauen für gleiche Arbeit den gleichen Lohn erhalten.

Der neuen chinesischen Gesellschaft ist es sogar gelungen, im Volk jene Kriterien der «körperlichen Attraktivität» auszurotten, auf die man im Westen so viel gibt. Für die chinesische Frau besteht keine Notwendigkeit, kokett zu sein: Es gibt kein Make-up, alle kleiden sich sehr sauber und äußerst schlicht. Die Veränderungen der Werte geht so weit, daß die jungen Mädchen lieber durch ihren Kampfgeist oder ihre Verachtung der materiellen Güter als durch ihre körperliche Schönheit Eindruck machen.

Als wir uns einmal in Nanking mit Wang Ya-chin, einem sehr schönen Mädchen von 23 Jahren unterhielten, versuchten wir alles mögliche, damit sie zugäbe, daß es ganz natürlich sei, wenn sie als zukünftigen Gefährten einen gutaussehenden jungen Mann bevorzugen würde. Darauf antwortete sie ein wenig gekränkt:

«Was heißt denn körperliche Attraktivität? Darf man denn einen Soldaten, dem in einem gerechten Krieg das Gesicht verbrannt wurde, oder der im Kampf für sein Volk ein Bein verloren hat, als häßlichen Mann ansehen?»

Später wollte sie noch etwas hinzufügen, da sie annahm, sie sei in ihrer Antwort etwas zu schroff gewesen – eine mit der Gastfreundschaft des chinesischen Volkes unvereinbare Haltung. Sie sagte:

«Nein, man darf nicht viel auf das Aussehen geben, weil man so seine Eigenschaft als Revolutionär verlieren könnte. Wir Chinesen sind für Arbeit, Ordnung und Sauberkeit. Wir sind gesund und stark und haben wahrscheinlich eine andere Vorstellung von Glück. Glück heißt für uns kämpfen, in der Epoche des Vorsitzenden Mao leben, seine Lehren befolgen.»

Aber die Unterschiede zum Westen beziehen sich nicht nur auf Schönheit und Glück, die Chinesen haben auch andere Vorstellungen über Liebe, Ehe und Sexualität. Obwohl die Koedukation die beiden Geschlechter verschmolzen hat, hat die chinesische Revolution bei den Jugendlichen nicht nur den Zeitpunkt, da die Liebe anfängt, hinausgeschoben, sondern sie hat diese auch in ein Gefühl verwandelt, das den Charakter revolutionärer Freundschaft trägt.

In China hat die Liebe vor allem eine soziale Bedeutung. Es ist Liebe zur Menschheit, Liebe zur proletarischen Klasse, Liebe zur Revolution, zum Vaterland, zu den Völkern der Welt und besonders zum chinesischen Volk. In China gibt es keine Lieder, die die abwesende Geliebte beweinen, keine melancholische oder von Zärtlichkeit durchdrungene Literatur und keine mit der heterosexuellen Liebe verbundene Sehnsucht.

Die Männer heiraten etwa mit 30 Jahren, und die Frauen um die 25. Nicht, daß dies obligatorisch wäre: Es ist die Norm, die mit dem offiziellen, kollektiven Denken harmonisiert, mehr aber nicht. Bevor sie heiraten, müssen die Jugendlichen studieren, Erfahrungen erwerben, produzieren, dem chinesischen Volk dienen. Die Jugend ist, wie der Vorsitzende Mao sagt, «wie die Sonne zwischen 8 und 9 Uhr am Morgen», und deshalb muß sie ihre Energien auf das Studium und die revolutionäre Arbeit richten.

Diese ungewöhnliche Sicht der Dinge veranlaßte uns, um ein Interview mit einer Gruppe von Ärzten, Soziologen, Psychologen, Psychiatern und Erziehern aus Peking zu bitten. Unsere Absicht war unter anderem, über die Organisation der Familie, die Familienplanung, die Beziehungen zwischen den Jugendlichen, die neue Wertskala zu sprechen. Die Tatsachen, die wir bei diesem Treffen erfuhren, überraschten uns nicht wenig. Hier nun die wichtigsten:

1. Im heutigen China gibt es keine Psychologen oder Soziologen – Berufe, die so gut wie unbekannt sind. Es gibt auch keine Psychiater, obwohl manche Ärzte bei psychiatrischen Fällen Hilfe leisten.
2. Die Jugendlichen haben so viele revolutionäre Aufgaben, Studium und Arbeit, daß sie praktisch keine Zeit haben, sich mit Liebe zu beschäftigen. Ihre politische Bildung lehrt sie, daß zuerst die soziale Pflicht kommt, die Revolution zu unterstützen, und daß die Liebe auf ihren Augenblick warten muß.
3. Im Vergleich zu den höher entwickelten Ländern des Westens wäre China demnach ein sehr puritanisches, quasi asexuelles oder zumindest gründlich enterotisiertes Land. Die sexuellen Dinge werden auf den zweiten Platz verwiesen. Nirgends gibt es eine Spur von Erotik oder Pornographie.
4. Geschlechtskrankheiten und Drogenkonsum sind praktisch völlig verschwunden, der Konsum von alkoholischen Getränken und Tabak sowie jugendliche Verhaltensstörungen sind auf ein Minimum zurückgegangen.
5. Das Fehlen solcher Störungen und wahrscheinlich auch die revolutionäre Gesinnung hatten tiefe Rückwirkungen nicht nur auf das soziale Verhalten der Jugend, sondern auch auf ihre körperliche Entwicklung. Da sich in dieser Gruppe von Fachleuten auch einige ältere Ärzte befanden, konnten sie bestätigen, daß bestimmte biologische Vorgänge (Menstruation bei den Mädchen, Schambehaarung und andere Merkmale der Pubertät) bei Jugendlichen beiderlei Geschlechts immer später auftreten.

In den Städten und auf dem Land zeigen die zwischenmenschlichen Beziehungen viel Schamgefühl, Diskretion und Distanz. Wenn Pärchen spazierengehen, haken sie nicht einmal den Arm unter. Niemand trägt Ringe, Ohrringe oder Juwelen. Die Jugendlichen, deren Schlankheit, gute Gesundheit, blendendweiße Zähne und stetes Lächeln auffallen, haben jeden Rest orientalischer Servilität abgelegt. Sie machen den Eindruck einer starken, gesunden, optimistischen und glücklichen Jugend. Der einzige allgemein getragene Schmuckgegenstand ist eine Art Plastik- oder Metallknopf mit dem Profil Maos, den Kinder, Jugendliche und Erwachsene auf der Brust tragen.

Die Abtreibung ist nicht nur legal, sondern auch kostenlos. Die gegenseitige Treue der Ehepartner ist fast ein Gesetz und andererseits auch unerläßlich, denn sehr häufig müssen chinesische Ehen aus Gründen der Arbeit sehr lange Trennungen überstehen.

Die chinesischen Ehepaare haben ein Kind oder höchstens zwei. Das Volk ist sich der Vorzüge einer kleinerer Familie völlig bewußt. Seit 1965 werden Kampagnen der Familienplanung mit Hilfe von Plakaten, Versammlungen, Filmen und Diskussionen durchgeführt. Seit 1963 wird die Vasektomie (Sterilisierung des Mannes) und die Tubenligatur bei den Frauen durchgeführt; jeweils nur auf persönlichen Wunsch.

Die Vergabe von Verhütungsmitteln ist kostenlos. Aber Familienplanung ist nicht alles: Ehepaaren, die keine Kinder haben, hilft der Arzt, damit sie welche bekommen; man fördert die Liebe zum Kind und die Betreuung des Kindes durch die Mutter. Die Kindersterblichkeit ist in den letzten Jahren enorm zurückgegangen.

Das Endziel der Familienplanungspolitik ist, die Unabhängigkeit der Frau zu erreichen. Man will, daß jede Frau, ohne Einschüchterung oder Druck, ihr eigenes Schicksal bestimmt. Das heißt, daß sie es nur dann akzeptiert, Mutter zu sein, wenn sie dafür bereit zu sein glaubt.

In einem solchen gesellschaftlichen Klima wirkt das chinesische Erziehungssystem, das folgendermaßen aufgebaut ist:

Die Vorschulerziehung

Die Vorschulerziehung erfaßt in der Regel Kinder von 3½ bis 6 Jahren. Je nach ihren besonderen Merkmalen hat sie verschiedene Namen:

- Kinderzentren,
- Kindergärten,
- Kinderläden und
- Kinderpalast.

Die Kinderzentren beherbergen diejenigen Kinder, die keine Eltern haben oder deren Mutter abwesend ist. Es sind geschlossene Internate, die an den Wochentagen betrieben werden. Sonntags besuchen die Kinder ihre Angehörigen oder Freunde. Dies ist eine begrüßenswerte Praxis, weil sie den Kindern erlaubt, in Kontakt mit der Gesellschaft zu bleiben, wenn auch in Abständen.

Die Kinderzentren unterscheiden sich von Waisenhäusern oder beschützenden Anstalten; sie sind weniger Schulen als Institutionen, die beabsichtigen, die Situation von Kindern zu regeln, die Schwierigkeiten in der Familie haben.

Die Kindergärten sind Erziehungszentren im eigentlichen Sinn des Wortes, die den Kindern von 6 bis 7 Jahren offenstehen. Ihre Funktion ist, das ins Schulleben eintretende Kind soziale Normen und Grundkenntnisse zu lehren. Diese Einrichtungen sind in China sehr zahlreich; denn jedes kleine Dorf und jede Straße hat einen Kindergarten. Ihre Eröffnung und ihr Betrieb sind mehr von der Initiative der Straßenkomitees als der des Staates abhängig.

Die Kinderläden sind Einrichtungen, in denen die Kinder sich unter fachlich geschulter Aufsicht befinden, während ihre Eltern arbeiten. Kinderläden gibt es in den Distrikten, Volkskommunen und Fabriken.

Die Kinderpaläste sind dazu bestimmt, die Kinder in das künstlerische Leben einzuführen. Sie verfügen über gut motiviertes und fähiges Personal. Dort lernen die Kinder Lieder und Tänze, wirken im Laientheater mit, spielen und zeichnen.

Die Kinder, die auf diese Weise in die Welt der Kunst eingeführt werden, haben die Aufgabe, ihre Fertigkeiten und Kenntnisse in die jeweiligen Erziehungszentren einzubringen.

Mit Ausnahme der Kinderpaläste, die es nur in den großen Städten gibt, verfügen die vorschulischen Erziehungsstätten über keine großen materiellen Mittel. Sie sind, was die Ausstattung betrifft, vielmehr bescheidene Anstalten. Alles, was sie besitzen, ist in eigener Arbeit hergestellt, aber dieser Mangel wird durch den Geist und die Dynamik ausgeglichen, die diese Institute auszeichnen.

Allerdings verfügen diese Einrichtungen reichlich über freiwilliges Personal, für gewöhnlich aus älteren Rentnern, die nicht zu Hause bleiben wollen und ihre Hilfe bei der Betreuung der Kinder anbieten.

In allen Vorschul-Erziehungszentren herrscht rege künstlerische Aktivität. In ihren Laienspielen behandeln die Kinder sehr oft den Vietnamkrieg oder die Leiden des chinesischen Volkes in der Vergangenheit. Auch erweisen sie der Volksbefreiungsarmee Ehre, indem sie ihre Dankbarkeit dafür zum Ausdruck bringen, daß diese die japanischen Invasoren und die Truppen Tsiang Kai-sheks besiegt hat.

Es ist immer wieder ein exotisches Bild, wenn man Kinder im zarten Alter sieht, wie sie politische Dramen aufführen und aus ihrem Mund Lieder hört, die ebenso melodiös wie kriegerisch klingen. Als Beispiel wollen wir eines davon übertragen, das von 4- bis 6jährigen Kindern viel gesungen wird; es heißt «Die Völker der Welt werden siegen»:

Der Ostwind braust,
Die Kampftrommeln schlagen.
Wer fürchtet wen
In der heutigen Welt?

Nicht das Volk fürchtet
Den Yankee-Imperialismus,
Sondern der Yankee-Imperialismus
Fürchtet das Volk.
Wer eine gerechte Sache vertritt,
Erhält jede Hilfe;
Wer eine ungerechte Sache vertritt,
Erhält keine Hilfe.
Das Gesetz der Geschichte ist unumstößlich!
Der Yankee-Imperialismus
Wird vernichtet werden!
Die Völker der Welt werden siegen!

Der Vorsitzende Mao wird von den chinesischen Kindern verehrt. Ihm widmen sie ihre schönsten Lieder, und eines der beliebtesten heißt: «Ich habe den Vorsitzenden Mao gesehen». Der erste Satz, den die Kinder zu schreiben lernen, ist «Lang lebe der Vorsitzende Mao», und das erste Lesebuch ist das Rote Buch.

Zeichnen lernen die Kinder nach der Natur. Gleichzeitig lehrt man sie, verschiedene weitverbreitete Symbole der neuen Gesellschaft wiederzuerkennen. Zum Beispiel: ein Kranz von Strahlen um die Sonne, der das chinesische Volk, geschart um die Kommunistische Partei, symbolisiert.

Bei den Schulaufgaben und bei den Spielen wenden die chinesischen Kinder immer die Prinzipien der sozialen Solidarität und gegenseitgen Hilfe an. Die Vorschulerziehung ist sehr wichtig, denn es geht darum, in jedem Augenblick und in den kleinsten Dingen Verhaltensmaximen der sozialistischen Moral einzuprägen.

Das eigentlich Überraschende an diesen Vorschul-Einrichtungen ist ihre beinahe völlige Hingabe an die Politik.

Es gibt drei Hauptfächer, nämlich:

1. Ideologische Erziehung oder «Maotsetung-denken», hauptsächlich beschränkt auf die «Drei ständig zu lesenden Artikel» und Grundbegriffe der nationalen und internationalen Politik;
2. Kultur und Literatur, einschließlich Grundlagen der Mathematik, Musik und Kunst.
3. Schreiben für die Fortgeschritteneren und Basisarbeiten für die Kinder, die das 4. Lebensjahr vollendet haben. Solche Arbeiten konnen sein: Bodenfegen, Geschirrspülen, kleine Beete anlegen oder Pflanzen begießen.

Die Kinderliteratur folgt demselben Weg wie die Literatur im allgemeinen: Sie ordnet sich der Politik unter. Sie behandelt für gewöhnlich den Kampf gegen den Analphabetismus, die Kampagnen der Landreform oder einzelne Etappen der Kulturrevolution.

Die Grundschulerziehung

Vor der Kulturrevolution gingen die Kinder sechs Jahre lang zur Grundschule. Heute ist die Schulzeit in den meisten Regionen auf fünf oder sogar vier Jahre reduziert. Auf dieser Stufe fand in den letzten Jahren eine quantitativ so gewaltige Expansion statt, daß es nur noch sehr wenige Kinder gibt, die keine Schule besuchen können.

Die Fächer, die – mit Variationen von Region zu Region – gelernt werden, sind folgende:

- Werke Mao Tse-tungs,
- Mathematik,
- Wissensfächer (wie Zoologie, Botanik, Physik, Agrikultur, Fremdsprache),
- Chinesische Sprache,
- Revolutionäre Kunst,
- Handwerkliche Fertigkeiten und
- Militärische und physische Erziehung.

Da die Fächer in allen Klassen die gleichen sind, wird der Unterricht, vom Einfachen zum Komplexen fortschreitend, dosiert. Das heißt, jedes Jahr vertiefen die Schüler ihre Kenntnisse und beschleunigen den Rhythmus der produktiven Arbeit, der sogenannten «sozialen Praxis». Im letzten Jahr der Grundschule lernen sie für gewöhnlich die Handhabung des chinesischen Rechenbretts, genannt *Abakus*.

Die Stundenpläne der Arbeit sind an die Arbeitsbedingungen und das Klima jeder Region angepaßt. Um eine Vorstellung von der Zeitaufteilung zu vermitteln, geben wir hier den Stundenplan einer Grundschule in Kanton wieder: Die Schüler der ersten und zweiten Klassen haben 27 Unterrichtsstunden pro Woche. Das heißt, von Montag bis Freitag 5 Stunden täglich, und am Samstag nur 2 Stunden. Die Schüler der dritten und vierten Klassen haben 29 Unterrichtsstunden pro Woche. Das heißt, sie arbeiten am Samstag 4 Stunden. Die Schüler der fünften Klasse haben 30 Unterrichtsstunden pro Woche. Die Stunde dauert in der Regel 45 Minuten.

Auf dem Land erhält die Schule ihre Richtlinien und finanziellen Mittel von der Volkskommune. Die Kinder lernen Theorie und Praxis der Landwirtschaft und Viehzucht. Die Lehrer sind in der Regel gebildete Bauern oder zumindest Lehrer von bäuerlicher Herkunft. Auf diese Weise wird der ländliche Charakter der Schulen stark betont – ohne daß die Schulen deshalb weniger Mechaniker-, Schreiner-, Elektrikerwerkstätten und kleine Laboratorien hätten, die den Schülern als industrielle Lehrstätten dienen.

In der Stadt liegt die Beratung und Finanzierung der Schulen bei den Straßenkomitees. Die Kinder arbeiten ebenfalls in der Produktion mit, und zwar für gewöhnlich in der mit ihrer Schule verbundenen Fabrik, die dem Institut technische Unterstützung und Arbeitsmaterial zur Verfügung stellt. Auf diese Weise fangen die Schüler früh an, kleine Arbeiter zu sein. Sie betätigen sich auch in Landwirtschaft und Viehzucht.

Offenbar lautet die chinesische Parole: «Das Land urbanisieren und die Stadt ruralisieren», und dementsprechend gehen die Stadtkinder von Zeit zu Zeit auf das Land, um das Feld zu bestellen und sich von den Bauern belehren zu lassen.

In China wird gesagt, man müsse den Reis nicht nur zu essen, sondern auch anzubauen verstehen. Die Kinder vom Lande besuchen die Stadt sehr häufig.

In Peking geschah es nicht selten, daß wir gegen 4 oder 5 Uhr morgens durch den Gesang der Kinder erwachten. Als wir uns aus dem Fenster des Hotelzimmers beugten, sahen wir Hunderte von Kindern, die aufs Land hinauszogen. Man sagte uns, daß die Ausflüge stattfänden, um die dreifache Kombination von «Mensch, Erde und Wasser» zu verwirklichen und den ländlichen und städtischen Sektor der chinesischen Welt intensiv zu einigen.

Die Kinder verlassen die Schule häufig, besonders im Sommer, nicht nur wegen der ungeheuren Hitze, die in bestimmten Regionen mehr als 40 Grad erreicht, sondern weil man möchte, daß die Schule sich nicht vom Leben entfernt. Wenn eine Gruppe hinauszieht, so geschieht das in Begleitung ihrer Lehrer, in Dreierreihen und unter Gesang. In der Hand oder in der Tasche tragen sie stets ihre Kampfwaffe, das kleine Rote Buch, mit dem auch gegrüßt wird.

Die bevorzugte Waffe der Lehrer und Schüler ist für gewöhnlich die Überzeugung. In einer Schule in Kanton berichtete man uns, es habe sich der Fall zugetragen, daß eine Gruppe von Schülern sich weigerte, Gymnastik zu machen. In keinem Augenblick wurde Autorität oder Druck eingesetzt, um die Gruppe zu zwingen, ihre Entscheidung zu berichtigen. Die Situation wurde gelöst, indem man eine Kampagne durchführte, die sich hauptsächlich auf die populäre Darstellung des Lebens der chinesischen Freiheitshelden stützte. Damit wurde gezeigt, daß man, um ein Held zu werden, seinen Charakter zu stählen und die Schwierigkeiten und Hindernisse zu überwinden, die jedes kämpferische Leben bietet, nicht nur einen eisernen Willen und ein hohes ideologisches Bewußtsein braucht, sondern auch eine gute körperliche Kondition, die man nur durch körperliche Übungen erreicht.

In der Grundschule gibt es immer mehr Kleine Rote Garden. Das sind Kinder mit höherem ideologischem Bewußtsein. Alle Kinder wollen zu dieser Organisation gehören, aber um aufgenommen zu werden, muß man die *«Vier Verdienste»* haben, nämlich:

– Hohes politisches Bewußtsein,

- Gesundes und vorbildliches Leben,
- Hervorragende Erfüllung der täglichen Aufgaben und
- Gute Leistungen bei der Arbeit in Fabrik und Landwirtschaft.

In der Schule leben die Kinder in einem Zustand dauernder Bewegung und Anspannung. Zu ihren Aktivitäten gehören Exkursionen, schwierige Arbeiten, künstlerisch-sportliche Wettbewerbe, öffentliche Kampagnen, Besuche in Fabriken und Museen, Begegnungen mit anderen Gruppen, Ausstellungen, öffentliche Diskussionen, freiwillige Arbeiten. Für Müßiggang oder Langeweile haben sie keine Zeit. Dieser Lebensrhythmus erlaubt es, die Routine zu bekämpfen, und macht die Schule kurzweilig.

In den Erziehungszentren gibt es keine strengen Regeln, die die individuelle oder kollektive Initiative hemmen würde. Wohl aus diesem Grunde sind sie Zentren permanenter Geschäftigkeit und Aktion.

Die hohe Wertschätzung, die jedermann den Helden entgegenbringt, läßt die Kinder dauernd aufmerksam nach Situationen Ausschau halten, die ihnen erlauben, eine Heldentat zu vollbringen. Ein Kind aus einer Gefahr retten; ein persönliches Risiko eingehen, um einen anderen vor einem Unfall zu bewahren; und schließlich das Opfer der eigenen Interessen für die der anderen – dies sind Handlungen, die in hohem sozialen Ansehen stehen und in allen Massenkommunikationsmitteln bekanntgemacht werden. Deshalb vielleicht empfinden die chinesischen Schüler eine individuelle und kollektive Berufung zum Heroismus.

Andererseits führt jedes Kind einen intimen, persönlichen Krieg, um seine individuelle Vervollkommnung – zuweilen nur unter Mitwirkung seines «Roten Partners» (ein Junge oder Mädchen, sein Vertrauter). Das letzte Ziel ist: Einfach, bescheiden, arbeitsam und ehrlich sein und «weder Härten noch den Tod fürchten». Die verantwortungsbewußten und altruistischsten Kinder beteiligen sich, zusammen mit den Arbeitern und Lehrern, an der Leitung des Instituts.

In der Grundschule der Wen Chin-ch'e Straße in Peking bestand das Komitee, das mit der Aufgabe betraut war, uns über die Aktivitäten dieses Instituts zu informieren, aus zwei Schülern, Delegierten ihrer Klassenkameraden. Es waren ein 10jähriger Junge und ein 11jähriges Mädchen, die in der Versammlung, die wir abhielten, nicht nur Zuschauer waren, sondern sich aktiv an der Diskussion beteiligten.

Die Sekundarerziehung

Der Schulbesuch auf der Sekundarstufe dauert für gewöhnlich fünf Jahre, obwohl es Zonen gibt, in denen man, je nach den regionalen Besonderheiten, diese Zeitspanne auf vier und sogar drei Jahre verkürzt hat. Die Erziehung ist effektiv mit der Produktion verbunden. Hauptsächlich bezweckt sie, so könnte man sagen, die Heranbildung von Kadern, «gebildeten Jugendlichen», die in der Produktionsarbeit gut ausgebildet und bereit sind, in die Fabriken, die Volkskommunen oder die Armee einzutreten.

Die Sekundarerziehung ist nicht automatisch Vorstufe zur Universität. Sie ist weder eine Zwischenstufe noch eine Übergangsstufe, sondern ein Ziel für sich. Man besucht die Sekundarschule, um dann in das aktive Leben einzutreten. Dies besagt aber nicht, daß die Jugendlichen, die die Sekundarstufe abgeschlossen haben, individuell frustiert wären. Die Fabriken, die Volkskommunen oder die Armee, wo immer sie zugeteilt werden, sind ebenfalls Lehrstätten und Quellen des wissenschaftlichen Experiments, die der Ungeduld ihrer Mitglieder und deren Streben nach Vervollkommnung im persönlichen und Arbeitsbereich alle Möglichkeiten bieten. Nur eine kleine Minderheit geht danach zur Universität. Diese Minderheit wird nie eine auserlesene Elite sein, denn das Prestige ist in China unabhängig von der Schulbildung. Soziale Anerkennung gewinnt man durch die Arbeit, durch außerordentliche und vorbildliche Leistungen. Die Universität gewährt keinen «Status» und teilt keine Privilegien zu.

Es wäre eine verlockende Aufgabe, nachzuweisen, daß der technologische Fortschritt Chinas nicht so sehr der Universität oder den spezialisierten wissenschaftlichen Forschungsinstituten zu verdanken ist, sondern der kombinierten Arbeit von Arbeitern und Technikern in den Fabriken und von Bauern und Landwirtschaftstechnikern auf dem Lande. Es gibt kaum eine Fabrik oder Volkskommune, die nicht stolz wäre auf ihre Leistungen bei der permanenten technischen Weiterbildung ihres Personals und auf die Neuerungen, die aus eigener Initiative eingeführt wurden, um mehr oder besser zu produzieren und weniger zu verbrauchen. Dieses Verlangen, die Produktion zu verbessern, ist fast eine Obsession für den chinesischen Arbeiter, eine Obsession, die auch die Schule erfaßt hat, wo die Schüler die gleiche Leidenschaft zeigen, die Maschine, an der sie arbeiten, zu verändern und eine andere zu erfinden, um mehr und Besseres zu leisten.

Wie im Fall der Grundschule sind die Fächer auf dieser Stufe nicht in allen Regionen gleich. Für gewöhnlich sind es:
- Werke Mao Tse-tungs,
- Chinesische Literatur,
- Mathematik,
- Wissensfächer (Geschichte, Geographie, Physik, Chemie),
- Grundkenntnisse der Landwirtschaft,
- Hygiene,
- Fremdsprachen,
- Revolutionäre Kunst und Literatur.

Die Schüler wenden zwei Monate im Jahr auf, um von den Arbeitern und Bauern zu lernen. Man wünscht, daß der Mangel an politischer und gesellschaftlicher Erfahrung der Jugend ausgeglichen wird durch die Arbeit in direktem Kontakt mit denjenigen, die für die Befreiung von Elend, Unterdrückung und Fremdherrschaft Härten erlitten haben. Auch sieht man es gern, wenn die Jugendlichen von den Erwachsenen und den Alten nützliche Tätigkeiten aller Art lernen.

Um zu beurteilen, ob ein Jugendlicher revolutionär eingestellt ist, gibt es eine einzige Regel: Man stellt fest, ob er bereit ist, in den Arbeiter- und Bauernmassen aufzugehen. Wenn er sich weigert oder sich von ihnen entfernt, schädigt er die Revolution und ist potentiell ein Konterrevolutionär.

Der Stundenplan für die Schularbeit sieht meist folgendermaßen aus: am Vormittag von 7.40 bis 11.30; am Nachmittag von 14.10 bis 15.45. Sobald der Unterricht oder die Arbeit in der Werkstatt beendet ist, beschäftigen sich die Schüler in der Regel – informell und von sich aus – mit kulturellen oder sportlichen Aktivitäten, wenn nicht mit freiwilliger Arbeit im Dienste der Gemeinschaft. Mindestens dreimal in der Woche gehen sie abends in die Schule, um in der Gruppe zu lernen, oder sie versammeln sich zu diesem Zweck im Hause eines Klassenkameraden.

Jeder Schüler – und dies gilt auch für die Grundstufe – hat das anerkannte, während der Kulturrevolution errungene Recht, sich in der Schule, wenn er es für notwendig hält, des bereits erwähnten *Ta-tzu pao* zu bedienen. Also das Recht, Plakate anzuschlagen, um die Aufmerksamkeit von Professoren, Schulbehörden und Mitschülern auf Mängel, Ungerechtigkeiten oder Angelegenheiten zu lenken, die in der Schule, wie er glaubt, schlecht funktionieren. Ist dieses Plakat einmal veröffentlicht, dann muß es auf jeden Fall zur öffentlichen Diskussion gestellt werden. Auf diese Weise vermeidet man die Verbürgerlichung der Professoren und Schulbehörden. Jeder, der von Privilegien Gebrauch machen will, Ungerechtigkeiten begeht, seinen Arbeitsbeitrag verringert oder aufhört, ein exemplarisches, einfaches und nüchternes Leben zu führen, wird von den Schülern und Lehrern abgesetzt.

Von Kritik und Selbstkritik wird so allgemein Gebrauch gemacht, daß die Lehrer es gewöhnt sind, ihre Fehler öffentlich zuzugeben oder ihren Schülern einzugestehen, daß sie von ihnen gelernt hätten, den richtigen Weg in ihrer Arbeit oder in ihrem privaten Verhalten zu finden. Die Erzieher sagen: «Um Lehrer zu sein, muß man vorher Schüler sein.»

Eines der Hauptanliegen der Lehrer ist es, Aufgaben für ihre Schüler zu suchen. Sie wollen sie beschäftigt halten, um die Stunden mit positiven Taten zu füllen. Diese Politik hat wohl auch mit zu dem so ausgeprägten Puritanismus der Jugend beigetragen, der in China auf dem Land wie in der Stadt herrscht. Alle Jugendlichen richten ihren Sinn auf die Revolution und die Arbeit.

Sobald die Sekundarerziehung beendet ist, werden die Jugendlichen unmittelbar in das produktive Leben eingegliedert. Die ihnen zugewiesenen Aufgaben werden in der Regel gerne akzeptiert. Sie sind sich bewußt, daß jede Tätigkeit vor allem ein Arbeiten im Dienste des Volkes und seiner Revolution ist.

Im Hotel Ch'ing-chao in Peking lernten wir einen jungen Mann kennen, der die mit dem Fremdsprachen-Institut verbundene Sekundarschule besucht hatte und ziemlich korrekt spanisch sprach. Während er den Korridor fegte, fragten wir ihn, nur um etwas zu sagen, wie es ihm gehe. Er antwortete in vollem Ernst: «Ich diene dem chinesischen Volk und den anderen Völkern der Welt.»

Er war nicht älter als 19 Jahre. Auch in späteren Unterhaltungen hörten wir niemals von ihm den Wunsch, die Beschäftigung zu wechseln. Mit abgeschlossener Sekundarbildung war er stolz, eine Arbeit zu verrichten, die im Westen als erniedrigend gelten würde.

In China ist eine solche Einschätzung unmöglich, weil es, wie gesagt, keine Hierarchie der beruflichen Funktionen gibt. Auf jedem Platz kann man der Sache des Volkes dienen.

Die «höhere» Bildung

Vor der Kulturrevolution war die höhere Bildung in China vor allem durch zwei wichtige Faktoren bestimmt: durch Mao Tse-tungs Definition von Kultur und die Verfassung von 1954.

1944 hat Mao Tse-tung gesagt, die Kultur müsse «national, wissenschaftlich und durch die Massen bestimmt» sein. In allen seinen Schriften, die sich mit Wissenschaft, Kunst, Kultur und Erziehung befassen, griff er auf diese Definition zurück.

Unter «national» verstand man eine eigene Kultur, geschaffen und entwickelt durch die Chinesen selbst, im Einklang mit den Notwendigkeiten und Besonderheiten des Landes stehend. Diese Auffassung schloß jedoch internationale Beiträge nicht aus, wenn diese positiv waren und nicht Abhängigkeitsverhältnisse zu schaffen drohten.

Die Kultur sollte insofern eine «wissenschaftliche» sein, als sie aus der dauernden Konfrontation der Theorie mit der Praxis entstand und das Ergebnis wissenschaftlichen Experimentierens war. Dieses Konzept beseitigte jeglichen Mythos oder Aberglauben, was aber nicht notwendig bedeutete, den Wert der vom Volke in Jahrtausenden angesammelten empirischen Kenntnisse zu unterschätzen.

Die Kultur sollte «von den Massen ausgehen», denn sie sollte aus dem

Volk hervorgehen und zum Volk zurückkehren; das heißt, ausschließlich den Interessen des Proletariats dienen.

Die Verfassung von 1954 stellte sehr präzise fest, daß Erziehung und wissenschaftliche Forschung nicht außerhalb der Kontrolle des Staates und der Kommunistischen Partei Chinas stehen dürften. Die Erziehung sollte die Geschichte Chinas nicht aus dem Blick verlieren: ein halbfeudales, ausgebeutetes Land, das, dank seiner Revolution, bedeutende soziale Errungenschaften vorweisen konnte.

Das waren mehr oder minder die normativen Prinzipien der höheren Schule Chinas. Ihre Anwendung aber war schwierig: Die bürgerlichen Intellektuellen beherrschten weiterhin die Erziehungsinstitutionen. Die Studenten aus Arbeiter- oder Bauernfamilien benahmen sich nur während des ersten Studienjahres als Proletarier. Danach begannen sie, manche mehr, manche weniger, nach Luxus und Bequemlichkeit zu streben; sie gewöhnten sich an ein privilegiertes Leben; sie begannen, sich an den bürgerlichen Werten zu orientieren. Nach Abschluß ihres Studiums erinnerten sie sich nicht mehr an ihre Eltern, ihr Dorf, ihre Herkunft, ihre Klasse. Ihre Motive, zu studieren, waren der Ruhm und das Prestige, die das Wissen verleiht. Für sie war die Revolution nur so lange möglich, als sie nicht das bequeme Leben und die bürgerlichen Annehmlichkeiten beeinträchtigte.

Um solchen Unregelmäßigkeiten ein Ende zu setzen, war die Kulturrevolution unerläßlich. Vorangetrieben wurde sie durch die fortschrittlichen Studenten, die von der revolutionären Linie Mao Tse-tungs inspiriert und gegen die revisionistischen Ideen eingestellt waren. Aber obwohl die Universitäten eine sehr wichtige Rolle bei der Durchsetzung der proletarischen Linie spielten, waren gerade sie diejenigen Institutionen, die am meisten durch die Kulturrevolution verändert wurden und die am längsten brauchten, um die neuen Prinzipien zu verwirklichen.

Die Universität von Peking zum Beispiel, die 1966 ihre Pforten schloß, wurde erst 1970 wieder eröffnet, und mit so tiefgreifenden Veränderungen, daß man von einer völlig anderen Universität sprechen kann. In Peking allein gibt es an die 40 höhere Bildungsstätten, die noch immer geschlossen sind, während 12 wieder eröffnet wurden.

Die höhere Erziehung in China unterscheidet sich heute stark von der vor 6 Jahren. Hauptsächlich wurde das System, nach dem die Schüler ausgewählt werden, radikal verändert. Die Studenten, die die Sekundarschule abschließen, beginnen sofort in der Armee, der Volkskommune oder der Fabrik zu arbeiten. Das besagt nicht, daß für sie die Zeit des Lernens und der Vervollkommnung abgeschlossen wäre, da so reger Gebrauch von den weitverbreiteten Systemen der permanenten Erziehung gemacht wird. Und danach, nach 2 oder 3 Jahren Arbeit, können die sogenannten «gebildeten Jugendlichen» sich um Aufnahme in die Universität bewerben, wenn sie folgende Voraussetzungen erfüllen:

Wenn sie überzeugende Beweise der Kenntnis und Praxis des Maotsetung-denkens und der marxistisch-leninistischen Philosophie gegeben haben; bei der Arbeit bewiesen haben, daß sie sich begeistert an den «Drei großen revolutionären Bewegungen» beteiligen: «Klassenkampf, Kampf für die Produktion und Kampf für das wissenschaftliche Experiment»; und noch relativ jung, unverheiratet und gesund sind. Das übliche Verfahren bei der Zulassung zur Universität besteht aus freiwilliger Immatrikulation des Kandidaten; Empfehlung durch die Institution, in der er gearbeitet hat; Auswahl durch das Revolutionäre Komitee der Universität, entsprechend der Zahl der freien Studienplätze.

Die zweite Voraussetzung ist nicht leicht zu erlangen. Jedes Jahr empfehlen die Arbeitszentren diejenigen Jugendlichen, die sie im Anschluß an 2 oder 3 öffentliche Versammlungen mit langen Beratungen ausgewählt haben.

Die Bauern sagen: «Wenn wir dem Staat unseren Beitrag geben, dann wählen wir unsere besten Körner; wenn wir die Studenten bestimmen, dann lesen wir unsere besten Pflanzen aus.»

Wenn die gebildeten Jugendlichen ihre Zulassung haben und vom Arbeitszentrum Abschied nehmen, um an die Universität zu ziehen, schenkt man ihnen einen Hut, Strohschuhe, eine Spitzhacke und ein Exemplar der «Worte des Vorsitzenden Mao». Der Student muß dieses symbolische Geschenk sehr sorgfältig aufbewahren, das ihn an seine Klassenherkunft und seine moralische Verpflichtung, diese nicht zu verraten, erinnern soll.

In den höheren Studienzentren sind viele alte Fakultäten verschwunden, und die Zahl der Studenten wurde erheblich reduziert. Das soll so bleiben, sagen manche Chinesen, bis die Methode oder das System entdeckt wird, das es der ganzen Bevölkerung erlaubt, die Universität zu besuchen.

Auch die Studiendauer wurde erheblich verkürzt, um eine längere Trennung des Studenten von seiner Basisinstitution: Fabrik, Volkskommune oder Armee, zu vermeiden. Die Chinesen nennen das «die Gefahr der drei Trennungen: von den Arbeitern und Bauern; vom produktiven Leben; von der proletarischen Politik». Man ist auch der Auffassung, daß in den langen Studiengängen unnötige Fächer gelernt oder Kurse doppelt belegt werden.

Das konkreteste Beispiel bietet der Fall der Medizin: Früher studierte man 6 Jahre und länger. Dennoch stellten die Chinesen an dieser Ausbildung folgende Mängel fest:

- Es wurde zuviel Theorie und zuwenig Praxis gelehrt. Zum Beispiel: Während der ersten vier Studienjahre hatten die Studenten keinerlei

Kontakt mit den Kranken und trieben nur Theorie.

- Die traditionelle chinesische Medizin wurde verachtet.
- Viele Kurse wurden wiederholt: Die Infektionskrankheiten wurden zum Beispiel getrennt von der Parasitologie studiert.

  Es wurden viele Fächer studiert, die in der medizinischen Wissenschaft kaum gebraucht werden, zum Beispiel: höhere Mathematik.
- Als Lehrfächer wurden manche theoretischen Kurse abgehalten, die sich unmittelbar bei der Arbeit im Krankenhaus in kürzerer Zeit lernen ließen.
- Die Studenten studierten sechs Jahre – manchmal länger – und blieben folglich ohne Kontakt mit den Massen, die doch diejenigen sind, die sie heilen sollen.
- Die sogenannte Krankenhauspraxis bestand darin, den Ärzten (Professoren) zuzusehen, wie sie die Kranken heilten. Dies geschah gegen Ende des Studiums, weshalb die Studenten während der ersten vier Jahre keinen Kontakt mit den Kranken hatten.

Heute hat sich das System der medizinischen Lehre stark verändert: Man bildet Ärzte in drei Jahren aus; daneben die sogenannten «Barfußärzte», eine Art Sanitäter, in 6 Monaten. Diese ungeheure Einsparung wurde durch folgende Neuerungen ermöglicht:

- Gründliche Kombination der Theorie mit der Praxis, das heißt der Lehre mit der Behandlung; der Behandlung von Krankheiten mit der Prophylaxe.
- Kombinierter Einsatz der westlichen Medizin und der auf den Gebrauch von Heilpflanzen und der «Akupunktur» beruhenden, traditionellen chinesischen Medizin.
- Abschaffung unnötiger Disziplinen sowie Fusion anderer (wie Anatomie und Histologie).
- Gründliche ideologische Ausbildung der Ärzte. Ihre Eigenschaft als Revolutionäre erlaubt ihnen eine bessere menschliche und solidarische Annäherung an den Patienten; genügend Willenskraft, um das ganze Leben lang durch die Systeme der permanenten Erziehung weiterzustudieren; revolutionäre Freundschaft zwischen Ärzten, Krankenpflegern, «Barfußärzten» und Verwaltungspersonal.

In den letzten Jahren schilderten viele westliche Journalisten das hervorragende Gesundheitssystem der Volksrepublik China, das sie an der Spitze der Welt einordneten, gefolgt von den USA.

In der neuen chinesischen Universität sind fast alle Führungs- und Lehrhierarchien verschwunden; an ihre Stelle traten die aus Arbeitern, Bauern und Soldaten zusammengesetzten «Mao Tse-tung-Propaganda-

Gruppen», die die Universität leiten.

Wie im Fall der Primar- und Sekundarerziehung, besteht für die Universitäten kein Gesetz, das ihnen die Struktur, die anzuwendenden Methoden oder das Wesen der Pädagogik vorschreiben würde. Diese Dinge sind durch die Interpretation der Weisungen Mao Tse-tungs bestimmt, die hier als fundamentale Charta und ideologische Matrix fungieren.

In der Organisation und Verwaltung der Universität besteht völlige Autonomie.

Die Universitäten stehen unter der Leitung der Revolutionären Komitees des Instituts, die sich aus Delegierten proletarischer und militärischer Gruppen, außerdem Delegierten der Professoren und Studenten zusammensetzen.

Die höheren Ausbildungszentren zeigen meist eine ausgeprägte Tendenz zur Selbstfinanzierung. Wo anfänglich ein wirtschaftliches Defizit besteht, wird es durch benachbarte Fabriken, Volkskommunen und andere mit der Universität verbundene Produktionseinheiten gedeckt. Seit 1966 funktioniert das System mit Hilfe von industriellen Stiftungen, die die wirtschaftlichen Angelegenheiten der Institution führen, bis diese sich selbständig erhalten kann.

Man wird das leichter verstehen, wenn man die Genügsamkeit des chinesischen Lebens im allgemeinen bedenkt. Alle Institutionen – und die Universitäten bilden da keine Ausnahme – arbeiten mit sehr bescheidenen materiellen Mitteln. Dort gilt der Mensch weit mehr als die materiellen Ressourcen. Die besten Werkstätten, Laboratorien, Bibliotheken und Kliniken sind die Fabriken, die Volkskommunen, die Gärten, die Höfe und andere Gemeinschaftseinrichtungen.

In den letzten Jahren traten die sogenannten Universitätskommunen in Erscheinung. Eine der ersten, die im übrigen als Vorbild dient, ist die «Kommune des 7. Mai», so genannt zu Ehren eines Befehls von Mao Tse-tung, auf den wir noch eingehen werden. Es ist ein in Shanghai arbeitendes Bauunternehmen, das aus drei verschiedenen Abteilungen besteht: Unterricht und Lehre; Studien und Projekte; Durchführung der Arbeiten.

Die Studenten werden diesen Abteilungen zugeteilt. Dort lernen und arbeiten sie zusammen mit Arbeitern, Technikern und Fachleuten. Während des ersten Jahres widmen die Studenten die Hälfte, während des zweiten Jahres zwei Drittel ihrer Zeit der praktischen Arbeit. Im dritten und letzten Jahr vertiefen sie die Theorie und intensivieren sie die Spezialisierung.

Die Chinesen erläutern diese Form der Lehre folgendermaßen: «Am meisten und am besten lernt man aus den praktischen Tätigkeiten. Unterricht ist nicht so gut wie Lehre.»

Niemand wiederholt ein Studienjahr. Die Gemeinschaft der Dozenten und Studenten muß solidarisch den Ausbildungserfolg aller garantieren. Auf diese Weise erreicht man, daß die Prüfungen keine Auslese sind, sondern Indikatoren für vorzunehmende pädagogische Korrekturen. Examensfallen, wie im Westen üblich, wurden abgeschafft. Der Schüler ist nicht ein Feind, den man überraschend angreift oder «durchfallen lassen» will. Die Examina sind eher Anregungen zur Diskussion, zur schöpferischen Arbeit, zum Gedankenaustausch. Die Schüler dürfen dabei nach Belieben Bücher aufschlagen, mit anderen diskutieren, ihnen Rat geben oder sie um Rat fragen. Es geht nicht darum, jemanden auszuschließen.

In allen Fachbereichen bemüht man sich sehr um die politische Bildung, wobei besonderer Nachdruck auf deren Praxis gelegt wird. Wie wir gesehen haben, meinen die Chinesen, daß derjenige, der ein ausschließlich akademisches Leben führt, schließlich verbürgerlicht. Es ist Mao Tse-tung gelungen, der ganzen Bevölkerung seine persönliche Abneigung gegen Intellektuelle und Intellektualismus aufzuprägen.

Die chinesische Universität ist bestrebt, so gut wie möglich das Denken Mao Tse-tungs auszuführen, soweit es darum geht, «den Sozialismus aufzubauen, indem man alle vorhandenen Kräfte entfaltet und nach Quantität, Schnelligkeit, Qualität und Sparsamkeit immer vorwärts schreitet». Dieses scheinbar harmlose Postulat konnte den Mythos der bürgerlichen Gesellschaft entthronen, der eine direkte Beziehung zwischen ökonomischen Aufwendungen und wissenschaftlichem Erfolg herstellt. Mit anderen Worten: Die Chinesen halten nicht viel von großen Kapitalien, teuren Einrichtungen und Erleichterungen aller Art. Vielmehr glauben sie, daß der Mensch der wichtigste Faktor im Produktionsprozeß ist. Der wissenschaftliche und technologische Erfolg, sagen sie, hängt mehr vom Talent, der Geduld und der Berufung des Menschen ab, und vor allem von seinem festen ideologischen Bewußtsein.

Die Chinesen sagen gerne, daß sie auf dem Gebiet der wissenschaftlichen Forschung «auf zwei Beinen gehen». Das heißt, sie haben ihren Fortschritt bewerkstelligt, indem sie moderne mechanische, elektrische oder elektronische Methoden mit ganz einfachen handwerklichen Methoden kombinierten; neues mit altem Material; die Kraft des Menschen mit der Kraft der Wissenschaft. Eine technologische Neuerung, die durch primitive Elemente ermöglicht wurde, gilt ihnen ebensoviel wie eine andere, die ein komplexes, teures Instrumentarium erfordert hat. Sie behaupten:

«Der Fortschritt ist auf unserer Seite. Wenn es keine Lastwagen gibt, muß man die Dinge in Schubkarren befördern. Wenn es keine Schubkarren gibt, muß man sie schieben, ziehen oder tragen. Auf alle Fälle aber muß die Arbeit fortschreiten.»

Diese Grundstimmung herrscht auch bei der Arbeit an der Universität. Deshalb haben die chinesischen Universitäten keine Ähnlichkeit mit den nordamerikanischen, englischen oder französischen, ja nicht einmal mit den Universitäten der unterentwickelten Länder des Westens. Die chinesischen Universitäten sind in der Regel Institute mit sehr bescheidenen Einrichtungen, aber sie sind wahre Bienenstöcke, wo mit Freude, Hingabe und Optimismus gearbeitet wird.

Damit die Universität eine einheitliche Richtung verfolgt, wird in Gruppen gearbeitet. Eine Gruppe fühlt sich für die Revolutionierung des Unterrichts verantwortlich; eine andere für die politische Arbeit und wieder eine andere für die Verwaltungs- und Betriebsangelegenheiten. Die wichtigsten Fragen werden vom Parteikomitee untersucht und gelöst. Sind die Entscheidungen getroffen, dann führt das Revolutionäre Komitee sie aus.

Auch was die Universitäts-Lehrbücher betrifft, so wurden viele Veränderungen vorgenommen. Früher verwendete man zum Beispiel chinesische Bücher, die von Leuten geschrieben wurden, die, wie die Chinesen meinen, nach Ruhm und Geld strebten. Diese merkantil motivierten Bücher waren natürlich nicht auf dem intellektuellen Niveau der Arbeiter. Die Wissenschaftler gebrauchten mit Vorliebe Fachausdrücke und abstrakte Begriffe, um ihre große Bildung zu beweisen. Weder verstanden die Autoren dieser Texte die Proletarier, noch diese die Autoren. Beide Gruppen gehörten verschiedenen Welten an.

Im heutigen China werden die Texte kollektiv geschrieben. Es wird nichts gedruckt, was nicht vorher dem Urteil und der Kritik der Arbeiter und Bauern ausgesetzt worden wäre. Die Meinung des Proletariats – die Massenlinie – ist eine Instanz von großer Entscheidungsbefugnis hinsichtlich dessen, was ediert und verbreitet wird. Deshalb müssen die Lehrbücher sehr einfach und didaktisch sein.

Am Schreiben eines Textes sind Gruppen von 100 und 200 Personen beteiligt. Die Theorie muß sich auf die Praxis gründen, und umgekehrt. Der Text muß den bescheidensten Menschen dienen, und deshalb in einfacher, klarer Form geschrieben sein. Die Autoren bleiben für gewöhnlich anonym. Sie sagen: «Setzen vielleicht die Bauern ihre Unterschrift auf das Produkt, das sie ernten, oder die Arbeiter auf das Werkstück, das sie herstellen?»

Um eine deutliche Vorstellung von dem zu vermitteln, was im Bereich der Erziehung geschehen ist, wollen wir dem Physiker Chou Pei-yüan, Vizepräsident des Revolutionären Komitees der Universität Peking und Absolvent eines Aufbaustudiums in den USA, sowie dem graphischen Arbeiter Chiang, Mitglied desselben Komitees, das Wort erteilen:

«Um das neue Leben der Universität einzuleiten, nahmen wir 2667 neue Studenten auf, die aus der Masse der Arbeiter, Bauern und Soldaten ausgewählt wurden. Wir machten keine allgemeine Ausschreibung und verlangten keine Zulassungsprüfung. Alle Studenten wurden von den Volkskommunen, der Armee und den Fabriken unter den besten Aktivisten und den besten Kennern des Marxismus-Leninismus und Maotsetung-denkens ausgewählt und vorgeschlagen.

Unsere Schüler haben nach Abschluß der Sekundarschule mindestens drei Jahre Feldarbeit geleistet. Sie waren Arbeiter, Bauern, Soldaten oder Erzieher. Wir haben auch Schüler, die ihre Sekundarausbildung nicht abgeschlossen, sich aber durch Reife, Erfahrung und hohes politisches Bewußtsein ausgezeichnet haben.

Früher hatte die Universität Peking 17 Fakultäten, davon 10 für Humanwissenschaften. Während man früher 5 Jahre oder länger studierte, studiert man heute 2 oder 3 Jahre.

Die Universität bietet heute normalerweise 3 Kombinationen:

1. soziale Praxis: Klassenkampf, Produktionskampf und Kampf für das wissenschaftliche Experiment;
2. Fabrik und Land;
3. Professoren und Studenten mit Arbeitern und Bauern.

Die Universität hat sich dynamisiert. Heute steht sie in permanenter Praxis. Sie geht in die Fabriken und Volkskommunen, um mit den Bauern und Arbeitern Kenntnisse und Erfahrungen auszutauschen.»

Die Schulen des 7. Mai

Die Chinesen glauben, daß es keine Revolution geben kann, wo es Privilegien und Privilegierte gibt. Ein echter Revolutionär, sagen sie, darf keine wirtschaftlichen Vorteile genießen, nicht autoritär, stolz oder eigenmächtig sein.

Man kann nicht von den Massen verlangen, daß sie die Unannehmlichkeiten der gesellschaftlichen Veränderung tragen, wenn man ihnen nicht ein Vorbild gibt. Wenn das Land arm und unterentwickelt ist, kann sich niemand den Entbehrungen und Unannehmlichkeiten entziehen – erst recht nicht die Führungskräfte. Sonst läuft man Gefahr, daß eine neue Klasse von Privilegierten entsteht.

Aber wie soll man verhindern, daß die neuen Funktionäre und Politiker sich in neue Mandarine und Oligarchen verwandeln? Das wichtigste Mittel war das schon so oft erwähnte *Ta-tzu pao*, das dem Volk das Recht einräumt, Information zu verlangen und die getroffenen Entscheidungen auf jeglicher Autoritätsebene zu diskutieren. Das zweite war zweifellos die «Direktive des 7. Mai».

Es handelt sich um eine für die chinesische Politik und folglich für die Entwicklung der Erziehung sehr wichtige Direktive. Sie wurde von Mao Tse-tung am 7. Mai 1966 ausgegeben, und ihre Bedeutung verpflichtet uns, ihre wichtigsten Punkte hier wiederzugeben:

«1. Die Volksbefreiungsarmee muß eine große Schule sein. Darin müssen die Soldaten eine politische, militärische und kulturelle Bildung erhalten; sie müssen an der landwirtschaftlichen Produktion und verwandten Aktivitäten teilnehmen; sie müssen kleinere oder mittlere Fabriken leiten; sie müssen die für ihren Unterhalt notwendigen Produkte herstellen und sie, ohne Profit, durch Vermittlung des Staates austauschen. Sie müssen auch aktiv an der sozialistischen Erziehung teilnehmen, die in den Fabriken und Volkskommunen geleistet wird.

Sobald ein vollkommenes sozialistisches Bewußtsein erreicht ist, muß die Armee organisch am Leben und den Bedürfnissen der Massen teilnehmen. Sie muß für die Kulturrevolution kämpfen und die Bourgeoisie kritisieren, wann immer notwendig.

Die Armee muß das theoretische Studium mit der Praxis der landwirtschaftlichen und industriellen Arbeit und der Politisierung der Massen verbinden. Jede Armee-Einheit muß auf einem oder zwei dieser Gebiete ihre Autorität ausüben. Sie darf nicht gleichzeitig auf allen dreien arbeiten. So wird die Armee eine sehr wichtige Funktion erfüllen.

2. Die Arbeiter müssen sich in erster Linie der industriellen Produktion widmen und sich auf militärischer, politischer und kultureller Ebene bilden. Wie die Armee, müssen sie sich an der sozialistischen Erziehungsbewegung beteiligen und die Bourgeoisie kritisieren. Wo die Bedingungen es erlauben, müssen sie der Landwirtschaft helfen.

3. Die Bauern in den Kommunen müssen sich vor allem der landwirtschaftlichen Produktion widmen (Forstwirtschaft, Viehzucht, Fischerei und verwandte Tätigkeiten). Aber sie dürfen auch ihre militärische, erzieherische und kulturelle Ausbildung nicht vernachlässigen. Wo die Bedingungen es erlauben, müssen sie kleine Fabriken einrichten. Auch sie müssen die Bourgeoisie kritisieren.

4. Die Studenten müssen, während sie sich hauptberuflich dem Studium widmen, Kenntnisse und Erfahrungen auf industriellem, landwirtschaftlichem und militärischem Gebiet erwerben. Auch sie müssen die Bourgeoisie kritisieren und zudem die Revolution der Erziehung durchführen.

Die Schulzeit muß verkürzt werden. Die bürgerlichen Intellektuellen dürfen in den Schulen nicht dominieren.

5. Wenn die Bedingungen es erlauben, müssen die Arbeiter des kommer-

ziellen Sektors, die Angestellten der Verwaltung, die Parteikader und die Mitglieder der Regierung dasselbe tun.

6. Die Rückkehr zur manuellen Arbeit an der Basis ist für die Funktionäre, die die höchsten Ämter bekleiden, eine ausgezeichnete Gelegenheit, wieder zu lernen. Mit Ausnahme der Alten und Kranken muß die körperliche Arbeit von allen praktiziert werden.

   Personen, die auf einen Führungsposten berufen sind, müssen ebenfalls regelmäßig und in Gruppen an der Basis mit den Händen arbeiten.»

Die unmittelbaren Folgen dieser Weisung ließen nicht auf sich warten: Die Armee hörte auf, ein technologischer, unpolitischer Organismus zu sein und verwandelte sich in eine Kraft, die fähig war, am kulturellen und politischen Leben des Landes teilzunehmen. Von diesem Augenblick an war es ihre Aufgabe, nicht nur ein Territorium, sondern auch eine Ideologie zu verteidigen; und das tut sie.

Die Armee stellte sich in den unbedingten Dienst des Volkes und seiner proletarischen Revolution. Daher waren die Feinde der Armee nicht mehr nur die ausländischen Mächte, die China bedrohten, sondern auch die bourgeoisen Ideen im eigenen Land.

Dank dieser Direktive zerbrach die Armee die Kasernenmauern und vereinigte sich mit der proletarischen Masse, mit der sie in den Fabriken und auf den Feldern zu arbeiten begann. Sie verwandelte sich schnell in eine Armee mit sozialistischer Ideologie, die sich mit dem Volk vereinigte, um an allen seinen Kämpfen teilzunehmen. Gleichzeitig begann sie sich an der produktiven Arbeit zu beteiligen, indem sie die landwirtschaftlichen Produkte, die sie verbrauchte, selbst anbaute, ihre eigenen Gebrauchsgüter herstellte und den Überschuß ihrer Produktion dem Staat für den allgemeinen Gebrauch überließ, ohne dabei wirtschaftlichen Profit zu machen.

Aber dabei blieb es nicht. Die Direktive des 7. Mai enthielt, wie wir sahen, auch Anweisungen an die Arbeiter und Bauern. Wenn die Soldaten in den Fabriken und Volkskommunen produzieren, dann müssen die Arbeiter und Bauern auch lernen, das Land militärisch zu verteidigen und sich daneben einer harten kulturellen und politischen Ausbildung unterziehen. Die Arbeiter müssen das Land bestellen. Und die Bauern müssen sich auch an der Fabrikarbeit beteiligen.

Auf diese Weise brach man gründlich mit jeglicher ausschließlichen Spezialisierung und schuf die Grundlagen für eine wirkliche nationale Einigung. Es macht nichts aus, daß man in China mehrere Sprachen spricht, daß die Nation sich aus verschiedenen Rassen, einschließlich der nationalen Minderheiten, zusammensetzt: Alle sind durch dieselbe Ideologie geeint, und alle erfüllen die Aufgaben, die Arbeitern, Bauern und

Soldaten zukommen. Seither kennen alle die Arbeitsmethoden und -techniken jeder der Basisaktivitäten des Landes, und folglich kennen und verstehen die Menschen einander vollkommen. Alle nehmen am Studium des «Marxismus-Leninismus und Maotsetung-denkens» teil und sind sich bewußt, daß ihre Arbeit an jeder Front des Kampfes dazu dient, China und seine sozialistische Revolution zu verteidigen.

Der politische Funktionär, das Mitglied der Führungsgruppe einer Fabrik oder Volkskummune, der General der Armee müssen vor allem Führer der Massen und Vorbilder für die Gemeinschaft sein. Das ist unmöglich, wenn sie sich selbst zu ernst nehmen, wenn sie sich vom Volk entfernen oder mit Hochmut und Verachtung darauf hinabsehen. Geschähe dies, dann wären dem gesellschaftlichen Strebertum Tür und Tor geöffnet: Der Mann aus dem Volk würde aufsteigen und die höchsten Ebenen der Verantwortung erreichen wollen, nicht mehr, um seinem Land oder der Revolution besser zu dienen, sondern um «Karriere» zu machen; im Grunde, um einen höheren Lebensstandard als den der Massen zu erreichen. Kurz gesagt: sich durch ein leichtes Leben, einen gutgedeckten Tisch und materielle Annehmlichkeiten vom Volk zu unterscheiden.

Die Chinesen wollen, daß der größeren Verantwortung und dem höheren Amt mehr Selbstlosigkeit und Genügsamkeit und ein einfacheres Leben entspricht. Deshalb halten sie es für notwendig, den Menschen ein scheinbar negatives Gefühl einzupflanzen: den Haß auf die Bourgeoisie. Nur so, glauben sie, kann man das Feuer der Revolution lebendig halten. Und man haßt die Bourgeoisie, indem man sie kritisiert, angreift, in der Masse der Arbeiter, Soldaten und Bauern aufgeht und, vor allem, genau wie sie lebt. Die Annehmlichkeiten sollen für alle oder für niemanden da sein.

Und damit kommen wir zur Sache: Um diese Absichten zu verwirklichen, um wirklich und effektiv die ganze Direktive zu erfüllen, um jede Möglichkeit des Erscheinens einer neuen, privilegierten Führungskaste mit bürgerlichen Gewohnheiten auszuschließen, hat man die «Schulen des 7. Mai» geschaffen, einen echten Beitrag zur Revolutionierung der führenden Schichten.

Mao Tse-tung sagt: «Es ist wichtig, darauf zu achten, daß die Kader sich an der kollektiven Produktionsarbeit beteiligen. Unsere Führer gehören zur Partei oder zum Staat, sie sind Arbeiter wie alle anderen, und nicht Herren, die auf Kosten des Volkes leben. Ein chinesischer Kommunist ist ärmer als ein armer Bauer. Keine wirtschaftliche Begünstigung, Willkür, Autoritarismus oder Arroganz!»

Das Ziel der «Schulen des 7. Mai» ist es, diese Prinzipien in die Praxis umzusetzen. Daher sind sie Zentren der Umerziehung, die, ohne daß sie deshalb eine besondere Stufe der Erziehung darstellten, im heutigen China eine wichtige Rolle spielen. Ihnen obliegt es, den hohen Funktionären, den ranghohen Offizieren, den ausgezeichneten Wissenschaftlern, den für das Regime wichtigen Politikern und Fachleuten proletarisches Bewußtsein zu vermitteln und sie durch die manuelle Arbeit zur Bescheidenheit zu erziehen.

In China gibt es, wie man sagt, über hundert Schulen dieser Art. Ihr Besuch ist nicht obligatorisch, sondern freiwillig. Er ist daher keine politische Strafe, die den Abweichlern oder Gleichgültigen auferlegt würde. Im Gegenteil: Man rechnet mit Tausenden von Führungskräften, die auf einen freien Platz warten, um sich dort umerziehen zu lassen.

Die «Schulen des 7. Mai» gelten als Zentren der menschlichen Vervollkommnung, wo man während eines oder zweier Jahre die bescheidensten und schwersten Aufgaben erfüllt: öffentliche Toiletten reinigen, Abfälle sammeln, Straßen kehren, auf dem Feld arbeiten, Häuser bauen, Schweine züchten – all das tut, was für die persönliche Bildung am wichtigsten ist.

Die Schüler dieser Schulen führen ein Internatsleben. Alle 15 Tage haben sie einen halben Tag frei, um ihre Ehepartner und Kinder zu besuchen. Mit dem opferbereiten Leben, das an diesen Schulen üblich ist, will man erreichen, daß Leute, die hohe Ämter bekleiden, ihren Willen stärken, ihre Weltanschauung revidieren, eine echte politische Übereinstimmung mit dem Proletariat erwerben und so die Fahne der Revolution hochhalten.

Denjenigen, die nicht das Glück hatten, einen Platz an diesen Schulen der Demut zu finden, steht die Möglichkeit offen, ihren persönlichen inneren Krieg gegen Faulheit und Überheblichkeit in abgelegenen Regionen des Landes zu führen, wo sie während einiger Quartale mit den ärmsten Bauern arbeiten und die schwersten Arbeiten verrichten. Das tun mitunter auch Schüler, Studenten, Intellektuelle, Angestellte der öffentlichen Verwaltung und politische Führer.

Der Tagesablauf in den «Schulen des 7. Mai» ist in etwa folgender: Aufstehen um 6 Uhr morgens; sodann, je nach Alter, Gymnastik und danach Studium des «Maotsetung-denkens». Anschließend Frühstück und Aufbruch zu schwerer, harter Arbeit. Jeden Augenblick muß der Schüler reflektieren, seinen inneren Krieg gegen den Egoismus und den Revisionismus führen, seinen Hochmut und Stolz ablegen.

Nur so wurde erreicht, daß es in China keine unerreichbar Hochgestellten gibt. Die Umerziehungsschulen wurden eröffnet für die hohen Funktionäre des Außenministeriums, für die Mitglieder des Zentralkomitees der Kommunistischen Partei Chinas, für die Professoren und Studenten und schließlich für all jene, die wegen des hohen Amtes, das sie bekleiden, in Gefahr sind, sich von den Massen zu entfernen, ihre Bescheidenheit und Genügsamkeit zu verlieren.

Wenn der Betreffende dieses Umerziehungszentrum verläßt, zieht er in der Regel Bilanz, gibt eine öffentliche Erklärung über alles das ab, was er durch dieses System gelernt hat.

Mao Tse-tung sorgt sich um das Problem der, wie er sagt, «Nachfolger der revolutionären Sache». Er hat begriffen, daß diejenigen, die ihn auf dem «Langen Marsch» begleitet haben, heute alt sind und daß die Träger des «Geistes von Yenan» immer weniger werden. Er sorgt sich auch um diejenigen, die in 50, 100, 1000 Jahren kommen werden. Er will um jeden Preis verhindern, daß das Land sich bürokratisiert und daß eine neue herrschende Klasse an die Macht kommt. Deshalb hat er diese Schulen ins Leben gerufen.

In diesem Sinn der Demut fordert er, daß die Armee, die primäre Zelle der kommunistischen Gesellschaft Chinas, ein Vorbild ist. «Die Soldaten», sagte er, «müssen mit dem Volk verschmelzen. Keine militärischen Ränge. Die Generäle werden das einfache Leben des Soldaten teilen und sich an den demütigsten Arbeiten beteiligen.»

6. Herbst 1977

In den letzten Jahren ist es in China, besonders unter seinen Führern, zu sehr bedeutenden Veränderungen gekommen. Das riesige Land, so groß wie ein Kontinent, hatte außer dem Tod Mao Tse-tungs den Verlust von Chou En-lai und Chu Teh zu ertragen. Hinzu kamen die Sabotage Lin Piaos, der sich selbst als «engen Waffengefährten des Vorsitzenden Mao» bezeichnete, die verheerenden Auswirkungen von sechs aufeinanderfolgenden Erdbeben und schließlich die vor einiger Zeit angezettelte Verschwörung der «Viererbande», einer Gruppe, die gebildet wurde von Chiang Ch'ing, der dritten Ehefrau Maos, und ihren drei Verbündeten: Chang Ch'un-Ch'iao, dem alten Führer von Shanghai; Wan Hung-wen, dem Arbeiterführer, der während der Kulturrevolution zu großer Macht gelangte; und Yao Wen-yuan, dem Ideologen, der eigentlich die Kulturrevolution einleitete.

Als Antonio Fernández – der von den lateinamerikanischen Journalisten sicherlich am längsten in China gelebt hat – im Juni 1977 Li Hsien-nien – einen der neuen Großen der chinesischen Regierung – fragte, was geschehen wäre, wenn nach Maos Tod die «Viererbande» die Macht übernommen hätte, antwortete Li ohne Zögern: «Dann wäre unweigerlich der Bürgerkrieg ausgebrochen. Weder die Mehrheit des Volkes noch die Führer noch die Armee hätten das zugelassen. Wir hätten gekämpft bis zum Tod!»

Es ist also in jüngster Zeit zu bedeutsamen Korrekturen gekommen: Maos Ehefrau, die großen Einfluß auf die Kunst- und Literaturpolitik besaß, wird heute angeklagt, weil sie versuchte, westliche Sitten nachzuahmen, und das Leben einer Intrigantin führte. Vor allem aber wird ihr nicht verziehen, daß sie ihre Macht dazu mißbraucht hat, die besten Traditionen der alten Literatur, der Kunst und des Theaters Chinas wie des Auslands einzuschalten. Dies ist um so schlimmer, als diese Zensur dem chinesischen Volk viele Jahre lang seine berühmte klassische Oper, die möglicherweise das reinste und älteste Theater der Welt ist, auch formal vorenthielt. Nicht genug mit dem Verbot der Oper, darüber hinaus scheint Chian Ch'ing auch noch das Konservatorium geschlossen und 120 seiner 750 Künstler von der künstlerischen Arbeit ausgeschlossen zu haben.

Heute nun kann China sich wieder an seinem alten Theater ergötzen. Auf den riesigen Plattwänden erscheinen nun wieder die Gesichter der alten Schauspieler, Sänger und Gaukler, die viele Jahre lang ausgeschlossen gewesen waren. Jetzt treten sie wieder auf mit ihrer Fünfton-Musik und ihren Symbolen: Weiß ist die Farbe der Gewänder als Ausdruck der Trauer und die Farbe des Gesichts als Ausdruck der Tücke; Schwarz ist das Zeichen von Kraft, Stärke und Brutalität; Grün die Farbe der Aufsässigkeit und Rebellion. Die gesamte Handlung vollzieht sich im Gesang, ohne daß gesprochen wird. Noch immer gibt es auf der Bühne unzählige Fächer, prächtige Kleider mit langen und weiten Ärmeln, die dem Künstler je nach den Gegebenheiten lachen oder weinen helfen. Die Oper ist weiterhin eine Mischung von Musik, Gesang, Mimik, Zauberkunst und vor allem Poesie. Alles scheint so zu sein wie früher. Doch das stimmt nicht. Zehn bewegte Jahre revolutionären Lebens sind nicht spurlos vorübergegangen: Das Volk kann mit diesen Spektakeln und ihrer schaurigen Handlung nichts mehr anfangen, es versteht nichts mehr von höfischen Geschichten. Daher sah sich die chinesische Oper gezwungen, das Thema zu wechseln und sich unter Beibehaltung des Stils erzieherischen und politischen Inhalten zuzuwenden und nebenbei die «Viererbande» zu verdammen.

An dieser Stelle ist es statthaft zu fragen: Wie konnten rechte Elemente, Renegaten, Bürgerliche, Verräter, Faschisten und Agenten, als die sich Liu Shao-ch'i, Lin Piao und die Mitglieder der «Viererbande» nachher herausstellten, soviel Macht erlangen und einen so hohen Rang in der chinesischen Führung erreichen? Die Chinesen haben eine Antwort: Diese Art von Erscheinungen, sagen sie, läßt sich voll und ganz aus dem Klassenkampf erklären, der sich gerade in der Etappe des Aufbaus des Sozialismus zuspitzt. Und sie fügen hinzu: «Nach und nach sammeln wir Erfahrung und werdern wachsamer». Andererseits, so bestätigen sie, handelt es sich gerade um Personen, die nicht dem Rat des Vorsitzenden Mao folgen konnten oder wollten: «Den Marxismus praktizieren und nicht den Revisionismus, für die Einheit arbeiten und nicht für die

Spaltung, offen und ehrlich handeln und keine Intrigen und Machenschaften aushecken».

Demnach stellt sich eine weitere Frage: Wieder Mao Tse-tung? Bei der Antwort ist das chinesische Volk unbeirrt: Immer Mao, der alte Vorsitzende Mao. Seine macht ist nicht geschwunden, im Gegenteil, sie erfährt sogar noch eine weitere Vertiefung. Er hatte wirklich völlig recht, als er den Kult um seine Person zurückwies und ihn durch das «Maotsetung-denken» ersetzte. Das war seine Art fortzuleben, die Geschicke seines Volkes auch künftig zu lenken. Es scheint, zumindest bis zu diesem Herbst 1977, daß Hua Kuo-feng oder der aufs neue in seine Partei- und Staatsämter berufene Teng Hsiao-ping von den Massen geachtet werden und die Wertschätzung des zahlreichsten Volkes der Erde gewinnen werden, sofern sie treu den Prinzipien des «Marxismus-Leninismus» und dem «Maotsetung-denken» folgen; wenn sie sich also von den vier Geboten, die der Große Lehrer gegeben hat, leiten lassen:

1. Der Mensch soll den Vorrang haben vor der Materie;
2. Die politische Arbeit vor allen anderen Aufgaben;
3. Die ideologische Arbeit vor allen anderen Aspekten der politischen Arbeit; und
4. Die konkreten Begriffe vor den abstrakten Begriffen

Was ist inzwischen auf dem Gebiet der Bildung geschehen? Ist die Erziehung merklich verändert worden? Die Frage kann verneint werden, wenn man dabei die Struktur der chinesischen Bildung berücksichtigt. Sie ist nicht das Erzeugnis eines Gesetzes oder eines Gesetzeskörpers, der sie normiert. Sie ist nicht einmal das Ergebnis von schriftlichen Vorschlägen im Rahmen einer Theorie oder bestimmten pädagogischen Schule. Sie entnimmt ihre Prinzipien und Methoden eher der Welt des Handelns. So gesehen ist sie weniger eine Philosophie als eine Lebensweise, eine Weltanschauung, ein Stil der Lebensbewältigung. Sie ist Ergebnis einer Produktionsweise, die funktioniert, die sich entwickelt, die keine formale oder statische Erscheinung ist, sondern im Gegenteil ein Prozeß, der aus der gesellschaftlichen Erfahrung hervorgeht, die ihrerseits durch den Klassenkampf, den Kampf um die Produktion und das wissenschaftliche Experiment bestimmt wird.

Daher kann man sagen, daß die chinesische Bildung, abgesehen von einigen nebensächlichen Veränderungen, keine Veränderung erfahren hat. Sie wird sich auch nicht verändern, solange das System dasselbe bleibt. Unabhängig vom Wechsel der Personen ist die Bildung dieselbe geblieben und ist dennoch verschieden; denn sie entwickelt sich im gleichen Rhythmus wie die Gesellschaft. Zudem wird die Bildung wie die Geschichte nicht von einzelnen Menschen, sondern von den Völkern gemacht.

Dokumente

1. Vorbemerkung

Die folgenden, chronologisch geordneten Dokumente zur Erziehung in China stammen durchweg aus den Jahren 1967–1976. Ihre Thematik wird durch den Kampf zwischen den zwei Linien bestimmt: Kulturrevolution, Anti-Konfuzius-Kampagne, «Wind von rechts» zur Revision richtiger, nämlich kulturrevolutionärer Urteile. Eine Ausnahme bildet nur die erste Gruppe, die Mao Tse-tungs pädagogische Weisungen sammelt. Sie enthält zusätzlich Weisungen von 1958, 1964 und 1966.

2. Mao Tse-tungs Weisungen

Die pädagogischen Weisungen des Vorsitzenden Mao sind ein Teil seiner Direktiven zur Kulturrevolution, die 1966–1968 von der chinesischen Presse veröffentlicht und unter dem Titel «Großer Strategischer Plan» zusammengefaßt wurden.[1] Einige Beobachter der chinesischen Szene meinten damals, die Weisungen, obwohl sie die bis dahin getroffenen Maßnahmen, die Ziele der Kulturrevolution zu erreichen, rechtfertigen wollten, seien doch «ziemlich vage und orakelhaft»[2]. Wer sie im folgenden liest, wird unschwer das Konzept einer revolutionären Erziehung darin erkennen. Seit Jerome Ch'en die Weisungen datiert hat[3], entfällt auch der bisherige Einwand, sie seien im einzelnen nicht zu verifizieren; vielmehr können nun frühere Direktiven des gleichen Tenors hinzugenommen werden. Der Titel «Großer Strategischer Plan» wurde übrigens Ende Oktober 1975, jetzt ausschließlich auf Pädagogik bezogen, wieder aufgenommen.[4]

Alle technischen Mittel- und Hochschulen sollen nach Möglichkeit Werkstätten und landwirtschaftliche Betriebe zur eigenen Produktion einrichten, um ganz oder teilweise autark zu werden. Ihre Studierenden sollen zum Teil arbeiten und zum Teil studieren. Sobald die Umstände es erlauben, können an diesen Schulen mehr Studenten zugelassen werden, jedoch nur, sofern der Regierung dadurch keine zusätzlichen Kosten entstehen.

Alle Landwirtschaftsschulen können neben der Produktion auf ihren eigenen Betrieben Arbeitsverträge mit den landwirtschaftlichen Kooperativen ihrer Ortschaft abschließen, um sich an der genossenschaftlichen Produktion zu beteiligen. Ihre Lehrer sollen an die Kooperativen geschickt werden, um auf diese Weise eine Verbindung zwischen Theorie und Praxis herzustellen. Die Kooperativen wiederum sollen qualifizierte Mitglieder zum Studium an den Landwirtschaftsschulen vorschlagen.

Die Mittel- und Grundschulen in den Dörfern sollen mit den lokalen Landwirtschaftskooperativen Arbeitsverträge vereinbaren, und Schulkinder aus ländlichen Gebieten sollen in den Ferien oder in ihrer Freizeit zur Arbeit in ihre Dörfer zurückkehren.

Universitäten und städtische Mittelschulen können unter entsprechenden Voraussetzungen gemeinsame Werkstätten oder Fabriken betreiben oder mit Fabriken, Baustellen oder Dienstleistungsbetrieben Arbeitsverträge abschließen.

Alle Universitäten, Mittel- und Grundschulen mit Landbesitz sollen ihre eigene Landwirtschaft betreiben; die Schulen ohne Landbesitz, die sich in ländlicher Umgebung befinden, können an der Produktionsarbeit der nächstgelegenen landwirtschaftlichen Kooperativen teilnehmen.[5]

In Zukunft sollen die Schulen Fabriken besitzen und die Fabriken eigene Schulen haben. Die Lehrkräfte sollen praktische Arbeit leisten. Es genügt nicht, wenn sie nur mit dem Mund in Aktion treten und ihre Hände untätig bleiben. Die Hochschulen müssen sich um drei Dinge kümmern: die Leitung der Parteikomitees, die Massenlinie und die Koordination von Erziehung und Produktion.[6]

Es ist sehr erfreulich, daß die Studenten aus eigenem Antrieb zwischen Arbeit und Studium abzuwechseln wünschen; das ist eine logische Folge der Kampagne zur Errichtung von Schulwerkstätten. Derartige Ersuchen sind mit allem Nachdruck zu ermutigen und zu unterstützen; es soll ihnen häufiger stattgegeben werden. Bei der Schulreform ist besonders darauf zu achten, daß der Aktivismus unter den Professoren und Assistenten wie in der Studentenschaft sich weiterentwickelt und die Weisheit der Massen Berücksichtigung findet.[7]

Die Studenten an den Schulen (und Universitäten) sind mit einem Übermaß an Fächern belastet, die oft genug nicht einmal ordentlich unterrichtet werden. Das Prüfungssystem behandelt die Studenten wie Feinde: es fällt aus dem Hinterhalt über sie her. Das behindert die lebendige und organische Entfaltung der moralischen, geistigen und körperlichen Fähigkeiten der Jugendlichen.[8]

Die Erziehung muß der proletarischen Politik dienen, die Erziehung muß mit produktiver Arbeit verbunden werden.[9]

Die proletarische Revolution muß von der breiten Masse der revolutionären Schüler, revolutionären Lehrer und Arbeiter an den Schulen getragen werden, von den Aktivisten unter ihnen, das heißt von den proletarischen Revolutionären, die entschlossen sind, die große proletarische Kulturrevolution zu Ende zu führen. Die revolutionären Roten Garden und die revolutionären Studentenorganisationen müssen das große revolutionäre Bündnis schließen. Wenn die Massenorganisationen auf beiden Seiten revolutionär sind, müssen sie nach revolutionären Grundsätzen das große revolutionäre Bündnis eingehen.

Die Studentenbewegung bildet einen Teil der gesamten Volksbewegung. Der Aufschwung in der Studentenbewegung wird unausbleiblich den Aufschwung der ganzen Volksbewegung beschleunigen.

Es ist notwendig, den Hochschulbetrieb aufrechtzuerhalten; hier spreche ich hauptsächlich von naturwissenschaftlichen und technischen Hochschulen. Aber man muß die Schulzeit verkürzen, im Erziehungswesen Revolution machen, der proletarischen Politik Vorrang geben und den Weg der Werkzeugmaschinenfabrik Shanghai gehen, Techniker aus der Arbeiterschaft heranzubilden. Die Studenten sollen aus Arbeitern und Bauern mit praktischer Erfahrung gewählt werden, und nach ein paar Jahren des Studiums sollen sie auch wieder in die Praxis der Produktion zurückkehren.

(Die Schüler und Studenten) befassen sich hauptsächlich mit dem Fachstudium, müssen aber außer ihren Studien noch andere Dinge lernen, nämlich Arbeit in der Industrie, in der Landwirtschaft und das Militärwesen; sie müssen ebenfalls an der Kritik der Bourgeoisie teilnehmen. Es darf auf keinen Fall weiterhin so sein, daß die bürgerlichen Intellektuellen unsere Schulen beherrschen.

Es kann unter den Wissenschaftlern der verschiedenen Disziplinen viele Gruppen und Schulen geben; doch was die Weltanschauung betrifft, gibt es in der gegenwärtigen Epoche im wesentlichen nur zwei Schulen, die proletarische und die bürgerliche. Man vertritt entweder die proletarische Weltanschauung oder die bürgerliche.

Unser Kurs auf dem Gebiet des Bildungswesens muß gewährleisten, daß jeder, der eine Ausbildung erhält, sich moralisch, geistig und körperlich entwickelt und ein gebildeter Werktätiger mit sozialistischem Bewußtsein wird.

Die Armee muß schrittweise und Gruppe für Gruppe an den Hoch- und Mittelschulen und bei den höheren Jahrgängen der Grundschulen militärische und politische Ausbildung vornehmen und bei der Eröffnung der Schulen, der Neuordnung der Organisationen, der Errichtung der leitenden Organe nach dem Prinzip der Dreierverbindung und der Erfüllung der Aufgabe «Kampf – Kritik – Umgestaltung» mithelfen. Zunächst müssen an ausgewählten Punkten Versuche angestellt und Erfahrungen gesammelt werden, um dann Schritt für Schritt überall Schule zu machen. Und die Studenten und Schüler müssen davon überzeugt werden, der Lehre von Marx zu folgen, nach der das Proletariat seine eigene endgültige Befreiung nur durch die Befreiung der ganzen Menschheit erreichen kann, und jene Lehrer und Funktionäre, die Fehler begangen haben, bei der militärischen und politischen Ausbildung nicht auszuschließen. Abgesehen von Alten und Kranken, muß diesen Leuten die Teilnahme gestattet sein, um ihre Umerziehung zu erleichtern. Wenn all das gewissenhaft in die Tat umgesetzt wird, dürfte es nicht schwer sein, die Probleme zu lösen.

Die Abstellung von Angehörigen des Armeekaders zur Ausbildung revolutionärer Lehrer, Studenten und Schüler ist eine ausgezeichnete Maßnahme. Es ist ein himmelhoher Unterschied, ob man eine solche Ausbildung erhält oder nicht. Bei dieser Ausbildung kann man von der Befreiungsarmee lernen, kann man sich politische und militärische Kenntnisse erwerben, lernt man die «Vier Ersten», den «Drei- und Acht-Arbeitsstil», die «Drei Regeln der Disziplin» und die «Acht Punkte zur Beachtung» kennen und gewinnt ein ausgeprägteres Gefühl für Organisation und Disziplin.

Die Mehrheit oder die große Mehrheit der an den alten Schulen ausgebildeten Schüler und Studenten kann mit den Arbeitern, Bauern und Soldaten eins werden; und einige von ihnen haben Erfindungen gemacht oder Neues geschaffen. Sie müssen jedoch, geleitet durch eine richtige Linie, von den Arbeitern, Bauern und Soldaten erneut erzogen werden und ihre alte Ideologie völlig umwandeln. Derartige Intellektuelle werden von den Arbeitern, Bauern und Soldaten willkommen geheißen.

Zur Durchführung der proletarischen Revolution im Erziehungswesen muß die Arbeiterklasse die Führung innehaben, muß die Masse der Arbeiter daran beteiligt sein und – in Zusammenarbeit mit Kämpfern der Befreiungsarmee, mit den Aktivisten unter den Schülern und Studenten, Lehrern und Arbeitern an Schulen, die entschlossen sind, die proletarische Revolution im Erziehungswesen zu Ende zu führen – die revolutionäre Dreierverbindung durchsetzen. Die Arbeiterpropagandatrupps sollen lange Zeit in den Schulen bleiben, sie sollen sich an allen Aufgaben in den Schulen beteiligen, die mit «Kampf – Kritik – Umgestaltung» zu tun haben, sie sollen stets die Schulen leiten. In den Dörfern sollen die verläßlichsten Verbündeten der Arbeiterklasse, die armen Bauern und unteren Mittelbauern, die Schulen verwalten.

Es ist notwendig, daß Jugendliche, die eine Schulbildung haben, aufs Land gehen und eine Neuerziehung durch die armen Bauern und die unteren Mittelbauern erhalten. Die Kader und die anderen Menschen in den Städten sollten dahingehend überzeugt werden, daß sie ihre Söhne und Töchter, die die Mittel-, Ober- oder Hochschule absolviert haben, aufs Land schicken. Laßt uns dies mobilisieren. Die Genossen überall auf dem Lande sollten solche Jugendlichen willkommen heißen.

3. Dokumente 1967–1970

Die Kulturrevolution, seit dem ZK-Beschluß vom 8. August 1966 offiziell, tritt Mitte 1967 in ein entscheidendes politisches Stadium ein, das sich an zwei nicht bloß konträren, sondern kontradiktorischen, einander ausschließenden Polen orientiert; beide sind durch Personen verkörpert. Der positive durch den Parteivorsitzenden Mao Tse-tung, dessen Weisungen mehr und mehr den Tenor des Geschehens bestimmen; der negative durch den Staatspräsidenten Liu Shao-ch'i, der zwar noch immer nicht namentlich, dafür als «der chinesische Chruschtschow» unverwechselbar kritisiert wird. Neue Programme zur Revolution der Erziehung werden erarbeitet, ältere zur Revolution der Landwirtschaft verteidigt; mit dem früheren Erziehungsminister Lu Ting-yi rechnet man ab. Die nächsten drei Jahre konsolidieren das Erreichte gerade in der Pädagogik: 1968 wird ein beispielhaftes Programm, diesmal zur Ausbildung von Ingenieuren und Technikern, vorgelegt; die Arbeiter- und Soldatentrupps, die das Maotsetung-denken auch an Schulen und Universitäten propagieren, haben sich 1969 ein Jahr bewährt und generell durchgesetzt; die revisionistische Linie in der Erziehung wird 1970 am Beispiel der Pädagogik des Sowjetrussen Kairow prinzipiell verurteilt.

1. Einige probeweise Programme für die Revolution im Erziehungswesen

Am 7. Mai 1966 erließ Mao Tse-tung die Weisung, daß die Schüler und Studenten nicht nur für ihre Fächer, sondern auch in Industrie und Landwirtschaft sowie das Militärwesen lernen sollten; er forderte «im Erziehungswesen eine Revolution». Im Verlauf der Kulturrevolution riefen Mao und das Zentralkomitee alle Lehrenden und Lernenden auf, den unterbrochenen Unterricht wieder aufzunehmen; am 3. November 1967 veröffentlichte die «Jen min Jih pao» *einige «versuchsweise ausgearbeitete Vorschläge», die Pädagogik zu revolutionieren. Ausgearbeitet wurden sie von der Shanghaier Hochschule* T'ung-chi, *vom Institut für Forstwirtschaft in Peking und von der Pädagogischen Hochschule Peking.*[10]

Vorschlag der Hochschule T'ung-chi *zur Umwandlung des Erziehungssystems*

Entsprechend der Weisung Vorsitzenden Maos vom 7. Mai 1966 sandte die Hochschule *T'ung-chi* gruppenweise mehr als hundert Personen im August und September dieses Jahres in Fabriken und auf Baustellen, um die Frage der Umwandlung des Erziehungssystems zu untersuchen. Es wurden kühne Vorschläge zu einer Reorganisation der Hochschule ausgearbeitet.

Es wurde vorgeschlagen, die Hochschule *T'ung-chi* in eine Kommune *7. Mai* umzuwandeln. Diese soll aus Lehranstalt, Planungsbüro und Werksbetrieb bestehen und als Ganzes die drei Funktionen: Unterricht, Planung und Werksausführung vereinen. Dadurch würde dem Zustand, daß die Schulung von der Produktion isoliert ist, Abhilfe geschaffen.

Die Kommune *7. Mai* will die bisherigen Fakultäten und die Studienrichtungen abschaffen. An ihre Stelle sollen Fachausschüsse aus Vertretern von Lehranstalt, Werkbetrieb und Planungsbüro treten. Jeder Fachausschuß leitet eine Reihe von Lehrgängen, in denen Lehrer, Studenten, Arbeiter und das wissenschaftliche und technische Personal nach militärischen Grundsätzen organisiert sind.

An der Kommune soll es zwei Formen der «Dreierverbindung» geben. Die eine «Dreierverbindung» bilden die führenden revolutionären Funktionäre, die Leiter der revolutionären Massenorganisationen und der Miliz. Die andere «Dreierverbindung» besteht aus Unterricht, Planung und Werkausführung.

Eine gewisse Zeit nimmt ein Teil des Lehrkörpers jeweils im Turnus an der Produktionspraxis teil, um sich zu stählen und umzubilden.

An der Kommune *7. Mai* sollen Abteilungen für politische Arbeit auf allen Ebenen eingerichtet werden. Jedem Fachausschuß werden politische Instruktoren und jedem Lehrgang politische Referenten zur Verfügung gestellt werden.

Die Ausbildungsdauer soll auf drei Jahre reduziert werden. Neben Lehrgängen in der Lehre Mao Tse-tungs und der militärischen Ausbildung gibt es theoretische Fachgegenstände. Für diese wird von Jahr zu Jahr entsprechend mehr Zeit aufgewendet werden. Die Studenten müssen in jedem Schuljahr an der produktiven Arbeit teilnehmen. Im ersten Jahr wird die Hälfte der Zeit für werkmäßige Ausführung der Projekte aufgewendet werden. Im zweiten Jahr werden zwei Drittel der Zeit dazu verwendet, durch praktische Arbeit unter Leitung technischen Personals oder von Lehrern grundlegende Kenntnisse in der Konstruktion zu erwerben. Im dritten Jahr wird das Schwergewicht auf das Studium in Fachgegenständen gelegt, wobei die Studenten weiterhin einen Teil ihrer Zeit an der produktiven Arbeit teilnehmen.

In den freien Diskussionen über dieses Programm kamen die revolutionären Lehrer und Studenten der Hochschule *T-ung-chi* zur Einsicht, daß die Kommune *7. Mai* den technischen Instituten einen konkreten Weg weist, nach der Weisung Vorsitzenden Maos vom 7. Mai zu handeln. Sie stellten folgende Vorteile zusammen:

1. Die Führung der Hochschule wird fest in Händen der proletarischen Revolutionäre liegen, und die Anstalt wird nicht wie früher von bürgerli-

chen Intellektuellen beherrscht werden.

2. Es wird nach der Richtlinie Vorsitzenden Maos, Erziehung und produktive Arbeit zu verbinden, gehandelt. Dadurch werden Unterricht und Studium bereichert und der Kampf für die Entwicklung der Produktion und des wissenschaftlichen Experimentierens gefördert.

3. Da Unterricht und Studium mit wirklichen Aufbauvorhaben verbunden werden, können sie angepaßt und konzentriert werden. Damit hört es auf, daß der Lehrstoff zu groß wird, rein akademisch bleibt und mit überflüssigem Zeug überladen ist.

4. Es fördert die ideologische Umbildung von Intellektuellen und die Aufhebung des Unterschiedes zwischen Stadt und Land, zwischen Arbeitern und Bauern und zwischen geistiger und körperlicher Arbeit.

Das Revolutionskomitee[11] der Stadt Shanghai schenkt diesem Programm große Beachtung. Es hat einige Mitarbeiter seines Stabes beauftragt, mit den Lehrern und Studenten der Hochschule dieses Programm weiter auszuarbeiten. Es ist geplant, einhundertfünfzig Studenten, Lehrer und Angestellte der Hochschule *T'ung-chi* mit Mitgliedern des Chinesischen Institutes für industrielle Konstruktion auf eine Baustelle zu senden, damit sie das Programm dort erproben.

Vorschlag des Instituts für Forstwirtschaft in Peking

Nachdem die revolutionären Lehrer und Studenten des Institutes für Forstwirtschaft in Peking am 23. Oktober den Betrieb offiziell wiederaufgenommen haben, haben sie, Kühnheit voransetzend, mutige Vorschläge zur Umwandlung des Schulungssystems in ihrem Institut gemacht. Die Studienrichtungen wurden in allen Fachrichtungen abgeschafft, aufgrund der verschiedenen Fachrichtungen wurden Fachkompanien gebildet. So wurden die Lehrer der allgemeinen Lehrgänge und der Fachlehrgänge zusammengefaßt. Früher wurden die Erfordernisse des Unterrichts in den einzelnen Jahrgängen studiert, um Probleme des Lehrplans und des Studiums zu lösen. Jetzt nimmt man diese Untersuchungen im Rahmen der Fachstudien vor. Früher gab es in der Fachrichtung Forstwirtschaft siebzehn Studienrichtungen, die jetzt in vier Fachkompanien zusammengefaßt wurden: Forstwirtschaft, Forstschutz, forstwirtschaftliche Ökonomie und Wasser- und Bodenerhaltung. Die sieben Studienrichtungen der früheren Fachrichtung forstwirtschaftliche Industrie wurden in drei Fachkompanien zusammengefaßt: Forstwirtschaftsmaschinen, mechanische Holzverarbeitung und forstwirtschaftliche Chemie. Um die Kollektivführung zu festigen, wurde in jeder Kompanie als führende Körperschaft eine «Dreierverbindung» aus revolutionären Funktionären, revolutionären Lehrern und revolutionären Studenten gebildet. Diese Führung leitet kühn die Arbeit an der Aufgabe «Kampf-Kritik-Umformung» und den Unterricht. Sie ist für die politische Arbeit und das Fachstudium verantwortlich. Die Vorteile der Fachkompanien haben sich auf folgende Weise gezeigt:

1. Sie haben die organisatorischen Formen des alten Erziehungssystems gesprengt.

2. Sie haben mit der früheren Tendenz, die Studienrichtungen der Kontrolle bürgerlicher Professoren und akademischer Autoritäten zu überlassen, die Lehrer von den Studenten zu isolieren und der politischen und ideologischen Arbeit wenig Beachtung zu schenken, Schluß gemacht.

3. Untersuchungen aufgrund von Fachstudien erleichtern die Reform des Erziehungssystems ebenso wie den Unterricht und das Studium. Jetzt, wo der Unterricht wiederaufgenommen ist, wird in den verschiedenen Kompanien darauf geachtet, daß die allgemeinen Lehrgänge mit den Fachlehrgängen und die Fachlehrgänge mit der praktischen Arbeit verknüpft werden, so daß alle Zweige der Ausbildung wie Zahnräder ineinandergreifen. Diese Methode hilft den Mißstand zu überwinden, daß alle Studienrichtungen, ohne sich miteinander zu beraten, nach eigenem Gutdünken vorgingen, ihren Unterricht nicht koordinierten und die Theorie von der Praxis isoliert war.

4. Die Zusammenlegung der Studienrichtungen und der Unterricht in Fachkompanien erlauben es, die Anzahl der Lehrkräfte stark zu reduzieren.

Vorschläge der Pädagogischen Hochschule Peking zur Prüfungsordnung und zu anderen Fragen

I. Zu den Prüfungen

Vorsitzender Mao gab einmal folgende Weisung: «Die jetzigen alten Prüfungsmethoden sind Methoden gegenüber einem Feind, überfallartige Angriffe. Es werden ausgefallene, wunderliche Fragen gestellt. Sie sind nichts anderes als die alten schematischen Methoden.»[12] Dieses bestehende Prüfungssystem muß abgeschafft werden. Die neuen Prüfungsmethoden müssen so beschaffen sein, daß die proletarische Politik in den Vordergrund gestellt wird, daß sie engen Bezug zur praktischen Arbeit haben, daß der Fähigkeit der Studenten, Probleme zu analysieren und zu lösen, besondere Aufmerksamkeit geschenkt wird und die Studenten ermutigt werden, sich über die Dinge ihre eigene Meinung und ihr eigenes Urteil zu bilden.

Das Ziel bei Prüfungen ist es, das Studium zu fördern. Es soll nicht das Gedächtnis, sondern die Fähigkeit zur logischen Erörterung geprüft werden. Gegen die mechanische Wiederholung des Unterrichtsstoffes sollte man Widerstand leisten. Die Studenten sollen ermutigt werden, lebensbezogen zu studieren, das Erlernte anzuwenden und eigene Ideen zu entwickeln. Es soll nicht zuviel geprüft werden, und mit überfallartigen Prüfungen soll Schluß gemacht werden. In einigen Gegenständen sollten die Prüfungen überhaupt abgeschafft werden. Man kann in verschiedener Form prüfen: Den Studenten mag eine Auswahl von Fragen zur Beantwortung vorgelegt werden. Es kann ihnen gestattet werden, bei der Prüfung Lehrbücher, Notizen und Aufzeichnungen zu benutzen. Sie können bei der Erledigung einer praktischen Arbeit geprüft werden. Die Prüfungen sollen so angelegt werden, daß der Student seine Fähigkeit, etwas zu Ende durchzudenken, voll zur Geltung bringen kann. Den Studenten soll gestattet sein, die Fragen miteinander zu besprechen und Nachschlagebücher zu benutzen.

II. Zulassung zum nächsthöheren Jahrgang oder Wiederholung

Die Wiederholung eines Jahrganges soll abgeschafft werden. Die proletarische Politik soll an den Schulen in den Vordergrund gestellt und die Initiative der Studenten beim Studium voll zur Geltung gebracht werden. Das Verantwortungsbewußtsein der Lehrer muß gehoben werden.

III. Aufnahmen

Bei der Aufnahme neuer Studenten soll eine Klassenlinie verfolgt werden. Den Kindern von Arbeitern, Bauern und Soldaten sollen Schulen leicht zugänglich gemacht werden.

Das frühere System der Aufnahmeprüfung muß abgeschafft werden. Bei der Aufnahme soll ein System eingeführt werden, bei dem Befürwortung und Auslese kombiniert werden. Zur Aufnahme an höheren Lehranstalten sollen vorgebildete Anwärter und junge Arbeiter, Bauern und Soldaten ausgesucht werden, die politisch und fachlich qualifiziert sind.

Jungen Leuten aus Freizeitschulen verschiedenen Niveaus und Typs ist der Besuch von Mittelschulen oder höheren Schulen zu gestatten.

Freie Zulassung zu allen Lehrgängen. Für diese Studenten soll keine Altersgrenze festgesetzt werden.

2. Der Weg zur Ausbildung von Ingenieuren und technischem Personal

Am 22. Juli 1968 druckte die «Jenmin Jihpao» *einen Untersuchungsbericht ab, den Korrespondenten der Shanghaier* Wenhui-Pao *und der Nachrichtenagentur* Hsinhua *verfaßt hatten; der Bericht galt den revolutionären Veränderungen in der Werkzeugmaschinenfabrik Shanghai. In einer redaktionellen Vorbemerkung der «Volkszeitung» wird seine Lektüre allen Revolutionären – ob Arbeiter oder Bauern, Intellektuelle oder Funktionäre – empfohlen, da er «die Richtung für die Revolution der Erziehung an den Schulen und Hochschulen festlegt».*[13] *Die Redaktion beruft sich ausdrücklich auf eine Weisung Mao Tse-tungs, man müsse «den Weg der Werkzeugmaschinenfabrik Shanghai gehen, Techniker aus der Arbeiterschaft heranzubilden», die «nach ein paar Jahren des Studiums ... wieder in die Praxis der Produktion zurückkehren».*[14] *Dann heißt es in der Vorbemerkung: Die konterrevolutionäre revisionistische Pädagogik sei zu «kritisieren und (zu) verurteilen», die bürgerliche Pädagogik sei zu «zerschlagen», damit die Studenten nicht länger auf die Arbeiter und Bauern hinabsähen, sondern die revolutionären Massen bald einholten.*

Tiefgehende Veränderungen durch die große proletarische Kulturrevolution

Die Werkzeugmaschinenfabrik Shanghai ist ein Großbetrieb, der wegen der Präzisionsschleifmaschinen, die dort produziert werden, berühmt ist. Sie besitzt einen technischen Stab von mehr als 600 Ingenieuren und Technikern. Die Leute, aus denen er zusammengesetzt ist, stammen aus drei Quellen: etwa 45 Prozent davon kommen aus den Reihen der Arbeiter; etwa 50 Prozent haben nach der Befreiung ein Institut oder eine Hochschule absolviert; den Rest bilden alte Techniker, die vor der Befreiung ausgebildet wurden. Durch die Stürme der großen proletarischen Kulturrevolution kam es innerhalb der Reihen der Techniker, die in der Fabrik arbeiten, zu tiefgehenden Veränderungen.

Diese großen revolutionären Veränderungen kommen in der Hauptsache auf folgende Art und Weise zum Ausdruck:

Erstens. Die proletarischen Revolutionäre haben wirklich die Führung der ganzen Fabrik in die Hand genommen, darunter auch die Autorität in technischen Angelegenheiten; die reaktionären bürgerlichen technischen «Autoritäten», von denen früher die Führung in dieser Beziehung kontrolliert wurde, sind gestürzt. Zahlreiche Techniker mit Arbeiterherkunft, revolutionäre junge Techniker und revolutionäre Funktionäre sind heute die Herren über die wissenschaftliche Forschung und die technische Planung. Sie sind proletarisch-revolutionäre Kämpfer mit tiefem Klassengefühl für Vorsitzenden Mao und die Kommunistische Partei. Diese revolutionären Techniker waren seinerzeit mißachtet und unterdrückt. Jetzt kommen ihr Scharfsinn, ihre Schaffenskraft und ihre technische Tüchtigkeit fortgesetzt zur Geltung. Der proletarisch-revolutionären Linie Vorsitzenden Maos uneingeschränkt treu haben sie eine Höhe der Technik um die andere genommen. Allein im ersten Halbjahr 1968 wurden mit Erfolg zehn neue Typen von Präzisionsschleifmaschinen versuchsweise hergestellt. Vier davon erreichen den modernen internationalen Standard. Eine solche Schnelligkeit und eine derartig hohe Qualität der Produktion waren in der Geschichte der Fabrik noch nicht da.

Zweitens. Die konterrevolutionäre revisionistische Linie im Bereich der Technik, für die der chinesische Chruschtschow eintrat, und die reaktionäre bürgerliche Weltanschauung wurden scharf kritisiert und widerlegt. Die reaktionären bürgerlichen technischen «Autoritäten» gerieten politisch in Verruf, und technisch kam ihre Unfähigkeit, die Unfähigkeit von Papiertigern, völlig ans Licht. In der Vergangenheit taten die Machthaber, die den kapitalistischen Weg gehen, alles, um die reaktionären «Autoritäten» in den Himmel zu heben. Sie drangen in die jungen Techniker, von jenen zu lernen, «an jene Experten heranzukommen» und «angestrengter zu arbeiten, damit sie Ingenieure würden». In der geistigen Haltung vieler junger Techniker hat sich jetzt ein merkbarer Wandel vollzogen. Sie haben erkannt, daß das Verlangen nach Ansehen und Gewinn die Wurzel des Revisionismus ist und man nicht bürgerliche Ehren suchen darf. Viele Mitarbeiter der Forschungsabteilung für Schleifmaschinen sahen die technischen Daten, die sie sich aufschrieben, als ihr «Privateigentum» an. Nun haben sie diese Materialien dem Kollektiv freiwillig ausgehändigt, und es wurde daraus ein jedermann zugängliches Buch mit Nachschlagematerialien zusammengestellt. Alle Techniker arbeiten freiwillig in den Werkstätten neben den Arbeitern. Gemeinsam werden die Pläne studiert und verbessert. Arbeiten die alten Techniker in den Werkhallen, achten sie auch darauf, ihr überlegenes Getue abzulegen und bescheiden von den Arbeitern zu lernen.

Drittens. Die Beziehungen zwischen den Arbeitern und den Technikern haben sich geändert. Die wenigen Machthaber in der Fabrik, die den kapitalistischen Weg gehen, und die reaktionären «Autoritäten» haben eine «Eins-zu-Eins»-Kombination befürwortet. (Das bedeutete, ein Arbeiter sollte einen Techniker bedienen.) Bei dieser sogenannten Kombination «gab der Ingenieur die Anordnungen und der Arbeiter machte die Arbeit . . . vom Ingenieur kam die Idee, und der Arbeiter mußte sie ausführen». Das war ein alter Schwindel: «Die geistigen Arbeiter herrschen über die anderen, und wer manuell arbeitet, wird beherrscht.» Auch andere reaktionäre Theorien wurden vorgebracht. Etwa: «Arbeiter und Techniker sollen als gegenseitige Kontrolle fungieren. Oder: «Sie bilden eine gegensätzliches Paar.» Es wurde eine Reihe von Vorschriften und Bestimmungen ausgearbeitet, mit denen die Arbeiter kontrolliert, eingeschränkt und unterdrückt wurden. Man erwartete von den Arbeitern, daß sie die mehr als 170 Vorschriften des *Handbuchs für Arbeiter in der Produktion* im Gedächtnis behielten und danach handelten. Durch all dies wurde die Differenz zwischen Arbeitern und Technikern noch vergrößert. In der großen proletarischen Kulturrevolution wurde in der Fabrik aus Arbeitern, revolutionären Technikern und revolutionären Funktionären eine «Dreierverbindung» gebildet. Die einfachen Arbeiter nahmen nun an der Planung teil, und auch die Techniker gingen bei der Produktion in die vorderste Linie: Sie bedienten Maschinen. So verbanden sie die Theorie eng mit der Praxis. Infolgedessen haben sich die Beziehungen zwischen den Arbeitern und Technikern sehr gebessert.

Der Weg für die Ausbildung von Ingenieuren und technischem Personal

Die jungen Techniker in der Fabrik bis zum Höchstalter von 35 Jahren sind von zweierlei Herkunft: Absolventen von Hochschulen und Instituten (etwa 350, davon ein Zehntel ehemalige Aspiranten oder Absolventen ausländischer Hochschulen) und technisches Personal, das aus Arbeitern hervorging (ungefähr 250, von denen einige mehrere Jahre an technischen Obermittelschulen studiert haben). Die Tatsachen beweisen, daß diese jenen überlegen sind. Im allgemeinen hegen die Absolventen von Hochschulen und Instituten eine Menge rückständiger Ideen und sind zur praktischen Arbeit weniger befähigt. Die Ideologie der anderen ist fortschrittlicher, und sie sind bei der praktischen Arbeit tüchtiger. Gegenwärtig wird das technische bzw. technologische Rückgrat der Fabrik von der überwältigenden Mehrheit des technischen Personals mit Arbeiterherkunft gebildet. Ungefähr ein Zehntel davon ist imstande, selbständig hochleistungsfähige, präzise und fortschrittliche neue Fabrikate zu entwerfen. Die Chefkonstrukteure von sechs der zehn neuen Präzisionsschleifmaschinen, die im ersten Halbjahr 1968 mit Erfolg versuchsweise hergestellt worden sind, gehören dem technischen Personal mit Arbeiterherkunft an.

Die Auswahl von Arbeitern für das technische Personal ist der Weg für die Ausbildung proletarischer Ingenieure und Techniker. Zwischen ungefähr gleichaltrigen Angehörigen des technischen Personals mit verschiedenen Erfahrungen besteht ein scharfer Gegensatz:

Da gibt es einen Studenten von einer Hochschule in Shanghai, der nach Absolvierung ein Jahr mit dem Studium einer Fremdsprache verbrachte. Dann fuhr er zu weiteren Studien ins Ausland, wo er vier Jahre später «Kandidat» (zum Doktorat) wurde. 1962 machte er sich in einem Laboratorium der Forschungsabteilung für Schleifmaschinen in der Fabrik als Techniker an die Arbeit. Obwohl er mehr als zwanzig Jahre an Schulen studiert hatte, erzielte er mit seiner wissenschaftlichen Forschung die längste Zeit keine bemerkenswerten Ergebnisse, da bei ihm die eingelernte Theorie von der Praxis isoliert war und er es verabsäumte, mit den Arbeitern richtig eins zu werden.

Andererseits gibt es da einen Arbeiter, der im Alter von vierzehn Jahren als Lehrling begonnen hat. Mit achtzehn Jahren wurde er auf die Schule für Maschinenbau in Shanghai geschickt, an der er vier Jahre studierte. 1957 begann er in derselben Forschungsabteilung als Techniker zu arbeiten. Er ist der Chefkonstrukteur einer riesigen Flächenschleifmaschine, die im April dieses Jahres mit Erfolg versuchsweise hergestellt wurde. Die Maschine entspricht dem modernen internationalen Standard und wird zur Entwicklung der industriellen Technik in China dringend gebraucht. Mir ihr wird in unserem Lande eine Lücke in der Herstellung von Präzisionsschleifmaschinen geschlossen.

Vor der großen proletarischen Kulturrevolution haben die Handvoll Machthaber in der Partei, die den kapitalistischen Weg gehen, und die reaktionären technischen «Autoritäten» die Arbeiter von der Planung rücksichtslos ausgeschlossen. Etwa 1958 wurde eine Anzahl Arbeiter zu Technikern gemacht. Aber unter diesem oder jenem Vorwand wurde nacheinander eine ganze Menge davon von den reaktionären «Autoritäten» aus der Planungsabteilung entfernt. Nichtsdestoweniger überwand das technische Personal mit Arbeiterherkunft ein Hindernis nach dem anderen und bewies seinen gewaltigen Scharfsinn und seine Schaffenskraft. Von allen neuen Fabrikaten, die seit 1958 in der Fabrik entworfen worden waren und die man mit Erfolg versuchsweise hergestellt hatte, waren 1958 ungefähr 60, 1959 ungefähr 70 und 1960 ungefähr 80 Prozent von technischem Personal mit Arbeiterherkunft oder von jungen Technikern in Zusammenarbeit mit Arbeitern entwickelt worden. In den Jahren nach 1960 und besonders seit Beginn der großen proletarischen Kulturrevolution stammen fast alle neu entworfenen Fabrikate, die man versuchsweise mit Erfolg produziert hat, von ihnen. Eine ganze Menge dieser neuen Fabrikate entsprechen dem modernen internationalen Standard. So wurden, zum Beispiel, eine Universal-Außenrundschleifmaschine für die Bearbeitung von Spiegelflächen, eine höchstzentrierte Außenrundschleifmaschine und andere wichtige Fabrikate von technischem Personal mit Arbeiterherkunft entworfen und versuchsweise mit Erfolg hergestellt.

Einige junge Techniker, die Hochschulen oder Institute absolviert haben, befreiten sich nach und nach vom Einfluß der revisionistischen Linie im Erziehungswesen. Sie legten ihr überhebliches Gehabe ab und wurden eins mit den Arbeitern. Nachdem sie einige Zeit mit praktischer Arbeit verbracht hatten, leisteten auch sie zur Planung und bei der versuchsweisen Herstellung neuer Fabrikate ganz bemerkenswerte Beiträge. Da gibt es zum Beispiel einen gewissen Absolventen des Jahrgangs 1964 einer Hochschule. Als er in die Fabrik kam, grübelte er den ganzen Tag lang über einem ausländischen Buch über die Gewindeschleifmaschine (womit wir nicht sagen wollen, daß es unnötig wäre, ausländische Bücher zu lesen). Mehrere Jahre brachte er mit seiner Arbeit überhaupt nichts zustande, da er aus der Theorie nie herauskam. In der großen Kulturrevolution erhöhte sich sein Klassenbewußtsein und sein Bewußtsein im Kampf der proletarisch-revolutionären gegen die bürgerlich-reaktionäre Linie. Er entschloß sich fest, den Weg zu wählen, eins zu werden mit den Arbeitern. Zu Beginn dieses Jahres gelang ihm mit zwei aus Arbeitern hervorgegangenen Technikern und einem alten Meister die versuchsweise Herstellung einer wichtigen elektrischen Vorrichtung, die für die Schleifmaschinen gebraucht wird. Warum entwickeln sich die

Techniker mit Arbeiterherkunft rascher und sind die von ihnen geleisteten Beiträge größer?

Der wichtigste Grund dafür ist ihr tiefes proletarisches Gefühl für Vorsitzenden Mao und die Partei. So streben sie, wenn sie auf dem Wege der Wissenschaft und Technik Fortschritte machen, nicht nach Ansehen oder Gewinn und achten jede Gefahr und Schwierigkeit für gering, wenn das Ziel nur erreicht wird. Sie haben die Lehren Vorsitzenden Maos beharrlich im Sinn und streben danach, die Imperialisten, Revisionisten und Reaktionäre an Schnelligkeit des Fortschrittes und Qualität zu übertreffen. Sie halten immer Ausschau nach Wegen, wie man für den Staat wirtschaftlich arbeiten und die Dinge so regeln könne, daß sie den Bedürfnissen der Arbeiter entsprechen. Aber einige junge Intellektuelle waren durch die revisionistische Linie im Erziehungswesen vergiftet worden. Lange Zeit hielten sie sich von der praktischen Arbeit und den Arbeitern fern. Sie jagten hinter bürgerlichem Ansehen und Gewinn her, und was sie erreichten, war gar nichts. Ein Techniker wollte angesehen und über Nacht ein Experte werden, so daß die Leute erstaunt wären. Also arbeitete er seit mehr als zehn Jahren an über sechzig Projekten. Er hüpfte von einem zum anderen. Nicht mit einem einzigen hatte er Erfolg. Und für dieses Treiben vergeudete er eine Unmenge staatlicher Mittel. Ein Hochschulabsolvent des Jahrganges 1956 experimentierte mit Schleifköpfen. Damit hoffte er, sich Ansehen zu erringen. Er arbeitete ganz allein und richtete mehr als dreißig «Schleifköpfe» zugrunde. Später ging er bei den alten und erfahrenen Arbeitern in die Lehre und hatte mit deren Hilfe Erfolge. Er bewies tiefes Verständnis, als er sagte: «Schleifköpfe hinter verschlossenen Türen entwickeln zu wollen, führt zu lähmenden Mißerfolgen. Wenn man aber mit den Arbeitern eins wird und sich dann daranmacht, wird man Erfolg haben. Vor allem ist es notwendig, daß man seinen eigenen Kopf ‹schleift›, bevor man gute Schleifköpfe entwickeln kann.»

Noch krasser ist der Gegensatz zwischen den Technikern mit Arbeiterherkunft und den alten bürgerlichen Intellektuellen, die von dem Wunsch nach persönlichem Ansehen und Gewinn sehr ernsthaft vergiftet sind. Ein bürgerlicher «Experte» verbrachte erfolglos acht Jahre mit Versuchen, eine Schleifmaschine zu entwerfen, und vergeudete dafür staatliche Mittel en masse. Aber er hatte «Daten» gesammelt, um sich selbst einen guten Ruf und Gewinne zu verschaffen. Die Arbeiter sagten dazu: Wie kann man von so einer Person das geringste Gefühl für unsere neue Gesellschaft erwarten?

Vorsitzender Mao erklärte: «Es sind die Kämpfer mit der größten praktischen Erfahrung, die am klügsten und tüchtigsten sind.» In ihrer langen Arbeitspraxis haben die Techniker mit Arbeiterherkunft einen Schatz praktischer Erfahrungen gesammelt. Studieren sie dann in ihrer

Freizeit ein paar Jahre an einer allgemeinen oder technischen Schule, ist die Theorie innig mit der Praxis verbunden. So machen sie an Kenntnissen einen Sprung vorwärts und sind bald zu wissenschaftlicher Forschungsarbeit und selbständiger Planung befähigt. Dies ist ein wichtiger Grund, weshalb sie so rasch reif werden. Wenn sie studieren, denken sie an ganz spezielle Probleme. Daher lernen und verstehen sie schnell und wenden das, was sie gelernt haben, an. Bei der Herstellung eines bestimmten Fabrikats stützte sich ein Techniker mit Arbeiterherkunft bei Lösung komplizierter technologischer Probleme auf die reiche praktische Erfahrung, die er hatte. Während er experimentierte, studierte er die Prinzipien des Schneidens von Metall. Er war bald imstande, seine praktischen Erfahrungen auf theoretisches Niveau zu heben, und brachte einige eigene neue Ansichten über die Technik des Schneidens von Metall vor.

Den an Hochschulen oder Instituten ausgebildeten Technikern fehlt es, solange sie mit den Arbeitern nicht eins geworden sind, an praktischer Erfahrung. Ihre Bücherweisheit ist losgelöst von der Praxis. So sind sie kaum imstande, irgend etwas zu erreichen. Einige an Hochschulen oder Instituten ausgebildete Techniker, denen es an praktischer Erfahrung mangelte, entwarfen einmal eine Innengewinde-Schleifmaschine. Die Arbeiter fertigten die Teile aufgrund der Blaupausen an. Aber es war nicht möglich, sie zusammenzustellen. Einige Arbeiter mit reicher praktischer Erfahrung bearbeiteten dann einige Teile nochmals, und danach war es möglich, die Maschine zu montieren.

Die Verbindung des revolutionären Geistes, kühn zu denken, zu handeln und vorzustoßen, mit streng wissenschaftlicher Haltung ist eine der wichtigsten Voraussetzungen, die Ingenieure und technisches Personal mitbringen müssen, wollen sie die Höhen von Wissenschaft und Technik erklimmen. Damit es zu dieser Verbindung kommt, sind die Weltanschauung eines Menschen und seine praktischen Erfahrungen von entscheidender Bedeutung. Viele Techniker mit Arbeiterherkunft sind frei von den geistigen Ketten, die Streben nach persönlichem Ansehen und Gewinn für den Menschen bedeuten. Sie besitzen einen Schatz praktischer Erfahrungen. Sie wagen es, mit Dogmen und Überlieferungen zu brechen und jede überflüssige Engstirnigkeit zu überwinden. Sie denken am wenigsten konservativ. Vor kurzem wurde, zum Beispiel, mit Erfolg eine Präzisionsschleifmaschine versuchsweise produziert, die dem modernen internationalen Standard entspricht. Gewöhnlich brauchte man zur Herstellung des Modells achtzehn Monate. Diese Zeit wurde auf sechs Monate verkürzt, da die Techniker mit Arbeiterherkunft die Engstirnigkeit, die lange geherrscht hatte, kühn überwanden. Die Oberflächengüte wurde um vier Punkte erhöht. Die Zahl der Bestandteile und das Gesamtgewicht wurden um ein Drittel reduziert. Die Kosten betragen lediglich 15,5 Prozent des Preises, der für importierte Präzisionsschleifmaschinen desselben Typs zu bezahlen ist. Einige Techniker, die in Schulen ausgebildet wurden, schenken ihrer eigenen ideologischen Umbildung keine Aufmerksamkeit. Sie haben die Neigung, sich nur um ihren Vorteil oder Nachteil zu sorgen. Wenn sie ihr Gehabe ablegen, fürchten sie, das Gesicht zu verlieren. Andererseits haben sie sich an die zahlreichen Vorschriften und Engstirnigkeiten gewöhnt. So ist es für sie nicht leicht, mit den alten Dogmen und Überlieferungen fertig zu werden und eine neue Technik zu entwickeln. Manche von ihnen sagen: «Je mehr Bücher man liest, um so enger werden die Fesseln, und infolgedessen verliert man den Geist zu Pioniertaten.»

Die Arbeiter der Werkzeugmaschinenfabrik Shanghai geben, wenn sie vor die Wahl zwischen Absolventen von Hochschulen bzw. Instituten und Absolventen von technischen Obermittelschulen gestellt sind, diesen den Vorzug. Diese machen weniger Getue, haben mehr praktische Erfahrungen und sind weniger in ausländische Vorurteile verrannt, wobei ihre Bücherweisheit allerdings geringer sein kann. Eine ziemliche Anzahl Studenten dieser Kategorie hat raschere Fortschritte gemacht als die Studenten von den Hochschulen und Instituten. Die derzeitige Planung zweier automatischer Produktionsstraßen mit hohem Wirkungsgrad wird, zum Beispiel, von einem Paar Absolventen des Jahrganges 1956 einer technischen Obermittelschule geleitet.

Die von der Fabrik gezeigte Richtung für die Revolution im Erziehungswesen

Die Analyse der verschiedenen Typen der Ingenieure und Angehörigen des technischen Personals in der Werkzeugmaschinenfabrik Shanghai und des Entwicklungsganges, den sie hinter sich haben, zeigt uns die Richtung für die Revolution im Erziehungswesen.

Vorsitzender Mao lehrt uns: «Die Erscheinung, daß die bürgerlichen Intellektuellen über unsere Schulen herrschen, darf auf keinen Fall weiter bestehenbleiben.» Wie genial und richtig diese Lehre ist, haben die alten Arbeiter und zahlreiche junge Angehörige des technischen Personals der Fabrik aufgrund ihrer eigenen Erfahrungen genau erkannt. Sie finden, daß die den Gedanken Vorsitzenden Maos über Erziehung folgende proletarische Revolution im Erziehungswesen eine Angelegenheit von höchster Bedeutung ist, die keinen Augenblick Verzögerung zuläßt. Vorsitzender Mao gab zur Revolution im Erziehungswesen eine Reihe Weisungen, die uns den Weg des Fortschrittes weisen. Jetzt geht es darum, unentwegt und gewissenhaft nach den Lehren Vorsitzenden Maos zu handeln.

In Einklang mit den Gedanken Vorsitzenden Maos über Erziehung und in Hinblick auf die wirklichen Zustände in der Fabrik bringen Arbeiter und technisches Personal über die Revolution im Erziehungswesen die folgenden Meinungen und Überlegungen vor:

Erstens. An den Schulen müssen nach der Weisung Vorsitzenden Maos «gebildete Werktätige mit sozialistischem Bewußtsein» erzogen werden. Keine von der proletarischen Politik, der Masse der Arbeiter und Bauern und der Produktion isolierte «Intellektuellenaristokratie», wie die revisionistische Linie im Erziehungswesen es befürwortete. Dabei geht es um eine grundsätzliche Frage, die mit dem künftigen Auftreten oder Nichtauftreten von Revisionismus im Zusammenhang steht. Die Genossen in der Werkzeugmaschinenfabrik Shanghai sind der Meinung, daß die in der Vergangenheit geübte Praxis, bei der die Absolventen von Hochschulen nach Abgang von der Schule in den Fabriken oder auf dem Lande sofort zur Arbeit als Funktionäre eingesetzt wurden, unvernünftig war. Für die jungen Studenten ist ein wichtiger Weg, auf dem sie ihre Weltanschauung umbilden und praktische technische Kenntnisse erwerben können, der, eins zu werden mit den Arbeitern und Bauern und sich an der Arbeit in der Produktion zu beteiligen. Daher wird vorgeschlagen: Die Absolventen von Hochschulen sollen zuerst an der manuellen Arbeit in den Fabriken oder auf dem Lande teilnehmen und als einfache Arbeiter eingesetzt werden. Die Arbeiter und Bauern sollen ihnen «Qualifikationszeugnisse» geben. Danach sollen einige von ihnen, je nach den Erfordernissen des praktischen Produktionskampfes, technische Arbeiten übernehmen und gleichzeitig eine gewisse Zeit lang an der manuellen Arbeit weiterhin teilnehmen. Die übrigen bleiben Arbeiter oder Bauern.

Zweitens. Der Schulunterricht muß mit produktiver Arbeit kombiniert werden. Vorsitzender Mao lehrt uns: «Das Kriegführen durch den Krieg selbst erlernen – das ist unsere Hauptmethode.» Aus einigen Fällen bei Angehörigen des technischen Personals der Werkzeugmaschinenfabrik Shanghai ist ersichtlich: Ein ernsthafter Nachteil des alten Erziehungssystems war es, daß die Theorie von der Praxis isoliert und die Schulgelehrsamkeit energisch gepflegt worden war; infolgedessen wurden die Studenten zu Bücherwürmern, und je mehr sie lasen, um so dümmer wurden sie. Nur wer mit der Praxis Kontakt hat, kann die Theorie schnell begreifen, kann sie tiefgehend begreifen und kann sie schöpferisch anwenden. Die Arbeiter und das technische Personal dieser Fabrik schlagen vor, daß an den Schulen erfahrene Arbeiter als Lehrer verwendet werden sollen, so daß Arbeiter die Katheder betreten. Einige Lehrgänge können von Arbeitern in Werkstätten abgehalten werden. Es gab einen jungen Techniker, der unmittelbar nach seinem Abgang von der Hochschule in einem Forschungsinstitut arbeitete. Den ganzen Tag vergrub er sich in Büchern, versuchte die Theorie zu verarbeiten und lernte Fremdsprachen. Da er von der Praxis losgelöst war, fühlte er sich enttäuscht und enttäuschter. Im Anfangsstadium der großen Kulturrevolution ging er daran, von einigen alten Arbeitern zu lernen, die einen

Schatz von Erfahrungen gesammelt hatten, und beteiligte sich an der praktischen technischen Arbeit. Die Folge davon war, daß sich die Dinge jetzt ganz anders darstellten. Ihm und einigen Arbeitern gelangen vor kurzem wichtige Leistungen auf dem Gebiet des Schleifens von Spiegelflächen. Besonders beeindruckt ist er von der Tatsache, daß er Arbeiter als Lehrer brauchte.

Drittens. Man ist der Meinung, die Quellen, aus denen Ingenieure und technisches Personal kommen sollen, sind die folgenden: Fortgesetzte Beförderung von Arbeitern zu Angehörigen des technischen Personals; daneben sollen politisch und ideologisch geeignete Absolventen von Unter- oder Obermittelschulen, die zwei bis drei bzw. vier bis fünf Jahre praktische Erfahrung in der Produktion haben, in den untersten Organisationseinheiten ausgesucht und an Hochschulen oder Institute zum Studium geschickt werden. Es sind jetzt alle Bedingungen gegeben, so vorzugehen. Nehmen wir als Beispiel die Werkzeugmaschinenfabrik Shanghai. Der Großteil der Arbeiter hat eine Bildung erreicht, die der Untermittelschulbildung gleich oder höher ist. Die Vorteile bei Auswahl derartiger junger Leute für den Besuch einer Hochschule oder eines Instituts liegen in folgendem. Erstens: Sie verfügen über eine ziemlich solide politische und ideologische Grundlage. Zweitens: Sie verfügen über eine gewisse Fähigkeit zu praktischer Arbeit und haben in der Produktionsarbeit Erfahrungen. Drittens: Die Unter- und Obermittelschulabsolventen sind nach der mehrjährigen Teilnahme an der manuellen Arbeit durchschnittlich zwanzig Jahre. Nach einer mehrjährigen höheren Schulausbildung sind sie mit 23 bis 24 Jahren zu selbständiger Arbeit geeignet. Jetzt ist es hingegen so, daß die Absolventen von Hochschulen im allgemeinen zwei bis drei Jahre praktisch arbeiten müssen, bevor sie nach und nach fähig sind, selbständige Arbeit zu leisten. Daher steht die Auswahl junger Intellektueller mit praktischer Erfahrung für die Ausbildung an Hochschulen mit dem Prinzip, schneller und wirtschaftlicher bessere und größere Ergebnisse zu erzielen, in Einklang.

Viertens. Zur Frage der Umerziehung des jetzigen technischen Stabes der Fabrik und der Hebung seines Niveaus. Dazu wird darauf hingewiesen, daß eine große Anzahl der Angehörigen des in Schulen ausgebildeten technischen Personals durch die revisionistische Linie im Erziehungswesen und die revisionistische Linie der Betriebsführung lange Zeit vergiftet worden ist. Es gibt unter dem technischen Personal der Fabrik eine Gruppe, die vor der Befreiung ausgebildet wurde. Obwohl einige davon das Vaterland lieben und eifrig arbeiten, nicht gegen die Partei und nicht gegen den Sozialismus sind und zum Ausland keine unzulässigen Beziehungen unterhalten, gibt es in ihrer Weltanschauung und bei ihrer Arbeitsweise doch viele ungelöste Probleme. Die Fabrik soll das große revolutionäre Banner der Kritik und Verurteilung in Übereinstimmung mit der Lehre Mao Tse-tungs hochhalten und diese Leute in Einklang mit der im *Beschluß des Zentralkomitees der Kommunistischen Partei Chinas über die große proletarische Kulturrevolution* festgelegten Politik organisieren, damit sie sich aktiv daran beteiligen, wenn die revolutionäre Masse kritisiert und verurteilt. Dadurch werden sie in die Lage versetzt werden, die Sophismen restlos zu widerlegen, die der chinesische Chruschtschow marktschreierisch propagiert hat: «Die Betriebe müssen von Experten geführt werden . . . Technik geht voran . . . die Philosophie, langsam zu entwickeln . . . Demut vor Ausländischem.» Damit werden sie auch in die Lage versetzt werden, die bürgerlichen Ideen von der Jagd nach Ansehen und Wohlstand abzulehnen. Die Fabrik soll ihnen zugleich helfen, den Weg zu gehen, auf dem sie mit den Arbeitern eins werden und imstande sind, Theorie und Praxis zu verbinden: Sie soll ihre Arbeit als einfache Arbeiter zeitweise und gruppenweise organisieren oder sie längere Zeit in den Werkstätten arbeiten lassen.

3. Jahrestag des Einzugs der Arbeiterklasse in den Bereich des Überbaus

Der ZK-Beschluß über die Kulturrevolution, ein exemplarisches Revolutionsstatut zu nennen, hatte 1966 in Punkt 9 neue «Machtorgane» des Proletariats gefordert. So ging aus den zahlreichen Kulturrevolutionsgruppen, -komitees und -kongressen schließlich die Institution des Revolutionären Komitees hervor, das ab 1969 in Volkskommunen, Fabriken, Betrieben und Büros jeder Art (auch in den Ministerien) etabliert war. An Schulen und Universitäten setzen sich die Revolutionären Komitees seither dreifach zusammen: aus Vertretern der Schüler und Studenten (1); der Lehrer, Angestellten und Arbeiter (2); aus den Angehörigen einer besonderen Gruppe zur Propagierung des Maotsetung-denkens, vornehmlich Soldaten der Volksbefreiungsarmee (VBA) und Arbeitern (3).[15] Diese Gruppe hat eine Geschichte: «*27. Juli* 1968: Mao entsendet angesichts blutiger Schlachten zwischen verfeindeten Rotgardistengruppen VBA-Einheiten und Arbeitertrupps an die Pekinger Universitäten. Die Roten Garden verurteilen diesen Schritt als Unterdrückungsmaßnahme einer konterrevolutionären ‹Schwarzen Hand›.[16] *28. Juli*: Mao läßt die Anführer der Pekinger Rotgardisten zu sich rufen. Er gibt sich als die ‹Schwarze Hand› zu erkennen und fordert ultimativ eine Beendigung der Kämpfe . . . – ‹andernfalls führen wir Militärkontrolle ein›.»[17] Inzwischen ist die Aufgabe der Gruppe allgemein, gemäß Punkt 6 des ZK-Beschlusses, die Widersprüche im Volk *richtig* zu behandeln: mit Argumenten, nicht mit Gewalt zu überzeugen. Die Anfang August 1969 schon absehbare Bedeutung der Maßnahme vom 27. Juli macht die Emphase des Artikels verständlich.[18]

Am 27. Juli 1968 zog Chinas erster Propagandatrupp für die Maotsetungideen aus Arbeitern und Angehörigen der Volksbefreiungsarmee, der die große historische Mission «Das Proletariat muß im Bereich des Überbaus einschließlich aller kulturellen Gebiete die vielseitige Diktatur über die Bourgeoisie ausüben» auf sich genommen hat, in gewaltigen Scharen in die Ts'inghua-Universität ein, wo sich Intellektuelle in großer Anzahl befinden. Dieser Propagandatrupp ist nach dem Kampfaufruf des großen Führers Vorsitzenden Mao gebildet worden und wird von der Kommunistischen Partei Chinas geführt.

Diese große revolutionäre Aktion hat eine neue Epoche eingeleitet, in der die mächtige Armee der Industriearbeiter unter Führung der Kommunistischen Partei Chinas die politische Bühne von Kampf-Kritik-Umgestaltung im Bereich des Überbaus betritt.

Seit einem Jahr hat Chinas erster Propagandatrupp für die Maotsetungideen aus Arbeitern und VBA-Angehörigen, den großartigen strategischen Plan des Vorsitzenden Mao genau befolgend, die Stellungen in Kultur und Erziehungswesen mit den Maotsetungideen eingenommen und sie umgestaltet, hat sich mit den Intellektuellen vereinigt, sie erzogen und umerzogen und sie nach der revolutionären Linie des Vorsitzenden Mao von Sieg zu Sieg geführt.

Den großen strategischen Plan des Vorsitzenden Mao genau befolgen

Während der großen proletarischen Kulturrevolution haben die jungen Kämpfer der Roten Garde, revolutionären Lehrer, Studenten, Arbeiter und Angestellten der Ts'inghua-Universität, das Banner «Rebellion gegen die Reaktionäre ist berechtigt» hochhaltend, gegen den Renegaten, versteckten Kollaborateur und Arbeiterverräter Liu Shao-ch'i und seine Agenten dort heldenhafte Kämpfe geführt. Infolgedessen wurden den bürgerlichen reaktionären Kräften in dieser Lehranstalt schwere Schläge versetzt. Aber nach einiger Zeit geriet eine ganze Zahl von Intellektuellen wegen ihres Mangels an konsequentem revolutionärem Geist und ihrer Wankelmütigkeit sowie unter dem Einfluß der reaktionären Theorie «vieler Zentren», d. h. der Theorie «gar keines Zentrums», in den Sumpf des bürgerlichen Fraktionsgeistes, was dazu führte, daß die große proletarische Kulturrevolution in der Ts'inghua-Universität hinter der allgemeinen Entwicklung der Lage im ganzen Land zurückblieb.

Die Situation in dieser Universität und in manchen anderen Organisationseinheiten bewies, daß die Intellektuellen allein nicht imstande sind, die großen historischen Aufgaben der proletarischen Revolution im Erziehungswesen und von Kampf-Kritik-Umgestaltung im Bereich des

Überbaus zu erfüllen. Dazu sind die Teilnahme der Arbeiter und VBA-Angehörigen und die Führung durch die Arbeiterklasse erforderlich.

An diesem wichtigen historischen Wendepunkt der großen proletarischen Kulturrevolution richtete unser großer Führer Vorsitzender Mao den großen Kampfaufruf an die Arbeiterklasse, den Bereich des Überbaus zu erstürmen. Das kennzeichnete den Beginn einer Hochflut von Kampf-Kritik-Umgestaltung in der großen proletarischen Kulturrevolution! Es war dies ein weiterer Schritt in der großen strategischen Planung des Vorsitzenden Mao!

Sobald dieser große Kampfaufruf des Vorsitzenden Mao die Pekinger Hsinhua-Druckerei erreichte, gingen die revolutionären Arbeiter, die Tag und Nacht mit dem Drucken der Werke des Vorsitzenden Mao beschäftigt waren, sofort daran, ihn zu studieren und darüber zu diskutieren sowie Vorbereitungen zur Aktion zu treffen. Sie erklärten: «Diese Weisung des Vorsitzenden Mao ist uns, der Arbeiterklasse, aus dem Herzen gesprochen; wir werden genau nach dieser Weisung handeln.»

Die Herzen der Arbeiter, die alle dem Vorsitzenden Mao zugewandt sind, gehen in gleichem Schlag. Arbeitervertreter aus 61 Fabriken und Betrieben der Hauptstadt versammelten sich eiligst in der Pekinger Hsinhua-Druckerei und besprachen die Nacht hindurch Ausführungsmaßnahmen zur Befolgung dieses Aufrufs. Der große Kampfaufruf des Vorsitzenden Mao verwandelte sich in kurzer Zeit, etwas mehr als 10 Stunden, in eine großartige, welterschütternde revolutionäre Aktion der Arbeiterklasse. Am Vormittag des 27. Juli 1968 marschierten Industriearbeiter der Hauptstadt und VBA-Angehörige, Bilder des Vorsitzenden Mao emporhaltend und die leuchtendroten «Worte des Vorsitzenden Mao Tse-tung» in den Händen, erhobenen Hauptes und in gehobener Stimmung in die Ts'inghua-Universität ein. Sie waren bestrebt, mit den Maotsetungideen die Stellungen in Kultur und Erziehungswesen einzunehmen und sie umzugestalten! Das ist eine große Pioniertat in der Geschichte der proletarischen Revolution, ein großes Ereignis in den sechziger Jahren des 20. Jahrhunderts!

Beseitigung der Vorherrschaft der Intellektuellen

Die breiten Massen der revolutionären Lehrer, Studenten, Arbeiter und Angestellten in der Ts'inghua-Universität begrüßten begeistert den vom großen Führer Vorsitzenden Mao geschickten Propagandatrupp für die Maotsetungideen aus Arbeitern und VBA-Angehörigen. Sie teilten einander diese gute Nachricht mit und riefen wiederholt: «Alle Achtung vor der Arbeiterklasse! Alle Achtung vor der Befreiungsarmee!» «Er lebe Vorsitzender Mao! Er lebe lang, lang, lang!»

Aber eine Handvoll Klassenfeinde fand sich nicht mit dem Abtreten von der Bühne der Geschichte ab. Sie verübte offen Sabotagetätigkeit und versuchte vergeblich, den Propagandatrupp aus der Universität zu verjagen. Eine Anzahl von Intellektuellen, deren Weltanschauung nicht umgestaltet worden war, taten alles, um die Vorherrschaft der Intellektuellen zu bewahren.

Das war ein scharfer Klassenkampf.

«Es genügt, wenn die Arbeiter nur Fabriken betreiben, sie sollten sich nicht mit Schulangelegenheiten befassen.»

Darauf antworteten Mitglieder des Propagandatrupps: «Wir, die Arbeiterklasse, wollen nicht nur Fabriken gut leiten, sondern auch die ganze Menschheit befreien. Wir werden die Lehranstalten gut leiten und der Erscheinung, daß bürgerliche Intellektuelle sie beherrschen, ein Ende setzen. Dieses Recht hat uns Vorsitzender Mao gegeben!»

«Arbeiter haben nicht die Fähigkeit, Intellektuelle zu führen.»

Angehörige des Propagandatrupps gaben darauf die Antwort: «Wir, die Arbeiterklasse, sind dem Vorsitzenden Mao, den Maotsetungideen und der revolutionären Linie des Vorsitzenden Mao grenzenlos treu. Das verleiht uns die größten Fähigkeiten!»

Der Kampf war sehr verwickelt. Der in der Ts'inghua-Universität stationierte Propagandatrupp stand vor der komplizierten Lage, daß «Menschen, die Fehler ideologischer Natur begangen haben, und Menschen, bei deren Widerspruch zu uns es sich um einen Widerspruch zwischen uns und dem Feind handelt, miteinander vermengt sind, und daß es für eine Zeitlang schwierig ist, sie voneinander zu unterscheiden». Eine Handvoll Klassenfeinde hielt sich versteckt. Manche Lehrer und Studenten ließen sich zuweilen noch täuschen. Unter diesen Umständen handelte der Propagandatrupp nach der großen Lehre des Vorsitzenden Mao «Fest entschlossen sein, kein Opfer scheuen und alle Schwierigkeiten überwinden, um den Sieg zu erringen». Seine Mitglieder waren sich über die ganze Lage im klaren, scheuten keine Schwierigkeiten und Gefahren, wagten den Kampf und verstanden es gut, diesen Kampf zu führen. Sie unterschieden streng die beiden Arten von Widersprüchen, erteilten den wütenden Gegenangriffen der Klassenfeinde eine entschlossene Abfuhr und leisteten gleichzeitig unter den Lehrern, Studenten, Arbeitern und Angestellten eine harte, sorgfältige ideologisch-politische Arbeit. Sie bildeten Hunderte von Gruppen, um die jüngsten Weisungen des Vorsitzenden Mao zu propagieren, und halfen den Lehrern, Studenten, Arbeitern und Angestellten, ihr Bewußtsein zu erhöhen und Recht von Unrecht zu unterscheiden.

Zu einer Zeit, da der Propagandatrupp für die Maotsetungideen aus Arbeitern und VBA-Angehörigen von Sieg zu Sieg schritt, übersandte ihm der große Führer Vorsitzender Mao am 5. August 1968 ein hochgeschätztes Geschenk – Mangofrüchte.

Am 15. August 1968 empfing Vorsitzender Mao in aller Herzlichkeit

Vertreter des Propagandatrupps.

Danach erließ Vorsitzender Mao eine Reihe neuer Weisungen:

«Die Arbeiterklasse muß bei allem die Führung innehaben.»

«Die Arbeiterprogagandatrupps sollen lange Zeit in den Lehranstalten verbleiben, sie sollen sich an allen Aufgaben in den Lehranstalten im Rahmen von ‹Kampf-Kritik-Umgestaltung› beteiligen und für immer die Lehranstalten leiten.»

Die große Lehre und Fürsorge des Vorsitzenden Mao hat die Mitglieder des Propagandatrupps aufs äußerste ermutigt, zur Erziehung der Lehrer, Studenten, Arbeiter und Angestellten tiefgehend beigetragen und den Klassenfeinden einen wuchtigen Schlag versetzt. Der erste Propagandatrupp für die Maotsetungideen aus Arbeitern und VBA-Angehörigen in unserem Land hat die Vorherrschaft der Intellektuellen in der Ts'inghua-Universität zunichte gemacht. Der vergebliche Versuch einer Handvoll Klassenfeinde, die Mitglieder des Propagandatrupps aus der Ts'inghua-Universität zu verjagen, war vereitelt!

Die überwiegende Mehrheit der Menschen um sich scharen

Um die große revolutionäre Vereinigung der beiden Oppositionsgruppen der Massen zu fördern, studierten die Mitglieder des Propagandatrupps mit den Lehrern und Studenten zusammen die glänzenden Schriften des Vorsitzenden Mao, die «Drei ständig zu lesenden Artikel», und kritisierten und verurteilten gemeinsam die vom Erzrenegaten Liu Shao-ch'i verbreitete absurde Theorie vom «Erlöschen des Klassenkampfes». Auf diese Weise leitete der Propagandatrupp die Lehrer und Studenten an, sich auf der Basis der Maotsetungideen zusammenzuschließen und vereint gegen den Feind zu kämpfen. Durch Hilfe und Erziehung von seiten des Propagandatrupps haben sich die beiden Oppositionsgruppen der revolutionären Massen schließlich vereint. So wurden die Pläne des Klassenfeindes, die Massen zu spalten, durchkreuzt.

Der Lehre des Vorsitzenden Mao folgend, «Unter ihnen [den Intellektuellen] ist die überwiegende Mehrheit patriotisch gesinnt; sie lieben die Volksrepublik China und wollen dem Volk und dem sozialistischen Land dienen», vereinigte sich der Propagandatrupp entschlossen mit der Mehrheit der Intellektuellen und vertraute ihnen.

In Übereinstimmung mit der Lehre des Vorsitzenden Mao, «Die Menschenmassen, die es überall mit Ausnahme von Wüsten gibt, teilen sich unvermeidlich in Linke, eine Mittelstellung Einnehmende und Rechte. Das wird nach zehntausend Jahren noch der Fall sein», organisierte der Propagandatrupp unter den Lehrern, Studenten, Arbeitern und Angestellten durchweg Reihen von Aktivisten als Kräfte, auf die er sich bei der Führung der Massenbewegung von Kampf-Kritik-Umgestaltung der Universität stützen kann.

Der Lehre des Vorsitzenden Mao entsprechend, «Wir müssen uns mit den breiten Massen zusammenschließen. Je größer die Massen, mit denen wir uns vereinigen, desto besser», gab sich der Propagandatrupp große Mühe, den Funktionären und Angehörigen der Massen, die verschiedenartige Fehler begangen hatten, nach der Formel «Einheit – Kritik und Selbstkritik – Einheit» zu helfen.

In bezug auf diejenigen, die Fehler gemacht hatten, welche zur Kategorie der Widersprüche zwischen uns und dem Feinde gehören, die aber willens waren, ihre Verbrechen reuevoll zu gestehen, und den Entschluß faßten, sie zu sühnen, handelte der Propagandatrupp nach der Lehre des Vorsitzenden Mao, «Eine Politik, die keinen Ausweg bietet, ist nicht die Politik des Proletariats», und hielt daran fest, diesen Menschen eine Gelegenheit zu geben, sich zum Besseren zu wandeln und ihre Fehler durch Verdienste wiedergutzumachen.

Eine Anzahl Lehrer waren eine Zeitlang in gedrückter Stimmung. Diese Situation in Betracht ziehend, benutzte der Propagandatrupp die proletarische Politik des Vorsitzenden Mao als Waffe und brachte die Machenschaften des Feindes mittels revolutionärer Kritik und Verurteilung durch die Massen ans Licht. Dadurch half der Propagandatrupp diesen Lehrern, ihre Weltanschauung zielbewußt umzugestalten und ihre Zukunft richtig einzuschätzen. Seither zeigten sie einen geistigen Aufschwung und stürzten sich eifrig in die sich stürmisch entwickelnde Massenbewegung von Kampf-Kritik-Umgestaltung.

Gerade auf diese Weise hat der Propagandatrupp für die Maotsetung-ideen aus Arbeitern und VBA-Angehörigen alle positiven Faktoren zur Geltung gebracht und sich mit allen Menschen, mit denen ein Zusammenschluß möglich ist, vereinigt. So hat er eine gewaltige revolutionäre Armee um sich gebildet. Die Erfolge, die er im Kampf mit einer Handvoll von Klassenfeinden um die Gewinnung der Intellektuellen erzielt hat, liefern einen schlagenden Beweis für die geniale These des Vorsitzenden Mao: «Das Proletariat ist die größte Klasse in der Geschichte der Menschheit. Es ist in ideologischer und politischer Hinsicht und in bezug auf die Stärke die mächtigste revolutionäre Klasse. Es kann und muß die überwiegende Mehrheit der Menschen um sich scharen, um die Handvoll von Feinden maximal zu isolieren und zu schlagen.»

Intellektuelle dazu erziehen, den vom Vorsitzenden Mao gewiesenen Weg einzuschlagen

Die Handvoll Klassenfeinde fanden sich mit ihrer Niederlage nicht ab und verbreiteten aus dem Verborgenen heraus Gerüchte wie: «Ihr könnt wohl Ts'inghua besetzen, aber ihr könnt es nicht umwandeln!»

Solcher Unsinn der Klassenfeinde verstärkte jedoch nur die Entschlossenheit des Propagandatrupps, die Ts'inghua-Universität mit den

Maotsetungideen umzugestalten.

Vorsitzender Mao hat den Hinweis gegeben: «Die Mehrheit oder die große Mehrheit der in den alten Lehranstalten ausgebildeten Schüler und Studenten kann mit den Arbeitern, Bauern und Soldaten eins werden; und einige von ihnen haben Erfindungen gemacht oder Neues geschaffen. Sie müssen jedoch, geleitet durch eine richtige Linie, von den Arbeitern, Bauern und Soldaten erneut erzogen werden und ihre alte Ideologie völlig umwandeln. Derartige Intellektuelle werden von den Arbeitern, Bauern und Soldaten willkommen geheißen.» Durch diese große Weisung des Vorsitzenden Mao begeistert, gelobte der Propagandatrupp, die Ts'inghua-Universität in eine große rote Schule der Maotsetungideen umzuwandeln und die Mehrheit der Intellektuellen zu Menschen zu erziehen, die von den Arbeitern, Bauern und Soldaten willkommen geheißen werden.

Es gibt in dieser Universität einen Dozenten, der ein Opfer der konterrevolutionären revisionistischen Linie des Erzrenegaten Liu Shao-ch'i für die Erziehung geworden war. Seit langem hatte er folgendes zu seiner «Devise» gemacht: «Beschäftige dich mit der Facharbeit, das sichert dir ein gutes Einkommen und einen guten Posten, während es dir nur Gefahr bringt, dich mit Politik zu befassen.» So betrachteten ihn viele Lehrer und Studenten als einen Menschen, der schwer zu erziehen und umzuerziehen sei. Die Genossen des Propagandatrupps jedoch waren überzeugt, daß die Maotsetungideen alles umgestalten können. Sie halfen ihm beim Studium der Werke des Vorsitzenden Mao und ließen ihm eine Klassenerziehung angedeihen. Sie führten ihn dazu, bewußt die Eigensucht zu bekämpfen und den Revisionismus zu verurteilen, und unterhielten sich im Hinblick auf seine Probleme mehrmals herzlich mit ihm. Schließlich erkannte der Dozent seinen Fehler. Da sagte er: «Früher hielt ich es für den ‹sichersten› Weg, mich in die Facharbeit zu vertiefen und über die Politik hinwegzusetzen. Nun habe ich erkannt, dies ist der gefährlichste Weg, ein Weg, der zur Restauration des Kapitalismus führt. Der Erzrenegat Liu Shao-ch'i und seine Agenten versuchten geradezu, mich auf diesen Weg zu lenken!» Seitdem hielt er folgendes für seine Maxime: «Keinen richtigen politischen Standpunkt haben, bedeutet keine Seele haben.» Er bemühte sich sehr, die Werke des Vorsitzenden Mao lebendig zu studieren und anzuwenden, und stürzte sich tatkräftig in die Schlacht von Kampf-Kritik-Umgestaltung. Kürzlich wurde er als «Fünf-Gut»-Kämpfer empfohlen.

Die Änderung dieses Dozenten ist bloß eines der vielen bewegenden Beispiele, die zeigen, wie Chinas erster Propagandatrupp für die Maotsetungideen aus Arbeitern und VBA-Angehörigen das Gebiet der Kultur und Erziehung umgestaltet und die Intellektuellen erneut erzieht. Eine Anzahl Intellektuelle, die früher unter der Herrschaft der konterrevolutionären revisionistischen Linie für die Erziehung mit bürgerlicher Eigensucht belastet waren, haben jetzt einen geistigen Aufschwung genommen, schätzen die Hingabe für die Gemeininteressen des Sozialismus und Kommunismus hoch ein und verachten die bürgerliche Eigensucht. Sie bemühen sich, ihr Tun von den «Drei ständig zu lesenden Artikeln» leiten zu lassen. Tatkräftig nehmen sie an der Bewegung von Kampf-Kritik-Umgestaltung teil und sind entschlossen, die proletarische Revolution im Erziehungswesen zu Ende zu führen. Gleichzeitig gehen sie begeistert aufs Land und in die Fabriken, um sich erneut von den Arbeitern, armen Bauern und unteren Mittelbauern erziehen zu lassen. So ist ein großer Wandel in ihrer Gesinnung und ihrem Klassengefühl eingetreten. Die Arbeiter, Bauern und Soldaten bezeichnen sie als «Menschen, die uns willkommen sind».

«Die revolutionäre Linie des Vorsitzenden Mao ist bei allem die Hauptsache und die Führung durch die Arbeiterklasse unser Garant!» Dies ist die tiefgründige Erfahrung der Masse der revolutionären Lehrer, Arbeiter und Angestellten, die am Poyang-See in der Provinz Kiangsi ein landwirtschaftliches Versuchsgut für die Revolution im Erziehungswesen ins Leben rufen.

Unter dem giftigen Einfluß der konterrevolutionären revisionistischen Linie für die Erziehung waren früher viele der Lehrer nicht imstande, etwas auf ihren Schultern zu tragen und mit den Händen Arbeit zu verrichten. Aber geleitet durch die proleterische revolutionäre Linie der Partei und des großen Führers Vorsitzenden Mao und geführt von dem Propagandatrupp aus Arbeitern und VBA-Angehörigen, haben sie sich heute geändert. In dem Ödland am See haben sie, unter freiem Himmel im Sumpf arbeitend, ein landwirtschaftliches Versuchsgut für die Revolution im Erziehungswesen geschaffen. Sie sind dort zugleich Lehrer und Schüler, sowohl Kopfarbeiter als auch Handarbeiter. Zum erstenmal in ihrem Leben haben sie mit eigenen Händen eine Reihe Häuser gebaut und ein Stück Ackerland nach dem anderen urbar gemacht. In diesem revolutionären großen Schmelztiegel haben sie weiterhin ihre Einsicht vertieft, daß die Schlüsselfrage der proletarischen Revolution im Erziehungswesen darin besteht, die Menschen umzuerziehen, das heißt, ihr Denken umzuwandeln. Vor kurzem, als sie vor Begeisterung über ihre reichen Erfolge in der Revolution wie bei der Produktion den von ihnen selbst angepflanzten Frühreis zum erstenmal ernteten, sagten viele Lehrer tief bewegt: «Wenn die politische Linie falsch war, ging alles schief, und nichts konnte zustande gebracht werden, wenn die Ideologie nicht richtig war. Heute zeigt die revolutionäre Linie des Vorsitzenden Mao uns Intellektuellen die vor uns liegende, unendlich lichte Zukunft, und die starke Führung durch die Arbeiterklasse eröffnet uns Intellektuellen eine neue weite Welt.»

Im Verlaufe des Kampfes das eigene politische Bewußtsein ständig erhöhen

Dank der herzlichen Fürsorge des großen Führers Vorsitzenden Mao und geleitet von seiner großen Lehre «Die Arbeiterklasse soll auch im Verlaufe des Kampfes ihr politisches Bewußtsein ständig erhöhen», marschieren die Arbeiter und VBA-Kämpfer des Propagandatrupps seit einem Jahr auf dem Weg der ideologischen Revolutionierung mit Riesenschritten voran, indem sie voneinander lernten und Schulter an Schulter kämpften.

Sie denken immer an die große Fürsorge und die innersten Erwartungen des Vorsitzenden Mao, lassen sich bei ihren Bemühungen um Revolutionierung ständig von der Idee des Vorsitzenden Mao «Eins teilt sich in zwei» leiten und bewahren stets einen hohen Grad revolutionären Kampfgeistes. In der Praxis des Kampfes haben sie ihre Erfahrungen der ständigen Erhöhung ihres eigenen politischen Bewußtseins in fünf «Erfordernisse» zusammengefaßt:

Erstens muß sich die Arbeiterklasse, um ihre Führung bei allem zu sichern, mit dem Marxismus, dem Leninismus, den Maotsetungideen wappnen und ihre Führung durch die große, ruhmreiche und korrekte Kommunistische Partei Chinas ausüben.

Zweitens muß der Propagandatrupp, um seine Mission als Führer bei Kampf-Kritik-Umgestaltung im Bereich des Überbaus erfolgreich zu erfüllen, die wertvollen Eigenschaften der Arbeiterklasse bewahren.

Drittens muß der Propagandatrupp sein politisches Bewußtsein ständig erhöhen, um die wertvollen Eigenschaften der Arbeiterklasse zu bewahren und den Bereich der Kultur und des Erziehungswesens mit den Maotsetungideen umzugestalten.

Viertens muß der Propagandatrupp den großen strategischen Plan des Vorsitzenden Mao genau befolgen, um mit der sich rasch entwickelnden revolutionären Lage Schritt zu halten.

Fünftens muß der Propagandatrupp eifrig die Werke des Vorsitzenden Mao lebendig studieren und anwenden und stets die Maotsetungideen sein Denken und Tun leiten lassen, um zu gewährleisten, daß seine Führung den Maotsetungideen entspricht und jede Weisung des Vorsitzenden Mao und jeder Befehl des Zentralkomitees der Partei mit Vorsitzendem Mao an der Spitze und Vizevorsitzendem Lin als seinem Stellvertreter energisch ausgeführt wird.

Durch die Praxis des Kampfes ist Chinas erster, unter der Führung des Zentralkomitees der Partei stehender Propagandatrupp für die Maotsetungideen aus Arbeitern und VBA-Angehörigen zu der tiefen Erkenntnis gekommen, daß jeglicher Sieg seit einem Jahr einen Sieg der Maotsetungideen, einen Sieg der revolutionären Linie des Vorsitzenden Mao darstellt und dem großen Führer Vorsitzenden Mao zu verdanken ist. Alle Mitglieder des Propagandatrupps haben gelobt, nach den Weisungen des Vorsitzenden Mao zu handeln: «Wir haben bereits große Siege errungen, aber die geschlagene Klasse wird immer noch verzweifelt kämpfen. Diese Leute leben noch, diese Klasse existiert noch. Daher können wir nicht von einem Endsieg reden. Auch in einigen Jahrzehnten kann davon nicht die Rede sein. Wir dürfen unsere Wachsamkeit nicht verlieren.» «In der großen proletarischen Kulturrevolution sind einige Aufgaben noch nicht erfüllt worden, sie müssen jetzt weiter durchgeführt werden, z. B. die Aufgabe ‹Kampf-Kritik-Umgestaltung›.» Sie sind entschlossen, unter der Führung des Zentralkomitees der Partei mit Vorsitzendem Mao an der Spitze und Vizevorsitzendem Lin als seinem Stellvertreter die revolutionären Lehrer und Studenten, Arbeiter und Angestellten zu leiten, die sozialistische Revolution im Bereich des Überbaus zu Ende zu führen und aus eigenen Kräften ein proletarisches Erziehungssystem neuen Typs zu schaffen, das im leuchtenden Glanz der Maotsetungideen erstrahlt.

4. Wer erzieht wen um?

In Nr. 2 ihres Jahrgangs 1970 nahm das Parteiorgan *Hung-ch'i* («Rote Fahne») die Kritik an Iwan A. Kairows Buch «Pädagogik» auf, die ein Kollektiv für revolutionäre Massenkritik in Shanghai verfaßt hatte.[19] Kairow, aus derselben Generation wie Makarenko[20], bekleidete in der UdSSR höchste Ämter; zum Beispiel war er 1949–1956 Minister für Volksbildung und wurde 1966 Präsident der Pädagogischen Akademie der Sowjetunion. Er hat mit zu verantworten, daß der russischen Pädagogik heute vorgeworfen wird: sie benutze «nur die formalen Seiten seiner (Makarenkos) Theorie der ‹Erziehung durch das Kollektiv›»; sie versuche, Makarenko in einen Anhänger des biologischen Determinismus «umzulügen», um ihn mit der gegenwärtigen Sowjetgenetik in Einklang zu bringen; auch sei die ehemalige Gorkij-Kommune, die Makarenko 1920 eingerichtet hatte, inzwischen in ein Konzentrationslager verwandelt worden.[21] Die Shanghaier Kritik an Kairow ist nicht nur eine chinesische am China vor der Kulturrevolution, sie greift auch Comenius (Komenský), Johann F. Herbart und John Dewey an. So kommt ihr Aufmerksamkeit auch jener Pädagogen im Westen zu, die nicht länger bürgerlich erziehen wollen.

Im «Beschluß des Zentralkomitees der Kommunistischen Partei Chinas über die Große Proletarische Kulturrevolution», der unter dem persönlichen Vorsitz des Vorsitzenden Mao ausgearbeitet wurde, wurde auf folgendes hingewiesen: «Eine äußerst wichtige Aufgabe der Großen Proletarischen Kulturrevolution ist die Umformung des alten Bildungssystems, der alten Unterrichtsprinzipien und -methoden.» Gegenwärtig müssen wir uns weiter anstrengen, diese «äußerst wichtige Aufgabe», auf die Vorsitzender Mao hinwies, zu erfüllen.

Eine wichtige Erfahrung aus der proletarischen Revolution im Erziehungswesen ist, daß man daran festhalten muß, mit den Maotsetungideen revolutionäre Massenkritik zu üben und die schädlichen Einflüsse der konterrevolutionär-revisionistischen Linie des Renegaten, versteckten Kollaborateurs und Arbeiterverräters Liu Shao-ch'i für das Erziehungswesen auszumerzen.

Die konterrevolutionär-revisionistische Linie Liu Shao-ch'is für das Erziehungswesen hat als «theoretische» Grundlage die von Kairow, einer revisionistischen pädagogischen «Autorität» in der Sowjetunion, herausgegebene «*Pädagogik*».[22] Nach den Ausführungen in dem ersten Kapitel der Auflage 1965 dient diese «*Pädagogik*» einzig dazu, «die auf dem Gebiet der Erziehung vom 20. Parteitag» des Sowjetrevisionismus «gestellte neue Aufgabe», nämlich die «Aufgabe» der Restauration des Kapitalismus, zu bewältigen.

Kurz nachdem die sozialistische Revolution in unserem Lande begonnen hatte, brachten Liu Shao-ch'i und seine Agenten an der Kultur- und Erziehungsfront, wie [der damalige Erziehungsminister] Lu Ting-yi und Konsorten, die «*Pädagogik*» von Kairow als Lehrstoff für die pädagogischen Hochschulen im ganzen Lande nach China, um sich der proletarischen Linie des Vorsitzenden Mao für das Erziehungswesen zu widersetzen. 1957 ließen sie Kairow in Peking, Shanghai und vielen anderen Städten unseres Landes sein Gift versprühen. Kairow wurde von Liu Shao-ch'i persönlich empfangen, und sie «unterhielten» sich herzlich miteinander. 1958 entfachten die breiten Massen der revolutionären Lehrer, Studenten und Schüler in unserem Lande, geleitet von der proletarischen revolutionären Linie des Vorsitzenden Mao, schwungvoll eine Revolution der Erziehung und übten streng an der «*Pädagogik*» von Kairow Kritik. Höchst beunruhigt, trat Lu Ting-yi eiligst auf, um Kairow zu schützen. Er schrie lautstark, die «*Pädagogik*» von Kairow sei «sozialistisch», und würgte so die schwungvolle Erziehungsrevolution ab.

Als Vorsitzender Mao die Gesetze des Klassenkampfes in der sozialistischen Periode aufdeckte, wies er auf folgendes hin: «Das Proletariat trachtet, die Welt nach seiner eigenen Weltanschauung umzugestalten, und die Bourgeoisie tut das gleiche. In dieser Hinsicht ist die Frage ‹wer wen?› im Kampf zwischen Sozialismus und Kapitalismus immer noch nicht endgültig entschieden.» Wer erzieht wen um? Gestaltet man die alte bürgerliche Schule nach den Ideen des Vorsitzenden Mao über proletarische Erziehung um oder läßt man die «*Pädagogik*» von Kairow unsere Schule beherrschen? Darum geht ein heftiger Kampf des Proletariats gegen die Bourgeoisie an der Erziehungsfront. Daher ist es für die tiefgehende Entfaltung einer Revolution der Erziehung unentbehrlich, die *«Pädagogik»* von Kairow anhand des Marxismus, des Leninismus, der Maotsetungideen zu analysieren und zu verurteilen.

Zwei diametral entgegengesetzte Anschauungen über Erziehung

Was ist Erziehung?

Darauf antwortete klar die *«Pädagogik»* von Kairow in ihrem ersten Kapitel: «Erziehung ist ausschließlich eine menschliche Erscheinung.» In dieser Definition ist eine grundlegende Tatsache beiseite gelassen: In der Klassengesellschaft ist die Erziehung die Erscheinung des Klassenkampfes. Es handelt sich absolut nicht darum, daß «der Mensch eine entsprechende Erziehung erhalte, damit er ein Mensch werde», sondern darum, daß eine Klasse, um die eigene Herrschaft aufrechtzuerhalten, eine gewisse Erziehung eben braucht. Erziehung entspricht seit jeher den Erfordernissen des Klassenkampfes und nicht den abstrakten «menschlichen» Erfordernissen. Das Erziehungswesen einer Klasse richtet sich immer darauf aus, die junge Generation entsprechend der Weltanschauung und politischen Linie der eigenen Klasse zu erziehen und umzuerziehen, Nachfolger heranzubilden, die die Herrschaft der eigenen Klasse fortsetzen. Das Ziel dabei ist, die Herrschaft der eigenen Klasse zu sichern. Nachdem das Proletariat die politische Macht ergriffen hat, muß es die Erziehung aus einem Werkzeug der Bourgeoisherrschaft in ein Werkzeug zur Abschaffung dieser Herrschaft und zur völligen Ausrottung der Bourgeoisie und aller Ausbeuterklassen umwandeln. Sie ist eine wichtige Position, von der aus «das Proletariat im Bereich des Überbaus einschließlich verschiedener Sektoren der Kultur eine umfassende Diktatur über die Bourgeoisie ausüben muß». Die proletarische Erziehung muß aus den Reihen der Arbeiterklasse, der armen Bauern und unteren Mittelbauern und der Angehörigen der Volksbefreiungsarmee stammende gebildete Werktätige mit sozialistischem Bewußtsein heranbilden, damit sie die Diktatur des Proletariats festigen und die sozialistische Revolution und den sozialistischen Aufbau zu Ende führen. Diesen eindeutigen Klassencharakter der proletarischen Erziehung darf man unter keinem Vorwand verwischen.

Aber dieser von Lu Ting-yi als «sozialistischer» Pädagoge gepriesene Kairow definierte das Wesen der Erziehung mit folgenden Worten: Erziehung ist eine «Arbeit», durch die «die alte Generation der jungen Generation ihre Erfahrungen und Kenntnisse weitergibt»; deswegen ist es die «allererste Aufgabe» sozialistischer Lehranstalten, «die Schüler mit tiefschürfenden, richtigen und allgemeinen Kenntnissen über die Entwicklung der Natur, Gesellschaft und Ideologie auszustatten».

Lu Ting-yi plapperte wie ein Papagei nach: «Erziehung heißt, das ist ganz klar, Kenntnisse weitergeben, Kenntnisse erwerben und sie anderen übermitteln und sie beherrschen. Das ist Erziehung.»

Ist «das» wirklich Erziehung?

Kenntnisse und Weitergabe der Kenntnisse ist nichts, was über Klassen und Politik stünde, und auch nichts, wobei, wie Kairow trompetete, «alle Kinder gleichberechtigt wären».

Kenntnisse und Kultur spiegeln das gesellschaftliche Sein wider. Vorsitzender Mao hat uns gelehrt: «Seit dem Bestehen der Klassengesellschaft gibt es auf der Welt nur zwei Kategorien von Wissen; das Wissen auf dem Gebiet des Produktionskampfes und das Wissen auf dem Gebiet des Klassenkampfes.» Und alle Kenntnisse, die ja durch die Erziehung als ein Werkzeug im Klassenkampf und der Klassendiktatur weitergegeben werden, sind unvermeidlich von tiefem Klassencharakter durchdrungen. Die Sklavenhalter hatten an den Schulen für ihre Kinder die Schüler gelehrt, auf lebendige Sklaven als «Schießscheibe» das Schießen und Morden zu üben. Das war Weitergeben von «Wissen», nämlich von «Wissen» der Sklavenhalter. Hitler tobte, daß «wir» Faschisten «ausbilden und erziehen werden», «vor denen die ganze Welt zittern wird». Auch das war Weitergeben von «Wissen», nämlich von «Wissen» der Faschisten. Der Sozialimperialismus erhob kürzlich ein Geschrei, daß er eine Art von «jungen Kadern» ausbilden will, die «eine rasche Entscheidung im richtigen Moment treffen» und «ohne Überlegen» aggressive Aufträge ausführen können. Das ist wieder Weitergeben von «Wissen», nämlich von «Wissen» des Sozialimperialismus. Die «*Pädagogik*» von Kairow ist voll von einer Unmenge Schilderungen von «Forschungsreisenden und Reisenden» aus der Zarenzeit und will «faszinierend» Schüler «anregen» und «ermutigen», «den Geist dieser Expeditionen zu entwickeln». Was für ein «Wissen» gibt sie also weiter? Wer weiß nicht Bescheid? Es ist so, wie Lenin gesagt hat: «Die alte Schule erklärte, sie wolle einen allseitig gebildeten Menschen erziehen, sie lehre die Wissenschaften schlechthin. Wir wissen, daß das eine einzige Lüge war.» «Jedes ihrer Worte war im Interesse der Bourgeoisie gefälscht.»

Können «bei Weitergabe von Wissen» «alle Kinder gleichberechtigt» sein? Die opportunistische Behauptung von Lassalle-Leuten, bei einer «allgemeinen Volksbildung sind alle gleich», wurde von Marx längst gründlich verurteilt. Seitdem Klassen innerhalb der Menschheit entstanden, hielten alle Ausbeuterklassen, die eine beherrschende Position einnahmen, das Wissensmonopol fest in der Hand, so daß die ausgebeuteten Klassen, die die Macht nicht in der Hand haben, kein Recht auf Erziehung haben. Im Indien der alten Zeit, in diesem Sklavenhalterstaat des Ostens, gab es gesetzliche Bestimmungen, daß derjenige, der der unteren Shudra-Klasse irgendwelches Wissen zukommen läßt, gehenkt wird. Im

China der alten Zeit propagierte Konfuzius, der die Interessen der untergehenden Sklavenhalterklasse und des Adels vertrat, energisch die Verdummungspolitik, indem er sagte: «Man kann das Volk in eine bestimmte Richtung bringen, aber man kann es nicht dazu bringen, daß es das versteht.» Dies wurde von der Klasse der feudalen Gutsbesitzer als Erbe übernommen und mehr als zweitausend Jahre von ihr verfolgt. Mit dem Aufkommen kapitalistischer Produktionsverhältnisse tauchte die kapitalistische Erziehung auf, die völlig vom Prinzip des Profits abhängig ist, in dem der reaktionäre Charakter der Bourgeoisie sich widerspiegelt. Das von der Bourgeoisie eingeführte sogenannte «System der Zweigleisigkeit» war noch vom Klassencharakter der Versklavung und Ausbeutung durchdrungen. Bist du ein Kind der Bourgeoisie, so erhältst du «Kenntnisse», wie man die arbeitenden Volksmassen ausbeutet und unterdrückt, und eine Ausbildung als zukünftiger Herrscher; bist du ein Kind der Werktätigen, so schließt man vor dir die Tore der Schulen zu oder bildet dich zum «brauchbaren Diener für die Bourgeoisie» aus, «der ihr Profit bringen konnte, zugleich aber ihre Ruhe und ihren Müßiggang nicht störte» (Lenin).

Daraus kann man ersehen, daß das Gerede, mit dem der Klassencharakter der Erziehung verwischt wird, von A bis Z politischer Betrug ist. In der Tat stellt diese von bürgerlichem Klassencharakter durchdrungene *«Pädagogik»* Kairows einen direkten Angriff der Bourgeoisie auf das Proletariat dar. Ebendieser Kairow sagte, als er im Jahre 1957 Propaganda für die «Leitungsprinzipien» der *«Pädagogik»* machte: «Die gegenwärtige Schule hat eine doppelte Aufgabe: die eine ist, die Schüler für das Studium an den Universitäten auszubilden, die andere ist, die Schüler zur Teilnahme an der Produktionsarbeit heranzuziehen».[23] Die von Kairow genannte «doppelte Aufgabe» entspricht den von Liu Shao-ch'i befürworteten «zwei Arten von Erziehungssystemen»; sie entspricht auch dem von Lu Ting-yi erfundenen Wettbewerb beim Erklimmen der «Pyramide»: eine Minderheit erklimmt den Gipfel und wird zum neuen bürgerlichen Element; die auf den Boden hinuntergestoßene Mehrheit bildet Menschen, die unter Bedingungen, unter denen der Kapitalismus restauriert wird, «arbeiten und produzieren». Von Kairows «Gleichberechtigung bei der Erziehung» bis zu der «doppelten Aufgabe» der Erziehung, von Liu Shao-ch'is «zwei Arten von Erziehungssystemen» bis zum von Lu Ting-yi verfochtenen Wettbewerb beim Erklimmen der «Pyramide», gibt es verschiedenartig Genanntes, aber das Wesen bleibt sich immer gleich: das konterrevolutionäre Ziel ist es, das Proletariat im Sinne der Weltanschauung der Bourgeoisie umzuerziehen und den Kapitalismus zu restaurieren.

Kairow erklärte unverfroren, daß die pädagogischen Anschauungen des tschechischen bürgerlichen Pädagogen Komenský im 17. Jahrhundert bis zum russischen bürgerlichen Pädagogen Uschinski im 19. Jahrhundert «den von der damaligen Gesellschaftsordnung diktierten Grundsätzen entgegengesetzt» gewesen wären, und deshalb zu den «wertvollsten pädagogischen Erfahrungen» gehörten. Wir müßten sie heute vollständig übernehmen.

Die sich auf Basis der kapitalistischen Wirtschaft entwickelnden bürgerlichen Ideen über Erziehung sind nicht nur der kapitalistischen Gesellschaftsordnung «entgegengesetzt», sondern sie werden sogar gepriesen, daß sie zu den für das sozialistische Erziehungssystem «wertvollsten pädagogischen Erfahrungen» gehören! Das ist der volle Beweis dafür, daß es zwischen der Pädagogik Kairows und der traditionellen bürgerlichen Erziehung dem Wesen nach keinen Unterschied gibt. Diese Erziehung ist nicht der kapitalistischen Gesellschaftsordnung, sondern dem sozialistischen System «entgegengesetzt». «Es gibt keinen Aufbau ohne Zerstören, kein Fließen ohne Dämmern, keine Bewegung ohne Ruhe.» Von Kairow, der ein Lehrer im negativen Sinne ist, können wir lernen: Das Proletariat muß das bürgerliche Erziehungssystem, seine Theorien und seine Ideen restlos verdammen. Nur so kann es ein eigenes Erziehungssystem aufbauen. «Das Bildungswesen muß der Politik des Proletariats dienen, muß mit der produktiven Arbeit verbunden werden.» «Unser Kurs auf dem Gebiet des Bildungswesens muß gewährleisten, daß jeder, der eine Ausbildung erhält, sich moralisch, geistig und körperlich entwickelt und ein gebildeter Werktätiger mit sozialistischem Bewußtsein wird.» Das proletarische Erziehungswesen muß in diesen grundlegenden Fragen zwischen seinen pädagogischen Ideen und denen der Bourgeoisie und aller anderen Ausbeuterklassen endgültig einen Trennungsstrich ziehen.

Zwei diametral entgegengesetzte Erkenntnistheorien

Kairow hat aufgrund seiner oben dargelegten, reaktionären Anschauungen über Erziehung eine vollständige Sammlung der Unterrichtsprinzipien von Komenský, der Theorien von Uschinski über moralische Erziehung und sogar der «Unterrichtsmethode in vier Etappen» des reaktionären deutschen Pädagogen Herbart angelegt, sie verbessert und vervollständigt und so sein riesiges Unterrichts«system» zustande gebracht. «Fünf Unterrichtsprinzipien», «sechs Gliederungen im Hörsaal», «Fünf-Grad-Notensystem», außerdem zahlreiche «Grundsätze», «Konstruktionen», «Programme», «Gesetze», «Mittel» und «Methoden». Ein solcher Scholastizismus wurde von Lu Ting-yi und Konsorten in den höchsten Tönen als «wissenschaftlich» gerühmt, und sie gaben den Befehl, daß die Lehrer im ganzen Lande sich haargenau daran zu halten hätten.

War das wirklich etwas so «Wissenschaftliches»? Nein, das war in Wirklichkeit etwas Unwissenschaftliches, eine Pseudowissenschaft. Vorsitzender Mao hat uns gelehrt: «Die gesamte Tätigkeit in den Schulen dient der ideologischen Umerziehung der Schüler.» Unterricht ist ein Vorgang des Erkennens, und es gibt kein menschliches Erkennen, dem nicht der Stempel einer Klasse aufgeprägt wäre. Daher ist der Unterricht ein Kampf zweier Arten von Ideen, ein Vorgang der Überwindung der nichtproletarischen Ideologie durch die Ideologie des Proletariats, des Studierens und der Anwendung des Marxismus, des Leninismus, der Maotsetungideen auf lebendige Weise, und der allmählichen Bildung der proletarischen Weltanschauung der Schüler in der Praxis der drei großen revolutionären Bewegungen – des Klassenkampfes, des Produktionskampfes und des wissenschaftlichen Experimentierens.

Für den richtigen Ablauf des Unterrichtsprozesses braucht es eine richtige Erkenntnistheorie als Richtschnur. Das Proletariat besitzt die Erkenntnistheorie des dialektischen Materialismus. Die Bourgeoisie besitzt ihre idealistische und metaphysische Erkenntnistheorie. Von welcher Erkenntnistheorie ging Kairow bei seinen zahlreichen «Prinzipien» und «Methoden» aus?

Nachdem Kairow einen Abschnitt aus den erkenntnistheoretischen Lehren Lenins zitiert hatte, erklärte er unverfroren: «Unterricht ist und kann unmöglich ein Prozeß sein, der mit dem wissenschaftlichen Erkenntnisprozeß völlig übereinstimmt.» Das bedeutet, daß er sagen wollte: Die Erkenntnistheorie des Marxismus-Leninismus gilt für den Unterricht nicht.

Nachdem die Erkenntnistheorie des Marxismus mit einem Strich abgetan worden ist, stellt Kairow seine eigene «Erkenntnistheorie» auf. Sie lautet folgendermaßen: Die Schüler brauchen nur die schon «vorhandenen Kenntnisse zu begreifen,» die «von den Menschen in vielen Jahrhunderten angesammelten» und «‹verfügbaren› Kenntnisse» zu übernehmen, dann ist alles in Ordnung, denn diese sind der «gesicherte und verläßliche Schatz der Wissenschaft». Sie sind lauter absolute Wahrheiten, an denen sich nie etwas ändern wird.

«Ansammeln» und «verfügbar», und «gesichert und verläßlich»! Kairow ist wahrlich würdig, ein «Kapitalist des Wissens» zu heißen! Aber dieser «Kapitalist des Wissens» versteht die Kenntnisse des historischen Materialismus über den Klassenkampf überhaupt nicht.

Infolge der reaktionären Weltanschauung der Ausbeuterklassen sind die von ihnen «angesammelten» «Kenntnisse» voll Fehler, die die objektive Wirklichkeit entstellen. Nehmen wir zum Beispiel die Geschichte. Die von Ausbeuterklassen geschriebene Geschichte ist eine Geschichte, in der die Wahrheit auf den Kopf gestellt wird: In der feudalen Gesellschaft wurden die Bauern, deren Aufstände Triebkraft der Geschichte waren, verleumderisch als «Räuber» und «Banditen» bezeichnet. Die Kaiser und Könige, die Generäle und Kanzler wurden als Herren der

Geschichte dargestellt, und ihre «Politik der Zugeständnisse» als Motor der Geschichte. Wenn man derartige reaktionäre Ansichten nicht verurteilt, ist es auch unmöglich, «verfügbare» geschichtswissenschaftliche Kenntnisse zu erwerben. Wie kann man diese und ähnliche reaktionäre Unrichtigkeiten, die von der Klasse der Gutsbesitzer und der Bourgeoisie «viele Jahrhunderte» befürwortet wurden, als für uns «verfügbar» bezeichnen und einen «gesicherten und verläßlichen Schatz» nennen? Ist das nicht eine offene Propaganda dafür, daß die Schüler jedes geistige Gift gehorsam «annehmen» sollen? Hat das nicht den Zweck, Diener der Bourgeoisie auszubilden, die gegen jede revolutionäre Wahrheit sein werden? Ist das nicht ein typisches Beispiel für die Restauration einer Kultur?

Vorsitzender Mao hat uns gelehrt, daß «im absoluten und gesamten Entwicklungsprozeß des Universums die Entwicklung der einzelnen konkreten Prozesse relativ ist und daß daher im unendlichen Strom der absoluten Wahrheit die menschliche Erkenntnis eines einzelnen konkreten Prozesses auf jeder gegebenen Stufe seiner Entwicklung nur den Charakter einer relativen Wahrheit besitzt. Aus der Summe der unzähligen relativen Wahrheiten ergibt sich die absolute Wahrheit.» Heute muß man diese «Kenntnisse», die aus gewissen relativen Wahrheiten bestehen, in der revolutionären Praxis des Proletariats überprüfen, sie abwandeln und entwickeln, und soll in ihnen nicht etwas ewig Unveränderliches sehen. Auf dem Gebiet der Naturwissenschaften braucht man manchmal nicht von der Evolution in «vielen Jahrhunderten» zu reden, sondern man beginnt gleich mit den neuesten Entdeckungen, den neuesten Schöpfungen der Arbeiterklasse und eignet sich so die neuesten Kenntnisse, nämlich die in der neuen Etappe der Entwicklung neu entdeckten relativen Wahrheiten schneller an. Es muß darauf hingewiesen werden, daß die früheren Lehrbücher Wiederholungen und Scholastizismus enthalten. Einer der Gründe dafür war der giftige Einfluß dieses «gesicherten und verläßlichen Schatzes» von Kairow.

Kairow betrachtet Kenntnisse als etwas Erstarrtes. Ursache dafür ist nicht nur seine Unwissenheit, sondern auch sein bürgerlich-reaktionärer Charakter. Die Bourgeoisie gleicht «einem Sterbenden, der niedersinkt – wie die untergehende Sonne hinter den Westbergen». Sie verschließt vor dem heftigen Widerstand des Proletariats und der revolutionären Volksmasse die Augen. Sie wagt nicht, der raschen Entwicklung der revolutionären Lage im Klassenkampf, im Produktionskampf und im wissenschaftlichen Experiment ins Angesicht zu blicken. Sie kann der Gegenwart nur den Rücken zuwenden und nur in die Vergangenheit zurückblicken. Sie kann die reaktionäre, verfaulende traditionelle Ideologie der Klassen von Sklavenhaltern und Gutsbesitzern und der Bourgeoisie nur für «gesicherte und verläßliche» Kenntnisse halten. Sie kann nicht erlauben, daß Revolution gemacht, Kritik geübt und Fortschritte gemacht werden. Sie versucht damit, die rasche Verbreitung des Marxismus, des Leninismus, der Maotsetungideen auf der Welt zu verhindern. Lu Ting-yi hat getobt: «Viele Hochschulen nehmen Unterrichtsreformen vor, und meine Haltung dazu ist zuzusehen.» Der wahre Zweck, zu dem man die «gesicherten» Kenntnisse braucht, ist, der Bourgeoisie ihre beherrschende Stellung zu «sichern», ihr Recht zu «sichern», die Werktätigen bis aufs Blut auszupressen, oder wie sie es nannte, ihren «Schatz» zu «sichern».

Gesetze der marxistischen Erkenntnistheorie lauten: «Praxis, Erkenntnis, wieder Praxis und wieder Erkenntnis»; und: «Der Gesichtspunkt der Praxis ist der erste und grundlegende Gesichtspunkt der Erkenntnistheorie des dialektischen Materialismus.» Kairow erklärte jedoch, daß er einen «kürzeren Weg» wüßte. Dieser «kürzere Weg» ist der: Aus den Büchern der Lehrer in die Bücher der Schüler. Nach seinen Worten ist der «Unterricht im Hörsaal für die Qualität des Wissens der Schüler entscheidend» und «die Quellen des Wissens sind: konkrete Tatsachen, Schilderungen der Dinge, Erscheinungen, Vorgänge, Ereignisse usw., Druckschriften (vor allem Lehrbücher) und die Worte des Lehrers und anderes».

Die wenigen «Druckschriften» für den Unterricht wurden von Kairow auf seine «fünf Grundsätze» und «sechs Gliederungen» beschränkt. Er will die Hirne der Schüler maximal mit dem Inhalt «klassischer» Lehrbücher und dem Unterrichtsstoff der Bourgeoisie vollstopfen. Sehen Sie sich bitte die von Lu Ting-yi und Konsorten nach den «pädagogischen» Regeln Kairows zusammengestellten Lehrbücher und ihren Unterrichtsstoff an! Die Weltanschauung ist antimarxistisch, der politische Inhalt entspricht den Bedürfnissen der Bourgeoisie. Sie sind von dem, was zur sozialistischen Revolution und zum sozialistischen Aufbau gegenwärtig notwendig ist, völlig losgelöst. Die Gliederung des Unterrichts ist voll Metaphysik. Es gibt eine Vielfalt von Unterrichtsfächern, die sich wiederholen und voneinander isoliert sind. Die lebendige objektive Welt ist in Teile aufgesplittert worden. Die Schüler werden jahrelang wie Sardinen in einer Büchse in die von Kairow konstruierten, abgeschlossenen Hörsäle gesperrt und gezwungen, muffiges Brot und faulige Überreste aus dem achtzehnten und neunzehnten Jahrhundert zu schlucken. Sie haben 16 oder 17 Jahre keinen Reis, keinen Weizen, keine Hirse oder eine andere Getreideart gesehen, sie haben keinen Arbeiter an der Arbeit, keinen Bauern bei der Bestellung des Ackers und niemanden Handel treiben gesehen. Will man sie so nicht absichtlich zu Dummköpfen machen?

Es muß klargestellt werden: Wir lehnen es nicht ab, daß die Schüler übermittelte Kenntnisse durch Unterricht und aus Büchern erwerben.

Die durch Unterricht erworbenen Kenntnisse sind zum Teil übermittelte Kenntnisse. Es ist eben so, wie Vorsitzender Mao gesagt hat: «Alle echten Kenntnisse stammen aus der unmittelbaren Erfahrung. Der Mensch kann jedoch nicht alles unmittelbar erfahren, und tatsächlich ist der größere Teil unserer Kenntnisse das Produkt mittelbarer Erfahrung, nämlich die in der Vergangenheit oder in fremden Ländern erworbenen Kenntnisse.» Damit sich die Schüler die übermittelten Kenntnisse tatsächlich zu eigen machen, müssen sie mit der revolutionären Praxis in Zusammenhang gebracht werden. Nur so kann man sie in «echte Kenntnisse» umwandeln. «Das Alte in den Dienst der Gegenwart stellen, das Ausländische für China nutzbar machen», «laßt das Neue durch kritische Aufnahme aus dem Alten hervorgehen.» Der entscheidende Punkt ist der, das Neue durch kritische Übernahme des Alten aus diesem hervorgehen zu lassen, damit es den revolutionären Bedürfnissen von heute entspricht. Vorsitzender Mao hat uns gelehrt: «Vieles kann man allein aus Büchern nicht erlernen, muß man von den Produzenten, den Arbeitern, den Bauern lernen.» So müssen die Schüler aus der Schule hinausgehen und im wirklichen Kampf sich Arbeiter, Bauern und Soldaten zum Lehrmeister nehmen, sie müssen «sich hauptsächlich mit dem Studium befassen, müssen aber daneben noch andere Dinge lernen, das heißt, neben ihrem Buchwissen auch Industrie, Landwirtschaft und Militärwesen studieren; sie müssen ebenfalls Kritik an der Bourgoisie üben.» Die naturwissenschaftlichen und technischen Hochschulen müssen Werkstätten einrichten. Die sozialwissenschaftlichen Hochschulen sollen die ganze Gesellschaft zu ihrer Werkstätte machen.

Manche Leute fragen: Trifft dieses Gesetz auch auf die Erkenntnis von Kleinkindern zu? Erkennen sie «gute» oder «schlechte Menschen» nicht aufgrund ihres Bilderbuches? Das Kleinkind kennt selbstverständlich zuerst das individuelle konkrete Ding. Erst danach gelangt es zu den Begriffen dieser Art von Dingen. Das Rind ist der Oberbegriff. Hausrind und Büffel sind die Unterbegriffe. Das Rind, das von einem Kind betrachtet wird, ist konkret da. Bevor die Kinder in die Schule kommen, ist die Gesellschaft ihre Schule, sie ahmen die Erwachsenen nach, wie sie arbeiten, wie sie Krieg führen, und werden auf lebendige Weise erzogen. Aber das durch die revisionistische Linie kontrollierte Erziehungswesen hat das Gesichtsfeld der Kinder eingeengt. Also muß es umgestaltet werden.

Mit seiner antimarxistischen Erkenntnistheorie wollte Kairow die unmittelbare Beherrschung der Schulen durch eine Handvoll bürgerlicher, reaktionärer pädagogischer «Autoritäten» und bürgerlicher Intellektueller aufrechterhalten und versuchte er, die junge Generation zu bürgerlichen Elementen umzuerziehen, die Angst vor der Revolution haben, sich vor den Massen fürchten und gegen das sozialistische Neue sind, und somit die Restauration des Kapitalismus zu fördern. Darum hieß es in seinem Programm überheblich und ohne alle Berechtigung:

«Jedes Wort und jede Weisung des Lehrers ist dem Wesen nach ein Gesetz.» «Wissenschaftlich noch umstrittene bzw. noch nicht entschiedene Fragen sollen aus dem Unterricht ausgesondert werden.»

Von welchem «Gesetz» ist da die Rede?! Nach diesem «Gesetz» wären alle Schüler Sklaven der bürgerlichen Erziehung. Sie dürfen ihr Hirn nur zu einem verwenden: Merken! Merken! Merken! Auswendiglernen! Auswendiglernen! Auswendiglernen! Die revolutionären Schüler müssen sich mit den revolutionären Lehrern vereinen, um mit dem Prinzip von «der Würde des Lehrers», das den Gutsbesitzern und der Bourgeoisie entspricht, ein Ende zu machen. Methoden, die gegenüber dem Feind angebracht sind, sind es nicht gegenüber Schülern; zugleich muß die sogenannte «Erziehung zur Menschenliebe» gründlich verurteilt werden. Es ist unzulässig, Schüler mit der bürgerlichen Theorie von der menschlichen Natur zu vergiften.

Revolutionäre Erziehungsarbeit ist ruhmvoll. Auch die Arbeit revolutionärer Lehrer ist ehrenvoll. Die Theorie, daß «es ein Unglück ist, wenn man ein Lehrer wird», ist falsch. Angespornt von der proletarischen Erziehungsrevolution, bilden sich an vielen unserer Schulen völlig neue Beziehungen der Lehrer zu den Schülern. Es sind Beziehungen von revolutionären Genossen und Kampfgefährten, und nicht Beziehungen von Herrschern und Beherrschten. Die Lehrer sollen die Schüler schützen, ihnen helfen, anhand der Maotsetungideen ihr politisches Bewußtsein zu heben, Initiative, Tatendrang und Schöpferkraft der Schüler zur Geltung gelangen lassen und die Schüler in der Analyse und der Lösung von Problemen ausbilden. Die Schüler sollen ihre Lehrer verehren, sich entschieden der revolutionären Disziplin und Ordnung fügen und sich bemühen, auf lebendige Weise für die Revolution zu studieren, und einen lebenssprühenden proletarischen revolutionären Geist besitzen.

Wahrheit hat Klassencharakter. Im Bereich der Sozialwissenschaft gibt es seit eh und je keine allen Klassen gemeinsamen «feststehenden unbestreitbaren» Wahrheiten. «Das sozialistische System wird letzten Endes an die Stelle des kapitalistischen Systems treten.» Dies gilt für das Proletariat und die breiten Massen des revolutionären Volkes als «feststehende unbestreitbare» objektive Wahrheit. Kann auch die Bourgeoisie dies als eine «feststehende unbestreitbare» Wahrheit anerkennen? Der Marxismus, der Leninismus, die Maotsetungideen entwickeln sich im Kampf und können nur im Kampf gelernt werden. Gegen die revolutionäre «Debatte» in der Schule zu sein, bedeutet, gegen den proletarischen revolutionären Geist, gegen Kritik aufgrund des Marxismus, des Leninismus, der Maotsetungideen und die Eroberung der von der Bourgeoisie beherrschten Stellungen zu sein. Daraus ergab sich die wahre Absicht, die Kairow verfolgt: das bürgerliche giftige Unkraut soll sich ausbreiten, wie es ihm beliebt. Aber proletarische Wahrheiten darf es nicht geben. «Unsere grundlegende Aufgabe besteht unter anderem darin, der bürgerlichen ‹Wahrheit› unsere Wahrheit entgegenzustellen und ihre Anerkennung zu erzwingen» (Lenin). Alle revolutionären Schüler und Lehrer sollen dem Marxismus, dem Leninismus, den Maotsetungideen alle Stellungen erobern, für die Festigung der Diktatur des Proletariats in unserem Lande und für die Verwirklichung der großen Wahrheit des Proletariats kämpfen: «Das System der Ausbeutung des Menschen durch den Menschen auf dem Erdball zu beseitigen, damit die gesamte Menschheit ihre Befreiung erlangt.»

Der Kern: bürgerliche «Eigensucht»

Gibt es von Liu Shao-ch'i nicht eine berüchtigte «Theorie vom Verschmelzen des privaten Interesses mit den Gemeininteressen»? Dazu gibt es eine Parallele: Auch Kairow hat eine «Theorie von der Umwandlung der Gemeininteressen in das private Interesse» erfunden: «Die richtig verstandenen Gemeininteressen sind eben auch mein Interesse.»[24] Die Terminologie ist etwas anders, aber das Ziel ist dasselbe: «Umwandlung» der Gemeininteressen in das private Interesse, «Umwandlung» des Sozialismus in den Kapitalismus. Von der «Theorie von der Umwandlung der Gemeininteressen in das private Interesse» geht Kairow in Theorie und Praxis bei seiner gesamten «*Pädagogik*» aus. Als Lu Ting-yi und Konsorten mit der «*Pädagogik*» von Kairow hausieren gingen, verwendeten sie als Köder auch die schwarze Theorie.

Kairow erklärt nachdrücklich, daß es unter der großen Menge der von ihm formulierten Grundsätze «einen Hauptgrundsatz» gäbe, «der in allen Etappen des Unterrichts und bei allem, was mit ihm zusammenhängt, angewendet werden kann». Er lautet: «Die Schüler müssen selbstbewußt und aktiv sein.» Was bedeutet eigentlich «selbstbewußt und aktiv»? Wie spornt man die Schüler denn an, damit sie «selbstbewußt und aktiv» sind? Kairow antwortet: «Im Leben von Schülern sind die Noten ein anregender Faktor» und «Anreiz». Wie verstärkt man diesen «anregenden Faktor» und «Anreiz»? Sobald «den Schülern berühmte Persönlichkeiten der Wissenschaft, Literatur oder Kunst und hervorragende Gestalten der Geschichte zum Ideal wurden», «fanden» die Schüler «in diesen Gestalten eine geistige Stütze».

In diesen Worten wird die tückische Absicht durchschaubar. Damit die Schüler, wie er sagte, «selbstbewußt und aktiv sein müssen», lockt man sie im Grunde genommen in eine Falle. Sie sollen sich bemühen, den «Vorbildern» von Repräsentanten der Bourgeoisie und der Gutsbesitzerklasse zu entsprechen, und darum kämpfen!

Das Proletariat braucht selbstverständlich wissenschaftliche Kenntnisse. Lenin hat gesagt: «Die Werktätigen streben nach Wissen, denn sie brauchen es für ihren Sieg.» Das Proletariat versteht, daß der von Lenin erwähnte Sieg, zu dem es gehört, wirklich Herr des Wissens zu werden, vor allem auf der mächtigen Diktatur des Proletariats beruht. Daher ist es so, wie es Vorsitzender Mao gesagt hat: «Die Jugend muß der entschlossenen und richtigen politischen Orientierung den ersten Platz einräumen.» Das Studieren dient der Revolution, der Konsolidierung der Diktatur des Proletariats, der Weiterführung der Revolution unter der Diktatur des Proletariats. Kairow propagierte energisch, die Schüler sollten die Kenntnisse zu ihrem eigenen «Schatz», zu ihrem Kapital machen, um Ansehen und Vermögen zu erlangen. Sie sollten sich ihres Standes bewußt sein und ihre Kenntnisse nur zu einem angemessenen Preise verkaufen. Wer weiß, wie viele Jugendliche vergiftet worden sind mit diesem schwarzen Zeug: von dem, was die Feudalklasse nannte, «literarische und militärische Fertigkeiten erlernen, um diese den Kaisern und Königen zu verkaufen», bis zu dem, was die Bourgeoisie nannte, «Wer Mathematik, Physik, Chemie gelernt hat, kann überall Karriere machen.»

Können die Schüler, während sie Kenntnisse in ihr Privateigentum umwandeln, eine «erhabene» «Weltanschauung und Moral» erlangen, wie Kairow propagierte? Reiner Unsinn! Bereits 2300 Jahre vor Kairow trat Sokrates, ein griechischer Erzieher der Sklavenhalter, für die absurde These ein, daß «Kenntnisse Moral seien». Später propagierten die bürgerlichen Philosophen, daß «Wissen Macht ist». Aber es gibt auf der Welt weder eine «Weltanschauung und eine Moral» noch «Macht» über den Klassen. Die welcher Klasse eigene «Weltanschauung und Moral» sollten sich nach Kairow die Schüler aneignen? Für welche Klasse wollte er Reserve»kräfte» heranbilden? Betrachten wir einmal den von ihm entworfenen Vorgang der Bildung, nämlich sein Erziehungssystem der sogenannten «geraden Linie»: Sobald ein Schüler in die Schule eintritt, hat er seine Karriere vor Augen. Er besucht die Grundschule und trachtet, in die Mittelschule zu kommen. Nach Absolvierung der Mittelschule trachtet er, in die Hochschule zu kommen. Er besucht die Hochschule, um nach dem Studium Doktorand oder Doktor in einem Forschungsinstitut zu werden. Wenige Leute, denen der Lorbeer des Doktoranden oder Doktors geflochten worden ist, sind qualifiziert, das «Paradies» der bürgerlichen privilegierten Schichten zu betreten, während die meisten nur die Grundschule oder Mittelschule besuchen und Arbeiter oder Bauern werden, die die Bourgeoisie unterdrückt und ausbeutet. Betrachten wir die von Kairow festgelegten höchsten Kriterien, nämlich die sogenannte «innere Vervollkommnung», die «äußere Vervollkommnung» und die «allseitige Entwicklung». Mit anderen Worten, es wird von den Schülern erwartet, von der «inneren Vervollkommnung», die für die «gesellschaftliche Stellung» und «persönliche Zufriedenheit» notwendig ist, über die «äußere Vervollkommnung» der «Kleidung», der «Frisur» und des «entsprechenden Betragens» sich allseitig zu den sogenannten «Kräften» zu entwickeln, die eine bürgerliche «Moral» haben, zu Heuchlern, zu Politikern und zu den geistigen Aristokraten der Bourgeoisie. Tyrannisieren diese «allseitig entwickelten» Machthaber, die den kapitalistischen Weg gehen und sich sowohl der «inneren Vervollkommnung» als auch der «äußeren Vervollkommnung» unterzogen haben, im Land des Sozialimperialismus nicht die Werktätigen? Welche «gerade Linie» ist das? Es ist eine Linie der Klassendifferenzierung und der Restauration des Kapitalismus. Welche «allseitige Entwicklung» ist das? Es ist von A bis Z eine «allseitige Evolution» zum Kapitalismus. Die proletarische Revolution im Erziehungswesen ist darauf gerichtet, mit dieser konterrevolutionären Linie für das Erziehungswesen ein Ende zu machen und die «friedliche Evolution» der Bourgeoisie zu vereiteln. Wir sollen nach der Weisung des Vorsitzenden Mao den Weg der Werkzeugmaschinenfabrik Shanghai einschlagen und Werktätige mit sozialistischem Bewußtsein und Kenntnissen und neue kommunistische Menschen heranbilden, wie den großen kommunistischen Kämpfer Lei Feng und das Vorbild der revolutionären Jugend Ching Hsün-hua.

Hat Kairow nicht wiederholt behauptet, es wäre für das «Studium vieler Probleme der Pädagogik notwendig gewisse Arten von «Anreiz» auszuwählen und Lehrer und Schüler zu reizen? Er meint mit «Anreiz» für die Schüler, sie mit früher «berühmten» und «hervorragenden» Repräsentanten der Ausbeuterklassen zu «reizen», daß sie nach Ansehen, Vermögen und der hohen Stellung eines geistigen Aristokraten der Bourgeoisie streben. Über die Lehrer bedient er sich der Worte: «Die Lehrer sind die Verkörperung aller schönen Dinge und Vorbilder, denen man folgt», um sie zu «reizen», damit sie die Initiative ergreifen, Aristokraten der Bourgeoisie auszubilden, und sie in den Leichenkammern des bürgerlichen Erziehungssystems einzuschließen, so daß sie eine ideologische Umerziehung ablehnen. Liu Shao-ch'i, Lu Ting-yi und ihresgleichen nutzten diesen Kniff mit dem «Anreiz» voll und ganz aus und rekrutierten bürgerliche reaktionäre «Autoritäten» im Erziehungswesen und bürgerliche Intellektuelle, um eine Menge junger Lehrer und Schüler zu verderben und ihre konterrevolutionäre revisionistische Linie für das Erziehungswesen und ihre politische Linie organisatorisch abzusichern. Durch die gewaltigen Siege der Großen Proletarischen Kulturrevolution wurde den revolutionären Intellektuellen der völlige Bankrott dieses Winkelzugs eines Kairow kund.

In der gegenwärtigen proletarischen Revolution des Erziehungswesens müssen die revolutionären Lehrer und Schüler diesen reaktionären «Kniff mit dem Anreiz», dessen sich die Ausbeuterklassen bedienen, ablehnen und «die Eigensucht bekämpfen und den Revisionismus verurteilen». Sie sollen sich entsprechend der Anschauung der Arbeiterklasse umerziehen, zu Kämpfern werden, die «weder Strapazen noch Tod fürchten», die Revolution unter der Diktatur des Proletariats fortsetzen und ihr ganzes Leben lang zur Konsolidierung der Diktatur des Proletariats und Verhütung einer Restauration des Kapitalismus kämpfen.

Beachtenswerte historische Erfahrungen

Kairow spielt einen Trumpf aus: Er wäre ein Gegner der bürgerlichen Schule der «modernen Pädagogik». Selbstverständlich stellte sich Kairow, der sich als Nachfolger der bürgerlichen Schule der «traditionellen Pädagogik» aufspielt, scheinbar «gegen Dewey», den Vertreter der bürgerlichen Schule der «modernen Pädagogik» und einen Gelehrten, der die Interessen des US-Imperialismus vertritt. Wenn jedoch die Schule der «traditionellen Pädagogik» die «Vermittlung von Kenntnissen» nachdrücklich betont, und die Schule der «modernen Pädagogik» die «Ausbildung in Fertigkeiten» nachdrücklich betont, so handelt es sich dabei lediglich um Differenzen innerhalb der Bourgeoisie. Letzten Endes dienen beide dazu, der Bourgeoisie Nachfolger auszubilden, den Kapitalismus zu erhalten oder zu restaurieren. Infolge der Verbreitung des Marxismus, des Leninismus, der Maotsetungideen überall auf der Welt verbünden sich die bürgerlichen reaktionären Schulen der Pädagogik in der Tat miteinander, um gemeinsam das Proletariat zu bekämpfen. Aus einer gründlichen Untersuchung geht hervor, daß es zwischen der sogenannten Theorie Kairows über «den Samen der Erkenntnis beim Kind» und seiner Theorie, Erziehung bedeute «Organisation des Lebens von Kindern»,[25] einerseits und der pragmatischen Erziehung Deweys wie der «Doktrin, daß das Kind im Mittelpunkt stünde», und seinem Satz, «Erziehung wäre Leben», andererseits überhaupt keinen Unterschied gibt. Lu Ting-yi offenbarte mit einem Wort das «Geheimnis»: Der «Vorzug» der *«Pädagogik»* Kairows bestünde darin, «Dewey ersetzt» zu haben. Ebendeshalb verwandelte sich eine Handvoll von Dewey-Anhängern damals in China, gedeckt durch die konterrevolutionäre revisionistische Linie Liu Shao-ch'is für das Erziehungswesen, plötzlich in sogenannte «Experten» für die *«Pädagogik»* von Kairow. Manche von ihnen standen auf führenden Positionen in den Abteilungen für die Erziehung, während andere über alle Teile des Landes verstreut waren und sich mit der schmutzigen Arbeit beschäftigten, die Menschen irrezuführen. Eine Erscheinung im Klassenkampf, über die man reiflich nachdenken sollte! Besonders bemerkenswert ist, daß Kennedy, das Haupt des US-Imperialismus, zu Beginn der 60er Jahre einspringen mußte: «Man müsse nach der obersten Stufe der Kenntnisse streben.» Er bat offiziell bei der «traditionellen Pädagogik» um Hilfe, denn mittels der pragmatischen Erziehung Deweys kann man längst fortschrittliche Jugendliche der USA nicht mehr betrügen. Zu gleicher Zeit näherten sich Kairow und seinesgleichen unter dem Deckmantel «der Intensivierung der Verbindung von Schule und Leben» der pragmatischen Erziehung von Dewey noch mehr an. Es ist kein Wunder, wenn auch bürgerliche Zeitungen im Westen der Ansicht sind, daß sich beide Schulen «miteinander vermischt» haben und «denselben Weg gehen». Der Revisionismus geht am Ende unvermeidlich sowohl politisch als auch ideologisch und kulturell eine reaktionäre Allianz mit dem Imperialismus ein.

Kairows «System» ist absurd. Aber dieses «System» macht uns ein ernstes Problem verständlich: Nämlich das Problem, wie die Bourgeoisie, nachdem das Proletariat die politische Macht erobert hat, die Macht, die das Proletariat im Erziehungswesen und auf anderem kulturellem Gebiet in der Hand hat, wiedererobert. Ihr Ziel ist es, das Proletariat von neuem zu unterdrücken und zu beherrschen. Die geschichtliche Erfahrung im Kampf der Bourgeoisie um die Restauration, und des Proletariats gegen die Restauration verdient ernsthaft Beachtung.

In den vergangenen drei Jahren der Großen Proletarischen Kulturrevolution haben wir, vom proletarischen Hauptquartier mit Vorsitzendem Mao an der Spitze und Stellvertretendem Vorsitzendem Lin als seinem Stellvertreter geführt und mit den Maotsetungideen als Waffe, den Renegaten, versteckten Kollaborateur und Arbeiterverräter Liu Shao-ch'i und seine Lakaien im Erziehungswesen geschlagen. In der Phase von Kampf-Kritik-Umgestaltung der Großen Proletarischen Kulturrevolution hat uns Vorsitzender Mao rechtzeitig die folgende programmatische Weisung gegeben: «Die Dauer der Studienzeit muß verkürzt und das Bildungswesen revolutioniert werden, die proletarische Politik muß das Kommando übernehmen, und man muß den Weg der Werkzeugmaschinenfabrik Shanghai gehen, Techniker aus der Arbeiterschaft heranzubilden. Die Studenten müssen aus den Reihen der Arbeiter und Bauern mit praktischer Erfahrung ausgewählt werden, und nach einigen Jahren Hochschulstudium sollen sie wieder in die Praxis der Produktion zurückkehren.» Diese glänzende Weisung des Vorsitzenden Mao war der Ansporn. Überall im ganzen Land nahm die proletarische Revolution des Erziehungswesens einen Aufschwung. Allmählich ist ein Erziehungssystem ins Leben gerufen worden, das der proletarischen Politik dient und mit den drei großen revolutionären wirklichen Kämpfen eng verbunden ist. Ferner ist ein Kontingent Lehrer in Erscheinung getreten, das um die Verwirklichung der proletarischen Revolution des Erziehungswesens entschlossen kämpft. Aber der Klassenkampf an der Erziehungsfront geht weiter. Der Kampf, in dem das Proletariat mit der Bourgeoisie um die Jugend ringt, geht weiter. Wir müssen uns im klaren sein, daß infolge der revolutionären Kritik durch die Volksmassen an der Erziehungsfront viel Arbeit zu leisten ist. Nur wenn man die bürgerliche

Weltanschauung unnachsichtig kritisiert, ist es möglich, das alte Erziehungssystem, die alten Unterrichtsprinzipien und -methoden von Grund auf umzugestalten und ein neues Erziehungssystem des Proletariats, das fest auf den Maotsetungideen basiert, aufzubauen. Heben wir das große rote Banner der Maotsetungideen noch höher! Einem neuen Aufschwung in der proletarischen Revolution des Erziehungswesens entgegen!

4. Dokumente 1971–1973

Schon in den ersten Jahren der Kulturrevolution konnten die beiden Pekinger Universitäten, die (technische) *Ts'ing-hua* und die (geisteswissenschaftliche) *Pei-ta*[26], als Spiegel gelten, der Chinas politisch-pädagogische Situation gewissermaßen vorweg reflektiert; das ist auch in den siebziger Jahren so geblieben. Alte Themen, daß Arbeiter an den Hochschulen lehren sollen, daß die Kader, egal in welcher Position, stets aufs neue zur Massenlinie zu erziehen seien, werden fortgeführt. Das neue Thema, ob Konfuzius zum Erzieher des chinesischen Volkes tauge (und je getaugt habe), kommt hinzu; es wird ab 1973 die Massen bewegen. Der Kampf zwischen den zwei Linien in der Pädagogik dauert an.

1. Lehrende Arbeiter an der Ts'ing-hua-Universität

1970 ist ausländischen Besuchern der *Ts'ing-hua* auch einiges über den Lehrkörper mitgeteilt worden. Zu Maria A. Macciocchi sagte Professor Ch'ien Wei-t'ang, eine internationale Kapazität für Mechanik: «Der Arbeiter Liu, der für mich zum Genossen Lehrer wurde, half mir in der Fabrik beträchtlich weiter . . . Mein Lehrer Liu ließ mich in der Fabrik begreifen, daß in Wirklichkeit die Arbeiter die Professoren lehren.»[27] Liu Min-yi, der Arbeiter, leitete die Propagandagruppe für das Maotsetungdenken; er hat Seite an Seite mit Professor Ch'ien gearbeitet. Ich selber erfuhr von Liu, daß vor der Kulturrevolution allein von 39 Parteimitgliedern des Lehrkörpers 15 der Bourgeoisie entstammten, aber kein einziges der Arbeiterklasse; dieses Verhältnis sei jedoch geändert worden[28]. Damals hörten wir nicht, was im Januar 1971 von chinesischen Publizisten mitgeteilt wurde: Welche konkreten Erfahrungen die *Ts'ing-hua* mit lehrenden Arbeitern gemacht hat.[29]

Von der proletarischen revolutionären Linie des Vorsitzenden Mao geleitet, hat die Ts'ing-hua-Universität eine Anzahl Arbeiter von der vordersten Front in den drei großen revolutionären Kämpfen – Klassenkampf, Produktionskampf und wissenschaftliches Experimentieren – als Berufs- oder nebenberufliche Lehrer ausgewählt. Diese lehrenden Arbeiter, die auf das Podium einer sozialistischen Universität getreten sind, besitzen hohes politisches Bewußtsein und reiche praktische Produktionserfahrungen. Sie räumen der proletarischen Politik den Vorrang ein, sind kühne Bahnbrecher für das Neue und können die Bourgeoisie treffsicher kritisieren; sie bringen ihre fortgeschrittenen Produktionserfahrungen in die Universität mit und bilden die schwungvollste revolutionäre Kraft bei der Umgestaltung des Bildungswesens. Durch ihre Unterrichtstätigkeit stärken sie weiter die Leitung der Universität von seiten der Arbeiterklasse, geben die wirksame Gewähr für die richtige politische Orientierung des Unterrichts und bringen diesen auf ein höheres Niveau.

Ausbildung von Fortsetzern der revolutionären Sache des Proletariats

Das Parteimitglied Hu Yüeh-lin, seit 36 Jahren Bauarbeiter, mußte in der alten Gesellschaft von seinem zwölften Jahr an für Kapitalisten schuften. Viele Schulen half er bauen, er selber jedoch hatte kein Recht auf Bildung. Er ist nun hochbeglückt zu sehen, daß die Arbeiterklasse unter Anleitung durch die proletarische revolutionäre Linie des Vorsitzenden Mao die Stellungen im Bildungswesen erobert hat, und daß Studenten aus Arbeiter-, Bauern- und Soldatenkreisen in großer Zahl in Hochschulen und Universitäten einziehen können.

Als sein erstes Unterrichtsthema wählte Hu Yüeh-lin «Wem soll das Bauen dienen?» anstatt einer «Einleitung» aus den alten Lehrbüchern, die Theorie über alles stellte und die reaktionären bürgerlichen akademischen «Autoritäten» in den Himmel hob. Mit bitterem Haß gegen die alte Gesellschaft erzählte Hu Yüeh-lin seinen Hörern aus der von Blut und Tränen erfüllten Geschichte seiner Familie, machtvoll verurteilte er die konterrevolutionäre revisionistische Linie des Renegaten, versteckten Kollaborateurs und Arbeiterverräters Liu Shao-ch'i im Bildungswesen. «Schulen», sagte er, «sind von jeher nicht nur Stätten der Vermittlung von Buchwissen gewesen, sondern Kriegsschauplätze des Klassenkampfes, auf denen das Proletariat mit der Bourgeoisie um die jüngere Generation rang. Vor der Großen Proletarischen Kulturrevolution beherrschten bürgerliche Intellektuelle unsere Schulen und Hochschulen, sie versuchten, die Schüler und Studenten mit bürgerlichen Ideen zu vergiften. Nun sind wir Arbeiter aufs Podium der Universität getreten, da ist es unsere allerwichtigste Aufgabe, Fortsetzer der revolutionären Sache des Proletariats auszubilden.»

Viele lehrende Arbeiter an dieser Universität verhalten sich wie Hu Yüeh-lin. Der erste Unterricht, den sie den Studenten geben, ist Klassenerziehung und Erziehung hinsichtlich des Kampfes zweier Linien. Alles betrachten und analysieren sie beharrlich anhand der Maotsetungideen, sie wagen, Kritik zu üben, und bilden eine starke Kraft, die die korrekte politische Orientierung bei der Umgestaltung des Bildungswesens gewährleistet.

Als die Fakultät für Maschinenbau ihr Lehrprogramm aufstellte, behaupteten einige Lehrkräfte, die stark unter dem Einfluß der revisionistischen Linie im Bildungswesen gestanden hatten, die Hauptaufgabe der Studenten wäre, systematisch die Theorie zu studieren, und technische Neuerungen in den Fabriken sollten von den eigenen Technikern erarbeitet werden. Nach dem von ihnen ausgearbeiteten Lehrprogramm sollten die Studenten vor allem Theorie studieren, dann das Konstruktionszeichnen und erst am Ende in Fabriken zum Praktikum gehen.

Die an dieser Fakultät lehrenden Arbeiter erkannten, daß sich in einer solchen Behauptung der Kampf zweier Linien widerspiegelte, bei dem es um die grundlegende Frage ging, welche Art von Menschen die Universität auszubilden hat und wie die Studenten ausgebildet werden sollen. Sie leiteten darauf die anderen Lehrer und die Arbeiterstudenten zum Studium der glanzvollen Weisung des Vorsitzenden Mao an: «Unser Kurs auf dem Gebiet des Bildungswesens muß gewährleisten, daß jeder, der eine Ausbildung erhält, sich moralisch, geistig und körperlich entwickelt und ein gebildeter Werktätiger mit sozialistischem Bewußtsein wird.» Eine Debatte wurde darüber angeregt und von den revolutionären Massen Kritik geübt an den Verbrechen, die eine Handvoll den kapitalistischen Weg gehender Machthaber an der alten Ts'ing-hua-Universität mit ihrer Verfolgung der konterrevolutionären revisionistischen Linie Liu-Shao-ch'is im Bildungswesen begangen hatten. Die Arbeiterstudenten wiesen scharfsinnig darauf hin, daß die von der alten Ts'ing-hua-Universität ausgebildeten Studenten von der proletarischen Politik, von den Arbeitern und Bauern und von der Praxis völlig losgelöst waren, da sie in den ersten vier Studienjahren sich hinter verschlossenen Türen mit mysteriösen «Theorien» beschäftigten und nur zuweilen in den letzten zwei Studienjahren in Fabriken zur Teilnahme an der Produktionsarbeit gegangen waren. Die Arbeiterstudenten erklärten: «Wir Arbeiter müssen Theorie studieren, aber wenn wir unser Studium hinter verschlossenen Türen betreiben, werden wir in nicht langer Zeit zu Bücherwürmern werden, die von der proletarischen Politik, von den Arbeitern und Bauern und von der Praxis losgelöst sind, obgleich wir von der Front der drei großen revolutionären Bewegungen [Klassenkampf, Produktionskampf und wissenschaftliches Experimentieren] gekommen sind.»

Nach dieser Debatte und Massenkritik entwarf eine «Dreierverbindungsgruppe» mit lehrenden Arbeitern als Hauptkraft, an der Arbeiterstudenten und andere Lehrer teilnahmen, ein völlig neues Lehrprogramm, in dem vorgesehen wurde, daß die Theorie mit der Praxis verbunden wird, daß sich der Unterricht von Anfang an auf die Gesellschaft orientiert, daß neue Technik und neue technologische Verfahren mit ins Lehrmaterial aufgenommen werden. Ferner wurde festgelegt, daß das Studium der Grundfächer ebenso wie das Konstruktionszeichnen mit der Produktion verbunden sein müssen. Die Praxis beweist, daß durch dieses neue Lehrprogramm die Arbeiterstudenten instand gesetzt werden, nach ihrem Eintritt in die Universität nicht nur die guten Eigenschaften von Werktätigen beizubehalten, sondern auch die Grundtheorien rasch beherrschen zu lernen und ihre Fähigkeit zu steigern, praktische Fragen zu lösen. Vor der Großen Proletarischen Kulturrevolution konnten die Studenten nach 400 Vorlesungsstunden nur einfache Maschinenzeichnungen anfertigen. Jetzt, da das Studium mit der Produktion verbunden ist, können alle Arbeiterstudenten an dieser Fakultät nach 40 Vorlesungsstunden komplizierte Maschinenzeichnungen anfertigen.

Neuerziehung der Intellektuellen

Vorsitzender Mao lehrt uns: «Das Hauptproblem der Umgestaltung des Bildungswesens ist das Problem der Lehrerschaft.» Während der Umgestaltung des Bildungswesens helfen die lehrenden Arbeiter in Wort und Tat den Mitgliedern des ursprünglichen Lehrkörpers, ihre Weltanschauung umzuwandeln.

Im Juli vorigen Jahres führte der lehrende Arbeiter Wang Yung-po eine aus Arbeiterstudenten und Lehrern bestehende Gruppe zur Umformung des Unterrichts an die Baustelle einer Schlossermontagewerkstatt in einer Pekinger Fabrik, um dort in der Praxis Erfahrungen für die Umformung des Unterrichts zu sammeln. Aufgrund ihrer reichen Erfahrungen und nach anfänglichen Vermessungen fanden die Arbeiterstudenten an der Baustelle heraus, daß an der Theorie im alten Lehrmaterial über die Berechnung der Verschiebung der Säulen bei industriellen Zweckbauten unter dynamischer Belastung etwas nicht stimmte. Nach dieser Theorie wäre die Verschiebung ziemlich hoch ausgefallen. Daher erforderte der alte Entwurf Säulen von großem Durchmesser, die sehr teuer waren. Manche Lehrer meinten, daß die Arbeiterstudenten recht hatten und an der alten Theorie manches unwissenschaftlich war. Einige wenige Lehrer hielten jedoch die alte Theorie für unbestreitbar, da sie ja schon Jahrzehnte hindurch gegolten hatte.

Sobald er diese beiden entgegengesetzten Ansichten wahrgenommen hatte, leitete Wang Yung-po alle zum Studium der genialen Schrift des Vorsitzenden Mao *«Über die Praxis»* an. Er meinte: Gemäß der Lehre des Vorsitzenden Mao ist die Praxis die Grundlage der Theorie. Die Arbeiterstudenten hegen aufgrund ihrer Erfahrungen Zweifel an der alten Theorie. Ob die alte Theorie stimmt oder nicht, muß in der Praxis überprüft werden, bevor eine Schlußfolgerung gezogen werden kann.

Auf Wang Yung-pos Initiative wurde aus den Lehrern und Arbeiterstudenten eine Vermessungsgruppe gebildet, die ihre Tätigkeit an Ort und Stelle aufnahm. Sie vermaß viele Fabrikgebäude und nahm unter den Arbeitern Untersuchungen und Forschung vor. Anfangs waren manche Lehrer begeistert bei der Sache, aber als sie auf Schwierigkeiten stießen, stiegen Zweifel in ihnen auf. Wang Yung-po leitete dann alle zum Studium der glänzenden Schriften des Vorsitzenden Mao «*Die drei ständig zu lesenden Artikel*» an. Er sagte: «Wir nehmen Vermessungen an Ort und Stelle vor, nicht um einige Daten zu bekommen, sondern, was viel wichtiger ist, um mit dem blinden Glauben an bürgerliche Theorien aufzuräumen. Wie groß die Schwierigkeiten auch sein mögen, müssen wir unsere Arbeit fortsetzen!»

Während Wang Yung-po so die Schwächen der Intellektuellen kritisierte und sie belehrte, rühmte er andererseits jeden von ihnen gemachten, noch so kleinen Fortschritt und ermutigte sie, sich weiter zu bemühen. Nach einem Monat harter Arbeit deckte die Vermessungsgruppe schließlich den pseudowissenschaftlichen Charakter der alten Theorie auf. Die sich aus den praktischen Vermessungen ergebenden Daten bewiesen, daß der Durchmesser der Säulen um 40 bis 90 Prozent geringer sein konnte, als in der alten Theorie vorgesehen war. Vieles Beweismaterial aus den Untersuchungen zeigte, daß viele Hypothesen in der alten Theorie subjektive Annahmen und die Probleme metaphysisch analysiert worden waren. Die Gruppe fügte die aus ihrer praktischen Arbeit zusammengefaßte Theorie dem Lehrstoff hinzu. So kritisierte sie anhand von Tatsachen scharf die Kompradorenphilosophie[30] der Auslandssklaven des Renegaten Liu Shao-ch'i. Mit tiefem Gefühl sagten viele Lehrer, die jahrelang an der Ts'ing-hua-Universität tätig gewesen sind: «Politisch geben uns die lehrenden Arbeiter eine Neuerziehung und fachlich sorgen sie dafür, daß wir uns an die richtige Orientierung halten. Ohne die Führung durch die Arbeiterklasse hätten wir diesen Erfolg nicht erzielen können.»

Eine beispielhafte Vorlesung

Nachdem Ch'en Chao-ch'en, ein Mitglied der Kommunistischen Partei und Schmied, in die Universität gekommen war, fand er, daß sich manche Lehrer beim Unterricht nicht von der proletarischen Politik leiten ließen. Sie behandelten nur theoretische Formen und kümmerten sich nicht darum, von welcher Linie die Wissenschaft geleitet werden und welcher Klasse sie dienen sollte. Überdies war vieles im Lehrstoff überholtes, aus ausländischen Lehrbüchern abgeschriebenes Zeug. Unter diesen Umständen suchte Ch'en Chao-ch'en einerseits freimütige Aussprachen mit diesen Lehrern und organisierte die revolutionäre Massenkritik, um ihnen zu helfen, sich von der revisionistischen Linie im Bildungswesen frei zu machen. Andererseits bemühte er sich, ihnen durch seine eigene Unterrichtspraxis zu helfen, so daß sie Vorlesungen geben konnten, bei denen die Maotsetungideen das Kommando führten, und die Theorie mit der Praxis verbanden, das heißt Vorlesungen nach den Wünschen der Arbeiterstudenten.

Ch'en Chao-ch'en gab den Arbeiterstudenten eine Vorlesung über das Schmieden legierter Stähle. Dabei rühmte er begeistert die glänzenden Ideen des Vorsitzenden Mao über «Unabhängigkeit und Selbständigkeit, Vertrauen auf die eigene Kraft» und kritisierte empört die vom Renegaten Liu Shao-ch'i vertretene Philosophie der Auslandssklaven und dessen Hinterdreinkriechertum. Er sagte: «Vor der Großen Proletarischen Kulturrevolution zwangen uns Liu Shao-ch'i und seine Agenten, ausländische Arten legierter Stähle zu kopieren, ohne Rücksicht auf Chinas mineralische Ressourcen. Dies ausnutzend, versuchten einige imperialistische und revisionistische Länder, eine Blockade über uns zu verhängen. Wir chinesischen Arbeiter setzten uns entschlossen dagegen zur Wehr. In den letzten Jahren haben wir nicht nur verschiedene Arten legierter Stähle von spezifisch chinesischer Prägung produziert, manche von diesen übertreffen sogar das technische Niveau solcher im Ausland hergestellter Stahlarten bei weitem. Ein Beispiel dafür ist eine gewisse Stahlart, die China früher zu importieren pflegte. Beim Schmieden konnten höchstens 65 Prozent dieses Stahls verarbeitet werden. Jetzt aber können 90 Prozent dieses von China selbst produzierten Stahls geschmiedet werden.» In Verbindung mit der von China entwickelten neuen Technik, neuen technologischen Verfahren und legierten Stahlarten erläuterte Ch'en Chao-ch'en die Klassifizierung von Legierungsstählen und die Theorie und Technik des Schmiedens legierter Stähle. Voll revolutionärem Stolz sagte er zum Schluß: «Geleitet durch die proletarische revolutionäre Linie des Vorsitzenden Mao wagen wir chinesischen Arbeiter, neue Wege zu bahnen. In Wissenschaft und Technik werden wir gewiß die Imperialisten, Revisionisten und Reaktionäre bei weitem überholen!»

Die Arbeiterstudenten bezeichneten den Unterricht von Ch'en Chao-ch'en als vorbildlich. Sie bemerkten: «Meister Ch'en gab uns politischen wie auch fachlichen Unterricht. Er brachte die erhabenen Bestrebungen der chinesischen Arbeiterklasse zum Ausdruck, unserem großen Führer Vorsitzenden Mao und unserem großen sozialistischen Vaterland Ehre zu machen.» Bewegt sagte ein Lehrer, der jahrelang in der Ts'ing-hua-Universität unterrichtet hat: «Die Vorlesung von Meister Ch'en hat die Wahrheit bewiesen, daß wir Intellektuellen uns politisch von der Arbeiterklasse aufs neue erziehen lassen und fachlich von ihr lernen müssen.»

Die von Ch'en Chao-ch'en geleitete Experimentalklasse für die Umformung des Unterrichts wurde beauftragt, neuen Lehrstoff zusammenzustellen. In Übereinstimmung mit der Lehre des Vorsitzenden Mao «Die politische Arbeit ist der Lebensnerv jeder wirtschaftlichen Tätigkeit» leitete er die ganze Klasse vor allem an, das alte Lehrmaterial zu analysieren und zu kritisieren. Während der Arbeit wurde ständig Klassenerziehung und Erziehung hinsichtlich des Kampfes zweier Linien erteilt, wodurch die Frage gelöst wurde: «Für wen soll das Lehrmaterial zusammengestellt werden?» Ch'en Chao-ch'en begab sich mit seiner Klasse in Dutzende Fabriken und Betriebe und nahm dort Untersuchungen und Forschung unter den Arbeitern, revolutionären Technikern und Kadern vor, um sich klarzuwerden, welche Probleme in der industriellen Produktion am dringlichsten zu lösen waren und was die Arbeiter zu lernen wünschten. Gleichzeitig wurden Erfindungen der Arbeiter und Chinas neue Arten der Technik und der technologischen Verfahren in ausgedehntem Maße gesammelt. Die Klasse analysierte diese Erfahrungen, faßte sie zusammen und erhob sie dann zum Niveau der Theorie. Nachdem das Lehrmaterial zusammengefaßt worden war, hielt sie den Genossen in den Fabriken Vorlesungen darüber und revidierte es mehrmals, entsprechend den Meinungen und Vorschlägen der Arbeiter. Auf diese Weise wurden in nur drei Monaten fünf neue Lehrbücher zusammengestellt, zwei davon – *«Technologie des Schmiedens»* und *«Technologie des Stanzens»* – unter der persönlichen Leitung von Ch'en Chao-ch'en. Dieser Lehrstoff spiegelt das gegenwärtige neue Niveau der metallurgischen Industrie wider und wird den Bedürfnissen der Industrieentwicklung Chinas gerecht. Da diese Lehrbücher einfach, kurz und bündig gehalten und leicht zu verstehen sind, werden sie von den Arbeiterstudenten freudig begrüßt.

Im vergangenen Jahr und darüber sind die lehrenden Arbeiter an der Ts'ing-hua-Universität im Kampf herangereift und haben in der Praxis ihr Niveau erhöht. Manche Intellektuelle, die ihre bürgerliche Weltanschauung noch nicht umgewandelt hatten, behaupteten, daß lehrende Arbeiter wohl praktischen Unterricht, aber keinen theoretischen geben konnten. Die lehrenden Arbeiter antworteten ihnen aber mit unbestreitbaren Tatsachen. Zahlreiches Lehrmaterial für verschiedene Spezialfächer wurde unter der persönlichen Leitung von lehrenden Arbeitern zusammengestellt. «Die Vorlesungen von lehrenden Arbeitern», meinen die Studenten, «sind leicht zu verstehen, und wir können das Gelernte auch anwenden.»

2. Weg der Ausbildung von technischem Personal aus der Arbeiterschaft

Wie die Universitäten die Kluft zwischen Arbeitern und Lehrern, so suchen die Fabriken die Kluft zwischen Arbeitern und Technikern zu überwinden. Vom 21. Juli 1968 datiert Mao Tse-tungs Weisung, «man muß den Weg der Werkzeugmaschinenfabrik Shanghai gehen»[31], einen Tag später veröffentlichte die Pekinger «*Volkszeitung*» einen Untersuchungsbericht, worin dieser Weg seit der Kulturrevolution im einzelnen verfolgt wurde.[32] Mitte August 1971 stellte Jen Wen (ein Mitarbeiter der «*Peking Rundschau*») dar, wie die für die Herstellung von Präzisionsschleifmaschinen bekannte, durch Maos Weisung inzwischen berühmte Fabrik selber dieser Weisung drei weitere Jahre nachgekommen ist. In einer redaktionellen Vorbemerkung zu Jen Wens Artikel heißt es: «Dem Bericht (von 1968) zufolge hatte die Fabrik 250 Techniker, die aus den Reihen der Arbeiter hervorgegangen waren und etwa 15 Prozent des technischen Personals . . . ausmachten. Im Vergleich mit den Technikern, die eine Hochschule bzw. ein Institut absolviert hatten, hatten sie ein relativ hohes politisches Bewußtsein und zeigten größere Geschicklichkeit bei technischer Arbeit.»[33]

Am 21. Juli 1968 gab Vorsitzender Mao die Weisung aus: «Es ist noch immer notwendig, Hochschulen zu betreiben; hier spreche ich hauptsächlich von naturwissenschaftlichen und technischen Hochschulen. Aber die Dauer der Studienzeit muß verkürzt und das Bildungswesen revolutioniert werden, die proletarische Politik muß das Kommando übernehmen, und man muß den Weg der Werkzeugmaschinenfabrik Shanghai gehen, Techniker aus der Arbeiterschaft heranzubilden. Die Studenten müssen aus den Reihen der Arbeiter und Bauern mit praktischer Erfahrung ausgewählt werden, und nach einigen Jahren Hochschulstudium sollen sie wieder in die Praxis der Produktion zurückkehren.»

Diese Weisung ist ein gewaltiger Ansporn für die Massen der Werkzeugmaschinenfabrik Shanghai. In den letzten drei Jahren bildete diese Fabrik in der vom Vorsitzenden Mao gewiesenen Richtung Techniker aus der Arbeiterschaft aus, und dieser Weg wird breiter denn je zuvor. Es wurden verschiedenartige Formen der Ausbildung und Heranbildung der eigenen Techniker-Reihen der Arbeiterklasse angenommen. Die Arbeiter sagten: Vorsitzender Mao weist die Richtung zur Heranbildung von prolaterischen Intellektuellen, die sowohl Marxismus, Leninismus, Maotsetungideen verstehen wie auch moderne Wissenschaft und Technik beherrschen. Diese Weisung in die Tat umzusetzen, ist eine grundlegende Maßnahme zur Zerschlagung des Monopols auf Wissenschaft und

Technik seitens der Bourgeoisie und zur Verwirklichung der allseitigen Diktatur des Proletariats über die Bourgeoisie im Bereich des Überbaus.

Die Arbeiterhochschule «21. Juli» der Fabrik wurde im September 1968, zwei Monate nach der Veröffentlichung der Weisung von Vorsitzendem Mao, errichtet. Die erste Gruppe der Aufgenommenen bestand aus 45 Arbeitern und sieben Arbeiterinnen. Ausgewählt aus den Arbeitern verschiedener Werkstätten, hatten sie ein relativ hohes politisches Bewußtsein und mehr praktische Erfahrungen in der Produktion. Die meisten hatten ein gleichwertiges Bildungsniveau wie Absolventen der Mittelschule.

Die proletarische Politik muß das Kommando übernehmen

Unentwegt die Weisung des Vorsitzenden Mao «Die proletarische Politik muß das Kommando übernehmen» durchführend, kritisiert die Arbeiterhochschule ständig die revisionistische Linie im Bildungswesen und ist in vollem Schwung.

Die Hochschule stellt stets das lebendige Studieren und Anwenden der Werke des Vorsitzenden Mao über alle andere Arbeit. An dem Tag, da sie eröffnet wurde, erinnerten sich die Arbeiter, die in der alten Gesellschaft des Rechts auf Studium beraubt worden waren, an ihre Bitternis in der alten Gesellschaft und stellten diese dem glücklichen Leben in der neuen Gesellschaft gegenüber. Sie hielten Massendiskussionen ab über solche Fragen wie «Für wen studieren und wem dienen?» und «Was und wie studieren?», wodurch ihre Idee, für die Revolution zu studieren, weiter gefördert wurde. Alle waren der Auffassung, daß sie in die Hochschule eingetreten seien, um die Festung des Bildungswesens für die Arbeiterklasse zu erobern und die Herrschaft über Wissenschaft und Technik auszuüben. Sie müßten deshalb an einer entschlossenen und richtigen politischen Orientierung festhalten.

«Ohne Niederreißen kann es keinen Aufbau geben.»

In der Arbeiterhochschule werden die Bourgeoisie und Liu Shao-ch'is konterrevolutionäre revisionistische Linie im Bildungswesen ständig kritisiert. Bald nach Errichtung der Hochschule gab es zum Beispiel zwei diametral entgegengesetzte Meinungen über die Einführung eines Spezialfachs. Die einen legten Gewicht auf die Herstellung von Schleifmaschinen, während die anderen das Entwerfen solcher Maschinen betonten. Die letzteren vertraten die Ansicht, daß die von der Fabrik betriebene Hochschule nicht nur für die Ausbildung weniger Arbeiter-Techniker da sei, sondern es der Arbeiterklasse ermöglichen solle, die Stellungen der Wissenschaft und Technik mit den Maotsetungideen als Waffe umzugestalten und zu besetzen. Von dieser Hochschule ausgebildete Studenten sollten nicht nur den technischen Prozeß der Herstellung von Schleifmaschinen beherrschen, sondern in der Lage sein, sie zu entwerfen, denn Entwerfen nehme die Schlüsselstellung im technischen Bereich der Fabrik ein, eine Stellung, die viele Jahre hindurch von den bürgerlichen technischen «Autoritäten» am festesten beherrscht worden sei. Unter den mehr als 200 Arbeiter-Technikern der Fabrik konnten nur wenige mit dem Gesamtentwurf von Schleifmaschinen zu Rande kommen. Es war deshalb notwendig, mehr Arbeiter-Entwerfer auszubilden, um diese wichtige Stellung einzunehmen.

Zusammen mit den Arbeitern und Arbeiter-Technikern der Fabrik kritisierten die Lehrer und Studenten in der Hochschule die revisionistische Linie der «Leitung von Fabriken durch Spezialisten». Eine große Menge von Tatsachen anführend, enthüllten sie die verbrecherischen Aktionen der bürgerlichen «Autoritäten», die Arbeiter zu verdrängen und anzugreifen. Zum Beispiel waren 50 Arbeiter-Techniker im Jahre 1960 in das Forschungsinstitut für Schleifmaschinen der Fabrik eingetreten. Aber viele wurden innerhalb weniger Jahre von den bürgerlichen «Autoritäten» zum Weggehen gedrängt, so daß nur 17 zurückblieben. Noch weniger waren es Arbeiter-Techniker, die wirklich Produkte entwarfen.

Die revolutionäre Massenkritik half allen, eine einheitliche Auffassung zu erreichen. Sie stimmten überein, daß die Arbeiterhochschule das Entwerfen von Schleifmaschinen zu ihrem Hauptfach machen und das Spezialfach des Entwerfens und Herstellens von Schleifmaschinen einführen solle. Die erste Gruppe von Studenten studierte zwei Jahre und zehn Monate.

Es gab auch Meinungsverschiedenheiten darüber, welche Kurse erteilt werden sollten. Manche waren der Meinung, sieben Fachkurse würden angesichts der Bedürfnisse der Produktion der Fabrik und der Entwicklung der Technik ausreichend sein. Die anderen meinten hingegen, daß «nur sieben Fachkurse für eine Hochschule nicht genügen». Um diese Frage zentriert kritisierten sie die bürgerliche Anschauung über das Bildungswesen und gelangen schließlich zu einer einheitlichen Auffassung. Ob eine Hochschule ihren Anforderungen genügt oder nicht, liegt nicht an der Zahl erteilter Kurse, sondern an der Nützlichkeit dessen, was die Studenten lernen, und an der Qualität der ausgebildeten Studenten, das heißt an ihrem Verständnis von Marxismus, Leninismus, Maotsetungideen und an ihrer Fähigkeit zur Analyse und Lösung technischer Probleme.

Fremdsprachen und Differential- und Integralrechnung in der höheren Mathematik sind Werkzeuge, die Konstrukteure beherrschen müssen. Es gab jedoch einige, die gegen Kurse für Differential- und Integralrechnung sowie Englisch auftraten. Es gab sogar andere, die mit versteckten Absichten die Behauptung verbreiteten: «Unsere Fabrik beschäftigt sich mit Produktion. Differential- und Integralrechnung sowie Englisch brauchen wir nicht. Es hat keinen Zweck, so was zu lernen!» Die Arbeiter-Studenten erwiderten empört: «Als wir höhere Mathematik und Englisch nicht beherrschten, da behaupteten die bürgerlichen technischen ‹Autoritäten›, sie wären allmächtig und sehr nützlich. Jetzt, da wir uns mit diesen Werkzeugen vertraut machen und sie beherrschen wollen, um der proletarischen Politik zu dienen, haben diese Leute ihre Tonart geändert und sagten, höhere Mathematik und Englisch sind nutzlos.» Die Arbeiter-Studenten führten noch viele Beispiele an, um diese falsche Ansicht zu widerlegen. Vor der großen Kulturrevolution fragte einmal ein Arbeiter-Techniker, dem eine mathematische Berechnungsmethode nicht klar war, eine bürgerliche technische «Autorität» danach. Dieser wußte ganz genau, daß der Arbeiter-Techniker keine Fremdsprache kannte, nahm jedoch ein fremdsprachliches Buch vom Bücherregal und sagte zu ihm: «Die Berechnungsformel, die du brauchst, ist in diesem Buch. Such sie dir heraus!»

Die Hochschule analysierte kritisch die über 30 Kurse für die Fachrichtung Maschinenbau in den alten Hochschulen und legte schließlich angesichts der Bedürfnisse in der Produktion der Fabrik und der technischen Entwicklung sieben Fachkurse fest: Technisches Zeichnen, Mathematik, Mechanik, Hydraulik, Elektrotechnik, Entwurf und Herstellung von Schleifmaschinen und eine Fremdsprache.

In Übereinstimmung mit der Lehre von Vorsitzendem Mao ließ die Hochschule die Studenten zeitweise in Truppeneinheiten militärische Kenntnisse und in einer Volkskommune Fertigkeiten in der Landwirtschaft erwerben und ließ sie teilnehmen an der Bewegung von Kampf-Kritik-Umgestaltung innerhalb der Fabrik und bei der produktiven Arbeit. Das bot den Studenten Gelegenheit, ständig an den drei großen revolutionären Bewegungen – Klassenkampf, Kampf für die Produktion und wissenschaftliches Experimentieren – teilzunehmen und gemeinsam mit den Massen von Arbeitern, Bauern und Soldaten zu leben. Ein Student sagte treffend: «Wenn wir ohne Revolutionierung unseres Denkens und ohne Teilnahme an produktiver Arbeit nur hinter geschlossenen Türen studieren, wird das bürgerliche Denkweise und Revisionismus bewirken.»

Einheit von Theorie und Praxis

Lenin stellte einmal fest: «Eines der größten Übel, . . . die uns die alte, kapitalistische Gesellschaft hinterlassen hat, ist die tiefe Kluft zwischen Buch und praktischem Leben.» Vorsitzender Mao ist stets für den durch die «Einheit von Theorie und Praxis» gekennzeichneten marxistisch-leninistischen Arbeitsstil eingetreten. Geleitet von dem Gesetz «Praxis, Erkenntnis, wieder Praxis und wieder Erkenntnis» und von den tatsächlichen Verhältnissen bei den Arbeiter-Studenten ausgehend, richtete die Arbeiterhochschule «21. Juli» zuerst einen kurzfristigen Kurs für Grundkenntnisse ein. Sie organisierte die Studenten dann zum Abmessen und Zeichnen einer Schleifmaschine an Ort und Stelle, damit sie ihre Grundkenntnisse konkret auf die Produktion anwenden und die Technik des Maschinenzeichnens meistern und gleichzeitig ihre sinnliche Wahrnehmung des Gesamtentwurfs der Schleifmaschine vertiefen könnten.

Anschließend wurden die Studenten in einige Entwurfsgruppen aufgeteilt und von ihren Lehrern angeleitet, dann suchten diese Gruppen die Benutzer der Schleifmaschinen auf, stellten dort Untersuchungen und Studien an und fragten nach Meinungen über ihre Entwürfe. So wurden Konstruktionszeichnen und Studium gleichzeitig gefördert. Die Lehrer erteilten Unterricht und Konsultationen, um jedem Studenten persönlich bei der Lösung von sich jeweils bei der Arbeit ergebenden Problemen zu helfen. Alle Studenten beendeten unter Anleitung von Lehrern und Technikern innerhalb von knapp drei Monaten die Konstruktionszeichnung von vier Außenrundschleifmaschinen verschiedenen Typs, alles neue Produkte. Innerhalb von zwei Monaten haben die Studenten zwei von ihnen, eine halbautomatische und eine Universal-Außenrundschleifmaschine, mit Unterstützung von Fabrikarbeitern selbst fertiggestellt. Tests bewiesen, daß diese Maschinen den Konstruktionserfordernissen entsprechen; sie werden schon in der Produktion benutzt.

Zur Hebung des theoretischen Niveaus befaßten sich die Studenten im zweiten Studienjahr, aufbauend auf der Praxis in Konstruktionszeichnen und Herstellung von Schleifmachinen in der vorhergegangenen Phase, mit mehr systematischem theoretischem Studium in bezug auf Konstruktionszeichnen und Fabrikation von Schleifmaschinen, was auch Kurse in höherer Mathematik, Hydraulik, Elektrotechnik sowie Entwurf und Fabrikation von Schleifmaschinen einschloß. Ihre praktischen Erfahrungen erleichterten ihnen ihr theoretisches Studium.

Zum Schluß wurde den Studenten Arbeit in den Werkstätten zugeteilt, so daß sie gemeinsam mit den Arbeitern und revolutionären Technikern wissenschaftliche Forschung, Konstruktionszeichnen und Fabrikation von Ausrüstungen betreiben konnten. Auf diese Weise konnten sie die gewonnenen theoretischen Kenntnisse auf die Produktion anwenden und direkt die Ergebnisse dessen, was sie gelernt hatten, überprüfen. In der Praxis konnten sie wiederum ihre theoretischen Kenntnisse vertiefen und so ihre Fähigkeit zur Analyse und Lösung praktischer Probleme steigern.

Durch den wiederholten Prozeß des Übergangs von Praxis zu Erkenntnis erreichten die Studenten die Einheit von Theorie und Praxis. Durch solches Studium in zwei Jahren und zehn Monaten wurden die Arbeiter-Studenten instand gesetzt, selbständig Zubehörteile für gewöhnliche

Außenrundschleifmaschinen zu entwerfen, und manche von ihnen konnten sogar eine vollständige Schleifmaschine entwerfen, was im gleichen Fachkurs in den früheren Hochschulen von niemand geleistet werden konnte.

Am 21. Juli dieses Jahres, als sie den dritten Jahrestag der Veröffentlichung der Weisung des Vorsitzenden Mao feierten, hatte die erste Studentengruppe diese Hochschule absolviert. Mit neuem Kampfgeist sind sie auf ihre neuen Posten gegangen. Vor kurzem sind wieder mehr als 90 Arbeiter in die Hochschule aufgenommen worden und haben ihr Studium begonnen.

Vielfältige Ausbildungsmethoden

Die Ausbildungsmethoden für Techniker aus den Reihen der Arbeiter sind vielfältig.

Neben der Arbeiterhochschule «21. Juli» gab es in den letzten drei Jahren noch eine Arbeiterfreizeitschule «21. Juli», in der ständig über 700 Arbeiter, technische Mitarbeiter und Kader Politik und Technik studieren und ihr Bildungsniveau erhöhen. In diesen technischen Freizeitkursen werden solche Spezialfächer wie Hydraulik, Elektrotechnik und Maschinenbau gelehrt. In den politischen Freizeitkursen werden Marxismus-Leninismus und die Werke von Vorsitzendem Mao in enger Verbindung mit der Entwicklung der Bewegung «Kampf – Kritik – Umgestaltung» in der Fabrik studiert. Es haben bereits über 1000 Arbeiter, Kader und revolutionäre Intellektuelle an diesen Kursen teilgenommen, die jeweils etwa einen Monat dauern. Außerdem werden von Zeit zu Zeit Vorträge über neue Techniken veranstaltet.

Durch das Freizeitstudium haben die Arbeiter ihr politisches und theoretisches Niveau erhöht und wissenschaftliche und Kulturkenntnisse erworben, wodurch ein großer Wandel in ihrer Weltanschauung und in der Produktion der Fabrik erfolgt ist. Im vorigen Jahr wurde in der Werkzeugmaschinenfabrik Shanghai erfolgreich die erste große Kurbelwellen-Schleifmaschine Chinas hergestellt, wobei ein alter Arbeiter Konstruktionsentwurf und Herstellung dieses neuen Erzeugnisses leitete. Er hatte in der Freizeitschule studiert, wo er sein politisches und technisches Niveau erheblich erhöhte. Während der Herstellung dieser großen Kurbelwellen-Schleifmaschine haben er und andere Arbeiter in den Werkstätten mit den Maotsetungideen als Waffe die «Philosophie der Auslandssklaven» und das «Hinterdreinkriechertum» kritisiert, und bei ihrer Arbeit die philosophischen Ideen von Vorsitzendem Mao bei der Lösung vieler schwieriger technischer Probleme angewandt. Konstruktionsentwurf und erfolgreiche Herstellung dieser Schleifmaschine nahmen nur 6 Monate in Anspruch, und es wurde damit eine Lücke in Chinas Maschinenbau-Industrie überbrückt.

Auch die Teilnahme von Arbeitern an den Entwurfs- und technischen Neuerungstätigkeiten der «Dreierverbindung» ist ein weiterer erfolgreicher Weg der Werkzeugmaschinenfabrik Shanghai zur Ausbildung von Arbeiter-Technikern. Der Entwurf eines jeden Produktes und jede wichtige technische Neuerung erfolgt von der «Dreierverbindungs»gruppe mit Arbeitern als der Hauptkraft unter Teilnahme von Technikern und führenden Kadern. In den letzten drei Jahren nahmen über 100 Arbeiter an den Tätigkeiten der «Dreierverbindungs»gruppen teil. Durch die Praxis hat sich das technische Niveau der Arbeiter rapide erhöht. Unter den etwa 100 alten Arbeitern der Werkstätten II und IV, die an den Entwurfsgruppen der «Dreierverbindung» teilnehmen, sind bereits fast zwanzig imstande, Schleifmaschinenteile zu entwerfen, und vier haben begonnen, den Konstruktionsentwurf einer vollständigen Präzisionsschleifmaschine zu beherrschen. Ein alter Arbeiter hat in mehr als zwei Jahren sechsmal am Konstruktionszeichnen in den «Dreierverbindungs»gruppen teilgenommen. Im vorigen Jahr entwarf er zusammen mit einigen Arbeitsgenossen eine Spezialschleifmaschine, die im Vergleich zu dem einst von einem stellvertretenden Chefingenieur entworfenen gleichartigen Erzeugnis 45 % weniger Bestandteile hat, 300 kg leichter ist, um eine Stufe präziser ist und nur ein Sechstel der Zeit für den Entwurf in Anspruch nahm.

Das technische Kontingent der Arbeiterklasse in der Werkzeugmaschinenfabrik Shanghai nimmt rapide zu. Viele der vor dem Jahre 1963 ausgebildeten 250 Arbeiter-Techniker nahmen in den letzten Jahren an Freizeitkursen «21. Juli» für Politik oder Spezialfächer teil und erhöhten ständig ihr politisches Bewußtsein und ihr technisches Niveau durch die Praxis der drei großen revolutionären Bewegungen – Klassenkampf, Kampf für die Produktion und wissenschaftliches Experimentieren. Der Statistik nach hat die Fabrik von 1968 bis 1970 erfolgreich probeweise 66 neue Produkte hergestellt, eine Steigerung von 2,75mal im Vergleich zu denen von 1965 bis 1967. Im Jahre 1970 machte die Fabrik 630 technische Neuerungen. Bei der Erzielung all dieser Erfolge waren die Techniker aus den Reihen der Arbeiter ein starkes Rückgrat.

Im Jahre 1968 leitete Arbeiter-Entwerfer Wang Te-fa, der den Kapitalisten von 14 Jahren an als Lehrling diente, eine Gruppe von Arbeitern dabei an, in drei Monaten eine große hydraulische Präzisionsflächenschleifmaschine zu entwerfen und herzustellen, deren Leistungsfähigkeit und Präzision das fortgeschrittene Niveau erreichten. Nach einem halben Jahr nahm er wiederum an der Herstellung von zwei hydraulischen Präzisionsflächenschleifmaschinen teil. Er arbeitete oft mit den Arbeitern der Werkstätte zusammen, forschte gemeinsam mit ihnen an Ort und Stelle nach Abänderungsmöglichkeiten für den Projektentwurf. Da er ständig bei den Arbeitern ist, können sich Außenstehende schwer vorstellen, daß er der Hauptkonstrukteur dieser zwei Schleifmaschinen war. Wang Te-fa sagte oft: «Um die ausgezeichneten Eigenschaften der Arbeiterklasse für immer zu bewahren, dürfen wir uns in keinem Augenblick von der proletarischen Politik, von den Massen und der kollektiven Arbeit loslösen.» Die Arbeiter loben ihn: Wang Te-fa ist ein wirklich unserer Arbeiterklasse zugehöriger Intellektueller.

Gemäß dem von Vorsitzendem Mao gewiesenen Weg reifen noch mehr Techniker wie Wang Te-fa in der Werkzeugmaschinenfabrik Shanghai heran. In den letzten drei Jahren hat sich das technische Kontingent des Proletariats, das sowohl politisch rot als auch fachlich qualifiziert ist, noch mehr entwickelt und erweitert. Gestählt durch die Große Proletarische Kulturrevolution, sind die Arbeiter und Arbeiter-Techniker der gesamten Fabrik unter der Führung des Parteikomitees der Fabrik und von erhabenem Streben befeuert dabei, sich mit den Intellektuellen in der Fabrik zusammenzuschließen, um neue Beiträge zum Aufbau des Sozialismus zu leisten.

3. Kritik an Konfuzius' Ideen über Erziehung

Die große Konfuzius-Debatte in der Volksrepublik begann am 7. August 1973; an diesem Tag veröffentlichte der Philosoph Yang Chung-kuo, Dekan der *Chung-shan*-Universität, Kanton, seinen Leit- und Grundsatzartikel «Konfuzius – ein hartnäckig die Gesellschaftsordnung der Sklaverei verfechtender Denker».[34] Das Datum war kaum zufällig gewählt: am Tage darauf, dem Achten im Achten, kam die Kulturrevolution ins achte Jahr. Hier ist aber daran zu erinnern, daß der Anti-Konfuzius-Kampagne – die sich alsbald zu einer Kampagne auch gegen Lin Piao ausweitete – schon über ein Jahr etliche Versuche vorangegangen waren, das kritische Bewußtsein der Massen für den Klassenstandpunkt der konfuzianischen Pädagogik zu schärfen. Den folgenden Artikel verfaßte ein Kollektiv des Provinzkomitees Shantung der KPCh Anfang 1972.[35]

Der Renegat, versteckte Kollaborateur und Arbeiterverräter Liu Shaoch'i und andere Pseudo-Marxisten verfolgten lange Zeit hindurch eine konterrevolutionäre revisionistische Linie an der Front des Bildungswesens Chinas. Einer ihrer theoretischen Hauptpfeiler dabei waren Konfuzius' Ideen über Erziehung, die China mehr als 2000 Jahre lang beherrscht und so einen sehr tiefgehenden und weitverbreiteten üblen Einfluß ausgeübt hatten. Um die Revolution in Chinas Bildungswesen in die Tiefe zu entwickeln, ist es notwendig, diese reaktionären Ideen gründlich zu kritisieren und den restlichen üblen Einfluß der konterrevolutionären revisionistischen Linie Liu Shao-ch'is im Bildungswesen auszumerzen.

Erzieher der dekadenten Sklavenhalterklasse

Von der Han-Dynastie an, seit Ende des dritten Jahrhunderts v. u. Z., haben viele Vertreter der Ausbeuterklassen in China Konfuzius als den «allerheiligsten Weisen» angesehen. Als Nachfolger der Ausbeuterklassen scheuten Liu Shao-ch'i und andere politische Hochstapler keine Mühe, Konfuzius als einen «großen Erzieher» zu lobpreisen, der «fortschrittlichen gesellschaftlichen Tendenzen und Forderungen Ausdruck verlieh» und «ungeheure Beiträge leistete» zu den Ideen über Erziehung. Sie faselten davon, Konfuzius «voll auszuwerten», und wollten ihm sogar «Opfer darbringen und ihn anbeten». Diese Pseudo-Marxisten brachten den Trugschluß auf, «Dekadentes in Wunderbares verwandeln» zu können, und taten alles nur mögliche, die reaktionäre Denkweise von Konfuzius zu beschönigen, indem sie ihn als einen «Erzieher aller Klassen» in Chinas Geschichte hinstellten und seine reaktionären Erziehungsideen sogar dann noch verbreiteten, als bereits die Diktatur des Proletariats errichtet war. All dies spielte eine verderbliche Rolle in der sozialistischen Revolution im Bildungswesen.

Welcher Klasse gehörte Konfuzius als Erzieher an?

Konfuzius (551–479 v. u. Z.) lebte gegen Ende der Frühlings- und Herbstperiode, zu einer Zeit sehr scharfen Klassenkampfes. Der grundlegende gesellschaftliche Hauptwiderspruch jener Zeit war der Klassenantagonismus zwischen Sklavenhaltern und Sklaven. Widerstand der Sklaven erschütterte die Herrschaft der Sklavenhalter bis in ihre Grundfesten und verschärfte den Widerspruch und die Zersetzung innerhalb der herrschenden Klasse. Das Ergebnis dessen war der unwiderrufliche Niedergang des Sklaventums.

Der drohende Zusammenbruch der Sklavenhaltung bildete für Konfuzius, der aus einer dekadenten Aristokratenfamilie der Sklavenhalterklasse stammte, eine ernsthafte Gefahr. Von Panik ergriffen, klammerte er sich hartnäckig an den Standpunkt seiner Klasse. In dem Bemühen, deren Herrschaft zu festigen und den Widerstandswillen der Sklaven zu schwächen, predigte er heuchlerisch politische und ethische Ideen. Zur Verhütung des Zusammenbruchs der wirtschaftlichen Basis der Sklaverei bekämpfte er heftig wirtschaftliche Reformen, die die Entwicklung der gesellschaftlichen Produktionskräfte fördern würden. Er befürwortete mit aller Macht die Restauration der Westlichen Chou-Gesellschaft (11. Jh. – 771 v. u. Z.), in der Sklaverei ihre Blütezeit hatte. Als seine rückschrittlichen politischen Ideen der Wiederbelebung der Vergangenheit Rückschläge erlitten hatten, wandte er sich erzieherischen Aktivitäten zu, die nichtsdestoweniger ebenfalls die Durchsetzung seiner politischen Ansichten bezweckten. Die von ihm betriebene «Schule» war in Wirklichkeit eine politische Clique, deren Ziel es war, Stützkräfte für die Sklavenhalter heranzubilden, in einem letzten verzweifelten Bemühen, die Sklaverei vor ihrem Untergang zu bewahren. Das sind die historischen Tatsachen dafür, daß Konfuzius «fortschrittlichen gesellschaftlichen Tendenzen und Forderungen Ausdruck verlieh», die von Liu Shaoch'i und anderen politischen Hochstaplern so hoch gepriesen wurden.

Die dann die Macht ergreifende Feudalklasse nahm keine Notiz von Konfuzius, der bloß ein Erzieher der in Verfall geratenden Sklavenhalterklasse war. Von der Notwendigkeit ausgehend, die Macht der Feudalherrschaft während der Han-Dynastie zu festigen und zentralisieren, empfahl ein Vertreter der Gutsherren namens Tung Chung-shu, «alle anderen Geistesschulen auszurangieren und einzig und allein den Konfuzianismus zu verehren». Von da an hielten die Feudalherrscher ausnahmslos die ethische Idee von Konfuzius in Ehren «Laßt den Fürsten einen Fürsten sein, den Minister einen Minister, den Vater einen Vater und den Sohn einen Sohn!» sowie sein Erziehungsprinzip «Wer gut studiert hat, eignet sich zum Beamten», seine Verdummungspolitik «Man kann das Volk dazu bringen, einen Kurs zu verfolgen, aber nicht dazu, ihn zu begreifen» usw. Vor der Gründung des Neuen China stellte der faschistische Kuomintang-Häuptling Tsiang Kai-shek den Kult um Konfuzius und das Studium der konfuzianischen Kanons als «orthodoxe Erziehungsideale» hin, laut tobend, daß dies kommunistische Ideen «ausmerzen» würde. Die Imperialisten, die sich zur Ausübung ihrer Herrschaft über das chinesische Volk auf die Feudal- und Kompradorenklasse Chinas stützten, nutzten Konfuzius ebenfalls völlig aus. Die US- und japanischen Imperialisten erklärten, China solle «ein Land des Konfuzianismus» werden und «Konfuzianismus die Grundlage sein» der staatlichen Erziehung Chinas, um so den Kommunismus an «Durchdringung» zu hindern. Dies ist ein klarer Beweis dafür, daß «die imperialistische Kultur und die halbfeudale Kultur sehr einträchtige Brüder sind», und daß «sie auf dem Gebiet der Kultur ein reaktionäres Bündnis geschlossen haben und die neue Kultur Chinas bekämpfen». Es ist kein Zufall, daß Liu Shao-ch'i sein gegen die Diktatur des Proletariats gerichtetes, übles Machwerk «*Selbstschulung*» mehrmals von neuem herausgeben ließ und sich eifrig bemühte, die «Testamente» von Konfuzius und Menzius zu empfehlen.

Konfuzius vertrat die Interessen der untergehenden Sklavenhalter-Aristokratie. Aus welchem Grunde verehrten ihn dann die Feudalklasse – die ebendiese Aristokratie bekämpfte – und späterhin die Bourgeosie als den «allerheiligsten Weisen»?

Die Sklavenhalter waren die erste Ausbeuterklasse in der Geschichte. Ihre Erfahrungen im Herrschen waren der Feudal- und Kapitalistenklasse später von großem Nutzen. Konfuzius hatte die Erfahrungen der Sklavenhalterklasse im Beherrschen verschiedener Bereiche zusammengefaßt, und zwar zur Zeit ihrer konsolidierten Herrschaft wie auch später zur Zeit ihres Niedergangs. Diese Erfahrungen, die in den nachfolgenden historischen Perioden von den Ausbeuterklassen übernommen und ständig von ihnen bereichert und entwickelt wurden, wurden zur Ideologie für ihre Herrschaft. Als letzte der Ausbeuterklassen hat die Bourgeoisie die reaktionäre Ideologie aller Ausbeuterklassen als Erbe übernommen und entwickelt, um ihr System der Ausbeutung zu festigen. Und wenn sie gestürzt wird, ist diese Klasse nicht willens, von der Bühne der Geschichte abzutreten. Ihre Vertreter benutzen weiterhin die Ideen aller Ausbeuterklassen, um die Massen zu verderben und zu sich hinüberzuziehen, um so den Kapitalismus wiederherzustellen. Eben das war es, was Liu Shao-ch'i und seine Kumpane taten.

Der Kernpunkt – «Wer gut studiert hat, ist zum Beamten geeignet»
Erziehung ist ein Instrument des Klassenkampfes. Alle Arten Erziehung in der Klassengesellschaft sind «einer bestimmten Klasse zugehörig, einer bestimmten politischen Linie verpflichtet». Was ist der Kernpunkt von Konfuzius' Ideen über Erziehung? Das Grundprinzip seiner Erziehungstätigkeit war die Heranbildung von Bürokraten für die reaktionären Sklavenhalter. Er ermunterte seine Anhänger, nach persönlichem Ruhm und Gewinn zu trachten, und wollte, daß sie auf körperliche Arbeit herabsähen sowie auf diejenigen, die sie verrichteten. Er erklärte ihnen nachdrücklich, daß der Zweck des «Studierens» sei, ein «Beamter» zu werden. Das wurde von seinen Anhängern in dem einen Satz zusammengefaßt «Wer gut studiert hat, ist zum Beamten geeignet», was den Kern von Konfuzius' Ideen über Erziehung enthüllte.

Das Prinzip «Wer gut studiert hat, ist zum Beamten geeignet» gab kurz die Notwendigkeit der dekadenten Sklavenhalterklasse wieder, ihre Diktatur zu stärken. Zur Zeit von Konfuzius bildete die Tatsache, daß «das Volk sich nicht unterwirft», eine Todesgefahr für die Herrschaft der Sklavenhalter. «Was sollte man nur tun, um das Volk zur Unterwerfung zu bringen?» Das war ein verzwicktes Problem für die Sklavenhalter-Aristokratie, deren Hauptmethode des Herrschens «Bestrafung» und weitgehende Unterdrückung war. Dies jedoch rief nur noch heftigeren Widerstand seitens der Sklaven hervor. Konfuzius erkannte, daß es zur Rettung der Sklavenhalterklasse vor ihrem Untergang für die herrschende Klasse nicht genüge, allein «mit Gewalt zu unterwerfen», sondern daß diese die Sklaven auch «geistig unterwerfen» müsse. Die konterrevolutionäre Taktik, die Konfuzius ständig beibehielt, war deshalb derart – Verbindung von «Bestrafung» mit «Anstand» und «Anwendung gemäßigter Methoden zur Ergänzung einer scharfen Politik und Anwendung strenger Methoden zur Ergänzung einer gemäßigten Politik». Lenin sagte: «Ausnahmslos alle unterdrückenden Klassen bedürfen zur Aufrechterhaltung ihrer Herrschaft zweier sozialer Funktionen: der Funktion des Henkers und der Funktion des Pfaffen.» Konfuzius hielt Erziehung für eine wichtige Methode zum «Beherrschen des Volkes», wobei sein Ziel war, zur Ausübung der Funktion des Henkers wie des Pfaffen geeignete Bürokraten heranzubilden, um so die Diktatur der Ausbeuterklassen über die Werktätigen zu stärken.

«Wer gut studiert hat, ist zum Beamten geeignet», das ist der Kern der Erziehungsideen von Konfuzius und aller Ausbeuterklassen in China. Zur Aufrechterhaltung ihrer reaktionären Herrschaft brauchten die letzteren eine große Anzahl von Bürokraten zur Bewahrung der Einrichtungen ihrer Herrschaft, die wie eine schwere Bürde auf den Werktätigen lasteten. Das reaktionäre Prinzip «Wer gut studiert hat, ist zum Beamten geeignet» übernehmend und weiterentwickelnd, bildeten die Grundherren- und Kapitalistenklasse Bürokraten für ihre eigene Klasse heran und benutzten dieses Schlagwort zur Irreführung der Werktätigen, indem sie den Eindruck hervorriefen, daß Bürokraten und Politiker, die auf dem Rücken des Volkes reiten, alle «gut studiert» hätten, während die Werktätigen unterdrückt und ausgebeutet würden, weil sie ohne Bildung sind. Auf diese Weise versuchten sie, das Wesen der Klassenunterdrückung zu verdecken.

Die von Liu Shao-ch'i und Konsorten vorgebrachte Theorie des «Studierens, um Karriere zu machen», war eine frisch aufpolierte Variante des reaktionären Prinzips «Wer gut studiert hat, ist zum Beamten geeignet». Diese Leute versuchten, Jugendliche mit Hilfe der dekadenten bürgerlichen Lebensanschauung zu verderben, indem man sie dazu antrieb, «für sich schwer zu kämpfen» und «andere zu überflügeln». Sie verfolgten die konterrevolutionäre revisionistische Linie im Bildungswesen mit dem Ziel, Nachfolger für die Bourgeoisie heranzubilden, sich der politischen Macht des Proletariats zu bemächtigen und den Kapitalismus wiederherzustellen.

Vorsitzender Mao hat uns gelehrt: «Unser Kurs auf dem Gebiet des Bildungswesens muß gewährleisten, daß jeder, der eine Ausbildung erhält, sich moralisch, geistig und körperlich entwickelt und ein gebildeter Werktätiger mit sozialistischem Bewußtsein wird.» Diese Politik hat eine klare Trennungslinie gezogen zwischen proletarischer Bildung und der Bildung aller Ausbeuterklassen und die speziellen Bildungsziele für proletarische Erziehung festgelegt. Es ist dies eine grundlegende Maßnahme zur Gewährleistung, daß die politische Macht des Proletariats niemals ihr Wesen ändern wird.

Alle Ausbeuterklassen betrachten die Werktätigen als «Pöbel», der «unwissend geboren» und deshalb nur dazu geeignet ist, versklavt zu werden. «Ihre Erziehungspolitik ist, einerseits reaktionäre tyrannische Propaganda zur Ausmerzung des revolutionären Denkens der unterdrückten Klassen zu betreiben und andererseits eine Verdummungspolitik zu verfolgen, die die Arbeiter- und Bauern-Massen von Erlangung einer Bildung ausschließt.» Konfuzius' Prinzip «Wer gut studiert hat, ist zum Beamten geeignet» wurde nur innerhalb der Ausbeuterklassen angewandt. Den Sklaven gegenüber betrieb er die reaktionäre Verdummungspolitik, daß «man das Volk dazu bringen kann, einen Kurs zu verfolgen, aber nicht dazu, ihn zu begreifen», sowie die Politik der Versklavung, verkörpert in seinem Ausspruch, daß «ein gewöhnlicher Mensch, der den ‹Pfad› studiert hat, um so leichter zu verwenden sein wird». Konfuzius wünschte, die Ausgebeuteten sollten «gehorsam» sein, sollten «arm, aber ohne Klagen» bleiben und ein «Sklave, der sich seiner Sklaverei nicht bewußt ist und in schweigendem, unbewußtem und stummem Sklavenleben dahinvegetiert». Alle Ausbeuterklassen in China seit der Zeit von Konfuzius übernahmen und entwickelten seine reaktionäre Politik, das Volk in völliger Unwissenheit zu halten sowie in Versklavung, in dem Versuch, den Willen des Volkes abzutöten und es zu betrügen. Das Volk wurde gezwungen, die von den Ausbeuterklassen in Ehren gehaltenen konfuzianischen Prinzipien genauso wie religiöse Schriften zu befolgen, und ein jeder, der sie schmähte, wurde unbedingt bestraft. Das Ziel bei alledem war, das Volk geistig in Fesseln zu halten.

Die Große Proletarische Kulturrevolution hat die althergebrachte Bildungstradition, «Wer gut studiert hat, ist zum Beamten geeignet», völlig zunichte gemacht und das alte Bildungssystem umgewandelt. Sie hat den Zustand geändert, daß bürgerliche Intellektuelle unsere Schulen und Hochschulen beherrschten, und die Macht im Bildungswesen ist jetzt in der Hand des Proletariats, mit den Massen der Arbeiter, Bauern und Soldaten als den wahren Herren der proletarischen Bildung.

Pflege reaktionärer Weltanschauung durch «Selbstschulung»

Erziehung durch irgendeine Klasse zielt darauf ab, in dieser oder jener Weise in dem Lernenden eine Weltanschauung nach ihrem eigenen Bild zu schaffen. Konfuzius flößte seinen Anhängern «Nächstenliebe» und die Regeln des «Anstands» der Sklavenhalterklasse als die erhabensten politischen und sittlichen Ideen ein. Darauf aus, das Volk zu benebeln und den Beziehungen innerhalb der herrschenden Klasse anzupassen, wünschte er, daß seine Anhänger Heuchler seien, scheinbar tugendhaft, aber innerlich bösartig, um so die gemeinen Wesenszüge der Ausbeuterklasse zu verdecken.

Wie aber kann man das heuchlerische Wesen der «Nächstenliebe» und des «Anstands» erwerben? Die Hauptmethode von Konfuzius zur Pflege des Charakters war, «sich selbst zu verleugnen, um sich den Anstandsregeln anzupassen». Er forderte, daß sich die Sklavenhalter «selbst verleugnen» und daß sie sich so benähmen, die Regeln des Sklavensystems einzuhalten, damit es nicht infolge von Kämpfen unter ihnen selbst zum

Zusammenbruch des Systems käme. Den Sklaven gegenüber empfahl er niemals, daß Sklavenhalter «sich selbst verleugnen» und sich an irgendwelche Anstandsregel halten sollten. Konfuzius behauptete auch, daß «ein anständiger Mensch» «alle Menschen liebt» und daß man «keinem anderen antut, was man sich nicht selbst zugefügt wünscht». Er forderte die Sklavenhalterklasse auf, «Nächstenliebe» und «allgemeine Menschenliebe» als die erhabensten Wesenszüge zu pflegen. Wer sollte geliebt werden? Bestimmt nicht die Sklaven, die in den Augen der Sklavenhalter nichts anderes als Lasttiere waren, sondern die Sklavenhalter, vor allem die Handvoll der Sklavenhalter-Aristokraten. Offensichtlich war die von Konfuzius befürwortete «Nächstenliebe» und «allgemeine Menschenliebe» die ideologische Widerspiegelung der Interessen der Sklavenhalterklasse. Sein Ziel war, «Beleidigung von Vorgesetzten und Erregung von Unruhen» zu verhindern, Revolution zu unterdrücken, um so das Sklavensystem zu festigen.

Um die Angehörigen der herrschenden Klasse dazu zu bringen, einander zu lieben und Antagonismus unter ihnen auszumerzen, formulierte Konfuzius die Theorie, daß «die Menschen von Natur aus fast gleich sind». Wie seine «Nächstenliebe» und sein «Anstand» war diese Theorie ebenfalls auf seine ethischen Prinzipien beschränkt. Seiner Meinung nach waren Sklavenhalter von Natur aus beinahe gleich. Deshalb konnten politische Krisen infolge von Streitigkeiten in den Reihen der herrschenden Klassen vermieden werden, wenn «Selbstschulung» gemäß seiner «Nächstenliebe» und seiner «Anstandsregeln» unternommen wurde. Später schmückten die feudale Grundherrenklasse und die Bourgeoisie in China diese reaktionären Theorien von Konfuzius aus und stutzten sie zurecht zu «der Theorie von der menschlichen Natur», die den Erfordernissen der zwei Klassen entspricht.

Vorsitzender Mao hebt hervor: «In der Klassengesellschaft existiert nur eine menschliche Natur, die Klassencharakter hat, und nicht irgendeine über den Klassen stehende menschliche Natur.» Liu Shao-ch'i und andere Pseudo-Marxisten taten alles in ihrer Macht Stehende, die Theorie von der menschlichen Natur der Gutsherrenklasse und der Bourgeoisie aufs höchste zu lobpreisen. Sich gegen die marxistische Klassentheorie und die Methode der Klassenanalyse richtend, verunglimpften sie in gemeiner Weise die Arbeiterklasse als «stets ohne Sinn für öffentlichen Anstand» und bezeichneten die «menschliche Natur» der Gutsherrenklasse und der Bourgeoisie als «die gemeinsame Natur der Menschheit». Sie erhoben wahnwitzig ein wildes Geschrei, daß «große Anstrengungen gemacht werden sollten zur Propagierung» von «Freiheit, Gleichheit und Brüderlichkeit», was alles nur bürgerliche Heuchelei ist. Es bedeutete dies, daß sie den Versuch unternahmen, Menschen von der proletarischen Politik loszulösen und sie in Helfershelfer der Gutsherrenklasse und der Bourgeoisie zu verwandeln, um die Kräfte zur Restaurierung des Kapitalismus vorzubereiten.

Konfuzius' Prinzip der Selbstschulung beruhte auf der idealistischen Erkenntnistheorie. Er glaubte, «die Oberschicht der Menschen» wären «die mit Erkenntnis Geborenen», und «die niederste des Volkes», nämlich die Sklaven, wären «diejenigen, die stumpfsinnig und dumm sind und nicht lernen». «Die weise obere Klasse» und «die dumme niedere Klasse» wären so geboren und könnten nicht verändert werden. Offensichtlich waren seine Ansichten von der Quelle der Erkenntnis durchtränkt von den politischen Vorurteilen der Sklavenhalterklasse. Ist die Erkenntnis des Menschen (Begabung gehört ebenfalls in die Kategorie der Erkenntnis) eingeboren oder erworben? Das ist ein Brennpunkt in dem langwährenden Streit zwischen der materialistischen Theorie der Widerspiegelung und dem idealistischen Apriorismus. Der Streit hierum begann zur Zeit von Konfuzius. Alles menschliche Wissen ist erworben und nicht eingeboren. Niemand ist jemals «geboren mit Besitz von Kenntnissen». Konfuzius' Theorie ist nichts anderes als eine Widerspiegelung des Phänomens, daß die Sklavenhalter-Aristokraten die gesellschaftliche Kultur monopolisieren, in seiner Ideologie. Gerade zur Verteidigung der Herrschaft der Sklavenhalterklasse verehrte Konfuzius die Sklavenhalter-Aristokraten als «die weise obere Klasse» und verunglimpfte die Sklaven als «die dumme niedere Klasse».

Konfuzius legte ebenfalls Nachdruck auf «Lernen», was bei der idealistischen «Selbstschulung» ein wichtiges Mittel war. Jegliche Art von Lernen, sei es Lernen aus Büchern oder durch «mehr Hören» und «mehr Sehen», sollte auf den Bereich der «Anstandsregeln» beschränkt sein. Das ist eine durch und durch idealistische Erkenntnistheorie.

Produktion ist die grundlegende Praxis, «das ist die Hauptquelle für die Entwicklung der menschlichen Erkenntnis». Von einer Verteidigung der Herrschaft der Sklavenhalterklasse ausgehend, schmähte Konfuzius die Werktätigen und war dagegen, daß seine Jünger an Produktion teilnahmen. Als einer von ihnen ihn fragte, wie man Ackerbau betreibe, ging er nicht nur einfach über die Frage hinweg, sondern tadelte seinen Jünger hinter seinem Rücken, «ein Tölpel» zu sein. Deshalb machte man sich über Konfuzius und seinesgleichen lustig als Parasiten mit faulen Gliedern, die unfähig seien, eine Getreideart von der anderen zu unterscheiden. Diese reaktionäre Denkweise von Konfuzius hinterließ einen sehr tiefgehenden Einfluß auf das alte Bildungswesen im ganzen. Vorsitzender Mao hat nachdrücklich hervorgehoben: «In der alten Zeit hat die chinesische Jugend, die bei den Weisen lernte, nicht nur keine revolutionäre Theorie studiert, sie hat auch keine körperliche Arbeit geleistet.» Bekämpfung von Revolution und Verachten körperlicher Arbeit sind das Hauptwesen von Konfuzius' idealistischer Selbstschulung.

Konfuzius' Prinzip der Selbstschulung verband reaktionären politischen Gehalt und die idealistische Erkenntnistheorie miteinander und entsprach völlig den Erfordernissen der dekadenten Sklavenhalter-Aristokraten und anderer Ausbeuterklassen. Liu Shao-ch'i und seine Bande verpflanzten das konfuzianische Prinzip der Selbstschulung seitens der Ausbeuterklassen in die revolutionären Reihen. Sie versuchten, die Menschen mit der Ideologie der Ausbeuterklassen geistig zu verderben und sie in Papageien zu verwandeln, die ihre Pläne zur Restaurierung des Kapitalismus nachplappern.

Die zwei diametral entgegengesetzten in unserer Erziehungstätigkeit vorhandenen Weltanschauungen sind eben derart: Die Menschen entweder in Marxismus, Leninismus, Maotsetungideen heranbilden oder der Verderbnis durch die bürgerliche Ideologie nachgeben; die Menschen entweder in revolutionärer Praxis stählen oder sie der «Selbstschulung» überlassen. Hierin spiegelt sich tiefgründig der scharfe Kampf zwischen der proletarischen und der bürgerlichen Linie im Bildungswesen wider.

Vor mehr als 100 Jahren haben Marx und Engels, die großen revolutionären Lehrer des Proletariats, feierlich erklärt: «Die kommunistische Revolution ist das radikalste Brechen mit den überlieferten Eigentumsverhältnissen; kein Wunder, daß in ihrem Entwicklungsgange am radikalsten mit den überlieferten Ideen gebrochen wird.» Um die proletarische Revolution im Erziehungswesen bis zu Ende durchzuführen, müssen wir die Bildungsbegriffe der Ausbeuterklassen gründlich kritisieren. Dies schließt einen langwierigen Kampf im ideologischen Bereich in sich. Nur durch Ausmerzung des gesamten Einflusses der Ideen von Konfuzius über Erziehung, die von Liu Shao-ch'i und anderen pseudomarxistischen politischen Hochstaplern verbreitet wurden, können Marxismus, Leninismus, Maotsetungideen im proletarischen Bildungswesen stets vorherrschen.

4. Die «7. Mai»-Kaderschulen

Wie für das Lehrpersonal an Schulen und Universitäten, wie für die Techniker in Fabriken, stellt sich auch für die Funktionäre, wie «hoch» sie immer sein mögen, die Aufgabe, den Abstand zu den Massen der Arbeiter, Bauern und Soldaten zu überwinden. Mao Tse-tungs Weisung vom 7. Mai 1966, deren einer Kernsatz, die Erziehung müsse revolutioniert werden, so oft zitiert wird, war primär an die Armee, «eine große Schule», gerichtet[36]: «In dieser großen Schule soll sich unsere Armee sowohl mit politischen als auch militärischen Angelegenheiten befassen, ihr Bildungsniveau erhöhen und sich auch in der Landwirtschaft und in Nebengewerben beschäftigen sowie kleine oder mittelgroße Fabriken betreiben ... Unsere Armee soll ferner Massenarbeit leisten ... Sie muß auch jederzeit an den Kämpfen zur Kritik und Verurteilung der Bourgeoisie teilnehmen.» Aber die Weisung betrifft auch die Arbeiter, die Bauern, die Studenten; sie alle werden aufgefordert, ihre eigene Arbeit zu tun, doch «daneben noch anderes zu lernen». Auch sie sollen «Kenntnisse in industrieller und landwirtschaftlicher Produktion sowie in Militärangelegenheiten erwerben und ebenfalls an Kritik und Verurteilung der Bourgeoisie teilnehmen», auch sie sollen «Politik studieren und ihr Bildungsniveau erhöhen». Dasselbe gilt für alle, die in Partei- und Regierungsbehörden tätig sind.[37] Die Weisung vom 7. Mai lieferte das kulturrevolutionäre Konzept und den verpflichtenden Namen für neuartige Kaderschulen; 1972 kann Rechenschaft über vier Jahre abgelegt werden.[38]

Die «7. Mai»-Kaderschulen, während der großen Kulturrevolution entstanden, sind jetzt in China weit verbreitet. In jeder Provinz, regierungsunmittelbaren Stadt, jedem autonomen Gebiet sowie in vielen Sonderbezirken, Städten und Kreisen gibt es Schulen dieser Art. Allein die dem ZK der KPCh und dem Staatsrat unterstehenden Abteilungen betreiben über hundert solche Schulen.

Unter den Leuten, die in diese Schulen gesandt werden, gibt es alte Funktionäre, die am Langen Marsch, an dem antijapanischen Widerstandskrieg oder dem Befreiungskrieg teilnahmen, Kader, die nach der Befreiung ihre revolutionäre Tätigkeit begannen, wie auch solche, die nach Absolvierung der Schule in den Regierungsapparat eintraten und denen es daher an praktischen Erfahrungen mangelt, und junge Kader, die rote Gardisten waren. In der Kaderschule bekommen sie ihr regelmäßiges Gehalt und genießen die gleichen Wohlfahrtsleistungen wie auf ihrem Arbeitsposten. Die Schulzeit beträgt im allgemeinen ungefähr ein Jahr, kann aber auch ein halbes Jahr oder zwei bis drei Jahre dauern.

Mannigfaltige Aktivitäten

Wie immer auch die Qualifikation oder wie hoch auch die ursprüngliche Stellung, jedermann ist in dieser Schule ein einfacher Schüler, ein «7. Mai»-Kämpfer. In der «7. Mai»-Kaderschule Ch'ing-kou, Provinz Kirin, arbeitet der ehemalige Leiter des Verwaltungsamts für Landwirtschaft als Schweinezüchter, der frühere Sekretär des Stadtparteikomitees als Tischler, ein Abteilungsleiter als Fuhrmann und ein Kreisleiter als Koch.

Das Leben in der Kaderschule ist vielseitig. Produktive körperliche Arbeit wird verrichtet, und es wird studiert, die bürgerliche Ideologie kritisiert und Arbeit unter den Massen geleistet. Militärisches Training,

Sport und kulturelle Veranstaltungen stehen auf dem Programm. Viele Schulen geben Zeit für Fachstudium und für allgemeine Weiterbildung. Die «7. Mai»-Kaderschule ist eine Schule, an der abwechselnd berufstätige Kader teilnehmen, um sich zu stählen.

Wie erfüllt die Kaderschule ihre Aufgabe, wie studieren die Schüler? Das kann folgendermaßen zusammengefaßt werden:

Studium marxistisch-leninistischer Werke. In enger Verbindung mit dem revolutionären Kampf und mit ihrem Denken studieren die Kaderschüler Werke von Marx, Engels, Lenin, Stalin und Vorsitzendem Mao, um ihr marxistisches Niveau zu erhöhen und ihr Verständnis für den Kampf zwischen den zwei Linien zu vertiefen und damit noch besser echte Marxisten von Pseudomarxisten unterscheiden zu können.

Die Angehörigen der «7. Mai»-Kaderschule Huang-hu, Provinz Honan, studieren den halben Tag und leisten den Rest der Zeit körperliche Arbeit. Wenn es viel Arbeit in der Landwirtschaft gibt, arbeiten sie tagsüber und studieren morgens und abends. Im vorigen Jahr haben sie das «*Manifest der Kommunistischen Partei*», die «*Kritik des Gothaer Programms*» und «*Staat und Revolution*» durchgearbeitet wie auch «*Über die Praxis*» und «*Über den Widerspruch*». Der Verbindung von Theorie und Praxis wurde besondere Aufmerksamkeit geschenkt, und viele Diskussionen und Versammlungen zur Massenkritik wurden abgehalten.

Teilnahme am Klassenkampf. Um sich zu stählen, nehmen Angehörige der Kaderschule am Klassenkampf teil und kritisieren die bürgerliche Ideologie. In enger Verbindung mit ihrer Arbeit und mit ihren ideologischen Problemen kritisieren sie Hochstapler vom Schlage Liu Shao-ch'is und völlig falsche Theorien wie die vom «Erlöschen des Klassenkampfes», die bürgerliche Theorie über die «menschliche Natur», die Theorie über die Produktivkräfte, den idealistischen Apriorismus und die Theorie, daß die Verrichtung körperlicher Arbeit eine Strafe darstellt, sowie die Theorie, daß der Zweck des Schulbesuchs im Ergattern von Beamtenposten besteht. Manche Kaderschulen führen verschiedene politische Bewegungen durch, parallel zu den Kampagnen in den Einheiten, zu denen sie gehören. Andere schicken ihre Schüler zu ländlichen Volkskommunen, wo sie an politischen Kampagnen teilnehmen oder den Kommunemitgliedern bei der Durchführung von Kampagnen helfen, wie der Kampagne gegen aktive Konterrevolutionäre, der Bewegung gegen Unterschlagung und Diebstahl, gegen Verschwendung und Vergeudung und Spekulation.

Produktive Arbeit. Die Kaderschule betreibt hauptsächlich landwirtschaftliche Produktion, befaßt sich aber auch, wenn die Bedingungen es erlauben, mit Forstwirtschaft, Viehzucht, Nebengewerben und Fischerei. Sie unterhalten auch kleine industrielle Unternehmen wie Maschinenreparaturwerke, Fabriken für chemische Düngemittel, Schädlingsbekämpfungsmittel, Papierherstellung sowie Ziegeleien und Zuckerraffinerien.

Jede Kaderschule hat Hunderte bis Tausende Mu[39] Ackerland – viel davon war einstmals Ödland. Durch den Bau von Deichen wurde dem Meer oder Inlandseen Land abgerungen oder hügeliges Gelände oder alkalischer Boden urbar gemacht. Die Angehörigen der Kaderschule des «Bunds» Ikh Chao in der Inneren Mongolei haben Sandboden in fruchtbares Land verwandelt, indem sie den Sand mit einer Schicht Erde bedeckten.

«Ein einfaches Leben und harter Kampf» sowie «Vertrauen auf die eigene Kraft» sind das Motto aller Kaderschulen.

Durch ihre körperliche Arbeit schaffen die Angehörigen der Kaderschule dem Staat materiellen Reichtum und, was noch wichtiger ist, sie stählen sich ideologisch und wandeln während der Umgestaltung der objektiven Welt ihre subjektive Welt um. Die Kader des Büros des ZK der KPCh machten den Bau ihrer Schule zu einem Prozeß ihrer ideologischen Umwandlung. Anstatt eine fertig vorbereitete Arbeitsstätte zu wählen, zogen sie es vor, die Kaderschule fast aus dem Nichts zu schaffen. Sie verwandelten 5000 Mu Seeufer und Ödland in fruchtbare Felder und bauten Häuser und Fabriken mit ihrer Hände Arbeit. Sie hoben, knietief im Schlamm stehend, Kanäle aus, wateten in dem eiskalten Fluß, um Sand zu bekommen, und fürchteten nicht stechenden Rauch, um Kalk in den Brennöfen zu gewinnen. Um das Leben und den Besitz der Bevölkerung zu retten, kämpften sie gegen die Hochflut. All diesen Schwierigkeiten begegneten sie, um sich den revolutionären Geist anzueignen, «weder Härte noch Tod fürchten».

Unter Arbeiter und Bauern gehen. Die Angehörigen der Kaderschule gehen oft für kurze Zeit in nahegelegene Volkskommunen oder Fabriken. Sie leben, essen und arbeiten dort mit Arbeitern oder Bauern zusammen, um von ihnen zu lernen und gleichzeitig gesellschaftliche Untersuchungen unter ihnen anzustellen. Sie leisten ferner Arbeit unter den Massen, so leiten sie z. B. Arbeiter und Bauern beim Studium der Philosophie, helfen ihnen beim Lesen und Schreiben und wirken bei der Konsolidierung und dem Aufbau der lokalen Parteiorganisationen mit. All diese Tätigkeiten der Kaderschule zielen auf die Erhöhung des ideologischen Niveaus der Kader und Umwandlung ihrer Weltanschauung ab.

Umgestaltung der Mentalität von Kadern

Kader werden in Gruppen in die Kaderschule gesandt und kehren nach «Absolvierung» auf ihren alten Arbeitsposten zurück oder erhalten neue Arbeit zugewiesen. Die Praxis hat gezeigt, daß die Kaderschule einen guten Weg zur Stählung der Kader darstellt. Die meisten Kader zeigen nach Besuch der Kaderschule große Änderungen in ihrer Mentalität.

In der Kaderschule Kuan-tang, Provinz Hunan, gab es einen Maler, der nach Absolvierung der Hochschule zu arbeiten begonnen hatte. Dieser Mann lehnte es ab, Bauern zu zeichnen, da er meinte, daß ihre tiefgefurchten Gesichter nicht schön und kein Objekt der Malerei seien. Nach seinem Eintritt in die Kaderschule hatte er Gelegenheit, mit den Bauern gemeinsam zu leben und zu essen und gesellschaftliche Untersuchungen über ihr Leben anzustellen. Als er die vielen tragischen Lebensgeschichten der vor der Befreiung durch die Grundbesitzer ausgebeuteten Bauernfamilien kennenlernte, änderte er seine Einstellung und fand die zerfurchten Gesichter der Bauern, die ein Beweis für die grausame Ausbeutung durch die Grundherren sind, sympathisch. Er sagte: «Früher betrachtete ich die Dinge vom bürgerlichen ästhetischen Standpunkt. Je mehr ich zeichnete, je weiter entfernte ich mich von den Werktätigen. Heute aber fühle ich mich um so enger mit ihnen verbunden, je mehr ich sie zeichne.»

Lin Hsiang-wei, Vizedirektor und Chefingenieur des Hunaner Instituts für Bauprojektierung, hatte eine Straßenbrücke entworfen. Da er einen «modernen und großzügigen Stil» anstrebte, wurden Zehntausende von Ziegeln beim Bau dieser Brücke für Verzierungen verschwendet. Die Arbeiter kritisierten ihn, ohne ihn jedoch überzeugen zu können. Später nahm er am Bau der Kaderschule Kuan-tang teil und arbeitete in einer Ziegelei. An einem eiligen Auftrag in den heißen Sommertagen arbeitend, war er den ganzen Tag in Schweiß gebadet und mit Lehm bedeckt. Erst jetzt verstand er, wie schwer es ist, einen Ziegelstein herzustellen. Mit tiefer Einsicht sagte er dann: «Die körperliche Arbeit hat mich den Arbeitern und Bauern nahegebracht!» Eines Tages regnete es plötzlich in Strömen, da rannte Lin eiligst zur Ziegelei, um die ungebrannten Steine zu bedecken. Er war völlig durchnäßt und trotzdem sehr froh. Oft sprach er seine Entschlossenheit aus, die Revolution fortzusetzen, seine alten Ideen loszuwerden, und ein Intellektueller zu werden, den die Arbeiter, Bauern und Soldaten begrüßten.

Die Kaderschule ist auch für alte Funktionäre mit reichen revolutionären Erfahrungen sehr nützlich. Sie läßt diese Funktionäre an die früheren schwierigen Kriegsjahre zurückdenken und hilft ihnen, sich von bürokratischem Arbeitsstil und der Trägheit, die sich manchmal in Friedenszeiten bemerkbar macht, zu befreien. In der Kaderschule fühlen sich die alten Funktionäre jünger.

Fang Fu-ch'in, ein alter Funktionär, der den Langen Marsch der Chinesischen Roten Armee, einen Marsch von 25 000 Li,[40] zurückgelegt hatte, meldete sich als erster zum Besuch der Kaderschule Meitsun der Eisenbahndirektion Kuangchou. Das Leben in der Schule erinnerte ihn an das Kampfleben in Chingkang-Gebirge, Yenan und Naniwan in den ersten Jahren der Revolution, und er fühlte sich stärker. Wie ein junger Mann stieg er mit anderen Genossen auf die Berge und fällte Bäume. Wo die

Schwierigkeiten am größten waren, da war er zu finden. Mit Rücksicht auf sein Alter, rieten ihm die Genossen, sich öfter auszuruhen. Er weigerte sich jedoch und sagte: «Ihr könnt die Arbeit für mich machen, aber nicht für mich meine Weltanschauung umwandeln!»

Yang Li-feng ist eine aus einer armen Bauernfamilie stammende neue Funktionärin. Im Jahre 1960 ging sie mit ein paar einfachen, von ihrer Mutter angefertigten Schuhen auf die Hochschule. Unter dem Einfluß der revisionistischen Linie in der Erziehung machten sich bürgerliche Ideen in ihr breit, und sie trachtete nach Berühmtheit und einem besseren Leben. Die «dörflichen» Schuhe wollte sie nicht mehr tragen und ließ sie unter ihrer Kiste liegen. Wenn man sie bat, über das Leben ihrer Familie vor der Befreiung zu erzählen, lehnte sie das ab, da sie sich ihrer früheren Armut schämte.

In der Volkskommune Hsiu-shui ho-tzu, Kreis Faku, Provinz Liaoning, nahm sie mit den Bauern an einer Bewegung teil, um sich das elende Leben der Vergangenheit ins Gedächtnis zurückzurufen und dieses Leben mit dem heutigen Glück zu vergleichen. Bei dieser Gelegenheit berichtete sie den Bauern, wie ihr Denken sich in der Hochschule änderte. Die Bauern halfen ihr, ihre Fehler einzusehen, und sagten: «Sie müssen verstehen, daß Sie nicht nur die bittere Vergangenheit Ihrer Familie, sondern auch die Ihrer Klasse vergessen haben. Sie haben nicht nur Ihre einfachen Schuhe weggeworfen, sondern auch das wahre Wesen der Werktätigen.» Seitdem nimmt Yang mit großem Elan an körperlicher Arbeit teil und trägt wieder ihre alten Schuhe.

Nach «Absolvierung» der Kaderschule sind viele Kader mit größerem Arbeitselan auf ihre alten Arbeitsplätze zurückgekehrt. Sie unterhalten engen Kontakt mit den Massen, und der harte Kampf und ein einfaches Leben ist ihnen zur Gewohnheit geworden. Wenn die Arbeiter, Bauern und Soldaten ihre Fortschritte nach «erneutem Studium» sehen, bringen sie voller Freude zum Ausdruck, daß sie festes Vertrauen auf solche Kader haben, die in den oberen Organisationen wie in den Grundeinheiten arbeiten können und mit den Massen enge Verbindung unterhalten.

«Entstehung»

Die «7. Mai»-Kaderschulen wurden nach der Weisung des Vorsitzenden Mao vom 7. Mai 1966 benannt.

Im Jahre 1968, als sich die Große Prolaterische Kulturrevolution in die Tiefe entwickelte, wurde die Frage eingehend diskutiert, wie die ideologische Revolutionierung der Kader in Büros weitergeführt und Regierungsämter revolutioniert werden könnten. Im Oktober jenes Jahres ließ Vorsitzender Mao den Aufruf ergehen: «Zu körperlicher Arbeit an die Basis zu gehen, bietet den breiten Massen der Kader eine ausgezeichnete Gelegenheit, aufs neue zu lernen. Ausgenommen diejenigen, die zu alt die schwächlich, krank oder körperbehindert sind, sollten alle Kader entsprechend handeln. Auch jene, die weiter auf ihrem Posten tätig sind, sollten abwechselnd gruppenweise zu körperlicher Arbeit an die Basis gehen.» Kader aller Ebenen im ganzen Land folgten begeistert diesem Aufruf und verlangten, zu körperlicher Arbeit an die Basis zu gehen, um sich unter schwierigen Bedingungen zu stählen und «aufs neue zu lernen». Diesem Verlangen entsprechend, wurden die «7. Mai»-Kaderschulen eingerichtet, und im Oktober allein wurde fast täglich eine neue «7. Mai»-Kaderschule eröffnet.

Der Leitgedanke der «7. Mai»-Kaderschulen, Kader an kollektiver Produktionsarbeit teilnehmen zu lassen, wurde schon vor 1968 von Vorsitzendem Mao und dem Zentralkomitee der Partei zum Ausdruck gebracht.

Teilnahme von Kadern an Produktionsarbeit ist die ausgezeichnete Tradition der Chinesische Roten Arbeiter- und Bauernarmee, der Achten Route-Armee und der Neuen Vierten Armee sowie heutzutage der Volksbefreiungsarmee. Angehörige einer Volksarmee, Kommandeure und Kämpfer, sollten jederzeit den Massen bei körperlicher Arbeit helfen, wo immer sie sind. Nach der Befreiung lernten auch die Kader in Regierungs- und Parteiorganisationen, diese Tradition fortzusetzen. Von 1958 an ist das System, nach dem in Büros arbeitende Kader für bestimmte Zeit an Produktionsarbeit teilnehmen müssen, durchgeführt worden, und es sind auch Kader abwechselnd gruppenweise zu körperlicher Arbeit in Fabriken und aufs Land gegangen.

Nach Zusammenfassung der Erfahrungen im chinesischen revolutionären Kampf und Überprüfung der positiven und negativen Erfahrungen in der internationalen kommunistischen Bewegung hob Vorsitzender Mao im Jahre 1964 hervor: «Durch ihre Teilnahme an der kollektiven Produktionsarbeit unterhalten die Funktionäre maximal umfassende, kontinuierliche und enge Beziehungen zu den Werktätigen. Im System des Sozialismus ist das eine große Sache von grundlegender Bedeutung. Sie trägt dazu bei, den Bürokratismus zu überwinden und den Revisionismus und Dogmatismus zu verhüten.»

5. Die Gesellschaft als Fabrik

Am 25. Mai 1966 schlugen Studenten und Assistenten der Universität Peking *(Pei-ta)* eine Wandzeitung an, worin sie städtische Hochschulfunktionäre und ihren Rektor des Revisionismus anklagten. Am 1. Juni nannte Mao Tse-tung dieses *Tatzu pao* eine Deklaration der Volkskommune Peking im XX. Jahrhundert. Einer der ersten Impulse zur Kulturrevolution ging von der *Pei-ta* aus, allerdings wurde Massenkritik an Liu Shao-ch'i zum erstenmal an der *Ts'ing-hua* geübt; während die Universität Peking von ihrem Ruf lebte, trat die Technische Universität das revolutionäre Erbe an. Als ich im Oktober 1970 nach der *Pei-ta* fragte, antworteten mir Angehörige der *Ts'ing-hua* wörtlich: «Sie ist hinter der Revolution zurückgeblieben.» Tatsächlich wurde sie erst Anfang November 1970 wiedereröffnet. Im Februar 1973, die nunmehr gesellschafts-(statt geistes-)wissenschaftlich genannten Fakultäten haben im Bildungswesen gleichgezogen, lauten die Nachrichten anders.[41]

In der Großen Proletarischen Kulturrevolution gestählt, entwickelt sich die Peking-Universität zu einer sozialistischen Universität neuen Typs. Sie hat heute 17 Fakultäten, die über 60 Fachrichtungen einschließen, und einen mehr als 2000köpfigen Lehrkörper. Seit August 1970 wurden insgesamt 4000 Studenten aus den Reihen junger Bauern, Arbeiter und Soldaten aufgenommen, die praktische Erfahrungen haben, was für die Universität neu ist.

Die in einem nordwestlichen Vorort der Stadt Peking liegende Universität hat sieben gesellschaftswissenschaftliche Fakultäten: Chinesische Sprache und Literatur, Geschichte, Philosophie, Politische Ökonomie, Internationale Politik, Jura und Bibliothekswesen. Der Vorsitzende Mao wies auf folgendes hin: «Die Gesellschaftswissenschaften müssen die ganze Gesellschaft als ihre Fabrik nehmen.» Wie die naturwissenschaftlichen und technischen Fakultäten, die eigene Fabriken besitzen oder Verbindungen mit örtlichen Betrieben unterhalten, damit Lehrer und Studenten das Studium mit der Produktion verbinden können, ebenso verbringen die Lehrer und Studenten der Gesellschaftswissenschaften, parallel zu ihrem Unterricht in der Universität, einen Teil des Jahres in Fabriken, Volkskommunen, Armee-Einheiten und Geschäften, um sich am Klassenkampf zu beteiligen und produktive Arbeit zu leisten. Dabei führen sie soziale Untersuchungen durch und treiben so ihr theoretisches Studium auf der Basis der Praxis voran. Diese Versuche haben gute Resultate gezeitigt.

Bereits vor der Großen Proletarischen Kulturrevolution hat der Vorsitzende Mao mehrmals die Lehrer und Studenten der Gesellschaftswissenschaften aufgerufen, unter die Arbeiter und Bauern zu gehen, um durch Teilnahme am Klassenkampf zu lernen, wie die Revolution durchgeführt wird. Er wies klar darauf hin: «Das Bildungswesen muß der Politik des Proletariats dienen, muß mit der produktiven Arbeit verbunden werden.» Aber Liu Shao-ch'i und seine Agenten auf dem Gebiet des Bildungswesens verfolgten eine revisionistische Linie und versuchten,

Lehrer und Studenten von der proletarischen Politik, den Arbeiter- und Bauernmassen und der produktiven Arbeit fernzuhalten.

Tiefgreifende Veränderungen

Während der Großen Proletarischen Kulturrevolution wurde diese konterrevolutionär-revisionistische Linie im Bildungswesen kritisiert. Lehrer und Studenten der gesellschaftswissenschaftlichen Fakultäten folgen dem Weg «die Gesellschaft als Fabrik nehmen» und haben dabei das Erziehungssystem entscheidend verändert.

Seit ungefähr zwei Jahren gehen sie daran, das Studium innerhalb und außerhalb der Universität organisch zu verbinden. Innerhalb der Universität sollen die Studenten ihre Zeit und Energie auf die systematische Aneignung der Grundkenntnisse in ihrem Spezialgebiet konzentrieren. Vier Monate im Jahr sind sie mit ihren Lehrern draußen in der Gesellschaft, wo sie das Gelernte in der Praxis anwenden. So wurde die alte «Bücherwurm-Methode» beseitigt, und die Fähigkeit der Studenten gesteigert, Probleme mit Hilfe der marxistischen Theorie zu analysieren und zu lösen.

1971 gingen die Studenten der Fachrichtung Literatur, Fakultät für Chinesische Sprache und Literatur, mit ihren Lehrern in eine Produktionsbrigade des in der Nähe von Peking gelegenen Kreises Mi-yün, wo sie Untersuchungen anstellten. Die verdienstvollen Taten des verstorbenen Parteisekretärs der Brigade Liu Mao-ch'ing, der die Bauern beim sozialistischen Aufbau auf dem Lande geführt hatte, regten sie alle zu schöpferischer Arbeit an. Während die Lehrer die Studenten im Schreiben anleiteten, gaben sie ihnen auch Unterricht in der marxistischen Theorie der Literatur und Kunst sowie über Schaffensmethoden. Sie analysierten mit ihnen klassische und moderne Werke, lehrten sie Grammatik und Rhetorik und organisierten das Studium von Werken des Vorsitzenden Mao, darunter die *«Reden bei der Aussprache in Yenan über Literatur und Kunst»*. So konnte am Schluß ein Sammelband mit revolutionären Geschichten herausgegeben werden.

In den Ming-Gräbern im Kreis Ch'ang-p'ing, nordwestlich von Peking, sind dreizehn Kaiser begraben. Sie wurden zum Klassenzimmer für die Geschichte der Ming-Dynastie (1368–1644) und der Ch'ing-Dynastie (1644–1911). Lehrer und Studenten studierten historische Materialien, besuchten das luxuriöse unterirdische Mausoleum eines Ming-Kaisers und seiner Frauen und machten Untersuchungen über die Familiengeschichte von Bauern, deren Familien schon seit Generationen in der Nähe wohnten. Dadurch erhielten sie anschauliches Material über die grausame Ausbeutung und Unterdrückung der Bauern durch die Feudalherren und über den Widerstandskampf der Bauern dagegen. Das war dem Studium des marxistischen historischen Materialismus ebenso förderlich wie der Anwendung der Theorie des Klassenkampfes auf das Studium geschichtlicher Probleme und für die Kritik des idealistischen Geschichtskonzepts.

Von abstrakten Begriffen zu Waffen des Kampfes

Vor der Kulturrevolution sah die philosophische Fakultät die Philosophie nicht als Fach an, in dem die Theorie des Klassenkampfes als Instrument für die Politik des Proletariats studiert werden muß. Statt dessen wurde die Philosophie auf Bücher und die Hörsäle beschränkt, d. h. die Studenten beschäftigten sich mit philosophischen Begriffen nur in Büchern. Diese Situation wurde in der Kulturrevolution von Grund auf verändert.

Im Zusammenhang mit dem Studium der grundlegenden Theorien des historischen Materialismus verbrachten vor einiger Zeit 150 Lehrer und Studenten des dritten Jahrgangs der philosophischen Fakultät eineinhalb Monate in Fabriken, Läden und Schulen sowie gemeinsam mit Einwohnern des westlichen Bezirks der Hauptstadt, um Untersuchungen anzustellen. Sie richteten ihr Augenmerk vor allem auf das Verwaltungssystem von Industriebetrieben, den Klassenkampf in Handelsabteilungen und Erziehungsprobleme bei Kindern und Jugendlichen. Die Studenten stellten viele praktische und theoretische Fragen über die Gesetze des Klassenkampfes in der Periode des Sozialismus, die Besonderheiten und Gesetze des Kampfes zwischen dem Proletariat und der Bourgeoisie um die Gewinnung der jungen Generation usw. Unter Anleitung der Lehrer studierten die Studenten dann gründlich Bücher und bemühten sich, bei der Beantwortung dieser Fragen den marxistischen Standpunkt, die marxistische Auffassung und die marxistische Methode anzuwenden. Neben 60 von einzelnen geschriebenen Untersuchungsberichten und Studiennotizen wurden durch gemeinsame Arbeit weitere 30 Untersuchungsberichte zustande gebracht.

Um ein tieferes Verständnis für die marxistische Theorie der Erkenntnis zu bekommen, besuchte eine Gruppe von Lehrern und Studenten aus derselben Fakultät die Yung-ting-Maschinenfabrik, in der erfahrene Arbeiter durch gemeinsame Bemühungen einen Bohrer neuen Typs geschaffen hatten. Ihr Ziel bestand darin, im Lichte der Einführung von technischen Neuerungen reaktionäre Täuschungen wie den idealistischen Apriorismus, der von politischen Schwindlern wie Liu Shao-ch'i verbreitet wurde, zu analysieren und typische Beispiele dafür ausfindig zu machen, wie Arbeiter die materialistische Widerspiegelungstheorie in der Praxis anwenden. Auf der Grundlage der Untersuchungen übten die Studenten mit den Arbeitern zusammen revolutionäre Massenkritik. Gleichzeitig studierten sie noch einmal eingehend die *«Thesen über Feuerbach»*, *«Ludwig Feuerbach und der Ausgang der klassischen deutschen Philosophie»*, einige Kapitel aus dem *«Anti-Dühring»* und *«Mate-*

rialismus und Empiriokritizismus» und weitere Werke von Marx, Engels, Lenin und Stalin sowie Werke des Vorsitzenden Mao wie *«Über die Praxis»* und *«Woher kommen die richtigen Ideen der Menschen?»*.

Lehrer erläuterten an Ort und Stelle einige grundlegende Auffassungen der marxistischen Theorie der Erkenntnis. Bevor die Studenten in die Fabrik kamen, hatten einige von ihnen unklare Ideen darüber, woher die Kenntnisse und die Fähigkeiten der Menschen kommen. Während der Diskussionen und Kritikversammlungen verurteilten die Arbeiter den von Hochstaplern wie Liu Shao-ch'i verbreiteten idealistischen Apriorismus, indem sie seine Verbindung mit dem in der Zeit der alten Gesellschaft von den Ausbeuterklassen geförderten Fatalismus aufzeigten und feststellten, daß der idealistische Apriorismus nichts anderes als eine geistige Fessel ist, mit der früher die reaktionären herrschenden Klassen die Volksmassen versklavten. Eine Dreherin erzählte von ihrer eigenen Erfahrung, wie sie Meisterin in ihrem Fach geworden ist, obwohl sie zuerst nichts von Technik verstand. Dieses Beispiel veranschaulicht, daß die Fähigkeiten aus der Praxis stammen. All das gab den Studenten eine gute Lehre.

Lebendiger Unterricht

Als die Studenten der Fakultät für Politische Ökonomie die Entwicklung der sozialistischen Landwirtschaft studierten, lasen sie *«Die Bauernfrage in Frankreich und Deutschland»* von Engels, *«Über das Genossenschaftswesen»* von Lenin und die Schriften des Vorsitzenden Mao über die landwirtschaftliche Genossenschaft. Dann gingen die Studenten unter der Leitung der Lehrer in einige Volkskommunen mit unterschiedlichen Gegebenheiten, um Untersuchungen durchzuführen. In der Produktionsbrigade Hsi-p'u der Volkskommune Chienming im Kreis Tsunhua, Provinz Hopei, einer Brigade, die während der Bewegung für die Bildung der Genossenschaften vom Vorsitzenden Mao speziell gelobt wurde, wurden die alten, früher armen Bauern und die Kader gebeten, ihnen den ganzen Prozeß der landwirtschaftlichen Kollektivierung zu erzählen. Als die Genossenschaft, die sich später zur Produktionsbrigade entwickelt hat, gegründet wurde, war sie sehr arm. Sie verfügte nur über drei Viertel eines Esels, der das einzige Zugtier war. Er gehörte mehreren Bauernfamilien gemeinsam, von denen ein Viertel der Genossenschaft noch nicht beitrat. Heute wird die Landwirtschaft in dieser Brigade mehr und mehr mechanisiert. Indem die Lehrer und Studenten im Verlauf der Untersuchung in Verbindung mit dem ernsthaften Studium marxistischer Werke eine große Menge von Daten lasen und sammelten, erreichten sie ein gutes Verständnis der marxistisch-leninistischen Theorie des Genossenschaftswesens.

Ein Teil der Lehrer und Studenten aus der Fakultät für Internationale Politik führten den Unterricht über Lenins *«Der Imperialismus als höchstes Stadium des Kapitalismus»* in dem Kohlenbergwerk Men-t'ou-kou dem Eisenhüttenwerk der Eisen- und Stahlgesellschaft Shou-tu und dem Kraftwerk Shih-ching-shan in den westlichen Randbezirken Pekings durch. All diese Werke waren Objekte der imperialistischen Ausplünderung. Während sie die Geschichte der Ausplünderung dieser Werke durch den Imperialismus studierten, führten die Lehrer und Studenten Gespräche mit Arbeiterveteranen, welche die Imperialisten für ihre grausame Ausbeutung anklagten und viele Fragen zum aktuellen internationalen Klassenkampf stellten. Dies war ein Anstoß für das theoretische Studium und die Forschungsarbeit. Mit Hilfe der Lehrer lasen die Studenten gründlich relevante Materialien, während sie zur gleichen Zeit Lenins Werk studierten. So verstanden sie Lenins These von Grund auf, daß der Kapitalexport das wichtigste Merkmal für den Imperialismus ist. Dieser lebendige Unterricht führte die Studenten dazu, vier Untersuchungsberichte zu schreiben, wie z. B. «Die Ausplünderung des Kohlenbergwerks Men-t'ou-kou durch die imperialistischen Mächte», «Eine Untersuchung über den imperialistischen Kapitalexport in der Rohrgußfabrik Shih-ching-shan» und «Kontrolle und Ausplünderung des Kraftwerks Shih-ching-shan durch den Imperialismus».

«Die Gesellschaft als Fabrik nehmen» hat die Qualität des Unterrichts bedeutend erhöht. Es ist, wie es ein junger Lehrer für Philosophie sagte: «Ich habe an der alten Peking-Universität fünf Jahre lang Philosophie studiert. Meine Jahresarbeit und Diplomarbeit enthalten nichts anderes als abstrakte Konzepte und philosophischen Jargon. Obwohl die Studenten nur etwas mehr als ein Jahr studiert haben, haben sie schon jetzt begonnen, die marxistische Theorie für die Kritik an der Bourgeoisie anzuwenden, und haben Artikel mit klar formulierten Ansichten und reichem Inhalt geschrieben. Dies zeigt den klaren Gegensatz zwischen den zwei Linien im Bildungswesen und den sich daraus ergebenden Resultaten.»

6. Lebendiger Unterricht, aktives Studium

Im gleichen Monat Februar 1973, in dem die *Pei-ta* eine revolutionäre Bilanz zieht, teilt auch die *Ts'ing-hua* neue Ergebnisse mit; der Artikel ihres Revolutionären Komitees erscheint in der «Peking Rundschau» eine Nummer später. Aus der redaktionellen Vorbemerkung: «Die

Ts'ing-hua-Universität hat einen mehr als 2000köpfigen Lehrkörper. Seit 1969 wurden 150 der Lehrer Mitglied der Kommunistischen Partei Chinas (vorher waren es 39). In den vergangenen drei Jahren hat die Ts'ing-hua-Universität 4917 Studenten aus den Reihen junger Arbeiter, Bauern und Soldaten aufgenommen (zusätzlich zu den Schulabgängern). 267 von den im ersten Jahr aufgenommenen Studenten wurden Mitglied der Kommunistischen Partei. Neben den regulären Studenten bildete die Universität in verschiedenen Kurzlehrgängen auch 649 Arbeiter aus.»[42]

Wie kann man das Studium für die Arbeiter, Bauern und Soldaten, nachdem sie in die Universität eingetreten sind, lebendig gestalten und ihre Initiative zur Geltung bringen? Das ist eines der Hauptprobleme bei der Reform unserer Unterrichtsmethoden. Entsprechend der Lehre des Vorsitzenden Mao, «Die Linie ist das Hauptkettenglied. Packt man beim Hauptkettenglied an, kommt alles ins richtige Gleis», begannen wir mit der Erziehung im Bewußtsein des Kampfes der zwei Linien und entfalteten die revolutionäre Kritik an Liu Shao-ch'is konterrevolutionärer revisionistischer Linie im Bildungswesen, um das Bewußtsein der Studenten zu erhöhen, daß es notwendig ist, für die Revolution hart zu studieren. Daneben wurden Maßnahmen ergriffen, damit sie ihre Zeit für politische Tätigkeiten und das fachliche Studium rationell einteilen können. Gleichzeitig damit haben wir bei der Unterrichtsreform folgende Probleme in Angriff genommen.

Auf der Grundlage der Praxis das Studium der Theorie betonen

Im Verlaufe der Revolution im Bildungswesen kritisierten wir den idealistischen Apriorismus, der die Theorie von der Praxis loslöst, und vereinigten Unterricht, Forschung und Produktion, indem wir den Unterricht mit der Produktion und der Erforschung einiger typischer Industrieprodukte verbanden. Die Praxis hat gezeigt, daß dies etwas Neues und Lebensfähiges ist.

Ein Beispiel dafür ist der einjährige Kurs für programmgesteuerte Computer in der Fakultät für industrielle Automation. Im Zusammenhang mit einigen Grundlagenfächern wurden die Studenten bei der Montage und teilweisen Probejustierung eines verhältnismäßig einfachen Computers eingesetzt. Beim theoretischen Studium des Hauptfaches «Transistorenkreise» wurde ihnen dann die Gesamtmontage und -justierung eines komplizierteren Computers als Aufgabe gestellt. Nachdem die Studenten durch Praxis sinnliche Erfahrungen in ihrem Fachgebiet erworben und die notwendige Theorie studiert hatten, wurde ihnen aufgetragen, selbständig einen neuen programmgesteuerten Computer zu konstruieren.

Dieses Lehrprogramm erzielte gute Erfolge. Ein Student, der früher Arbeiter an einer Fräsmaschine war, konnte bei der Probejustierung eines Computers die Störungen, die wegen mangelhafter logischer Konstruktion entstanden waren, selbständig vom theoretischen Gesichtspunkt aus analysieren und dann beheben. Zum Abschluß dieses Kurses kannte die Mehrheit dieser Klasse die Basistheorie gut und hatte die Fähigkeit, zu konstruieren und zu justieren.

Einige Klassen waren jedoch in der Verbindung ihrer Lehrtätigkeiten mit der Produktion von Industrieprodukten weniger erfolgreich.

Den Studenten eines anderen Kurses z. B. wurde zu früh, d. h. schon kurz nachdem sie in die Universität eingetreten waren, die Projektierung eines großen komplizierten Baus aufgetragen. Da aber die Studenten die grundlegenden theoretischen Kenntnisse in Mathematik und Mechanik noch nicht beherrschten und nur unvollständige praktische Kenntnisse im Fach besaßen, mußten sie sich bei jedem Schritt Rat einholen, was ihre Initiative praktisch lahmlegte. Um die Produktionsaufgabe zu erfüllen, mußten sie das abschreiben, was die Lehrer ihnen vorzeigten. Das Resultat war, daß sie sich nach der Erstellung des Entwurfs über die statischen Probleme auch einfacher Konstruktionen nicht im klaren waren. Sie sagten, daß sie trotz einigen praktischen Erfahrungen die Gesetzmäßigkeiten ohne das Studium der Theorie nicht beherrschen konnten.

Diese verschiedenartigen Resultate ließen uns erkennen, daß beide Formen der Einseitigkeit – sich von der Praxis loslösen oder die Theorie vernachlässigen – überwunden und die Verbindung der Theorie mit der Praxis gefördert werden mußte. Lenin lehrte uns: «Wir brauchen das Büffeln nicht, aber wir müssen das Gedächtnis jedes Lernenden durch die Kenntnis der grundlegenden Tatsachen entwickeln und vervollkommnen . . .» (*«Die Aufgaben der Jugendverbände»*). Vorsitzender Mao sagte: «Jedes mehr oder minder vollständige Wissen bildet sich auf zwei Stufen heraus: Die erste Stufe ist die sinnliche Erkenntnis, die zweite die rationale Erkenntnis, wobei die rationale Erkenntnis eine höhere Entwicklungsstufe der sinnlichen Erkenntnis darstellt» (*«Den Arbeitsstil der Partei verbessern»*). Die grundlegende Theorie muß im Einklang mit den Gesetzmäßigkeiten der menschlichen Erkenntnis und in Verbindung mit der Praxis erarbeitet werden, um unter Anleitung der Theorie wieder an die praktische Arbeit zu gehen. Auf der Basis des Meisterns eines speziellen Fachgebiets sollen die Kenntnisse der Studenten erweitert werden, damit sie nach der Studienzeit nach Bedarf ihr Blickfeld auch weiterhin vergrößern, das Studium selbst fortsetzen und ihr fachliches Niveau erhöhen können.

Damit die Studenten auf der Basis der Praxis die Grundlagentheorie gut beherrschen und die Theorie zur Lösung praktischer Probleme anwenden können, muß Gewicht auf das wissenschaftliche Experimentieren gelegt werden. Das ist ein wichtiger Punkt bei der Verbindung der naturwissenschaftlichen Theorie mit der Praxis. Andere effektive Lehrmethoden, die Theorie und Praxis verbinden, sind unter anderem Vorlesungen in den Produktionsstätten, die Aufgaben, aktuelle Produktionsprojekte zu entwerfen, und anschauliches Lehren. Es gibt Fälle, wo kein direkter Zusammenhang zwischen dem Inhalt der theoretischen Fächer und den ausgewählten Produktions- und Forschungsaufgaben besteht. Daher besteht die Gefahr, daß, wenn nicht vielfältige Lehrmethoden zur Verbindung mit der Praxis angewandt werden, leicht die Situation wieder auftreten kann, in der die Theorie losgelöst von der Praxis gelehrt wird. Und das müssen wir vermeiden.

Abschaffen des Eintrichterns

In bezug auf die Reform der Unterrichtsmethode folgten wir entschlossen den Weisungen des Vorsitzenden Mao: «Die Methode des Eintrichterns abschaffen» und «Studenten, insbesondere die der oberen Klassen, sollen hauptsächlich selbständig Probleme studieren.»

Vor vielen Jahren hat Lenin bereits die alten Schulen scharf kritisiert, die durch «das alte Büffeln, den alten Drill» gekennzeichnet seien (*«Die Aufgaben der Jugendverbände»*). Ob wir Bücherwürmer drillen, oder ob wir die Methode des «induktiven» Lernens, des selbständigen Schlußfolgerns, einführen, d. h. die Initiative und die schöpferische Fähigkeit der Arbeiter-, Bauern- und Soldatenstudenten voll und ganz zur Geltung bringen und so Menschen heranbilden, die fähig sind, Probleme selbständig zu analysieren und zu lösen, dies ist keineswegs eine Sache von geringer Bedeutung. Einige Genossen fürchteten, daß die neu aufgenommenen Studenten, deren Bildungsniveau nicht allzu hoch war, beim Selbststudium Schwierigkeiten haben würden und daß der Unterrichtsplan nicht eingehalten werden könnte. Sie vertraten die Ansicht: «Je mehr eingetrichtert wird, desto mehr lernen die Studenten.» Dies zeigte, daß man die Wichtigkeit der Reform der Unterrichtsmethoden nicht erkannt hatte. Das Resultat war, daß in vielen Vorlesungen die Methode des Eintrichterns auch weiterhin praktiziert wurde und daß dort die Studenten ihr Studium nur passiv betrieben.

Um diese Situation zu verändern, versuchten die Lehrer verschiedener Klassen unter Anleitung der Parteizellen, zur Förderung der selbständigen Arbeit der Studenten die Methode des Anleitens zum induktiven Lernen einzuführen. Die Lehrmaterialien wurden an die Studenten verteilt, und die Erläuterungen der Lehrmaterialien durch die Lehrer nahmen nur wenig Zeit in Anspruch. Der Rest der Zeit wurde den Studenten dafür zur Verfügung gestellt, Probleme, das Lehrmaterial und weitere

Literatur zu studieren, Experimente zu machen oder Untersuchungen in der Gesellschaft und Diskussionen innerhalb der Klassen durchzuführen. Dadurch wurde der Unterricht viel lebhafter.

Nehmen wir z. B. den Unterricht der Fachrichtung für Schmiedepressen über «Anwendungen der Ableitung» als Beispiel. Der Lehrer zeigte den Studenten zuerst ein Emailtrinkgefäß und fragte sie, warum bei zylindrischen Trinkgefäßen mit gleichem Volumen dasjenige am wenigsten Rohmaterial benötigt, bei dem der Durchmesser seiner Höhe entspricht. Der Lehrer leitete die Studenten dabei an, von dieser konkreten Frage über das wirtschaftliche Umgehen mit Rohmaterialien in der Produktion aus die mathematischen Gesetzmäßigkeiten des Errechnens von Maximum und Minimum abzuleiten. So konnte er bei den Studenten allgemeines Interesse erwecken. Dann wies er darauf hin, daß das Ziel des Unterrichts darin bestand, mit Hilfe der Lehrsätze der Differential- und Integralrechnung das Maximum und Minimum der mathematischen Funktionen zu studieren. Damit half er den Studenten, den Kern der Frage zu erfassen. Sie wurden alle munter und begannen, Initiative zu zeigen. Bei der Anleitung des Selbststudiums wendeten die Lehrer ebenfalls die Methode an, die Studenten zu selbständigem Schließen zu veranlassen, statt einfach auf von Studenten gestellte Fragen zu antworten. Viele Studenten dieser Klasse für Mathematik, in der die Verbesserung der Unterrichtsmethoden früher als in anderen Klassen durchgeführt wurde, nahmen schon bald aktiv am Unterricht teil, warfen jederzeit Fragen auf, wagten, eigene Auffassungen zu äußern, und zeigten in Probearbeiten gute Leistungen. Auch Studenten, die nur eine schwache Grundlage gehabt hatten, begannen, beim Studium aktiv zu werden.

Die Verbesserung der Unterrichtsmethoden hängt vor allem von den Lehrern ab. In einigen Klassen, in denen der Unterricht gut war, standen die Lehrer in enger Verbindung mit den Studenten, kannten ihre Studenten, deren Bildungsniveau, Studienmethoden und Einstellung zum Studium genau und arbeiteten eng mit der Parteizelle zusammen, um gute ideologische Arbeit leisten und jedem den konkreten Umständen entsprechend Anweisungen und Hilfe geben zu können. Die Lehrer halfen den Studenten, die Schwierigkeiten hatten, beim Selbststudium das Wesentliche zu begreifen, den Hauptwiderspruch zu finden. Sie schenkten darüber hinaus der Bildung einer Gruppe von fortgeschrittenen und für das erfolgreiche Studieren typischen Studenten besondere Aufmerksamkeit: Studenten, die im Selbststudium gute Erfahrungen und schnelle Fortschritte gemacht hatten, wurden gebeten, ihre Erfahrungen den anderen weiterzugeben. Studenten, die im Studium ausgezeichnet waren, wurden veranlaßt, den schwachen zu helfen. Dies zeigt, daß die Lehrer die Studenten sowohl fachlich ausbilden als auch politisch und ideologisch erziehen müssen. Sie müssen sich bemühen, durch ausgedehnte Praxis es zu «. . . lernen, mit Hilfe der marxistischen Methode die Probleme zu betrachten, sie aufzuwerfen, zu analysieren und zu lösen» (Mao Tse-tung *«Gegen den Parteischematismus»*).

Das Lehrmaterial muß für das Selbststudium geeignet sein

Wenn die Eintrichterungsmethode abgeschafft und die Fähigkeit der Studenten gefördert werden soll, selbständig Probleme zu lösen, muß es Lehrmaterial geben, das für das Selbststudium geeignet ist. Bis jetzt ist unsere Arbeit in der Reform des Lehrmaterials zwar noch unzureichend, aber es gibt doch schon Lehrmaterial, das speziell auf dieses Problem zugeschnitten ist.

Die alten Lehrbücher über Elektronik enthielten eine große Menge von abstrakten Theorien und waren ganz und gar von der Praxis losgelöst. Nachdem diese Tendenz kritisiert worden war, verfielen einige ins andere Extrem. In den von ihnen zusammengestellten Lehrmaterialien wurden lediglich spezielle Erscheinungen behandelt, ohne die allgemeinen Prinzipien zu erwähnen, und nur Formeln und Schlußfolgerungen, ohne die logische Deduktion zu erläutern. Im vor kurzem verfaßten Lehrbuch *«Transistorenkreise»* (Band I) wurde besonders darauf achtgegeben, die Trennung des Besonderen vom Allgemeinen zu überwinden und auch auf dem Gebiet der Naturwissenschaften revolutionäre Kritik zu üben. Das bedeutete in mancher Hinsicht eine Überwindung der alten Lehrbücher, die metaphysisch und von der Praxis losgelöst waren. Diese gingen von abstrakten Theorien aus und behandelten mathematische Ableitung, ohne die praktischen Bedürfnisse zu berücksichtigen. Beim Berechnen eines Transistorenkreises sollten mehr als zehn Parameter gebraucht werden, eine äußerst schwere Aufgabe. Nach einer ausführlichen Untersuchung und gründlichem Studium kam die Gruppe für die Zusammenstellung des Lehrmaterials zur Schlußfolgerung, daß nur zwei von diesen mehr als zehn Parametern von allgemeinem Nutzen für die Produktion und Forschung in dieser Fachrichtung waren. Alle anderen hatten keinen praktischen Wert. Sich auf diese zwei Parameter konzentrierend, wurden neue Formeln aufgestellt, die das Wesentliche enthielten und praktisch relevant waren. Nach Auswertung von praktischen Erfahrungen der Massen und durch wissenschaftliche Experimente formulierte diese Gruppe eine Methode zur Analyse von Kreisen, die den praktischen Bedürfnissen der Produktion entspricht und die qualitative Analyse mit quantitativer Schätzung und experimenteller Prüfung verbindet. Auf diese Weise kam mehr und mehr ein Lehrbuch zustande, das sowohl leicht zu verstehen, als auch eine Anleitung für die Praxis ist.

Die erfolgreiche Zusammenstellung des Buches war nur möglich, weil die Verfasser ihr Augenmerk darauf richteten, ihre eigenen Schwächen einer Loslösung von der proletarischen Politik, den Massen und der produktiven Arbeit zu überwinden. Von den typischen Kreisen und Beispielen, die ins Buch aufgenommen worden sind, entstammte mehr als die Hälfte den Erfahrungen der Verfasser, ein Viertel praktischen Erfahrungen von außerhalb der Universität und nur weniger als ein Viertel anderen Quellen. Allein auf dieser Basis und durch kollektive Zusammenfassung und Diskussion war es möglich, die Stromkreise exakt zu analysieren und das Resultat zugleich in einer klaren Form auszudrücken. Das Buch eignet sich sehr gut für das Selbststudium, da die Gruppe die Studenten oft aufforderte, ihre Meinungen darüber zu äußern. Außerdem wurden die Erfahrungen der Studenten im Unterricht ernsthaft ausgewertet.

Ein Student, der sich früher niemals mit Transistoren beschäftigt hatte, konnte im Laboratorium einen Mehrstufen-Verstärker entwerfen und justieren, ohne eine Vorlesung besucht zu haben. Er hatte lediglich das Kapitel über Wechselstrom-Verstärker aus diesem Buch selbständig durchgearbeitet und die darin gestellten Aufgaben gelöst.

Lebendige Prüfungen

Ein wichtiges Problem in der Reform der Unterrichtsmethoden ist, das alte Prüfungssystem zu verbessern. Auch in dieser Frage muß man die Dinge im Licht des Kampfes zwischen zwei Linien betrachten, d. h. die neuen Prüfungsmethoden von den alten unterscheiden. Das alte Prüfungssystem behandelte die Studenten wie Feinde und hatte das Prinzip, «Überraschungsangriffe» auf sie auszuführen. Dieses System mußte geändert werden. Dies bedeutet aber nicht, daß alle Prüfungen abgeschafft werden sollen, sondern vielmehr, daß ein lebendiges Prüfungssystem eingeführt werden muß: die Themen sollen vorher bekanntgegeben werden, und den Studenten soll es gestattet werden, sie zu studieren und bei der Antwort auf die Fragen in Büchern nachzuschlagen, damit sie sich darauf konzentrieren können, ihre Fähigkeiten auszubilden, zu analysieren und Probleme zu lösen.

In einigen Abteilungen wurden diese Reformen versuchsweise eingeführt. Die Abteilung für Computertechnik machte z. B. die Prüfung im Gebiet Impuls-Digital-Kreise in folgender Weise: Die Studenten wurden aufgefordert, die in den von ihnen selbst gemachten Musterkreisen vorhandenen Fehler zu beseitigen. Einige der Fehler waren von den Lehrern hinzugefügt worden, um die Studenten anzuleiten, die grundlegenden theoretischen Konzepte verstehen zu lernen. Solche praktischen Probleme weckten großes Interesse bei den Studenten. Viele von ihnen baten, nachdem sie die relativ einfachen Fehler behoben hatten, die Lehrer um schwerere Aufgaben. Den Studenten, welche die Fehler nicht beseitigen konnten, wurden von anderen geholfen, oder sie berieten sich mit den Lehrern, um die Aufgabe zu studieren und dann zu lösen. Eine solche Prüfung ist ein lebendiger Prozeß, in dem die Studenten durch das Untersuchen und Lösen von Problemen eine aktive Rolle spielten.

Das Hauptziel der Leistungsbewertung besteht darin, die Studenten in Hinsicht auf die Einstellung gegenüber dem Studium und den Studienmethoden dazu zu führen, den Ideen des Vorsitzenden Mao über die Ausbildung zu folgen. Es ist erforderlich, die Studenten zu ermutigen, die grundlegenden Prinzipien und Methoden praktisch anzuwenden. Bei einer Prüfung in Elektronik wählten zwei Studenten der Fachrichtung für siliziumgesteuerte Gleichrichter den Leistungsverstärker als Thema. Sie studierten ausländische Literatur über Kreise, verwendeten die grundlegenden Theorien und machten kühne Neuerungen. Das Resultat war, daß es ihnen gelang, einen Eingangs- und einen Ausgangstransformator überflüssig zu machen, was die Abmessungen und das Gewicht des Gleichrichters verminderte. Diese schöpferische Arbeit wurde mit «ausgezeichnet» bewertet. Das Beispiel spornte auch die anderen Studenten zu schöpferischer Arbeit an. Nur eine kleine Anzahl von Studenten war noch immer auf das alte Büffeln eingestellt. In den Prüfungen zeigten sich ihre Schwächen klar. Zwar mußten ihre relativ schwachen Leistungen in den Noten Ausdruck finden, aber auch ihr Fleiß und ihre Gewissenhaftigkeit im Studium wurden anerkannt. Es wurde ihnen anschließend geholfen, ihre Studienmethoden zu verbessern.

Sowohl Lehrer als auch Studenten waren der Meinung, daß eine solche Prüfung und Bewertung nicht nur hilft, die Qualität des Unterrichts zu kontrollieren, mit dem Ziel, die Erfahrungen auszuwerten und das Niveau des Unterrichts auf eine höhere Stufe zu heben, sondern darüber hinaus vor allem auch die schöpferischen Fähigkeiten entwickelt und gegen das alte Büffeln und den alten Drill angeht, eine ehrliche und bescheidene wissenschaftliche Einstellung fördert und die Oberflächlichkeit bekämpft. Die Prüfungen helfen den Lehrern und Studenten, ihre Fähigkeiten der Problemanalyse zu erhöhen, die Erfahrungen aus dem Lehren und Lernen zusammenzufassen und Widersprüche anzupacken. So wird der Enthusiasmus aller gesteigert.

5. Dokumente 1974–1976

Die Grund- und Mittelschulen der Volksrepublik China sind ein Vieltausendfaches der Universitäten und Institute; sie liegen, entsprechend den 85 Prozent bäuerlicher Bevölkerung, zum größten Teil auf dem Lande. So wichtig die «Großen Schulen» sind – die Pekinger *Ts'ing-hua* und das Landwirtschaftsinstitut *Ch'ao-yang* scheinen 1976 erneut an der Spitze im Kampf der revolutionären gegen die revisionistische Linie zu stehen, geraten aber 1977 ins politische Zwielicht –, sie machen doch nur einen relativ schmalen Sektor des Bildungswesens aus. Aufs Ganze gesehen, sind jene Schulen, in die *alle* Chinesen gehen, noch wichtiger. Hier zeigt sich zuerst, wer wen wozu erzieht. Was hier versäumt wird, können selbst Neuerungen wie die «21. Juli»-Arbeiterhochschulen nur mühsam aufholen.

1. Die von den armen Bauern und unteren Mittelbauern unterhaltenen Schulen sind stark!

Zur Erinnerung: «Die Grundlage des heutigen Schulsystems bildet die 7-Klassen-Schule mit der 5jährigen Grundschule als Basis plus der 2jährigen Mittelschul-Unterstufe. Durch das gewaltige Schulaufbauprogramm während und nach der Kulturrevolution wurde dieser Schultyp in fast allen Teilen des Landes verbreitet.»[43] Um ebendiesen Typ handelt es sich auch bei der Schule der Produktionsbrigade Hsin-tien im Kreis Wei, Provinz Hopei. Ihr Verwaltungskomitee berichtete Anfang 1974, wie es mit dem «Klassenkampf als Hauptfach», mit den Prüfungen, mit der Erziehung der Erzieher, aber auch mit dem politischen Bewußtsein derer stehe, die ihre eigene Schule verwalten: der Bauern.[44]

1968 erließ der Vorsitzende Mao den großen Aufruf, *«auf dem Lande sollen die Schulen von den verläßlichsten Verbündeten der Arbeiterklasse – den armen Bauern und unteren Mittelbauern – verwaltet werden.»*

Seit mehr als fünf Jahren leiten wir unter der Führung der Parteizelle unserer Produktionsbrigade die Lehrer und Schüler der ganzen Schule an, gemäß den Anweisungen des Vorsitzenden Mao über die Revolution im Erziehungswesen, den Kampf der Klassen und den Kampf der Linien im Ausbildungsbereich fest anzupacken und die Revolution im Erziehungswesen zu vertiefen, wodurch sich in der Schule ein großer Wandel vollzog.

Jetzt gehen bereits alle im Schulalter stehenden Kinder der Produktionsbrigade in die Schule, und an die Grundschule ist eine Unterstufe der Mittelschule angeschlossen. Die Produktionsbrigade hat schon 209 Absolventen der Unterstufe der Mittelschule. Angesichts der Tatsache, daß jedes Kind auf die Schule gehen kann, daß die Ideologie der Absolventen gut ist, daß sie die Arbeit lieben und sehr brauchbar sind, sagen die armen und unteren Mittelbauern: *«Der vom Vorsitzenden Mao gewiesene Weg der Verwaltung der Schulen ist gut! Die von den armen Bauern und unteren Mittelbauern unterhaltenen Schulen sind stark!»*

Im Kampf das Kommando im ländlichen Schulwesen fest in die Hand nehmen

Blicken wir zurück auf den Weg, den wir bei der Verwaltung der Schulen in den vergangenen fünf Jahren zurückgelegt haben, so war jeder Schritt ein heftiger Kampf darum, ob weiter umgestaltet oder die Umgestaltung rückgängig gemacht wird. Wie kam es, daß wir im Ausbildungssektor festen Fuß fassen konnten und die Macht der alten Gewohnheiten bei uns nichts ausrichtete, noch daß wir dem Einfluß der von Lin Piao und Konsorten verbreiteten abwegigen Theorien nicht erlagen? Der Grund dafür ist, daß wir uns stützten auf die Führung der Partei, die Leitung durch die revolutionäre Linie des Vorsitzenden Mao, auf die Mobilisierung der breiten Massen der armen Bauern und unteren Mittelbauern und der revolutionären Lehrer und Schüler zum Kampf gegen die Bourgeoisie und den Revisionismus und darauf, im Kampf ständig unser eigenes politisches Bewußtsein zu erhöhen.

Fünf von uns sieben Delegierten des Schulverwaltungskomitees der armen Bauern und unteren Mittelbauern verließen in der alten Gesellschaft wegen Hungersnot ihre Heimat auf der Suche nach Nahrung und wurden Knechte bei Grundherren. Sobald wir die Schulen verwalteten, vergiftete der Klassenfeind im Dorfe die Atmosphäre mit Bemerkungen wie: *«Diese schmutzigen ungehobelten Burschen halten sich wohl für Genies!»* Ebenso sagte ein anderer, ideologisch rückständiger Mensch: *«Die sind wohl von Sinnen – wollen Schulen verwalten, ohne die geringste Ahnung davon zu haben!»* Um diesen Bösartigkeiten entgegenzutreten und unsere Zuversicht bei der Verwaltung der Schulen zu stärken, veranstalteten der Sekretär der Parteizelle der Produktionsbrigade und wir eine Versammlung zur Erinnerung an das vergangene Leid, in der wir der Bitternis gedachten, die die armen Bauern und unteren Mittelbauern in der alten Gesellschaft durch die Ausbeutung und die schädlichen Auswirkungen der alten Schule erlitten hatten, und analysierten den Klassenkampf nach der Übernahme der Verwaltung der Schule durch die armen Bauern und unteren Mittelbauern. Der Vorsitzende des Schulverwaltungskomitees der armen Bauern und unteren Mittelbauern,

Chou Wan-ch'ing, sagte: «*Unsere Feinde machen sich darüber lustig, daß wir entschlossene Jungen seien, die die Schule zugrunde richten; wir haben in der Tat einen entschlossenen Willen und werden ganz bestimmt unsere eigenen Schulen gut verwalten!*» Der stellvertretende Vorsitzende Wang Wu-feng sagte: «*Das, was wir mit der Verwaltung der Schulen beabsichtigen, ist, Nachfolger für die Revolution zu bekommen!*»

In der ersten Zeit waren wir befriedigt darüber, daß alle Schüler anwesend waren, die Lehrer ihre ganze Kraft einsetzten, und die Klassenzimmer in Ordnung waren. Wir meinten, so sind die Schulen gut verwaltet. Später entdeckten wir, daß es in den Klassenzimmern keineswegs friedlich zuging, und daß bezüglich der Lehre Auseinandersetzungen stattfanden. Zum Beispiel gab es einige Lehrer, die die Schüler aus Familien der armen Bauern und unteren Mittelbauern verachteten, die die Verwaltung, Erziehung und Umgestaltung durch die armen Bauern und unteren Mittelbauern geringschätzten, Einwände nicht ertragen konnten, die nach dem Prinzip der offenen Tür geführten Schulen mißbilligten und der Vorbereitung und Abhaltung des Unterrichts durch eine Dreierverbindung gleichgültig gegenüberstanden. Wir fühlten, daß es nicht nur die Frage ist, ob man die armen Bauern und unteren Mittelbauern schätzt oder verachtet, sondern daß es ein Kampf um die Führung des Kommandos an der Erziehungsfront und um die Umgestaltung ist. Wenn wir diesen Kampf nicht anpacken, dann können die armen Bauern und unteren Mittelbauern nicht richtig das Kommando in der Schule führen. Gemäß der Lehre des Vorsitzenden Mao, daß «*die Frage der Intellektuellen vor allem eine ideologische Frage ist*», unterhalten wir ständig zusammen mit den Lehrern Schulungsgruppen, in denen wir die grundlegende Linie der Partei, den Erziehungskurs und die Lehren des Vorsitzenden Mao hinsichtlich der Intellektuellen studieren, tiefgehend die revisionistische Linie im Erziehungssystem kritisieren und das Bewußtsein der Lehrer dafür erhöhen, den Weg der Verbindung mit den Arbeitern und Bauern zu gehen, die eigene Weltanschauung umzugestalten und das alte Erziehungssystem zu reformieren. Durch den aktiven ideologischen Kampf schloß das Schulverwaltungskomitee der armen Bauern und unteren Mittelbauern die Lehrer der ganzen Schule zusammen; es verankerte sich in der Erziehungsreform, griff überall ein und besetzte Schritt für Schritt den Ausbildungssektor.

Den Anweisungen des Vorsitzenden Mao entsprechend die Revolution im Erziehungssystem anpacken

Früher sahen wir nur, daß die alte Schule viele Kinder der werktätigen Bevölkerung zu Bücherwürmern machte, uns war aber überhaupt nicht klar, wie es dazu kam. Erst nachdem wir die Verwaltung der Schule in die

Hand nahmen, sahen wir die vielen Probleme in der alten Schule, und allmählich lernten wir das Anpacken der Revolution im Erziehungswesen.

1. Das Erziehungswesen muß unbedingt revolutioniert werden
In der zweiten Hälfte des Jahres 1972, als wir gerade die Lehrer und Schüler anleiteten, allseitig die «7. Mai»-Weisung zu verwirklichen und mit ganzer Kraft die Qualität des Unterrichts zu erhöhen, kam in der Gesellschaft ein scharfer Gegenwind auf: Es hieß, unser Festhalten an der Unterhaltung kleiner Parzellen für die Landwirtschaft, für Forstwirtschaft und Viehzucht durch die Schulen sei *«Planlosigkeit, die die Qualität der Verwaltung der Schule beeinträchtigt»*. Als wir eine Untersuchung unter den Schülern machten, entdeckten wir, daß einige Gruppen beim Studium des Marxismus-Leninismus nicht lebendig arbeiteten, daß es einige «Tierpfleger» gab, die die Schweine nicht füttern wollten, daß es auch nur wenige Leute auf dem Sportplatz gab und daß sich einige Schüler Tag und Nacht in ihre Bücher vergruben. Als wir einmal am Unterricht teilnahmen, hörten wir Kritik eines Lehrers an einem Schüler: *«Wenn du später die Aufnahmeprüfung nicht bestehst, dann kannst du niemandem einen Vorwurf machen!»* Als wir eine Diskussion mit den Lehrern abhielten, schlugen einige Lehrer vor, die Unterhaltung der Parzellen für Landwirtschaft, Viehzucht und Forstwirtschaft aufzugeben und für die 7. Klasse einen «Spitzenlehrer» bereitzustellen, damit die Schüler sich besser auf die Aufnahmeprüfung für die Oberstufe der Mittelschule vorbereiten könnten.

Durch diese Erscheinungen wurde uns allmählich klar, daß eine Strömung zur Wiederherstellung der alten Verhältnisse im Ausbildungssektor erneut ihr Unwesen zu treiben begann. Angeleitet und unterstützt vom Parteikomitee des Kreises und der Kommune, richtete das Schulverwaltungskomitee der armen Bauern und unteren Mittelbauern zusammen mit den Parteizellen von drei Produktionsbrigaden beständig Studiengruppen innerhalb und außerhalb der Schule ein, hielt eine Kritikversammlung ab und führte Untersuchungen über die Qualität der Absolventen der von den armen Bauern und unteren Mittelbauern verwalteten Schulen durch. Die revolutionären Lehrer und Schüler und die armen Bauern und unteren Mittelbauern nahmen die grundlegende Linie der Partei als Richtlinie und stellten die Verbindung zur Wirklichkeit des Klassenkampfes und des Kampfes zweier Linien her, kritisierten heftig die Verbrechen des Halunken Lin Piao, die Große Proletarische Kulturrevolution zu verleumden und die großen Erfolge der Revolution im Erziehungswesen zunichte zu machen. Die Auseinandersetzung um die Qualität des Unterrichts ist dem Wesen nach eine Auseinandersetzung um die Linie. Die Genossen des Schulverwaltungskomitees der armen Bauern und unteren Mittelbauern vertraten einhellig die Auffassung: «*Wir müssen unbedingt an der Auffassung von proletarischer Qualität festhalten und dürfen den Maßstab der allseitigen moralischen, geistigen und körperlichen Entwicklung nicht vernachlässigen; mag der widrige Wind auch noch so stark sein, wir dürfen den Kurs der offenen Schule nicht verändern!*» Ein Lehrer, der ursprünglich vorschlug, durch eine nach außen hin geschlossene Schule das Niveau zu heben, sagte: «*Wenn die Schule nicht von den armen Bauern und unteren Mittelbauern verwaltet werden kann, kann es mir erneut so gehen, daß ich mich täuschen lasse und den rückwärts gerichteten Weg gehe.*» Danach entfalteten wir in der 7. Klasse die erzieherische Tätigkeit unter der Parole «*sich entschlossen im Dorf zu verwurzeln und Revolution zu machen*», um die breiten Massen der Lehrer und Schüler zu veranlassen, auf dem Weg der «7. Mai»-Weisung des Vorsitzenden Mao ständig vorwärtszuschreiten.

2. Den Klassenkampf zu einem Hauptfach machen

Im Frühjahr 1973 organisierte die Schule die Schüler, um das konterrevolutionäre, ultrarechte Wesen der revisionistischen Linie von Lin Piao zu kritisieren. Die Schüler sagten in ihrer Kritik: «*Wir dürfen auf keinen Fall zulassen, daß die Verschwörung von Lin Piao und Konsorten zur Restauration des Kapitalismus wieder zum Zuge kommt. Wenn sie nämlich zum Zuge kommt, müssen wir ein zweites Mal Bitternis essen und Verbrechen aushalten.*» Wir fragten sie, was Kapitalismus ist; was die durch Imperialismus und Feudalismus erlittene erste Bitternis und die ersten Verbrechen beinhalteten. Manche Schüler konnten nicht antworten. Vorsitzender Mao lehrt uns, daß der Klassenkampf ein Hauptfach ist. Das zeigte uns, daß früher dieses Unterrichtsfach in der Schule nur in einem geringen Maße und dazu nicht gut unterrichtet wurde. Wenn einige von uns und die Gruppe der armen Bauern und unteren Mittelbauern, die regelmäßig die Schule besucht, Unterricht erteilten, dann unterrichteten wir vor allem dieses Fach. Wir organisierten die Schüler außerdem dazu, die armen Bauern aufzusuchen und nach den Schrecken der Vergangenheit zu fragen und sich der vergangenen Leiden und der gegenwärtigen Freuden zu erinnern. Zudem machten wir noch eine Ausstellung über die Geschichte der Familien, des Dorfes und der Schule. Die Kinder lernten die Leiden der Älteren in der alten Gesellschaft kennen, verglichen sie mit den Freuden des heutigen glücklichen Lebens und lernten dadurch sehr viel.

3. Allseitig die «7. Mai»-Weisung verwirklichen

Um die «7. Mai»-Weisung des Vorsitzenden Mao zu verwirklichen, organisierten wir einerseits die Lehrer und Schüler dazu, den Unterricht in sozialistischer Kultur gut zu machen, und andererseits leiteten wir die Lehrer und Schüler an, mit den eigenen Händen zu arbeiten und die kleinen Parzellen für Landwirtschaft, für Forstwirtschaft und für Viehzucht zu unterhalten. Anfangs achteten manche Lehrer und Schüler auf den Parzellen nur auf die Arbeit und nicht auf die Ausbildung des Denkens und die Vermittlung von Kenntnissen. Wir diskutierten nun zusammen mit den Lehrern und Schülern die große Bedeutung der Verwirklichung der «7. Mai»-Weisung und wiesen der Unterhaltung der Parzellen drei Aufgaben zu:

1. das Denken zu stählen;
2. die Vermittlung von Kenntnissen als Voraussetzung für die Arbeit;
3. Unterstützung der Landwirtschaft.

Wir bestimmten, daß der in der Schule eingesetzte Delegierte T'ang Lao-hsien die Arbeit in dieser Hinsicht übernimmt. Einmal ging die Schülerin T'ang Kui-ju zum Schweinefüttern, sie hatte Angst, sich mit Schweinefutter und Schweinekot zu beschmutzten. Sie stellte sich deshalb außerhalb der Mauer des Schweinestalls hin, schüttete das Futter einfach in die Gegend und verstreute es dabei auf dem Boden. Als Lao-hsien das sah, lief er eilig in den Schweinestall und schöpfte das Schweinefutter behutsam mit den Händen in den Schweinetrog. Gramvoll sagte er: *«Mein Kind, wie gefühllos du das Schweinefutter neben den Schweinetrog schüttest! Weißt du denn nicht, daß wir armen Bauern und unteren Mittelbauern in der alten Gesellschaft froh gewesen wären, wenn wir Schweinefutter zum Essen gehabt hätten?»* Kui-ju lernte aus diesem Zwischenfall sehr viel und schrieb einen Aufsatz in ihr Tagebuch:

«Vergleich der eigenen Gefühle mit denen der armen Bauern, ausgehend von der verschiedenen Weise, Schweine zu füttern: Einerseits ‹einfach in die Gegend schütten› und andererseits ‹behutsam mit den Händen in den Trog schöpfen›.

Später rührte sie häufig mit aufgekrempelten Ärmeln das Schweinefutter um, bürstete den Schweinetrog sauber und entlauste sogar die Ferkel. Von den 57 Schweinehirten wurden 47 als «Drei-Gut-Schüler» ausgezeichnet.

4. Radikal den alten Unterrichtskurs und die alten Unterrichtsmethoden reformieren

Im Verlauf der Schulreform meinten die Lehrer, daß der politische Unterricht und das Unterrichtsfach landwirtschaftliches Grundwissen relativ gut durchgeführt würden, daß es aber beim Rechen- und Physik-Unterricht noch Schwierigkeiten gäbe, vor allem beim Rechnen. Und es gab Lehrer, die sagten: *«Dieses Wissen setzt sich aus den Abstraktionen der Naturwissenschaft zusammen, so daß eine Verbindung mit der*

Praxis nicht so einfach ist.» Wir meinten, wie abstrakt dieses Wissen auch sein mag, ohne Praxis in den Drei Revolutionären Bewegungen kann niemand Bücher zusammenstellen; denn das in Büchern enthaltene Wissen kommt aus der Praxis und kann darum auch wieder in die Praxis zurückkehren. In diesem Punkt müssen wir unsere Fähigkeiten für Untersuchungen zur Reform des Rechenunterrichtes einsetzen. Einmal nahm der stellvertretende Vorsitzende des Schulverwaltungskomitees der armen Bauern und unteren Mittelbauern, Chen Kuo-chih, am Rechen-Unterricht der vierten Klasse teil, wo gerade die Dezimalzahlen und die vier Grundrechnungsarten behandelt wurden. Der Inhalt des im Lehrbuch aufgeführten Beispiels war folgender: In der alten Gesellschaft lieh der Grundherr den armen Bauern und unteren Mittelbauern Kao-liang[45] mit der Maßeinheit des kleinen Tou (was in Wirklichkeit 9 Sheng waren); in der Reisernte-Zeit verlangte er von den armen Bauern und unteren Mittelbauern Reis, indem er die Maßeinheit des großen Tou benutzte, was in Wirklichkeit 1 Tou und 1 Sheng (d. h. 10 Sheng) war; er verlieh ein kleines Tou Kao-liang, verlangte aber dafür anderthalb große Tou Reis; Frage: Wenn die armen Bauern und unteren Mittelbauern vom Grundherrn 1 Tou Kao-liang liehen, wie hoch war die Ausbeutung durch den Grundherrn in Reis ausgedrückt? Der Lehrer erklärte die Aufgabe nach dem Bruch richtig, und die Schüler rechneten sie richtig aus. Aber Kuo-chih bemerkte, daß in dieser Rechenaufgabe bei der Ausbeutungsrate etwas noch nicht mitberechnet wurde. Bei der Diskussion über die Stunde sagte er zu dem Lehrer: «*Neben dem, was im Lehrbuch aufgeführt ist, gibt es noch weitere Faktoren der Ausbeutung, die ihr nicht mitberechnet habt. Das eine ist, daß Reis schwer ist und Kao-liang leicht, das heißt, es gibt noch Ausbeutung hinsichtlich der Gewichtsmessung. Das zweite ist, daß der Reispreis hoch und der Kao-liang-Preis niedrig ist, das heißt, es gibt noch Ausbeutung hinsichtlich des Preises.*» Er teilte dem Lehrer mit, um wieviel Jin[46] ein Tou Reis schwerer ist als ein Tou Kao-liang. Außerdem untersuchte er gemeinsam mit dem Lehrer die unterschiedlichen Preise für die zwei Lebensmittel. Später wiederholte jener Lehrer diese Lektion, und Lehrer und Schüler berechneten gemeinsam die Ausbeutungsfaktoren, die sie zuvor nicht mitberechnet hatten und kritisierten die von Liu Shao-ch'i verbreitete Theorie, daß «*Ausbeutung ihre Verdienste habe*». So lernten sie fachliches Wissen und erhielten eine lebendige Klassenerziehung.

5. Das alte Prüfungssystem reformieren

«*Prüfungen, Prüfungen – die ‹Bibel› des Lehrers; Noten, Noten – die Lebensgrundlage der Schülers*». Dieser Satz, den man früher oft hören konnte, ließ uns erkennen, daß das alte Prüfungssystem mit dem alten Erziehungswesen und der Linie in der alten Erziehung eng verbunden war. Mit Hilfe der Prüfung von kanonischen Textstellen und der Aufstellung von Ranglisten der Prüfungsteilnehmer zwang es die Schüler, den Weg der drei Trennungen zu gehen, veranlaßte die Schüler, in der Schule um Noten zu kämpfen. Der stellvertretende Vorsitzende des Verwaltungskomitees der armen und unteren Mittelbauern, Chen Lin-fa, sagte: «*Prüfungen von Schülern sind wie abwiegen; zuerst muß man den Nullpunkt der Waage verändern. Wenn der Nullpunkt der Waage der Bourgeoisie nicht ausgetauscht wird, wird der Weg der Leitung der Schulen durch das Proletariat notwendig scheitern.*»

Um diese Probleme zu lösen, wurde in der ganzen Schule eine Bewegung entfaltet, die Weisungen des Vorsitzenden Mao zu studieren, die Methode des alten Prüfungssystems zu kritisieren, so daß die Lehrer und Schüler von der Höhe des Kampfes der Linien den Unterschied zwischen dem alten und neuen Prüfungssystem klar erkannten. Außerdem wurden für die Prüfungen einige Prinzipien festgelegt: Es muß nützlich sein für die Umgestaltung der Ideologie der Lehrer und Schüler, muß dazu taugen, die Lehrer und Schüler auf dem Weg der Verbindung mit den Arbeitern und Bauern voranzubringen, dazu beitragen, die Fähigkeit von Lehrern und Schülern, Probleme zu analysieren und zu lösen, zu verbessern, und dazu beitragen, daß Probleme bei der Lehre und beim Lernen herausgefunden und gelöst werden. Dazu wurde der Vorschlag der «Fünf notwendigen Veränderungen» gemacht:

1. daß die Noten das Entscheidende sind,
2. die falsche Einstellung, daß der Schüler als Feind angesehen wird,
3. die falsche Arbeitsmethode der überfallartigen Prüfungen,
4. mechanisches Auswendiglernen und stures Einpauken,
5. die Unsitte, daß der Schüler immer hinter dem Lehrer zurückzutreten hat.

Bei den Prüfungen im Rechnen im ersten Schuljahr gehen die Schüler in den Schweinestall und sollen die Anzahl der großen und kleinen Schweine, die Anzahl der weißen und schwarzen Schweine herausfinden, sollen in der Schonung die Anzahl der kleinen und großen Bäume, der Ulmen und Pappeln herausbekommen und auf diese Weise addieren und subtrahieren, damit beim Unterricht für die Grundschüler die Zahlen, die sich in ihren Köpfen bilden, aus der Praxis kommen und sie den Gedanken verstehen, daß Rechnen der Praxis zu dienen hat. Bei den Prüfungen über das Schreiben neuer Schriftzeichen für das zweite Schuljahr gab der Lehrer das Thema: «*Schreibt eine Namensliste der Mitglieder der ‹Vier feindlichen Schichten›*[47] *in eurer Produktionsbrigade*». Das Verwaltungskomitee der armen Bauern und unteren Mittelbauern meinte, das Thema sei gut gestellt, ergänzte es jedoch mit dem Vorschlag: «*Schreibt doch noch die Namensliste der armen Bauern und unteren Mittelbauern eurer Produktionsgruppe auf.*» Kaum war das Thema bekanntgemacht, da schwärmten die Grundschüler zu Dutzenden in die Gesellschaft aus, um Untersuchungen anzustellen. Mit einer derartigen Prüfung lernt man nicht nur viele neue Zeichen, die nicht im Schulbuch stehen, sondern die Schüler wissen auf diese Weise, wer der Klassenfeind ist und wer der Klassenbruder. Unter die Mitglieder der ‹Vier feindlichen Schichten› hatten einige Schüler auch kleine Diebe, Gauner und Schmuggler und diejenigen, die die vier Alten praktizierten, eingereiht. Der Lehrer führte bei dieser Gelegenheit auf konkrete Weise einen Unterricht über die richtige Untersuchung der verschiedenen Arten von Widersprüchen durch.

6. Das Kontingent der Lehrer zusammenschließen, erziehen und umgestalten

Unsere Schule hat 21 Lehrer, wovon 20 aus Familien des werktätigen Volkes stammen. Die überwiegende Mehrheit der Lehrer arbeitet aktiv und hat den Wunsch, viel für das Volk zu tun. Aber ideologisch haben alle noch einige Probleme. Zum Beispiel achten manche Lehrer nur auf ihren Beruf und kaum auf die Politik. Manche jüngeren Lehrer haben die Ideologie «rot geboren zu sein»[48]; der Einsatz mancher Lehrer in vom Volk geleiteten Schulen für ihre Aufgabe ist nicht stark genug; und die Lehrer, die aus ehemaligen Ausbeuterfamilien stammen, haben noch schwer an ihrer Ideologie zu tragen. Das alles beweist, daß die Frage, für wen man dient und wie man dient, noch nicht voll gelöst ist.

Bei den Lehrern führen wir in politischer Hinsicht eine zweite Erziehung durch, und wir packen dabei die Lösung der Frage «für wen?» als wichtigsten Punkt an. Manche Lehrer zeigen häufig in ihrer Haltung bei der Behandlung der Schüler, daß sie diese Frage noch nicht vollständig gelöst haben. Zum Beispiel: Sie freuten sich über Schüler mit guten Leistungen; sie freuten sich, wenn die Kleidung der Schüler sauber war, und ärgerten sich, wenn sie relativ dreckig war. Sie freuten sich, wenn die Lösung eines Problems von ihnen selbst kam, und ärgerten sich, wenn die Schüler ihre Meinung gut äußerten. Im Frühjahr 1973 sollte in der 4. Klasse der Platz eines Schülers neu besetzt werden, der die Schule verlassen hatte, und zwar mit einem Schüler, der Li Jin-suo hieß. Die Klassenlehrerin hatte früher gehört, daß Jin-suo häufig zu spät komme und früher nach Hause gehe und daß er sowohl schmutzig als auch «dumm» sei, und wollte ihn deshalb nicht aufnehmen. Nachdem Jin-suo in die Klasse eingetreten war, dachte die Lehrerin T'ang, daß eine «Last» hinzugekommen sei, und sie zeigte sehr wenig Verständnis für ihn. Chen Kuo-chih vom Schulverwaltungskomitee der armen Bauern und unteren Mittelbauern entdeckte diese Situation. Geduldig und verständnisvoll sagte er zur Lehrerin: *«Jin-suo ist ein Nachkomme von uns armen Bauern und unteren Mittelbauern. Wenn du ihn so behandelst, wie kannst du dann unsere Kinder gut erziehen!»* Darüber hinaus schlug er ihr vor, einen Hausbesuch zu machen. Als die Lehrerin in das Haus von Jin-suo eintrat, sah sie nur die Großmutter Jin-suos auf dem Kang[49] liegen. Die Großmutter sagte herzlich zu ihr: *«Bei uns gibt es niemand anderen. Ich bin gelähmt. Schon lange kann ich nicht mehr vom Kang steigen, Wasser holen, Getreide mahlen, für die drei täglichen Mahlzeiten bin ich vollkommen auf Jin-suo angewiesen.»* Diese Rede machte die Lehrerin plötzlich betroffen. Jin-suo war also nicht das schmutzige und dumme Kind, sondern ein tüchtiger und guter Nachkomme der armen Bauern und unteren Mittelbauern! In die Schule zurückgekehrt, überprüfte sie ihre falsche Einstellung gegenüber Jin-suo in der Vergangenheit; sie lobte Jin-suo wegen seiner Liebe zur Arbeit, wegen Überwindung von Schwierigkeiten, wegen seiner hervorragenden Eigenschaft, hartnäckig mit dem Lernen fortzufahren. Außerdem half sie Jin-suo bei den Schulaufgaben durch Nachhilfeunterricht und beim Flicken seiner Kleidung. Auch die Mitschüler schlossen sich aus eigener Initiative zusammen und halfen ihm bei den Schulaufgaben und bei der Hausarbeit. Nachdem ein alter, aus einer Ausbeuterfamilie stammender Lehrer an unsere Schule versetzt worden war, wurde ihm die Leitung der Sprachabteilung übertragen, und er wurde als Klassenlehrer der 7. Klasse eingesetzt. Er machte seine Lehrtätigkeit aktiv und gewissenhaft, nur mit der politischen Arbeit haperte es ein wenig. Eines Tages, als wir in einer Schulstunde zur Erziehung durch die Erinnerung an vergangene Leiden teilnahmen, erblickten wir einen Schüler, der vom Katheder aus den Unterricht leitete, während der Lehrer hinten in der Klasse saß und nichts sagte. Nach der Stunde suchten wir ihn zu einem Gespräch auf, und er sagte: *«Ich glaube, ich bin für die Abhaltung der Stunden zur Erziehung durch Erinnerung an vergangene Leiden nicht geeignet.»* Wir machten ihm zunächst einmal klar, daß es die Politik der Partei sei, zwar auf Familienherkunft zu achten, aber nicht ausschließlich darauf zu achten, sondern dem politischen Verhalten große Aufmerksamkeit zu schenken. Zum anderen leiteten wir ihn, von diesem Vorfall ausgehend, an, die Probleme seines Standpunktes und seiner Weltanschauung herauszufinden, um so seine Einsicht zu erhöhen. Später hat er sich dann auch mutig an der politischen und ideologischen Arbeit der Schüler beteiligt.

7. Ständig das eigene politische Bewußtsein erhöhen

Der Prozeß der Verwaltung der Schulen durch uns arme Bauern und untere Mittelbauern ist auch ein Prozeß der beständigen Hebung des eigenen Niveaus. Wir machten hauptsächlich zwei Erkenntnisse:

1. Wir müssen gewissenhaft Bücher lesen und aus Büchern lernen und den Marxismus meistern. Wir sagten uns immer: *»Wenn wir nicht den*

Marxismus-Leninismus studieren, sind wir ohne Richtung, und können nicht unsere ganze Kraft einsetzen. Wenn wir unser Bewußtsein nicht erhöhen, gibt es im Grunde keine Methode, die Schulen gut zu verwalten!»

2. Wir müssen vor der Korruption durch die bürgerliche Ideologie auf der Hut sein und von vornherein verhindern, daß unsere Ideologie die Farbe wechselt. Nur auf diese Weise können wir in der Schule fest und richtig das Kommando führen, die Klassenfeinde nicht zum Zuge kommen lassen und erreichen, daß die Leute auf uns hören.

Um diese Probleme zu lösen, halten unsere Delegierten in der Schule an dem System fest, wöchentlich an drei Mittagen zu studieren und an zwei Tagen sich an der körperlichen Produktionsarbeit in der Produktionsbrigade zu beteiligen. Weiterhin halten sie daran fest, in jeder Schulungsetappe in dem Schulverwaltungskomitee der armen Bauern und unteren Mittelbauern zwei bis drei kleine Verbesserungen des Arbeitsstils durchzuführen und laufend Kritik und Selbstkritik zu entfalten. Um den Anforderungen der Schulen zu entsprechen, müssen wir noch das Studium des Marxismus-Leninismus mit dem Studium der Kultur verbinden sowie ständig unser kulturelles Niveau erhöhen.

Seit mehr als fünf Jahren verrichten wir die Arbeit der Verwaltung und Leitung der Schule, aber auf dem Weg der Revolution im Erziehungswesen haben wir erst den ersten Schritt gemacht. Klassenkampf und Linienkampf an der pädagogischen Front werden noch lange dauern und kompliziert sein. Die Aufgaben der Revolution im Erziehungswesen sind noch äußerst groß. Angeleitet von der revolutionären Linie des Vorsitzenden Mao sind wir entschlossen, gewissenhaft die Dokumente des X. Parteitages zu studieren, den Geist des X. Parteitages durchzusetzen, an der grundlegenden Linie der Partei festzuhalten, ständig den Klassenkampf und den Linienkampf an der pädagogischen Front anzupacken und die Revolution im Erziehungswesen bis zum Ende durchzuführen.

2. Ein guter Weg zur Unterbringung der Jugendlichen mit Mittelschulbildung auf dem Lande

Den Gegensatz zwischen Stadt und Land, dessen endgültige Aufhebung eine erst sozialistische Gesellschaft noch nicht zu leisten vermag, sehen auch die revisionistischen Nachfolger Marxens; sie geben sogar zu, im Sozialismus gäbe es «noch einige Klassenunterschiede zwischen den Arbeitern und den Bauern».[50] Die Geister scheiden sich an der Frage, ob die Stadt den Landleuten oder das Land den Städtern nahezubringen sei. Wenn es so etwas wie eine «Sinisierung» des Marxismus gibt – genauer:

dessen Konkretion für China, die Mao Tse-tung immer wieder gefordert und (seinerzeit gegen die Komintern, zeitweilig gegen die eigene Partei) durchgesetzt hat –, dann besteht sie vor allem in der Priorität, die den Bauern in der Revolution und für sie gegeben wird. Der folgende Bericht vom August 1974[51] zeigt den chinesischen Weg zur Kommunistischen Gesellschaft, möglicherweise auch einen der Dritten Welt, an einem kleinen, doch bedeutungsvollen Beispiel.

Der Vorsitzende Mao betonte 1968: «Es ist unbedingt notwendig, daß Jugendliche, die eine Schulbildung haben, aufs Land gehen und eine Neuerziehung durch die armen Bauern und unteren Mittelbauern erhalten. Die Kader und die anderen Menschen in den Städten sollen dahingehend überzeugt werden, daß sie ihre Söhne und Töchter, die eine Mittel-, Ober- oder Hochschule absolviert haben, aufs Land schicken. Laßt uns dies mobilisieren. Die Genossen überall auf dem Lande sollten solche Jugendlichen willkommen heißen.»

Für die Jugendlichen, die in die Gebirgsgegenden oder aufs Land gehen, ist dies sowohl eine große sozialistische Revolution als auch eine wichtige Maßnahme für die Konsolidierung der Diktatur des Proletariats, Beschleunigung des Aufbaus der neuen sozialistischen Landesgebiete und Heranbildung der Fortsetzer der proletarischen revolutionären Sache. Dem Aufruf der Partei und des Vorsitzenden Mao Folge leistend, hat sich eine große Anzahl dieser Jugendlichen seit Beginn der Großen Proletarischen Kulturrevolution in den Berg- und Landgebieten niedergelassen. Einige, in Gruppen gebildet, wurden in den Brigaden der ländlichen Volkskommunen untergebracht, manche gingen zu den Staatsgütern, während andere in ihre Heimatdörfer zurückkehrten oder dem VBA-Korps für die Produktion und den Aufbau beitraten. Wo immer die Jugendlichen in Chinas weiten Landesgebieten auch sein mögen, wachsen sie gesund und stark heran.

In den letzten zwei Jahren hat Chu-chou, eine mittelgroße Stadt in der Provinz Hunan, Zentralsüdchina, mehr als 8000 Schulabsolventen in Gruppen in Landgütern, Forstbetrieben oder Teeplantagen und Volkskommunen, die am Rande der Stadt liegen, untergebracht. Die Resultate sind gut. «Jen-min Jih-pao» veröffentlichte kürzlich darüber einen Kommentar, in dem betont wird: Alles, was Chu-chou gebaut hat, ist eine weitere gute Erfahrung und ein gutes Beispiel, wie man Jugendliche, die eine Mittelschulbildung haben, in den Gebirgsgegenden oder auf dem Land unterbringt. Dies wird von der Jugend, ihren Eltern und den Bauern begeistert begrüßt, weil es den Interessen der Volksmassen sowohl in der Stadt als auch auf dem Lande entspricht, indem es ihre langfristigen und augenblicklichen Interessen vereinigt. Deshalb haben diese Maßnahmen eine große Zukunft, die Aussicht auf Erfolg ist hoffnungsvoll. Der Kommentar jubelte den neuen sozialistischen Dingen zu; ihre Aussichten sind unendlich. Der Weg für die Jugend mit Mittelschulbildung, sich in den Landesgebieten niederzulassen, wird immer breiter.

Verbindungen zwischen den Fabriken und Kommunen herstellen

In Übereinstimmung mit dem allgemeinen volkswirtschaftlichen Kurs «Die Landwirtschaft als Grundlage und die Industrie als den führenden Faktor betrachten» hat jede Fabrik in Chu-chou, einer neu entstehenden Industriestadt, ständigen Kontakt mit einer oder mehreren in der Nähe der Stadt befindlichen Volkskommunen, um ihnen jede mögliche Hilfe in der Landwirtschaft zu leisten. Solche Fabrik-Kommune-Verbindungen werden «Landwirtschaftsunterstützungspunkte» genannt. Mit der Entwicklung der Industrie haben sich die von Fabriken geleiteten Schulen in der Stadt vervielfacht, jetzt machen sie mehr als die Hälfte der Gesamtzahl der Schulen aus. 1971 begannen einige Fabriken, die Absolventen ihrer Schulen in ihren «Landwirtschaftsunterstützungspunkten» unterzubringen.

Seit Beginn der großen Kulturrevolution wurden in den Vororten Chu-chous reiche Getreideernten eingebracht. Um die Erweiterung der Produktion fortzusetzen, errichteten die Kommunen auf dem früher zum Großteil unbebauten Hügelland rings um die Stadt 400 Landgüter, Forstbetriebe und Teeplantagen, so daß es nötig war, die jungen städtischen Schüler dort unterzubringen.

Während der Bewegung zur Kritik an Lin Piao und zur Verbesserung des Arbeitsstils erkannte das Parteikomitee der Stadt Chu-chou noch besser die große Bedeutung, welche die Niederlassung der Jugendlichen mit Mittelschulbildung auf dem Lande für den Aufbau des Sozialismus hat, und legte einen Siebenjahresplan für diese Arbeit fest. Die großen Fabriken stellten Verbindungen mit einer oder mehreren Volkskommunen und die kleinen Fabriken mit einer Kommune oder mit einer Produktionsbrigade her. Die Partei- und Regierungsorgane, Schulen, Krankenhäuser, Geschäfte und Banken machten das gleiche. Die Kommunen oder Brigaden, wo sich die Jugendlichen, die eine Mittelschulbildung haben, niederlassen, sind die «Landwirtschaftsunterstützungspunkte» für die Fabriken. Das Parteikomitee der Stadt machte einen allseitigen Plan für die Unterbringung der Jugendlichen, entsprechend den Bedürfnissen der Kommunen, der Größe der Fabriken und der Zahl der jährlichen Absolventen. Die Söhne und Töchter der Arbeiter und Angestellten von mehr als 300 Fabriken und Institutionen haben sich nach Vollendung des Mittelschulstudiums bereits in 276 Landgütern, Forstbetrieben und Teeplantagen in der Umgebung der Stadt niedergelassen.

193 Kader, Lehrer und Ärzte (46 Frauen) wurden nach den Volkskommunen entsandt, um dort die Jugendlichen zu führen. Sie studieren,

arbeiten und leben gemeinsam mit den Jugendlichen und helfen ihnen, ihr Kulturniveau zu heben. Die Volkskommunen wählten auch eine Anzahl ihrer Mitglieder aus, zusammen mit den Jugendlichen zu arbeiten. Manche sind bejahrte Bauern, die während der alten Gesellschaft viel Leid erduldeten, andere sind Frauenaktivisten, demobilisierte Armeeangehörige oder Jugendliche, die sich schon früher dort niedergelassen hatten. Sie leiten die Erziehung, Produktion und das tägliche Leben der Jugendlichen.

Sowohl die zuständigen Abteilungen der Stadt als auch die Kommunen haben große Anstrengungen gemacht, den Jugendlichen zur Überwindung verschiedener Schwierigkeiten zu helfen, auf die sie nach der Niederlassung auf dem Lande stoßen. Die Wohnungsfrage sei als Beispiel genannt. Insgesamt 957 Wohnhäuser wurden im Vorjahr in weniger als acht Monaten gebaut, um junge Bauern vom neuen Typ zu beherbergen. Jetzt leben 95 Prozent von ihnen in neuen Wohnungen, durchschnittlich 12,6 m^2 pro Kopf. Es gibt Speisesäle und Badezimmer auf allen Landgütern, Forstbetrieben und Teeplantagen der Kommunen und Brigaden, und einige haben Lese- und Unterhaltungsräume.

Aufbau der neuen Dörfer

Diese Güter sind eine große Schule, die den Jugendlichen nicht nur breiten Raum zur körperlichen Arbeit bietet, sondern auch gute Bedingungen zum Studium und Leben. Die jungen Menschen verwenden an jedem Tag zwei Stunden zum politischen Studium und zum Lesen. Auf manchen Gütern sind jede Woche ein halber Tag oder ein Tag zum Studium eingerichtet. Die jungen Leute studieren fleißig die Werke von Marx, Engels, Lenin, Stalin und Vorsitzendem Mao und kritisieren den Revisionismus. Sie betreiben Sport und nehmen an Milizübungen teil. Die Amateur-Propagandagruppen schreiben Theaterstücke und führen sie auf.

Mit großer Begeisterung bauen die jungen Menschen zusammen mit den Kommunemitgliedern ihre Güter auf. Seit dem letzten Jahr pflanzten sie auf dem Land mehr als 30000 Hektar Bäume und errichteten neue Basen für Industriepflanzen. Sie organisierten Gruppen für wissenschaftliche Experimente und errangen bei 14 Versuchen erste Erfolge. Als sie die Spalierbäume auf den Berghängen und die gesunden Jugendlichen sahen, sagten die Kommunemitglieder mit Freude: «Es ist notwendig, daß die Jugendlichen mit Mittelschulbildung aufs Land gehen. Mit ihrem Kommen wird sich das Gesicht unseres Dorfes noch schneller ändern.» Viele junge Leute drückten aus, daß sie immer mehr das Leben im Dorf lieben, und waren entschlossen, ihre Kräfte für den Aufbau des neuen sozialistischen Dorfes einzusetzen.

Weittragende Bedeutung

Gleich einem Band verbinden die jungen Leute die Stadt mit dem Dorf und die Arbeiter mit den Bauern.

Früher betraten die Bauern nur selten städtische Fabriken. Heute gehen sie oft dorthin, ebenso besuchen sie Familien der Jugendlichen, die auf dem Land leben. Am Sonntag oder während Feiertagen benutzen die städtischen Arbeiter und Angestellten aller Berufe oft die Gelegenheit, aufs Land zu gehen, um die Kommunemitglieder und ihre eigenen Kinder zu besuchen und um sich mit der Entwicklung der Produktion auf den Gütern vertraut zu machen. Falls sie Maschinen nicht in Ordnung finden, helfen sie, sie an Ort und Stelle zu reparieren.

Die Arbeiter unterstützen die Landwirtschaft immer eifriger. Im letzten Jahr produzierte die chemische Fabrik von Chu-chou 5000 Tonnen chemischer Düngemittel mehr für die Dörfer, als im Plan vorgesehen war. Als die Reisfelder einer Kommune von einer Schädlingsplage heimgesucht wurden, entsandte das Chu-chou-Kraftwerk, das mit dieser Kommune Verbindung hat, sofort sieben Elektriker zu Hilfe. Nach 8 Stunden waren 300 Schwarzlichtstrahler zur Bekämpfung der Motten installiert und die Insekten in Kürze ausgerottet. Zur Zeit der angespannten Feldarbeit gehen die Arbeiter und Leute anderer Berufe freiwillig aufs Land, um sich an der Landwirtschaft aktiv zu beteiligen. Fabriken und Bergwerke entsenden Gruppen ins Dorf, um bei der Raparatur der Landmaschinen und -geräte sowie bei der Ausbildung des technischen Personals Hilfe zu leisten. Ihre Filmvorführungs- und Kunsttruppen gehen regelmäßig von Dorf zu Dorf, um das dortige Kulturleben anzuregen.

Die tatkräftige Unterstützung durch die Fabriken beschleunigt die Mechanisierung der Landwirtschaft. Alle 35 Kommunen in der Umgebung der Stadt Chu-chou haben jetzt ihre eigenen Landmaschinen-Reparaturwerkstätten und Lastkraftwagen. Die Produktionsbrigaden sind durch die Landstraßen verbunden.

Die Bauern bringen ihren Willen zum Ausdruck, an den Staat immer mehr Getreide bester Qualität zu verkaufen und mit mehr und mehr Land- und Nebenprodukten die Stadt zu unterstützen. Im Vergleich zum Jahr 1972 steigerte sich 1973 der Überschuß an Getreide, den die Kommunen der Umgebung der Stadt Chu-chou an den Staat verkauften, um 36 Prozent, Eier um mehr als 100 Prozent, Fische um 35 Prozent; siebenmal soviel Wassermelonen und fünfzehnmal soviel Apfelsinen konnten geliefert werden.

3. Wie in China die Bildung allgemein wird

Dieser Bericht vom Juli 1975[52] handelt wieder von Grund- und Mittelschulen, er bezieht sich auf die Schulsituation auf dem Lande. Am konkreten Beispiel von *regulären* Schulen, wie Liu Shao-ch'i sie wollte, und *irregulären*, wie Mao Tse-tung sie forderte, wird der Unterschied zwischen revisionistischer und revolutionärer, bourgeoiser und proletarischer Schulpolitik in Dörfern vorgeführt. Im Bauernland China hätte die Befolgung der ersten Linie dazu geführt, daß in vielen Gegenden gar nicht unterrichtet worden wäre – ein Gegensatz sozusagen zwischen Land und Land, ebenso fatal wie jener zwischen Stadt und Land. Allein die zweite Linie, die sich Ende der sechziger, Anfang der siebziger Jahre durchsetzte, brachte nahezu *allen* Bildung.

Hunderte Millionen Menschen erwarben im Neuen China Bildung. 1974 besuchten 93 Prozent aller Kinder im Schulalter die Schule. Die Untermittelschule ist in den Städten und in den ländlichen Gebieten schon allgemein geworden, die Obermittelschule im wesentlichen in den größeren Städten.

Schnelle Entwicklung
Die Wirtschaft und Kultur des halbkolonialen und halbfeudalen alten China waren infolge der Unterdrückung und Ausbeutung durch Imperialismus, Feudalismus und bürokratischen Kapitalismus äußerst rückständig. Über 80 Prozent der Bevölkerung waren Analphabeten. Vor der Befreiung hatte z. B. der Kreis P'ing-shun in der Provinz Shansi, Nordchina, mit einer Bevölkerung von über Hunderttausenden nur eine Grundschule in der Kreisstadt, die weniger als 60 Schüler aufnahm. Sie waren alle Söhne und Töchter von Gutsbesitzern und Kapitalisten. In den von den nationalen Minderheiten bewohnten Gebieten war die Lage noch schlimmer. Im Kreis Mato, Provinz Ch'inghai, Nordwestchina, wo Tausende von tibetischen Hirten lebten, gab es keine einzige Schule. Diese armen Hirten waren zu 100 Prozent Analphabeten. Einige nationale Minderheiten, die tief in den Bergen wohnten, hatten noch keine eigene Schrift. Sie machten Aufzeichnungen mit Hilfe von geknoteten Schnüren.

Die Volksregierung übernahm, als die Volksrepublik China im Jahre 1949 gegründet wurde von der reaktionären Kuomintang-Regierung ein Chaos. Das Land war in politischer Fäulnis, wirtschaftlich sehr rückständig, die Bevölkerung lebte in Not und Elend, und überall herrschte Analphabetismus.

Unter der Führung des Vorsitzenden Mao und der Kommunistischen Partei führte die Volksregierung den sozialistischen wirtschaftlichen

Aufbau durch, um den Lebensstandard des Volkes kontinuierlich zu erhöhen, gleichzeitig entwickelte sie Schritt für Schritt Kultur und Erziehung. In Stadt und Land wurden Schulen in großer Zahl errichtet, um mehr Kinder der Werktätigen aufzunehmen. Die Große Proletarische Kulturrevolution und die Bewegung zur Kritik an Lin Piao und Konfuzius trieben die Entwicklung des Erziehungswesens weiter voran. 1974 gab es im ganzen Land 145 Millionen Grundschüler, 6,1mal soviel wie vor der Befreiung, 36,5 Millionen Mittelschüler, 23,4mal mehr als vor der Befreiung.

Heute gibt es überall Schulen, in den Gebirgsgegenden und auf den Ebenen, in den inneren Landesteilen und den von nationalen Minderheiten bewohnten Grenzgebieten, in den Städten und in den Steppen. Die Untermittelschulbildung ist im Kreis Hsi-yang, Provinz Shansi, bereits allgemein verbreitet, nun geht es um die Verallgemeinerung der Obermittelschulbildung. 98 Prozent aller Kinder im Schulalter in der Provinz Shansi gehen heute in die Schule, die Untermittelschulbildung wird jetzt allmählich allgemein. Auch in den Gebieten der nationalen Minderheiten entwickelt sich das Erziehungswesen schnell. 97,7 Prozent aller im Schulalter stehenden Kinder des Autonomen Gebietes Kuangsi der Chuang-Nationalität gehen in die Schule. Im Autonomen Gebiet Tibet, wo es früher nur zwei Schulen gab, die allein Geistliche und Laienbeamte ausbildeten, gibt es heute über 3600 Grundschulen, eine Anzahl von Mittelschulen, Lehrerbildungsanstalten und Hochschulen.

Die Erziehung aber ist nicht auf die Schulen beschränkt. Es gibt verschiedenste Formen. Sie wird organisiert von Fabriken, ländlichen Volkskommunen, Kompanien der VBA, Staatsorganen, Geschäften und Wohnvierteln in Form von kurzfristigen Kursen und politischen Abendschulen, die während oder nach der Arbeitszeit besucht werden. Man lernt dort lesen und schreiben, studiert revolutionäre Theorie, wissenschaftliche und technische Kenntnisse. Tatsächlich ist die gesamte Gesellschaft eine große Schule.

Die allgemeine Bildung hat deshalb so rasche Fortschritte gemacht, weil Liu Shao-ch'is revisionistische Linie im Erziehungswesen während der großen Kulturrevolution kritisiert und die proletarische Linie des Vorsitzenden Mao im Erziehungswesen in die Tat umgesetzt wurde, weil die Führung der Partei gestärkt wurde und die Massen der Arbeiter und Bauern direkt an der Verwaltung der Schulen teilnehmen. Der Vorsitzende Mao betonte 1968: «Zur Durchführung der proletarischen Revolution im Bildungswesen muß die Arbeiterklasse die Führung innehaben . . . Die Arbeiterpropagandatrupps[53] sollen lange Zeit an den Lehranstalten verbleiben, sie sollen sich an allen Aufgaben von ‹Kampf – Kritik – Umgestaltung› an den Lehranstalten beteiligen und für immer die Lehranstalten leiten. Auf dem Lande sollen die verläßlichsten Verbündeten der Arbeiterklasse – die armen Bauern und unteren Mittelbauern – die Schulen verwalten.»

Die überwältigende Mehrheit unseres Volkes sind Arbeiter und Bauern, und sie sind die Hauptkraft des Landes. China ist ein Staat der Diktatur des Proletariats. Wie hoch das politische und kulturelle Niveau der Arbeiter und Bauern ist, ist von entscheidender Bedeutung für die Konsolidierung der Diktatur der Proletariats und die Entwicklung der sozialistischen Wirtschaft. Mit der politischen und wirtschaftlichen Befreiung nach der Gründung des Neuen China sehnten sich die Arbeiter und Bauern auch nach kultureller Befreiung. Liu Shao ch'i und seinesgleichen jedoch verfolgten vor der großen Kulturrevolution im Erziehungswesen eine revisionistische Linie, die die Arbeiter und Bauern und ihre Kinder an der Aneignung von Bildung hinderte. So konnte ein großer Teil von ihnen nicht in den Genuß von Bildung kommen.

Die Arbeiter und Bauern wußten sehr wohl, was es bedeutet, keine Bildung zu haben. Seit Beginn der Großen Proletarischen Kulturrevolution nehmen die Arbeiter und Bauern unter der Führung der Partei an der Leitung der Schulen und Hochschulen teil, setzen sich für eine allgemeine Bildung ein und tun ihr Bestes, um Fortsetzer der revolutionären Sache heranzubilden.

Auf beiden Beinen gehen

Neben der Errichtung von Schulen durch den Staat ist es auch notwendig, die Massen energisch zur Einrichtung von Schulen aufzurufen. Nur wenn die Volksmassen dazu mobilisiert sind, großen Wert auf das Erziehungswesen zu legen und aktiv an der Errichtung von Schulen teilzunehmen, kann sich das Erziehungswesen mehr, schneller, besser und wirtschaftlicher entwickeln. Das ist die Anwendung der ganzen Reihe von Richtlinien, zusammengefaßt in den Worten «Auf beiden Beinen gehen», die bei der Entwicklung der Volkswirtschaft in China praktiziert werden, auf das Gebiet der Erziehung.

Die meisten Grund- und Mittelschulen sind in China vom Staat errichtet und finanziert. Außerdem gibt es solche Schulen (meistens in den ländlichen Gebieten), die mit staatlicher Hilfe an Geldmitteln und Arbeitskräften, hauptsächlich aber von der Kollektivwirtschaft der ländlichen Volkskommunen finanziert werden.

Die Landbevölkerung macht 80 Prozent der gesamten Bevölkerung Chinas aus. Wenn die allgemeine Bildung nicht die Bauern einschließt, kann von allgemein keine Rede sein. Unter dem Vorwand, die Schulen sollten gemäß dem erforderlichen Standard errichtet werden, bekämpften Liu Shao-ch'i und seine Gefolgsleute vor der großen Kulturrevolution die kollektive Errichtung von Schulen durch die Massen, und so wurde die Entwicklung des Erziehungswesens verlangsamt. Zum Beispiel hatten von 1900 Dörfern in den 20 Volkskommunen im Kreis P'ing-shun, Provinz Shansi, vor der großen Kulturrevolution nur 26 Prozent der Dörfer selbst Schulen errichtet, so daß nur 37 Prozent der Kinder im Schulalter in die Schule gingen. Viele Kinder der armen Bauern und unteren Mittelbauern konnten die Schule nicht besuchen.

Nach dem Beginn der Großen Proletarischen Kulturrevolution wurde Liu Shao-ch'is revisionistische Linie im Erziehungswesen angeprangert, und die Massen auf dem Lande wurden ermutigt, kollektiv Schulen zu errichten. So entwickelte sich das Erziehungswesen sehr schnell. Im Jahre 1974 gab es im Kreis P'ing-shun 361 staatlich finanzierte und verwaltete Grundschulen, im Jahre 1965, dem Jahr vor Beginn der Großen Proletarischen Kulturrevolution, waren es erst 70 gewesen. Außerdem gibt es von Bauern kollektiv errichtete Schulen. All diese Schulen ermöglichen 99,5 Prozent aller Kinder im Schulalter den Schulbesuch.

Der Besuch der Grund- und Mittelschulen ist hier kostenlos. In manchen Schulen brauchen die Schüler auch die Lehrbücher und andere Ausgaben nicht zu bezahlen. Dort, wo dafür bezahlt wird, gibt es für Schüler, deren Familien wirtschaftliche Schwierigkeiten haben, Ermäßigung oder Befreiung. Es kann also jedes Kind in die Schule gehen.

Viele Formen

Der Vorsitzende Mao stellte fest: «. . . müssen wir . . . nicht nur konzentrierte, reguläre Grund- und Mittelschulen haben, sondern auch über verschiedene Orte verstreute, irreguläre Dorfschulen, Zeitungslesezirkel und Gruppen zur Beseitigung des Analphabetentums.» So wurde es den Bauern und ihren Kindern erleichtert, eine Schule in der Nähe besuchen zu können, was die Verbreitung von Bildung förderte.

Liu Shao-ch'i und seinesgleichen aber forderten, daß die ländlichen Schulen wie die in den Städten regulär sein sollten. Hätte man aber nur solche Schulen eingerichtet, ohne auch viele über verschiedene Orte verstreute, irreguläre Dorfschulen zu errichten, wäre einer großen Anzahl von Kindern auf dem Lande die Bildung versagt geblieben, insbesondere jenen, die in den entlegenen Dörfern, in den Bergen, in den Steppen oder Seegebieten leben. Im Kreis Mato, einem Weideland, das durchschnittlich 4200 Meter hoch liegt und wo das Wetter rasch wechselt, leben im Durchschnitt weniger als zwei Personen auf zehn Quadratkilometern. Der Kreis besaß vor der Befreiung keine einzige Schule. Die Entfernungen zwischen den Produktionsbrigaden betragen zehn bis sechzig Kilometer. Wenn hier keine verstreuten, irregulären Dorfschulen eingerichtet worden wären, wie hätten die Kinder im Schulalter zur Schule gehen können?

In Übereinstimmung mit der Weisung des Vorsitzenden Mao mobilisierte das Kreisparteikomitee Mato die Massen, kollektiv Schulen einzurichten, und leistete gleichzeitig gute Arbeit in den regulären Schulen. In kurzer Zeit hatte jede Produktionsbrigade ihre eigene mobile Grundschule errichtet, die die Hirten begleitet, wenn sie über die Weiden ziehen. Die Schule ist dort, wo die Hirten hinwandern. Mittags ist Unterricht, und so können die Schüler morgens und nachmittags arbeiten. Wenn die Schüler die Herden treiben, reiten auch die Lehrer mit. Wenn die Schüler am Tage Herden weiden, so geben die Lehrer am Abend Unterricht, damit kein Widerspruch zwischen Arbeit und Studium entsteht. 1965 gab es vier Grundschulen in diesem Kreis, heute sind es beinahe vierzig. So können fast alle Kinder die Schule besuchen.

Es gibt auch Schulen auf Booten, nämlich dort, wo es viele Flüsse und Seen gibt. So eine schwimmende Schule ist ein großes Schiff, das mit den Schiffern zieht, damit die lange Zeit mit ihren Eltern auf dem Schiff lebenden Kinder Unterricht erhalten. Die Lehrer in den Gebirgsgebieten besuchen jeden Tag einige weitverstreute Weiler, um zu unterrichten. In einigen Dörfern gibt es Schulen, in die die Schüler ihre jüngeren Geschwister mitbringen können, während des Unterrichtes sind die Kleinen in einer naheliegenden Kinderkrippe.

Woher kommen die Lehrer?

In den vom Staat betriebenen Schulen unterrichten vom Staat ausgebildete und zugeteilte Lehrer. In den von den Kollektiven betriebenen Schulen arbeiten hauptsächlich von den Kollektiven ausgewählte und ausgebildete Lehrer. Einige wenige werden vom Staat ausgebildet und zugeteilt. In China haben sich viele Mittelschulabsolventen auf dem Land niedergelassen. Manche von ihnen wurden zu Lehrern dieser Schulen ausgewählt. Manche demobilisierte Soldaten wurden auch zu Lehrern ausgewählt; Kommunemitglieder sind ebenso beauftragt, einen Teil der Zeit zu lehren.

Im Kreis Kuan-ling in der Provinz Kueichou, Südwestchina, wurden über 300 Kommunemitglieder, die politisch und ideologisch gut sind, sich für das Erziehungswesen einsetzen wollen und das notwendige Ausbildungsniveau haben, zu Lehrern der von den Kollektiven betriebenen Schulen ausgewählt.

Um das ideologische und fachliche Niveau dieser Lehrer zu erhöhen, hat der Kreis viele Maßnahmen getroffen, darunter die Einrichtung von kurzfristigen Ausbildungsklassen während der Winter- und Sommerferien und die Organisierung von erfahrenen Lehrern zu mobilen Gruppen, die in einigen Schulen anderen Lehrern helfen.

Die Lehrer sind der Sache des Erziehungswesens der Partei treu ergeben und bemühen sich, dem Volk zu dienen. Wu Hsiu-chen, eine Lehrerin in einem Bergdorf in der Provinz Shansi, ist eine gebildete Jugendliche, die sich nach der Absolvierung der Untermittelschule im Jahr 1964 auf dem Land niederließ. Seitdem sie Lehrerin ist, holt sie jeden Tag ungeachtet des Wetters und der steilen Bergpfade ihre Schüler ab und begleitet sie auch nach Hause. Ein anderer Lehrer, Chang Fu-tjüan, der in einem von der Miao-Nationalität bewohnten Berggebiet im Autonomen Gebiet Kuangsi der Chuang-Nationalität lehrt, überredete seine Frau, die in der Kreisstadt arbeitete, sich auf dem Lande anzusiedeln, mit ihm gemeinsam zu unterrichten, um Bildung in die Miao-Dörfer zu tragen. Sie brachte auch ihre Kinder mit. Um den Unterricht in diesem Bergdorf zu verbessern, lernte er die lokale Miao-Sprache, wodurch er seine Schwierigkeiten überwinden konnte. Deshalb ist er bei den Ortsansässigen sehr beliebt.

Ausbildung von gebildeten Werktätigen mit sozialistischem Bewußtsein
Seit dem Beginn der Großen Proletarischen Kulturrevolution folgen die Mittel- und Grundschulen überall im Land den Prinzipien des Vorsitzenden Mao: «Das Bildungswesen muß der Politik des Proletariats dienen, muß mit der produktiven Arbeit verbunden werden.» Und: «Unser Kurs auf dem Gebiet des Bildungswesens muß gewährleisten, daß jeder, der eine Ausbildung erhält, sich moralisch, geistig und körperlich entwickelt und ein gebildeter Werktätiger mit sozialistischem Bewußtsein wird.»

Die Mittel- und Grundschulen führen Versuche mit einer Verkürzung der Schulzeit durch: fünf Jahre für Grundschule und vier oder fünf Jahre für Mittelschule. Experimentiert wird auch mit der Verbesserung und Vereinfachung des Lehrplans und mit der Umgestaltung des Lehrmaterials. Für die Schüler ist das Lernen die hauptsächliche Aufgabe, aber sie sollen nicht nur Buchwissen erwerben, sondern sich auch industrielle und landwirtschaftliche Produktionstechniken sowie Kenntnisse im Militärwesen aneignen und Kritik an der Bourgeoisie üben.

Viele Mittel- und Grundschulen haben mit naheliegenden Fabriken, ländlichen Volkskommunen und Einheiten der VBA eine Partnerschaft hergestellt, so daß diese zu Klassenzimmern werden. Mittel- und Grundschulen errichten, wo es die Bedingungen erlauben, ihre eigene kleine Fabrik oder Farmen und laden Arbeiter, Bauern und Soldaten ein, zu unterrichten. In der Provinz Liaoning, Nordostchina, wurden über 37000 solche schulbetriebenen Fabriken und Farmen errichtet. Die Mittelschulen im Kreis Yü-yao, Provinz Ch'ekiang, im Süden Chinas, haben in den letzten Jahren erfolgreich Versuche mit verbessertem Saatgut von 27 Sorten Wasserreis, 10 Arten Gerste und 21 Baumwollsorten durchgeführt. Durch die Arbeit mit den Arbeitern und Bauern wird die Liebe der Schüler zu den werktätigen Massen gefördert, und sie lernen die Theorie mit der Praxis richtig verbinden.

Die Qualifizierung der Schüler in den vom Staat oder von den Kollektiven geleiteten Schulen verbessert sich. Von den über 200 Absolventen in den vergangenen mehr als 10 Jahren aus der Grundschule der Brigade Fu-feng in der Volkskommune Min-chu, Kreis Wu-yüan im Autonomen Gebiet Innere Mongolei, kehrten die meisten in ihre Produktionsgruppen zurück, um dort zu arbeiten. Manche beteiligen sich an Versuchen zur Züchtung neuen Saatguts; manche sind Wasserbautechniker und Buchhalter geworden und andere Barfußärzte. Über 100 wurden zu vorbildlichen Bauern gewählt. Von den etwa 70 Kadern auf der Brigade- und Gruppenebene sind 49 Absolventen aus dieser Grundschule. Die Kommunemitglieder sagen: Diese Schule hat Nachfolger ausgebildet, die bei den armen Bauern und unteren Mittelbauern beliebt sind.

4. Die «21. Juli»-Arbeiterhochschulen

Der Name erklärt sich aus dem Datum von 1968, als Mao Tse-tung die Weisung gab, man müsse «den Weg der Werkzeugmaschinenfabrik Shanghai gehen, Techniker aus der Arbeiterschaft heranzubilden». Die Pekinger TU nimmt zu diesem Zweck jährlich Arbeiter zu kürzerem oder längerem Studium auf; die Shanghaier Fabrik hat als erste eine eigene Hochschule für Arbeiter eingerichtet, und ihrem Beispiel sind Fabriken, Bergwerke, Werften, Eisenbahnwerke im ganzen Land gefolgt. Man will nicht länger, mit Marxens Worten[54], «stillschweigend die ungleiche individuelle Begabung und daher Leistungsfähigkeit als natürliche Privilegien» anerkennen; man will die gesellschaftliche Teilung der Arbeit in körperliche und geistige überwinden. Wen Chiao, ein Korrespondent der «Peking Rundschau» berichtet[55] im September 1975:

Die «21. Juli»-Arbeiterhochschulen sind ein sozialistisches Neues, entstanden in der Großen Proletarischen Kulturrevolution.

Der Anstoß kam von der Werkzeugmaschinenfabrik Shanghai, die ursprünglich ein kleines Unternehmen mit einfacher Einrichtung gewesen war. Nach der Befreiung im Jahre 1949 entwickelte sie sich allmählich zu einem großen Werk für Präzisionsschleifmaschinen. In der Praxis von Revolution und Produktion ist in der Fabrik eine Reihe von Arbeitertechnikern hervorgetreten, die ein ziemlich hohes Bewußtsein vom Klassenkampf und vom Kampf der zwei Linien haben. Auf ihrem Weg zur Meisterung von Wissenschaft und Technik streben sie nicht nach Ruhm und Gewinn und lassen sich nicht von Schwierigkeiten abschrecken. In langjähriger Arbeit haben sie reiche praktische Erfahrungen gesammelt. Nach einigen Jahren des Studiums in ihrer Freizeit-Fachschule, in der sie Theorie und Praxis eng miteinander verbanden, waren sie rasch imstande, wissenschaftliche Forschung zu treiben und selbständig Konstruktionsaufgaben zu bewältigen. Die Praxis der Fabrik schlug sich im Untersuchungsbericht nieder: *«Der Weg zur Ausbildung von Ingenieuren und technischem Personal – gewiesen von der Werkzeugmaschinenfabrik Shanghai»*. Gleichzeitig mit diesem Bericht wurde die Weisung des Vorsitzenden Mao vom 21. Juli 1968 veröffentlicht: «Es ist noch immer notwendig, Hochschulen zu betreiben; hier spreche ich hauptsächlich von naturwissenschaftlichen und technischen Hochschulen. Aber die Dauer der Studienzeit muß verkürzt und das Bildungswesen revolutioniert werden, die proletarische Politik muß das Kommando übernehmen, und man muß den Weg der Werkzeugmaschinenfabrik Shanghai gehen, Techniker aus der Arbeiterschaft heranzubilden. Die Studenten müssen aus den Reihen der Arbeiter und Bauern mit praktischer Erfahrung ausgewählt werden, und nach einigen Jahren Hochschulstudium sollen sie wieder in die Praxis der Produktion zurückkehren.» Gemeinsam mit anderen Weisungen des Vorsitzenden Mao über die Revolution im Bildungswesen bildet diese einen wichtigen Bestandteil der marxistischen Theorie über die Diktatur des Proletariats, sie alle sind das Kampfprogramm für die proletarische Revolution im Bildungswesen. Das Studium dieser Weisung des Vorsitzenden Mao war für die Arbeiter und Angestellten der Werkzeugmaschinenfabrik Shanghai eine profunde Erziehung und ein großer Ansporn. Unter der Leitung des Parteikomitees der Fabrik richteten sie im September desselben Jahres eine Arbeiterhochschule ein. Weil sie dabei im Geist der Weisung des Vorsitzenden Mao vom 21. Juli handelten, nannten sie sie die Arbeiterhochschule «21. Juli».

Diesem Beispiel folgend, errichteten viele Fabriken und Bergwerkunternehmen im ganzen Land solche «21. Juli»-Arbeiterhochschulen. Getragen von der Bewegung zum Studium der Theorie über die Diktatur des Proletariats in diesem Jahr, machen die Arbeiterhochschulen eine sprunghafte Entwicklung durch. Hunderttausende Arbeiter studieren nun in diesen Hochschulen.

Hochschulen in den Fabriken

Vor der Kulturrevolution dominierte die revisionistische Linie Liu Shaoch'is das Bildungswesen. Die Weisungen des Vorsitzenden Mao über die Revolution im Bildungswesen, wie «Das Bildungswesen muß der Politik des Proletariats dienen, muß mit der produktiven Arbeit verbunden werden» und es solle jeder, der eine Ausbildung erhält, «ein gebildeter Werktätiger mit sozialistischem Bewußtsein» werden, wurden im wesentlichen nicht durchgeführt. Also herrschten im Bildungswesen, dieser Erbdomäne der Bourgeoisie, weiter die bürgerlichen Intellektuellen. Um dieser Situation ein Ende zu bereiten, schickte die Partei während der großen Kulturrevolution Arbeiterpropagandatrupps in die Schulen und Hochschulen. Diese hatten die Aufgabe, an der Revolution im Bildungswesen teilzunehmen und sie zu leiten.

Daß Fabriken Hochschulen betreiben, begünstigt die Führung durch die Arbeiterklasse und die Teilnahme der Arbeitermassen an der Revolution im Bildungswesen und die Verbindung der Erziehung mit der produktiven Arbeit. Es hilft auch dabei mit, die Schulen und Hochschulen zu Instrumenten der Diktatur des Proletariats zu machen.

Die Arbeiterhochschulen sind in den Fabriken errichtet worden, die Studenten, da sie aus den Reihen der Arbeiter kommen, bringen eine gute politische Voraussetzung mit. Aber weil sich unser Land noch in der Periode der sozialistischen Gesellschaft befindet, die eben aus der alten hervorgegangen ist, und in jeder Beziehung mit den Muttermalen der alten Gesellschaft behaftet ist, findet der Klassenkampf auch in der Arbeiterschaft seinen Ausdruck, zersetzen die überlieferten Ideen und die Macht der Gewohnheit ständig die Reihen der Arbeiterklasse. Deshalb muß auch in den Arbeiterhochschulen der proletarischen Politik Vorrang eingeräumt werden, muß der Klassenkampf als Hauptunterrichtsfach betrachtet und die Umformung des Denkens der Studierenden an die erste Stelle gesetzt werden. Über ihr eigentliches Fachstudium hinaus müssen sie Politik, Militärwesen und Landwirtschaft studieren, die Bourgeoisie und den Revisionismus kritisieren und an der produktiven Arbeit teilnehmen, um die guten Eigenschaften der Arbeiterklasse beizubehalten.

Entsprechend den Bedürfnissen des Klassenkampfes, des Produktionskampfes und des wissenschaftlichen Experimentierens haben die Arbeiterhochschulen verschiedenste Unterrichtsfächer: Die diversen industriellen Fachbereiche werden da gelehrt, dazu Gesellschaftswissenschaft und Medizin. Die Landwirtschaft ist die Grundlage der Volkswirtschaft unseres Landes. Daher halten manche Arbeiterhochschulen Kurse unter dem Titel «Unterstützung der Landwirtschaft» ab.

In Übereinstimmung mit dem Prinzip der Verbindung von Theorie und Praxis sind Entwerfen und Herstellen typischer Produkte konstituierender Bestandteil des Unterrichts. Auf dieser Praxis aufbauend, fassen die Studierenden das Gelernte zusammen, heben ihre praktischen Erfahrungen auf die Ebene des theoretischen Verständnisses und gehen, von der Theorie angeleitet, wiederum an die Praxis heran, um ihr theoretisches Verständnis zu vertiefen. «So wird uns das zu Lernende klar, und so können wir das Gelernte auch praktisch anwenden», hört man immer wieder von den Studierenden.

Die Lehrer sind erfahrene Arbeiter und Techniker, von denen die meisten, wenn sie nicht gerade lehren, an ihren eigentlichen Arbeitsplätzen zu finden sind. Das Lehrmaterial wird, den Bedürfnissen des Unterrichts entsprechend, von den Lehrern der Arbeiterhochschulen, erfahrenen Arbeitern und Technikern zusammen verfaßt.

Arbeiterhochschulen gibt es in verschiedenster Form. Es gibt Ganztagsschulen und Halbtagsschulen sowie Freizeitschulen mit Kursen am Abend und sonntags. Im allgemeinen herrscht das Freizeitstudium vor. Die Studiendauer ist ebenfalls unterschiedlich, sie kann ein paar Monate, aber auch zwei, drei Jahre betragen. Viele Arbeiterhochschulen vereinigen alle diese Formen in sich.

Die Arbeiterhochschulen werden im Geist des Selbstvertrauens und des harten Kampfes, in Übereinstimmung mit den konkreten Gegebenheiten und mit Sparsamkeit betrieben. Werkhallen und Kantinen werden als Klassenräume benutzt, die Maschinen und Meßgeräte als Lehrmittel.

Der in der Shanghaier Chianghan-Werft hergestellte 10000-PS-Dieselmotor ist das Herz des von dieser Werft produzierten 10000-Tonnen-Schiffes. Die Arbeiterhochschule dort hat einen Kurs für diese großen Motoren eingerichtet. Die 28 aus den Arbeitern ausgewählten Studenten bilden gemeinsam mit den erfahrenen Arbeitern, die an der Herstellung von 10000-PS-Motoren gearbeitet haben, ein Lehr- und Lern-Kollektiv, das sich sowohl der Produktion als auch der wissenschaftlichen Forschung widmet. Die erfahrenen Arbeiter produzieren und lehren zur gleichen Zeit. Anderthalb Tage in der Woche gehören dem theoretischen Studium, viereinhalb Tage der Produktionsarbeit. Nach den zwei Jahren, die der Kurs dauert, sind die Studenten leistungsfähige Techniker, weil sie sowohl Theorie studiert als auch am Bau von drei oder vier 10000-PS-Motoren teilgenommen haben. Sie beherrschen dann deren Herstellung, Montage und Reparatur, die technologischen Verfahren und können die einzelnen Bestandteile konstruieren.

Da es in einem Gebiet Südwestchinas, wo eine neue Eisenbahnlinie gebaut wurde, nicht genug Mediziner gab, organisierte das Baustellen-Krankenhaus einen medizinischen Kurs im Rahmen der Arbeiterhochschule. In einer einfachen Baracke bildete es eine Reihe von medizinischen Mitarbeitern aus. Die Arbeiter sagten: «Solche Hochschulen könnten wir auch machen!» So entstanden im Nu überall an der Hunderte Kilometer langen Strecke Klassen der Arbeiterhochschule für verschiedene Kurse über den Eisenbahnbau.

Ein großes Kontingent von Intellektuellen der Arbeiterklasse aufbauen

Der Vorsitzende Mao hat darauf hingewiesen, daß die Arbeiterklasse, um den Sozialismus aufzubauen, ihr eigenes Kontingent von technischen Kadern, ihr eigenes Kontingent von Professoren, Lehrern, Wissenschaftlern, Journalisten, Schriftstellern, Künstlern und marxistischen Theoretikern haben muß. Es muß ein großes Kontingent sein, weil einige wenige Leute nicht genug sind. Solange diese neue, große Armee von Intellektuellen der Arbeiterklasse nicht aufgebaut ist, ist die revolutionäre Sache der Arbeiterklasse nicht völlig konsolidiert.

Die Einrichtung von Arbeiterhochschulen entspricht dem Bedürfnis der Schaffung eines großen Kontingents von Intellektuellen der Arbeiterklasse und des Aufbaus des Sozialismus im Geiste von «mehr, schneller, besser und wirtschaftlicher». Seit der Befreiung entwickelt sich die Sache des Sozialismus in China mit großer Schnelligkeit. Noch in diesem Jahrhundert werden die Landwirtschaft, die Industrie, die Landesverteidigung, die Wissenschaft und Technik umfassend modernisiert werden, damit die Volkswirtschaft unseres Landes in den vordersten Reihen der Welt stehen kann. Die Zahl der Techniker in unserem Land ist zwar schnell angewachsen, entspricht aber bei weitem noch nicht den Bedürfnissen. Darum muß ein Kontingent von Intellektuellen der Arbeiterklasse herangebildet werden. Durch die Revolution im Bildungswesen bringen unsere Universitäten und Hochschulen nun eine große Zahl gebildeter Werktätiger mit sozialistischem Bewußtsein hervor, die unter anderem auch die Reihen der Techniker verstärken werden. Das ist die eine breite Straße. Die andere ist, die Initiative der Fabriken und Bergwerke voll zu entfalten und Arbeiterhochschulen zu errichten.

Nachdem sie in die Produktion zurückgekehrt sind, nehmen die Absolventen der Arbeiterhochschulen aktiv an der sozialistischen Revolution und am sozialistischen Aufbau teil. Viele von ihnen schließen sich den Gruppen zum Studium der marxistischen Theorie an. Sie sind Kämpfer, die die revolutionäre Linie des Vorsitzenden Mao in die Tat umsetzen, die Bourgeoisie angreifen und dem Revisionismus erbittert Widerstand leisten. Yang Pen-jen, Absolvent der Arbeiterhochschule einer Maschinenfabrik in Shen-yang, wurde dem Konstruktionsbüro zugewiesen. Dort bemerkte er, daß die Leitung den üblen Einfluß der revisionistischen Linie von «die Technik an die erste Stelle setzen» noch nicht völlig losgeworden war. Die Arbeiter, die während der Kulturrevolution in dieses Büro geschickt worden waren, sollten – der Absicht der Leitung nach – hinausgedrängt und in andere Abteilungen versetzt werden, was die Wiederherstellung der Herrschaft der Intellektuellen bedeutet hätte. Gemeinsam mit einigen anderen Genossen im Büro schrieb Yang eine Reihe von Tatzu Pao, in denen sie die falschen Tendenzen der Abteilungsleitung kritisierten. Das half der Leitung, ihr Bewußtsein vom Kampf zweier Linien zu erhöhen und ihre Fehler zu korrigieren. Seither hat sich im Konstruktionsbüro einiges geändert. Absolventen der Fachrichtung Gesellschaftswissenschaft der Arbeiterhochschule der Shanghaier Fabrik für elektrische Maschinen hielten in enger Koordination mit dem Studium der marxistischen Theorie Vorträge für die Belegschaft und schrieben Artikel zur Kritik am Revisionismus. Um den Ideen des Rückschritts und der Restauration zu begegnen, schrieben sie über dieses Thema einen mittellangen Roman. Um jenen Leuten entgegenzutreten, die die revolutionäre Jugend verleumden, schrieben sie Kurzgeschichten zum Rühmen der neuen Generation, herangewachsen während der Kulturrevolution. Der Sammelband mit diesen Erzählungen hatte großen Erfolg bei den Massen.

Die Absolventen der Arbeiterhochschulen sind auch eine Hauptkraft in der Produktionstechnik und in der wissenschaftlichen Forschung. Allein in der Shanghaier Werkzeugmaschinenfabrik sind in den letzten Jahren von den ersten Absolventen der Arbeiterhochschule selbst oder mit ihrer Beteiligung über 50 relativ wichtige Entwicklungen von neuen Produkten durchgeführt bzw. technische Neuerungen eingeführt worden. Darunter Produkte mit fortgeschrittenem Niveau, von denen viele für die wissenschaftliche und technische Entwicklung Chinas benötigt werden, aber vorher nicht erzeugt werden konnten.

Shen Kuan-sung, einer der ersten Absolventen der Arbeiterhochschule, hatte früher nur die untere Stufe der Mittelschule besucht. Vor seinem dreijährigen Studium an der Arbeiterhochschule arbeitete er zehn Jahre als Schlosser in der Elektrowerkstätte. Nach Beendigung seiner Studien wurde er in die Schleifmaschinen-Forschungsabteilung der Fabrik entsandt, um dort Versuche mit der elektrischen Ausrüstung anzustellen. Er nahm an der Projektierungsarbeit für Chinas erste numerisch gesteuerte Schleifmaschine, eine dringend benötigte Nockenschleifmaschine, teil und wurde mit dem Entwurf des gesamten Schaltplanes beauftragt. Die Arbeit war schwierig, weil sie ein fortgeschrittenes Niveau verlangte. Er und die anderen Genossen, die an der Projektierung und an der Prototypenerzeugung beteiligt waren, diskutierten und experimentierten, überwanden, die Weisheit des Kollektives entfaltend, eine Schwierigkeit nach der anderen und hatten schließlich nach einem Jahr ihr Ziel erreicht. Diese Maschine ist nun bereits in Serienproduktion.

Die Shanghaier Volksradiofabrik war früher ein Spielwarenwerk. Das Bildungsniveau der Arbeiter dieses Betriebs war verhältnismäßig niedrig. 1969 begann sie Transistorradios zu erzeugen, und 1971, mit der Hilfe von Lehrern und Studenten aus Universitäten und Hochschulen, Fernsehgeräte. Das größte Problem damals war der Mangel an technischem Personal. Auf der Grundlage der weiten Verbreitung des Freizeitstudiums errichtete die Fabrik eine Arbeiterhochschule für Elektronik, mit sechs Stunden Unterricht pro Woche bei einer Dauer von 18 Monaten. Heute sind etwa ein Fünftel der Belegschaft dieser Fabrik Absolventen oder Studenten der Arbeiterhochschule. Das so erreichte höhere technische Niveau der Arbeiter hat zur rapiden Steigerung der Produktion beigetragen. In den letzten Jahren ist die Produktion von Fernsehgeräten um das 64fache gestiegen und sind die Kosten um 80 % gesunken.

Verringerung des Unterschieds zwischen der körperlichen und der geistigen Arbeit

Die Studenten der Arbeiterhochschule kommen aus den Reihen der Arbeiter, und die meisten von ihnen werden nach der Beendigung des Studiums wieder Arbeiter. Doch sind sie, da sie eine technische und allgemeine Ausbildung haben, nicht mehr wie früher einfach Handarbeiter, sondern Arbeiter, die sowohl körperliche als auch geistige Arbeit verrichten. Shih Wen-han, ein erfahrener Former der Formerei der Shanghaier Werkzeugmaschinenfabrik, hatte vor der Befreiung niemals eine Schule besucht, sondern war 18 Jahre lang Knecht bei einem Gutsbesitzer gewesen. Auf seine Erfahrungen gestützt und mit Hilfe der Kenntnisse, die er sich nach der Befreiung in seiner Freizeit erworben hat, entwickelte er zusammen mit seinen Kollegen einige Einrichtungen, die ihre sehr schwere und intensive körperliche Arbeit erleichterten. Aber das Problem war noch nicht völlig gelöst. Als die Fabrik eine Arbeiterhochschule errichtete, suchte auch der 50jährige Shih um die Aufnahme an.

Er studierte fleißig und kehrte nach Abschluß des Studiums wieder an seinen Arbeitsplatz zurück, wo er die Formen zu reinigen und die Gußstücke fortzuschaffen hat. Er arbeitete wie bisher, nahm aber gleichzeitig an einer Gruppe für technische Neuerungen teil, die aus erfahrenen Arbeitern, Kadern und Technikern bestand und die sich die Aufgabe stellte, die Arbeitsbedingungen weiter zu verbessern und die Effektivität der Arbeit zu erhöhen. Ein einfacher, praktischer und wirtschaftlicher Vorschlag von ihm führte nach sechs Monaten intensiver Gruppenarbeit schließlich zur Mechanisierung, was die Arbeit in der Formerei um sehr vieles leichter machte und gleichzeitig die Arbeitsleistung verdoppelte.

Jene Absolventen der Arbeiterhochschulen, die entsprechend den Bedürfnissen auf technischen Posten eingesetzt werden, halten daran fest, sich niemals von der körperlichen Arbeit zu lösen. Na Chung-ling, ein erfahrener Gießer in Taliens Fabrik für säurewiderstandsfähige Pumpen, wurde nach der Absolvierung der Arbeiterhochschule Leiter einer technischen Gruppe. Loslösung von der körperlichen Arbeit bedeutet schlechte technische Arbeit, das ist seine Überzeugung, und hält die Techniker davon ab, ihre Ideologie umzuformen. Unter seiner Leitung gingen die Ingenieure und Techniker aus den Büros, schlossen sich mit den Arbeitern zusammen, arbeiteten auch bei der Konstruktionsarbeit mit ihnen zusammen und erzielten auf diese Weise große Erfolge.

Die Abtrennung der geistigen von der körperlichen Arbeit ist ein Produkt der Klassengesellschaft, die auf dem Privateigentum an den Produktionsmitteln basiert. In der langen Geschichte der Klassengesellschaft monopolisierten die Ausbeuterklassen Kultur und Bildungswesen, und die ausgebeuteten Klassen hatten kein Recht auf Kultur und Bildung. So kam es zum scharfen Gegensatz von körperlicher und geistiger Arbeit: «Die mit dem Kopf Arbeitenden regieren, die mit Händen Arbeitenden werden regiert.» Nach der Befreiung sind die Ausbeuterklassen gestürzt worden. Die Intellektuellen, die früher für sie gearbeitet hatten, dienen heute dem Volk und schlagen den Weg der Verbindung mit den Arbeitern und Bauern ein. Der Gegensatz von geistiger und körperlicher Arbeit hat sich zwar schon entschärft, aber immer noch gibt es da Unterschiede. Die bürgerliche Rechtsauffassung, Ausdruck dieser Unterschiede, vergiftet immer noch das Denken mancher Menschen: Sie betrachten ihr Wissen als Ware, verachten die arbeitenden Massen und wollen bevorzugt behandelt werden. Die Arbeiterhochschulen verhelfen mehr und mehr Werktätigen zur Fähigkeit, Kopfarbeit zu leisten. Das wiederum hilft mit, die Unterschiede zwischen der Kopf- und Handarbeit schrittweise abzubauen und den Nährboden für das Entstehen der neuen bürgerlichen Elemente allmählich trockenzulegen.

Die Konsolidierung der Führung des Proletariats auf technischem Gebiet
Taliens Maschinenfabrik Nr. 2 in der Provinz Liaoning war das Resultat der Zusammenlegung von 18 ehemals privaten Industriebetrieben nach deren sozialistischer Umgestaltung. Da es aber damals keine Arbeitertechniker gab, war die Technik zu jener Zeit die Domäne der bürgerlichen «Experten». Diese ignorierten alle technischen Neuerungsvorschläge der Arbeiter. Daher stagnierte die Produktion. Im Jahre 1969 wurde in der Fabrik eine Arbeiterhochschule errichtet, mit den Fächern Maschinenbau, Gießerei und anderen Spezialfächern. Bis heute haben über 200 Arbeiter die Hochschule absolviert. Ein Teil kehrte zur unmittelbaren Produktionsarbeit zurück, andere Absolventen wurden Techniker auf der Ebene der Werkstätten oder in der Fabrik. Auf diese Weise übernehmen sie allmählich die technische Leitung der Fabrik und fördern die Umformung der Fabrik – in dieser Zeit ist die Produktion um fast das Dreifache angestiegen. Die Arbeiter sagen: «Jetzt sind wir nicht nur politisch Herren der Fabrik, sondern können auch auf technischem Gebiet mitreden.»

Das Hervortreten einer wachsenden Zahl von Arbeitertechnikern und die Vorherrschaft der Arbeiterklasse im Bereich der Technik haben die ideologische Umerziehung der älteren Technikergeneration sehr gefördert und bewirkt, daß die Angehörigen der Intelligenz mit den werktätigen Massen eins werden. Ts'ao Wan-ch'ien, Technikerin in der Schleifmaschinen-Forschungsabteilung der Shanghaier Werkzeugmaschinenfabrik, ist ein gutes Beispiel. 1956 graduierte sie an der Maschinenbaufakultät einer Universität, in der die revisionistische Linie für das Bildungswesen dominierte. Dann studierte sie im Ausland und errang durch eine Prüfung den Grad «Kandidat der Wissenschaften». Da sie eine Menge

Buchwissen aufhäufte und alles auswendig wußte, hielt sie sich für einen Giganten und blickte geringschätzig auf die Arbeiter- und Bauernmassen herab. Für sie war es selbstverständlich, daß die Arbeiter nach der Pfeife des Ingenieurs zu tanzen hätten, und sie dachte: «Ingenieure haben mit dem Kopf zu arbeiten, es sind die Arbeiter, die sich schmutzig machen müssen.» Das Hervortreten der Arbeitertechniker war für sie wie eine Erschütterung. Mit Hilfe der Parteiorganisation nahm sie an der Produktionsarbeit in der Werkstätte teil und wurde von der Arbeiterklasse neu erzogen. Einmal paßte bei der Montage einer Werkzeugmaschine die Hauptwelle nicht. Sosehr sie sich auch bemühte, sie konnte nicht feststellen, was da nicht stimmte. Doch ein erfahrener Arbeiter fand den Fehler auf einen Blick. Ein andermal baute sie ein Lager ein. Obwohl es schon an seinem Platz war, hämmerte sie weiter. Ein erfahrener Arbeiter, der in einiger Entfernung stand, rief ihr zu: «Hör auf zu hämmern! Ist schon genug!» Sie war erstaunt. Wie konnte er wissen? «Am Klang!», lachte er. Viele ähnliche Begebenheiten ließen sie erkennen, daß, richtig betrachtet, die Kämpfer mit reichen praktischen Erfahrungen am klügsten und fähigsten sind. Sie legte ihr arrogantes Intellektuellengehabe ab und begann, ernsthaft von den Arbeitern zu lernen und allmählich ihr Denken zu ändern. Gemeinsam mit den Arbeitern schlug sie einige kleinere technische Neuerungen vor, die die Arbeit erleichterten und ihre Effektivität erhöhten – was von den Arbeitern sehr begrüßt wurde. Früher hatte sie solche Dinge als wertlos betrachtet. Sie entsprachen weder dem «internationalen Standard» (wozu also sich damit beschäftigen?), noch waren sie ein würdiger Gegenstand für eine Dissertation. Jetzt – sie ist inzwischen in eine technische Abteilung versetzt worden – geht sie immer in die Werkhallen, um dort körperliche Arbeit zu leisten und den Rat der Arbeiter zu technischen Problemen einzuholen. Mit Hilfe und Unterstützung der Arbeiter beendete sie vor kurzem, eine neue Technik anwendend, die Planungsarbeit für das Hauptlager der ersten chinesischen Schleifmaschine für große Walzen, die nun in einer Werkhalle der Fabrik hergestellt wird.

Die «21. Juli»-Arbeiterhochschulen haben enorme und weitreichende Bedeutung dafür, den Aufbau des Sozialismus mehr, schneller, besser und wirtschaftlicher durchzuführen, ein großes Kontingent von Intellektuellen der Arbeiterklasse aufzubauen, die Unterschiede zwischen geistiger und körperlicher Arbeit zu verringern, das Technikmonopol der Bourgeoisie zu durchbrechen, den Revisionismus zu bekämpfen und zu verhüten und die Diktatur des Proletariats zu festigen. Mit ihrer Entwicklung wird die Überlegenheit der Arbeiterhochschule neuen Typs noch deutlicher werden, wird sie eine immer größere Rolle spielen.

5. Die große Debatte führt zu Veränderungen

In den Jahren 1974/75 hatte sich, in der manchmal metaphorischen Sprache der Chinesen gesagt, ein «Wind von rechts» erhoben, der, auch und vor allem im pädagogischen Bereich, «die richtigen Urteile der Kulturrevolution zu revidieren» drohte. Der Gegenschlag erfolgte, auf Veranlassung Mao Tse-tungs und des ZK, Ende Oktober 1975; «die große Debatte und die große Kritik (wurde) in Gang gesetzt».[56] Dem folgenden Bericht vom Februar 1976 über die Aktivitäten der *Ts'ing-hua* mag nicht abzulesen sein, in welchem Maße die Universität bereits unter dem Einfluß der «Viererbande» stand; die Aufmachung in der «Peking Rundschau»[57], wo der Bericht sogar Kondolenzen zum Tod des Ministerpräsidenten Chou En-lai auf die letzten Seiten verdrängte, diente 1977 zum weiteren Indiz, daß die Vier den «Wind von rechts» zum Vorwand nahmen, um Chou noch postum herabzusetzen.

Im November 1975 begann an der Ts'ing-hua-Universität in Peking eine Massendebatte über die Revolution im Bildungswesen. Diese Debatte hat viele Veränderungen an dieser Hochschule hervorgebracht.

Ein Wind von rechts wurde vergangenen Sommer aufgerührt – von einigen sich an die revisionistische Linie, die vor der Kulturrevolution diese Hochschule beherrscht hatten, klammernden Leuten der Ts'ing-hua-Universität im Verein mit den im Bereich des Bildungswesens aufgetauchten irrigen Ansichten. Dabei ging es ihnen darum, die schon gefällten Urteile zu revidieren, die Erziehungsrevolution zu ersticken und das alte Erziehungssystem wiederherzustellen.

Was ist die proletarische, und was ist die bürgerliche Linie für das Bildungswesen? Soll eine sozialistische Hochschule der Diktatur des Proletariats als Werkzeug dienen oder nicht? In diesen zentralen Fragen widersprechen sich die Standpunkte der Mehrheit der Kader, Lehrer, Studenten und Arbeiter auf der einen Seite und einiger weniger Leute auf der anderen völlig, um diese Fragen wird daher ein scharfer Kampf geführt.

Von der Partei angeleitete Auseinandersetzung

Die Debatte geht unter der einheitlichen Führung der Partei organisiert und planmäßig vor sich.

Die Parteiorganisationen aller Ebenen der Hochschule haben von Anfang an und in jeder der Phasen der Auseinandersetzung an der korrekten ideologischen und politischen Linie festgehalten. Sie bringen sowohl die führende als auch die organisatorische Rolle der Partei voll zur Geltung, vertrauen in die Massen und stützen sich auf sie, mobilisieren die Massen. Viele junge Kader, die, in der großen Kulturrevolution hervorgetreten, zu kämpfen wagen und gut zu kämpfen verstehen, reifen im Kampf. Manche alten Kader, die während der Kulturrevolution von den Massen kritisiert worden sind, zeigen nun, in dieser Auseinandersetzung, große Vitalität. Sie sagten: «Diese Debatte hat uns geholfen, unser Verständnis der richtigen Einschätzung der Großen Proletarischen Kulturrevolution zu vertiefen und eine richtige Haltung zu den Volksmassen und uns selbst gegenüber einzunehmen. Das ist ein guter neuer Ausgangspunkt für die Weiterführung der Revolution.»

Um die Massendebatte mit jedem Schritt in die Tiefe zu führen, bemüht sich das Parteikomitee der Universität, den revolutionären Enthusiasmus der Massen in die richtigen Bahnen zu lenken und das in den Massen entstehende Neue sofort bei seinem Auftauchen zu unterstützen und zu verbreiten.

Die Massendebatte hat den Enthusiasmus der Lehrer, Studenten und Arbeiter für das Studium der revolutionären Theorie stark beflügelt. Sie studieren gewissenhaft Werke von Marx, Engels, Lenin, Stalin und des Vorsitzenden Mao über die Theorie der Diktatur des Proletariats und ihre Ausführungen zur Erziehungsrevolution. Erneut studieren sie die Reihe von Weisungen des Vorsitzenden Mao über die Große Proletarische Kulturrevolution. Sie können diese Thesen noch besser verstehen, weil sie diese im Verlauf des Kampfes gelernt haben und im Kampf anwenden.

Das intensive Studium der revolutionären Theorie gibt der Debatte eine klare, mit den Lehren des Vorsitzenden Mao übereinstimmende Richtung, läßt sie entsprechend ihrer großen und weitreichenden Bedeutung vorankommen. Ein führendes Mitglied des Parteikomitees der Universität sagte: «Ein Kampf wie dieser wird in Zukunft noch mehrmals stattfinden. Wir müssen in diesem Kampf siegen, noch wichtiger aber ist, daß sich die Massen im Kampf erziehen und sich mit dem Marxismus, dem Leninismus, den Maotsetungideen bewaffnen. Ist die revolutionäre Linie des Vorsitzenden Mao einmal tief in den Köpfen der Menschen verwurzelt, brauchen wir das Auftauchen von Revisionismus nicht zu fürchten. Denn die Massen, die im Verlauf des Kampfes ihr Bewußtsein erhöht haben, werden sich immer zum Kampf gegen ihn erheben und imstande sein, ihn zu besiegen.

Ideologischer Wandel

Die große Debatte ist eine tiefgehende Revolution auf ideologischem Gebiet.

Wie können die Arbeiter-Bauern-Soldaten-Studenten gute Kämpfer werden, die die Aufgabe, den Revisionismus zu bekämpfen und zu verhüten, zu erfüllen imstande sind? Auf diese Frage gaben die jüngsten Absolventen der Ts'ing-hua-Universität eine klare Antwort: Mit der Gedankenwelt des bürgerlichen Rechts, mit den überkommenen alten

Ideen brechen und in die Grenzgebiete, aufs Land und in jene Orte gehen, wo die Partei und das Volk sie am dringendsten benötigen. In dem Brief, den sie an den Vorsitzenden Mao, den großen Führer des chinesischen Volkes, schrieben, brachten sie ihre Entschlossenheit zum Ausdruck, die Revolution unter der Diktatur des Proletariats zu Ende zu führen. Das zeigt die hohe Gesinnung der neuen Generation.

Das Beispiel der Absolventen zeigt den Studenten den Weg, den auch sie einschlagen sollten. Ein Student aus dem Ching-gang-shan-Gebirge in der Provinz Kiangsi hatte die Ehre, den Vorsitzenden Mao zu sehen, als dieser 1965 wieder den Ching-kang-shan besuchte. Er war von dem vor kurzem veröffentlichten Gedicht des Vorsitzenden Mao «Noch einmal hinauf zum Ching-kang Berg»[58] sehr begeistert. Er drückte seine Entschlossenheit aus, sich ernsthaft ideologisch umzuerziehen und fleißig zu studieren. In seinem Antrag, den er der Parteiorganisation stellte, suchte er an, nach Abschluß seines Studiums wieder in den Ching-kang-shan zurückkehren zu dürfen, um seine Kraft dem Aufbau des alten revolutionären Stützpunkts zu widmen, wo die Vorkämpfer der Revolution gefochten hatten.

Die Lehrer dieser Universität haben gemeinsam mit den Studenten den Kampf zur Verteidigung der Früchte der proletarischen Revolution im Bildungswesen geführt. Sie sagten: «Auch wir müssen den Klassenkampf zu unserem Hauptstudienfach machen und die Aufgabe des Kampfes gegen den Revisionismus und für dessen Verhütung über alles stellen.» Die gerade mit Projektarbeit beschäftigten Lehrer schlugen vor, es sollten die Konstrukteure in Fabriken und auf Baustellen gehen und dafür Arbeiter bei der Projektarbeit mitwirken, um die Schranken zwischen der körperlichen und der geistigen Arbeit niederzureißen. Lehrer der Entwurfsabteilung der Fakultät für Technische Physik verließen aus eigener Initiative ihre Arbeitszimmer und gingen unter die Bauarbeiter. Die Parteiorganisation billigte die Vereinigung dieser zwei Einheiten. Mehr als 20 andere Lehrer dieser Fakultät arbeiten nun in einer Kesselfabrik an der Konstruktion eines modernen Kessels.

Die große Debatte hat auch große Veränderungen im Denken der mehr als 180 ordentlichen und außerordentlichen Professoren der Universität bewirkt. In ihr und durch sie haben sie ein klares Verständnis der dringenden Notwendigkeit der Umformung ihrer Weltanschauung und des Kampfes gegen den Revisionismus und für dessen Verhütung gewonnen. Ein alter Professor sagte: «Durch vielfältige Erlebnisse und Erfahrungen in 60 Jahren habe ich erkannt, was eine wirkliche Fürsorge und Anteilnahme für Intellektuelle ist. Es gibt Leute, die versuchen, einen Keil zwischen die Partei und die Intellektuellen zu treiben. Doch sie strengen sich vergeblich an.» Ein bejahrter Professor der Fakultät für Bauwesen erklärte: «Die sogenannten vorzüglichen, fachlich qualifizierten Studenten, die ich in der Vergangenheit ausgebildet habe, waren nach ihren sechs Jahren Studium von bürgerlichen Ideen durchdrungen und dachten nur an persönlichen Ruhm und Vorteil. Sie waren zwar in der Lage, Häuser zu entwerfen, aber nicht, eines auch wirklich zu bauen, weil ihre Theorie von der Praxis isoliert war. Die heutigen Studenten haben nicht nur ein hohes politisches Bewußtsein, sondern wissen auch, wie Häuser zu entwerfen und zu bauen sind. Die Revolution im Bildungswesen ist notwendig nicht nur für die Ausbildung von Fortsetzern der revolutionären Sache des Proletariats, sondern auch für die Umformung der Weltanschauung von alten Intellektuellen wie uns.»

Förderung der Arbeit

Die große Debatte, deren zentrale Frage der Klassenkampf ist, hat die Einheit in der Universität gefördert, die Revolution in der Erziehung und die anderen von der Universität zu leistenden Arbeiten vorangetrieben.

Der Vorsitzende Mao hat unterstrichen: «Stabilität und Einheit heißt nicht, den Klassenkampf aufgeben. Der Klassenkampf ist das Hauptkettenglied, alles andere hängt von ihm ab.» Diese Worte des Vorsitzenden Mao wurden durch die Tatsachen in der Ts'ing-hua-Universität bestätigt. Das Geschwätz der Rechtsabweichler, die nach Revision der schon gefällten Urteile strebten, hat noch vor einiger Zeit ideologische Verwirrung hervorgerufen. Aber die große Debatte half, einen klaren Trennungsstrich zwischen den zwei Linien zu ziehen und eine neue ideologische Einheit in der Universität zu verwirklichen – mit einem entfalteten sozialistischen Enthusiasmus der Lehrer und Studenten als Folge. Sie packen den Klassenkampf als das Hauptkettenglied an und tun alles, um ihre jeweilige Arbeit gut zu leisten. Aktiv intensivieren sie Lehren und Lernen, die wissenschaftliche Forschung, aktiv betreiben sie eine Schule mit offener Tür, ohne dabei aufzuhören, Tatzu Pao zu schreiben und in die Debatte einzugreifen.

Der Schulbetrieb bei offener Tür und die anderen neuen Dinge, die aus der Revolution im Bildungswesen hervorgegangen sind, werden in dieser großen Debatte ununterbrochen konsolidiert und vervollkommnet. Im vorigen Jahr arbeiteten insgesamt über 4000 Lehrer und Studenten dieser Universität in mehr als 100 Fabriken, Dörfern und Armee-Einheiten und auf Baustellen: Schulbetrieb bei offener Tür. Diskussion und Studium auf ihren Arbeitsplätzen seit Beginn der Debatte, die Zusammenfassung ihrer Erfahrungen lassen sie noch entschlossener an der Orientierung festhalten: «Das Bildungswesen muß revolutioniert werden.»

Die große Debatte hat das Lehren und Lernen sowie die wissenschaftliche Forschung belebt. Von den über 200 Aufgaben der wissenschaftlichen Forschung, die im Vorjahr in Angriff genommen worden waren, sind 145 erfüllt worden. Davon haben 69 bis dahin vorhandene Lücken in

Chinas Wissenschaft und Technik geschlossen, und einige haben fortgeschrittenstes Weltniveau erreicht. Die wissenschaftlich-technischen Arbeiten der Absolventen haben ein hohes Niveau, und die entsprechenden wissenschaftlichen Forschungsinstitutionen spendeten ihnen hohes Lob. Sie sind von den Abschlußarbeiten, die von Studenten vor der Kulturrevolution geschrieben worden waren, ganz verschieden. Anders als bei diesen rein theoretischen Abhandlungen sind nun Theorie und Praxis eng miteinander verbunden. Bevor noch die Abschlußarbeiten neuen Typs vorgetragen werden, sind die in ihnen behandelten, von den Absolventen konstruierten Maschinen schon in Betrieb.

Die von der Universität betriebenen Fabriken haben ihren Jahresproduktionsplan vorfristig, nämlich bis zum 25. Dezember 1975, allseitig erfüllt. Damit haben sie den Anfang 1975 aufgestellten Plan der Verdoppelung der Produktion von 1974 verwirklicht.

6. Die fundamentalen Unterschiede der zwei Linien im Bildungswesen

Am 14. Februar 1976 veröffentlichte die Pekinger «Volkszeitung» einen Artikel des Parteikomitees des Landwirtschaftsinstituts Ch'ao-yang, NO-Provinz Liaoning. In einer redaktionellen Vorbemerkung der «Peking Rundschau»[59] heißt es: «Dies ist einer der vielen wichtigen Artikel, die seit kurzem in der chinesischen Presse publiziert werden, um im Bildungswesen wie im Kreise der Wissenschaft und Technik dem Wind von rechts, welcher die bereits gefällten Urteile umstoßen soll und auf die Ablehnung der Großen Proletarischen Kulturrevolution abzielt, entgegenzutreten.» Hatte *Ch'ao-yang*, seinem Geiste nach gewissermaßen die *Ts'ing-hua* unter den Landwirtschaftsinstituten, die große Debatte und die große Kritik, die Mao Tse-tung im Herbst 1975 forderte, aufgenommen? Im Artikel der «Volkszeitung» kehrt einige Male die Wendung «in den 17 Jahren vor der großen Kulturrevolution» wieder, in denen zum Beispiel «die revisionistische Linie im Bildungswesen . . . in den Schulen herrschte». Die Theoriegruppe der Chinesischen Akademie der Wissenschaften hat inzwischen[60] mitgeteilt, daß diese Wendung Anfang 1976 bei Yao Wen-yüan, einem der Vier, auftauchte: «Das lief auf einen offenen Angriff gegen Ministerpräsident Chou hinaus . . . Er stellt eindeutig fest, daß trotz der Stör- und Sabotagemanöver durch die revisionistische Linie Liu Shao-ch'is im Bereich der Wissenschaft und Technik 17 Jahre hindurch Kämpfe ausgefochten und im großen und ganzen die vom Vorsitzenden Mao vertretene revolutionäre Linie beibehalten wurde. Die ‹Viererbande› warf die korrekte Einschätzung des Ministerpräsidenten Chou einfach über Bord.» So wird der folgende Artikel, liest man ihn «gegen den Strich», neuerdings wichtig – als Warnung, daß Kulturrevolution auch pädagogisch nicht bedeutet, «alles zu verneinen, alles zu zerschlagen», was vor der Kulturrevolution gewesen ist.

Unser Landwirtschaftsinstitut wurde in der Großen Proletarischen Kulturrevolution gegründet und entwickelt. Unsere Erfahrung läßt sich in einem Hauptpunkt zusammenfassen: Entschiedene Durchsetzung der proletarischen revolutionären Linie des Vorsitzenden Mao, kompromißloser Kampf gegen die revisionistische Linie im Bildungswesen, die in den 17 Jahren vor der großen Kulturrevolution in den Schulen herrschte, und Anspannung aller Kräfte, um aus unserem Institut ein Instrument der Diktatur des Proletariats zu machen.

Die Rechtsabweichler aber behaupteten, daß der Leitsatz «kompromißloser Kampf gegen die in den 17 Jahren herrschende revisionistische Linie im Bildungswesen» falsch sei. Damit versuchten sie, die grundsätzlichen Unterschiede zwischen der neuen und der alten Linie im Bildungswesen zu verwischen. Da das unmittelbar eine grundlegende Frage ist, die Richtigkeit oder Unrichtigkeit der Linie betrifft, muß man sich in Debatten darüber Klarheit verschaffen.

1. *Die alten Landwirtschaftsinstitute wurden von bürgerlichen Intellektuellen beherrscht; die neuen Landwirtschaftsinstitute müssen die Führung durch die Arbeiterklasse verstärken.*

Da das Proletariat in den 17 Jahren vor der großen Kulturrevolution kein mächtiges Kontingent von Arbeiterintellektuellen hatte, wurden die Schulen von den zahlenmäßig überlegenen Angehörigen der bürgerlichen Intelligenz beherrscht. Damals blieb die Frage der Führung auf dem Gebiet des Bildungswesens im wesentlichen ungelöst, und man hatte noch keine Klarheit über die wichtige theoretische Frage der allseitigen Diktatur des Proletariats über die Bourgeoisie im Überbau. Das Ergebnis war, daß eine Anzahl von der Partei und der Arbeiterklasse in die Lehranstalten entsandten Menschen entweder in den Hintergrund gedrängt oder von der Bourgeoisie korrumpiert wurde und zu ihren Wortführern degenerierte. Das ermöglichte der Bourgeoisie, in den Lehranstalten die Diktatur über das Proletariat auszuüben. Die vom Vorsitzenden Mao persönlich eingeleitete und geführte Große Proletarische Kulturrevolution zerschlug die Herrschaft der konterrevolutionären revisionistischen Linie Liu Shao-ch'is im Bildungswesen. Im Jahre 1968 ließ der Vorsitzende Mao die Weisung ergehen: «Die Arbeiterklasse muß bei allem die Führung innehaben.» Die Vertreter der Arbeiterklasse und ihrer zuverlässigsten Verbündeten, der armen Bauern und unteren Mittelbauern, begaben sich zusammen mit Kämpfern der Volksbefreiungsarmee in die Schulen, um die Alleinherrschaft der bürgerlichen Intellektuellen zu brechen und die Führung durch die Arbeiterklasse an der Bildungsfront zu errichten. Auf diese Weise wurde ein neues Kapitel in der Geschichte des proletarischen Bildungswesens aufgeschlagen.

Die Arbeiter- und Soldatentrupps für die Verbreitung der Maotsetungideen in unserem Institut überwanden alle Hindernisse und leiteten Lehrer und Studenten an, von der Stadt aufs Land zu gehen. Damit wurde die vor mehr als zehn Jahren von unserem großen Führer, dem Vorsitzenden Mao, erteilte Weisung – alle Landwirtschaftsinstitute sollen in die ländlichen Gebiete verlegt werden – in die Tat umgesetzt. Die Lehrer und Studenten sind unter die armen Bauern und unteren Mittelbauern gegangen, um dort das Institut zu betreiben, so daß es unmittelbar von diesen verwaltet werden konnte. Das Erziehungssystem wie die Grundsätze und Methoden des Lehrens und Lernens wurden gründlich erneuert, und somit entstand ein neues sozialistisches Landwirtschaftsinstitut – in den ersten Anfängen.

Die feste Führung durch die Arbeiterklasse und die unmittelbare Teilnahme der Arbeiter und Bauern an der Verwaltung sind die grundlegende Garantie für die Durchsetzung der proletarischen Linie des Vorsitzenden Mao im Bildungswesen. Aber einige Leute im Bildungswesen, die mit absurden Ansichten hausieren gingen, behaupteten, daß die Arbeiter nichts vom Bildungswesen verstehen, und daß es «von jenen Laien, die sich für die Wissenschaft interessieren, geführt werden muß». Mit anderen Worten, sie haben nichts anderes im Sinn, als eine Führung durch die Arbeiterklasse auszuschließen und die Herrschaft der revisionistischen Linie in den Lehranstalten wiederherzustellen. Die Praxis hat bewiesen, daß die Arbeiterklasse in vollem Maße dazu fähig ist, das alte Erziehungssystem nach dem Bilde des Proletariats umzugestalten. Nur die Arbeiterklasse ist imstande, die proletarische Revolution im Bildungswesen zu Ende zu führen. Jeder Angriff gegen die Führung durch die Arbeiterklasse im Bildungswesen ist gleichbedeutend mit einem Angriff auf die Diktatur des Proletariats, gleichbedeutend mit einem Verrat am Proletariat und mit einer Kapitulation vor der Bourgeoisie.

2. Die alten Landwirtschaftsinstitute konzentrierten sich in den Städten; die neuen Landwirtschaftsinstitute werden auf dem Lande verteilt eingerichtet.

Vor der großen Kulturrevolution konzentrierten sich alle Landwirtschaftsinstitute in den Städten und dienten nicht der sozialistischen Revolution und dem sozialistischen Aufbau auf dem Lande. Voll Empörung sagten arme Bauern und untere Mittelbauern: «Auf diese Institute kann man gern verzichten.»

Im Jahre 1970 verließ eine Anzahl Lehrer und Studenten des landwirtschaftlichen Instituts Shen-yang unter der Führung der Arbeiterpropagandatrupps die Stadt, um in der Gebirgsgegend Ch'ao-yang ein sozialistisches Landwirtschaftsinstitut zu betreiben. Die dortigen Bauern empfingen sie mit offenen Armen.

Im Dorf angelangt, beteiligten sich Lehrer und Studenten sogleich aktiv an der Bewegung «Lernt in der Landwirtschaft von Tachai!» Sie richteten in den Produktionsgruppen Abendschulen ein, um den Marxismus, den Leninismus, die Maotsetungideen zu propagieren. Sie gründeten Gruppen für das wissenschaftliche Experimentieren und gingen Hand in Hand mit den armen Bauern und unteren Mittelbauern an die Melioration des Ackerbodens und die wissenschaftliche Betreibung des Ackerbaus. Ihre Bemühungen zeitigten ein gutes Ergebnis: Die Produktionsbrigaden, in denen sie sich niederließen, erhöhten im gleichen Jahr die Getreideproduktion beträchtlich. Lehrer und Studenten halfen auch den Produktionsbrigaden bei der Bewirtschaftung der Obstgärten, der Beschneidung der Obstbäume und ihrer Bespritzung mit Schädlingsbekämpfungsmitteln. Die Apfelernte verdoppelte sich in diesem Jahr. Im Lauf der Produktionstätigkeit erweiterten die Studenten ihre Fachkenntnisse.

Die Landwirtschaftsinstitute aus den Städten in die Dörfer zu verlegen, bedeutet nicht, bloß ihren Standort zu verlegen. Es betrifft die Frage, wem sie dienen, welchen Weg sie gehen und was für eine Linie sie durchsetzen sollen. Wenn die Landwirtschaftsinstitute weit entfernt von den ländlichen Gebieten eingerichtet werden, so kann weder von einem Dienst an der Bewegung «lernt in der Landwirtschaft von Tachai!» noch vom Heranbilden gebildeter Werktätiger mit sozialistischem Bewußtsein die Rede sein.

3. Die alten Landwirtschaftsinstitute predigten: «Wer gut lernt, wird Beamter»; die neuen Landwirtschaftsinstitute führen das System «aus der Kommune, in die Kommune» ein und bilden gebildete Bauern neuen Typs mit sozialistischem Bewußtsein heran.

Für alle Ausbeuterklassen ist Konfuzius' Konzept «Wer gut lernt, wird Beamter» Leitsatz für den Schulbetrieb. Die alten Landwirtschaftsinstitute beharrten auf diesem Leitsatz, den sie unter der Maske Ausbildung «roter Agronomen» und «qualifizierter Spezialisten für den Aufbau» tarnten. Sie wurden revisionistische Umerziehungsanstalten und Brutstätten für die Züchtung einer bürgerlichen Geistesaristokratie. Die neuen Landwirtschaftsinstitute müssen mit alten Traditionen im Bildungswesen am radikalsten brechen, wenn sie gebildete Werktätige mit sozialistischem Bewußtsein ausbilden wollen.

Die vom Vorsitzenden Mao am 21. Juli 1968 gegebene Weisung – «Die Studenten müssen aus den Reihen der Arbeiter und Bauern mit praktischer Erfahrung ausgewählt werden, und nach einigen Jahren Hochschulstudium sollen sie wieder in die Praxis der Produktion zurückkehren» – ist eine gewaltige ideologische Waffe zur völligen Zerstörung der feudalen, bürgerlichen und revisionistischen reaktionären Traditionen im Bildungswesen. Wir haben diese glänzende Weisung des Vorsitzenden Mao in unserem Institut verwirklicht, indem wir das System «aus der Kommune, in die Kommune» einführten, was bedeutet, daß die Studenten, die von ländlichen Volkskommunen kommen, nach ihrem Hochschulstudium in ihre eigenen Kommunen zurückkehren und dort als Bauern arbeiten sollen.

Seit 1971 haben über 340 Studenten, die nach dem System «aus der Kommune, in die Kommune» aufgenommen wurden, ihr dreijähriges Studium im Institut absolviert, sind in die Dörfer zurückgekehrt und arbeiten jetzt als eine Generation von Bauern neuen Typs. Sie haben mit der tausendjährigen Tradition «Lernen, um Beamter zu werden» gebrochen und verwirklichen das Prinzip der Pariser Kommune, «Kampf gegen den Karrierismus mit Taten und nicht mit Worten». Voller Lebenskraft kämpfen sie an der vordersten Front der drei großen revolutionären Bewegungen – Klassenkampf, Produktionskampf und wissenschaftliches Experimentieren – in ländlichen Gebieten und haben ihren Beitrag zur Bewegung «Lernt in der Landwirtschaft von Tachai» geleistet. Die armen Bauern und unteren Mittelbauern rühmen sie als «Vorhut bei der Einschränkung des bürgerlichen Rechts» und als «eine Riege sozialistisch gesinnter Bauern neuen Typs».

Die Einführung des Systems «aus der Kommune, in die Kommune» ist ein wichtiges Kennzeichen dafür, daß die Lehranstalten aus einem Werkzeug der Diktatur der Bourgeoisie in ein Werkzeug der Diktatur des Proletariats umgewandelt werden. Sobald es auf die Welt gekommen ist, stößt dieses System auf hartnäckige Widerstände, geleistet durch die Bourgeoisie wie durch die Macht der Gewohnheit. Nach den Ansichten seiner Gegner sei es unnötig, Hochschulen zur Ausbildung von Arbeitern und Bauern zu betreiben; diejenigen, die eine Hochschulbildung erhalten haben, sollten nach ihrem Studium nicht mehr Arbeiter und Bauern bleiben. Heißt das nicht, sie wollen den Unterschied zwischen Kopf- und Handarbeit ewig beibehalten? Und sollen Kultur und Wissenschaft ewig ein Monopol einiger weniger Privilegierter bleiben? Wir dürfen nie vergessen, wie die Sowjetunion zu einem revisionistischen Staat entartete. Viele Söhne und Töchter der Arbeiter und Bauern haben in der Sowjetunion nach dem Abschluß ihres Hochschulstudiums Führungspositionen erklettert, sie haben das Proletariat jedoch verraten und sind zu Revisionisten geworden.

4. Die alten Landwirtschaftsinstitute betonten die «vorrangige Entwicklung intellektueller Fähigkeiten»; die neuen Landwirtschaftsinstitute halten stets am Vorrang der proletarischen Politik fest.
Die alten Landwirtschaftsinstitute verfolgten unter dem Vorwand der Spezialisierung das bürgerliche Prinzip der «vorrangigen Entwicklung intellektueller Fähigkeiten» und verwandelten sich so in ein Werkzeug der Diktatur der Bourgeoisie.

Um diesen schlimmen Zustand von Grund auf zu verändern, unterstrichen wir in der Praxis: Die sozialistischen Landwirtschaftsinstitute müssen wie andere Hochschulen in ein Werkzeug der Diktatur des Proletariats umgewandelt werden. Unsere Studenten müssen vor allem zu Kämpfern herangebildet werden, die den Klassen- und Linienkampf verstehen, Revisionismus und Kapitalismus zu kritisieren wagen, unermüdlich am Sozialismus arbeiten und die Diktatur des Proletariats zu festigen verstehen. Auf diese Weise können die von ihnen angeeigneten wissenschaftlichen und technischen Kenntnisse wirklich von Nutzen sein.

In Übereinstimmung mit der Weisung des Vorsitzenden Mao, «Alle Arbeit der Schule soll darauf abzielen, das Denken der Schüler umzumodeln», verdoppelten wir in den letzten Jahren unsere Anstrengungen zur politischen und ideologischen Erziehung. Das Studium der Werke von Marx, Engels, Lenin und Stalin sowie der Schriften des Vorsitzenden Mao sind unentbehrliche Kurse, das Lernen in der Landwirtschaft von Tachai und die Teilnahme an der produktiven Arbeit sind fundamentale Kurse. Wir organisieren die Studenten zur Teilnahme an politischen Bewegungen und schicken sie regelmäßig zu ihren eigenen Kommunen und Produktionsbrigaden, damit sie dort an den drei großen revolutionären Bewegungen teilnehmen können. Während der ganzen Studienzeit werden die Studenten ideologisch erzogen und wird ihnen eingeschärft, in den ländlichen Gebieten Revolution zu machen. Auf verschiedene Weise schenkt das Institut der politischen Reife der Absolventen große Aufmerksamkeit und hilft ihnen, ihre berufliche Fähigkeit zu steigern.

5. Die alten Landwirtschaftsinstitute traten für eine «Normalisierung» ein; die neuen Landwirtschaftsinstitute halten an dem System «teils Arbeit, teils Studium» fest.
Vor der großen Kulturrevolution betrieben die alten Landwirtschaftsinstitute eine Politik der Trennung von Erziehung und produktiver Arbeit, von Kopfarbeit und Handarbeit, von Theorie und Praxis. Das war das sogenannte «normale» System, nach dem die Studenten in Instituten eingeschlossen ihr Studium betreiben sollten. Die neuen Landwirtschaftsinstitute führen den Kurs der Partei für das Bildungswesen durch, verbinden die Erziehung mit der produktiven Arbeit, die Kopfarbeit mit

der Handarbeit und die Theorie mit der Praxis und fordern die Studenten auf, teilweise zu arbeiten und teilweise zu studieren sowie während des Studiums zu arbeiten.

In den letzten Jahren wurde die produktive Arbeit Teil des Studienplans. Die Studenten arbeiten teilweise und studieren teilweise, während die Lehrer teilweise arbeiten und teilweise unterrichten. Auf diese Weise haben wir die körperliche Arbeit zur Basis des Schullebens gemacht. Im Selbstvertrauen auf die eigene Kraft und im harten Kampf bauen Lehrer und Studenten Häuser und bestellten Felder. Von 1972 bis heute haben sie 120 Zimmer gebaut und 66 Hektar Land urbar gemacht. 1972 brachten sie 30 Tonnen und 1975 150 Tonnen Getreide ein. Schritt für Schritt decken sie ihren Eigenbedarf an Getreide, Speiseöl und Fleisch. Dadurch vermehren die Studenten den materiellen Reichtum des Staates und erlernen die Fähigkeit zum Aufbau sozialistischer neuer Dörfer. Nur durch die Teilnahme an der produktiven Arbeit können die Arbeiter-, Bauern- und Soldatenstudenten die Eigenschaften der Werktätigen beibehalten.

Aus der Entwicklung der Gesellschaft betrachtet, ist die Trennung von Erziehung und produktiver Arbeit, von Kopfarbeit und Handarbeit sowie von Theorie und Praxis nur eine historische Erscheinung. Mit der Aufhebung der Klassen verschwindet diese Trennung. Marx, Lenin und Vorsitzender Mao, sie alle haben sich unmißverständlich über die Bedeutung der Verbindung der Erziehung mit produktiver Arbeit ausgelassen. Bereits im Jahr 1847 legten Marx und Engels Wert auf die «Vereinigung der Erziehung mit der materiellen Produktion». 1919 unterstrich Lenin die Notwendigkeit der «Herstellung einer engen Verbindung zwischen Unterricht und gesellschaftlich-produktiver Arbeit der Kinder». Unser großer Führer, Vorsitzender Mao, stellte während seiner Ausarbeitung der Erziehungspolitik fest: «Das Bildungswesen muß der Politik des Proletariats dienen, muß mit der produktiven Arbeit verbunden werden. Die Werktätigen müssen zugleich Intellektuelle und die Intellektuellen zugleich Werktätige sein.» Aber vor der großen Kulturrevolution lehnten die alten Lehranstalten diese Weisungen von Marx, Engels, Lenin und Vorsitzendem Mao ab, sie propagierten dagegen die Auffassung der Ausbeuterklassen: «Die geistig Tätigen regieren, die körperlich Tätigen werden regiert.» Die alten Lehranstalten traten gegen die Teilnahme der Studenten an der produktiven Arbeit auf und hielten die Studenten von den Arbeitern und Bauern fern. Dadurch wurde der Unterschied zwischen Kopf- und Handarbeit vergrößert und der Bereich des bürgerlichen Rechts ausgedehnt.

6. Die alten Landwirtschaftsinstitute traten für «drei Zentren» und die «drei althergebrachten Stufen» ein; die neuen Landwirtschaftsinstitute haben ein System der «Dreierverbindung» errichtet.

Um die bürgerliche Geistesaristokratie großzuziehen, betonten die alten Landwirtschaftsinstitute im Unterrichtssystem die «drei Zentren» (Lehrer, Bücher und Klassenzimmer) und die «drei althergebrachten Stufen» – theoretisches Allgemeinwissen, allgemeine Theorie der verschiedenen Fachrichtungen und Fachunterricht. Unsere neuen Landwirtschaftsinstitute müssen, um gebildete neue Bauern mit sozialistischem Bewußtsein heranzubilden, an der Verbindung des Unterrichts mit wissenschaftlicher Forschung und Produktion festhalten.

Der große Lehrer Lenin wies darauf hin, «. . ., daß man sich das Ideal einer künftigen Gesellschaft nicht ohne Verbindung des Unterrichts mit produktiver Arbeit der jungen Generation vorstellen kann: weder Unterricht und Bildung ohne produktive Arbeit noch produktive Arbeit ohne gleichzeitige Unterweisung und Bildung könnten je auf die Höhe gebracht werden, die das heutige Niveau der Technik und der Stand der wissenschaftlichen Kenntnisse fordern».

In den letzten Jahren haben wir in drei Fachrichtungen, nämlich Agronomie, Forstwirtschaft und Viehzucht, versuchsweise ein neues System errichtet, in dem das Unterrichten auf der wissenschaftlichen Forschung und der Produktion beruht. Nehmen wir zum Beispiel die Fachrichtung Agronomie: Dort werden die Studenten von Anfang an in acht Gruppen eingeteilt, die sich mit Gebieten wie Kao-liang, Anbau, Pflanzenschutz, Erde, Dünger usw. beschäftigen. Die Forschungsprojekte werden nach den Bedürfnissen der Produktion bestimmt, während die Unterrichtsinhalte jedes Spezialfaches nach den Forderungen der wissenschaftlichen Forschung und der Produktion festgelegt werden. Da die Studenten ihr Studium mit den Forschungsprojekten verbinden, können sie auf lebendige Weise studieren. Auf diese Weise können sie nicht nur solide Kenntnisse erwerben, ihre Fähigkeit der Analyse und Lösung von Problemen erhöhen, sondern auch die Wissenschaft bereichern und entwickeln.

7. Die alten Landwirtschaftsinstitute waren von der Gesellschaft abgekapselt; die neuen Landwirtschaftsinstitute sind eng mit den drei großen revolutionären Bewegungen verbunden.

Die alten Landwirtschaftsinstitute waren losgelöst von der proletarischen Politik, von den Arbeitern und Bauern und von der produktiven Arbeit, so daß die Studenten, je länger sie studierten, um so dümmer wurden. Über dieses alte Erziehungssystem bemerkte der Vorsitzende Mao: Von der Grundschule bis zur Hochschule benötigte ein Student sechzehn oder siebzehn Jahre. Also hatte er mehr als zwanzig Jahre lang keine Gelegenheit, zu sehen, wie Reis, Kao-liang, Hülsenfrüchte, Weizen, Hirse und Rispenhirse wachsen, oder wie Arbeiter arbeiten, Bauern den Boden bestellen und wie Waren ausgetauscht werden. Außerdem wurde seine Gesundheit ruiniert. Was für einen Schaden hat das angerichtet! Um dieser Situation, der Behinderung von Fähigkeiten und der Schädigung junger Menschen, ein Ende zu machen, führte unser Institut das Unterrichtssystem mehrmaliges «Hinaufgehen und Hinuntergehen» durch. «Hinaufgehen» bedeutet, daß die Studenten im Institut oder in Forschungs- und Lehrzentren tätig sind. «Hinuntergehen» heißt, daß die Studenten zu ihren eigenen Kommunen, Produktionsbrigaden und -gruppen zurückgehen, um dort an den drei großen revolutionären Bewegungen teilzunehmen. Dauer und Häufigkeit der praktischen Ausbildung der Studenten in ihren eigenen Produktionsbrigaden und -gruppen sind verschieden je nach Spezialfächern und Klassen.

Die Praxis in den letzten Jahren zeigt, daß diese Methode eine Revolution im Unterrichtssystem bedeutet. Das hervorstechendste Merkmal ist, daß der Grundsatz, sich von ganzem Herzen auf Arbeiterklasse, arme Bauern und untere Mittelbauern zu stützen, den ganzen Erziehungsprozeß hindurch beibehalten wird. Studenten bleiben Kommunemitglieder und halten stets enge Verbindungen mit armen Bauern und unteren Mittelbauern aufrecht. Dies ermöglicht den Studenten, sich das Ziel ihres Studiums immer vor Augen zu halten – des «Hinaufgehens» um des «Hinuntergehens» willen. Die Studenten kommen mit den Problemen ihrer eigenen Kommunen und Produktionsbrigaden zum Studium und gehen nach dem Abschluß des Studiums sofort zurück, um das Gelernte in der Produktion anzuwenden. Dies fördert die ständige Verbesserung des Lehrmaterials und der Unterrichtsmethoden und ermöglicht den Studenten, schon während der Studienzeit ihren Beitrag für die Bewegung «Lernt in der Landwirtschaft von Tachai» zu leisten.

8. Die alten Landwirtschaftsinstitute waren «Pagoden» für wenige privilegierte Personen; die neuen Landwirtschaftsinstitute erreichen immer gründlicher immer breitere Landstriche, und ihre Erziehung dient den Massen.

Vor der großen Kulturrevolution diskriminierten die Schulen die Kinder der Arbeiter und Bauern und schufen eine intellektuelle Elite, spitz wie eine Pagode. Das ist eine Fortsetzung der kulturellen Alleinherrschaft über das Volk durch die Grundherrenklasse und Bourgeoisie.

Seit Beginn der Großen Proletarischen Kulturrevolution unternimmt unser Institut, angeleitet von der revolutionären Linie des Vorsitzenden Mao, große Anstrengungen, um diese Situation zu ändern und den breiten Volksmassen immer mehr Gelegenheit zum Studieren zu geben. Unser Institut errichtete zuerst sechs Forschungs- und Lehrzentren in sechs Kreisen des Bezirks. Diese Zentren wurden später in die vom Kreis betriebenen Landwirtschaftsschulen eingegliedert. So wurden landwirtschaftliche Institute auf Bezirks- wie auf Kreisebene gegründet. Kommunen betreiben landwirtschaftliche Mittelschulen, und Brigaden organisieren Gruppen für wissenschaftliches Experimentieren. Ein Netz für landwirtschaftliche Wissenschaft und Ausbildung ist so im Entstehen, das den ganzen Bezirk überzieht. Um diesem Netz zum Erfolg zu verhelfen, arbeitet unser Institut in Kooperation mit den von Kreisen und Kommunen betriebenen Schulen. Seit 1973 errichtete unser Institut weitere sieben Forschungs- und Lehrzentren in den Kreisen. Unser Ziel ist es, bequem erreichbare Schulen in der Nähe der Bauernhäuser einzurichten und uns darum zu bemühen, den Bedarf des Bezirks Ch'ao-yang zu decken. Die armen Bauern und unteren Mittelbauern des Bezirks sind ebenso unsere Lehrer wie die Empfänger unserer Leistungen. In den letzten Jahren hat unser Institut durch Gruppen für wissenschaftliches Experimentieren, Bauernfreizeitschulen, Schnellkurse, ambulante Klassen und andere Formen mehr als 16000 Aktivisten für die Bewegung «Lernt in der Landwirtschaft von Tachai» ausgebildet und so seinen Beitrag zum Aufbau von Kreisen des Typs Tachai geleistet.

9. Die alten Landwirtschaftsinstitute knechteten die Studenten; die neuen Landwirtschaftsinstitute ermöglichen es den Arbeiter-, Bauern- und Soldatenstudenten, daß sie die «Hochschule besuchen, sie verwalten und umgestalten».

Die alten Schulen verleiteten die Schüler dazu, sich ins Studium zu versenken und sich nicht um die Angelegenheiten des Staates zu kümmern. Das alte Prüfungssystem behandelte die Schüler als Feinde und verlieh den Lehrern absolute Autorität, der sich die Schüler unterordnen mußten. Heute sind die Arbeiter-, Bauern- und Soldatenstudenten die aufstrebende Kraft in der Revolution des Bildungswesens. Sie besuchen die Hochschulen, verwalten sie und gestalten sie im Geiste des Marxismus, des Leninismus, der Maotsetungideen um.

Unser Institut hat besondere Gruppen auf verschiedenen Ebenen gebildet, damit die Arbeiter-, Bauern- und Soldatenstudenten ihre Rolle in dieser Hinsicht voll entfalten können. Die Leiter dieser Gruppen sind, wenn möglich, Führungsmitglieder von Parteiorganisationen der entsprechenden Ebenen. Dies garantiert organisatorisch, daß die Arbeiter-, Bauern- und Soldatenstudenten das Institut besuchen, verwalten und umgestalten können.

Unter der Führung des Parteikomitees des Instituts schlagen die Arbeiter-, Bauern- und Soldatenstudenten im Kampf um den Aufbau eines sozialistischen Landwirtschaftsinstituts die falschen Denkrichtungen mit einem festen, klaren Standpunkt zurück und verteidigen die revolutionäre Linie des Vorsitzenden Mao für das Bildungswesen. Tapfer brechen sie mit den überlieferten Ideen aller Ausbeuterklassen und sind entschlossen, eine neue Generation kulturell gebildeter Werktätiger mit sozialistischem Bewußtsein zu werden. Sie teilen die Aufgaben des Unterrichts, der wissenschaftlichen Forschung und der Produktion mit den Lehrern und treten in jeder Hinsicht als Herren des Instituts auf.

Unsere Erfahrungen in den letzten Jahren zeigen, daß die Führung der Arbeiterklasse im Bildungswesen erst gefestigt und gestärkt werden kann, wenn die Arbeiter-, Bauern- und Soldatenstudenten die aufstrebende Kraft in der Revolution des Bildungswesens bilden.

10. Die alten Landwirtschaftsinstitute trennten die Lehrer von den Arbeitern und Bauern; die neuen Landwirtschaftsinstitute vereinigen die Lehrer mit den Arbeitern und Bauern und bemühen sich um den Aufbau eines proletarischen Lehrerkontingents.

Der Vorsitzende Mao sagte: «Das Hauptproblem der Umgestaltung des Bildungswesens ist das Problem der Lehrerschaft.» Die alten Landwirtschaftsinstitute schlossen die Arbeiter und Bauern vom Katheder aus. Sie leiteten die meisten Lehrer, deren Ideologie im großen und ganzen bürgerlich war, nicht dazu an, sich mit den Arbeitern und Bauern zu verbinden und ihre Weltanschauung gründlich umzugestalten. Solche Lehrer können nicht anders, als bürgerliche Geistesaristokraten aufzuziehen, nicht jedoch Nachfolger der proletarischen Revolution. Um aus unserem Institut ein Instrument der Diktatur des Proletariats zu machen, müssen wir uns bemühen, ein Lehrerkontingent des Proletariats aufzubauen.

Solche Bemühungen haben mannigfaltige Formen in den letzten Jahren angenommen. Unser Institut organisierte, daß Studenten zu den fortgeschrittenen Volkskommunen, Produktionsbrigaden und Truppeneinheiten gehen, zu den Arbeitern, Bauern und Soldaten als ihren Lehrern. Eine Anzahl von Arbeitern und armen Bauern und unteren Mittelbauern wurde eingeladen, als hauptberufliche oder nebenberufliche Lehrer Unterricht zu erteilen, außerdem wurden unter unseren Absolventen Bauernlehrer neuen Typs ausgewählt, die ihren Arbeitslohn in Arbeitspunkten erhalten. Dies ermöglicht, daß noch mehr arme Bauern und untere Mittelbauern unmittelbar an der Revolution im Bildungswesen teilnehmen können und sich so eine Überlegenheit der proletarischen Kräfte Schritt für Schritt herausbildet. Die Arbeiter- und Bauernlehrer haben tiefe proletarische Gefühle. Ihr Unterricht ist lebhaft, populär und leicht verständlich. In Übereinstimmung mit der Politik der Partei – des Zusammenschlusses mit den Intellektuellen, ihrer Erziehung und Umerziehung – leitet unser Institut die alten Lehrer an und ermutigt sie, den Weg der Verbindung mit den Arbeitern und Bauern einzuschlagen, wodurch ihr sozialistischer Enthusiasmus angefeuert wurde.

In der Vergangenheit mühten sich viele Lehrer für Ruhm und Gewinn hinter einem Haufen von Büchern ab und ließen die landwirtschaftliche Produktion hintanliegen. Nun denken sie, was auch die armen Bauern und unteren Mittelbauern denken, und tun ihr Bestes, um zu den drei großen revolutionären Bewegungen beizutragen. Der alte Professor Kung Chih-tao hat sich im Laufe der Verbindung mit den armen Bauern und unteren Mittelbauern verjüngt. Um den Bauern bei der Züchtung neuer Sorten von Kao-liang zu helfen, marschierte er 20 Kilometer weit auf bergigen Wegen zu seinem Versuchszentrum zurück. Der Professor erklärte, er sei früher einen falschen Weg gegangen, heute aber in seinen späteren Jahren wolle er mehr für das Volk tun.

In wenigen Worten: Unsere Errungenschaften der letzten sechs Jahre in der Erziehungsrevolution wurden unter der Anleitung der revolutionären Linie des Vorsitzenden Mao für das Bildungswesen gewonnen, in einem kompromißlosen Kampf gegen die revisionistische Bildungslinie. Die Losung «Führt einen kompromißlosen Kampf gegen die revisionistische Bildungslinie in den 17 Jahren!» demonstriert die Entschlossenheit der revolutionären Lehrer und Studenten endgültig mit dem alten Erziehungssystem zu brechen. Wir müssen die proletarische Revolution im Bildungswesen entsprechend der revolutionären Linie des Vorsitzenden Mao zu Ende führen.

Anmerkungen

1 Vgl. dazu, unter demselben Titel, meine Dokumentensammlung zur Kulturrevolution, Berlin 1969, S. 567ff (Dokumente K).
2 Philip Bridgham, Mao's Cultural Revolution in 1967: The Struggle to Seize Power. In: The China Quarterly 1968/34.
3 In Mao Papers, Oxford 1970; deutsch München 1972, S. 107ff.
4 Vgl. dazu meine Einleitung zu diesem Buch.
5 Bei J. Ch'en, a. a. O., S. 113f, Weisung Nr. 7 (vom Februar 1958).
6 Bei J. Ch'en, a. a. O., S. 115, Weisung Nr. 10 (vom 13. 8. 1958).
7 Bei J. Ch'en, a. a. O., S. 116, Weisung Nr. 11 (vom 12. 9. 1958).
8 Bei J. Ch'en, a. a. O., S. 130f, Weisung Nr. 18 (vom 10. 3. 1964).
9 Diese und die folgenden Weisungen siehe in der Anm. 1 genannten Dokumentation, S. 574ff (Dokumente K, IX).
10 Nachweis: Peking Rundschau 1967/47.
11 In den Pekinger Übersetzungen steht durchweg «Revolutions- . . .». Ich übersetze dem Sinn zuliebe «revolutionär(es) . . .», zum Beispiel «Revolutionäres Komitee», Einleitung zu diesem Buch, passim. Der Unterschied leuchtet bei «Revolutionstheorie» und «revolutionäre Theorie» sofort ein.
12 *Die alten schematischen Methoden:* Anspielung auf die in acht Abschnitte gegliederten Abhandlungen, die im kaiserlichen China zur Erlangung akademischer Würden und damit beamteter Stellungen verfaßt werden mußten. Sie wurden im XV. Jahrhundert eingeführt und galten, prinzipiell unverändert, noch Ende des XIX. als verbindlich.
13 Nachweis für redaktionelle Vorbemerkung und Untersuchungsbericht: Peking Rundschau 1968/31.
14 Die Weisung siehe in diesem Buch, S. 153ff.
15 Vgl. dazu mein Buch Die Mobilisierung der Massen. Chinas ununterbrochene Revolution, München 1971, S. 45 und passim.
16 Hung-ch'i 1968/3.
17 Thomas Scharping, Mao Chronik, München 1976, S. 215. Dort auch Nachweis des Zitats.
18 Nachweis: Peking Rundschau 1969/31.
19 Nachweis: Peking Rundschau 1970/10.
20 Vgl. die Einleitung zu diesem Buch, Abschnitt I.
21 Vgl. INFO. Initiative für den Aufbau des Bundes sozialistischer Lehrer und Erzieher, 1976/4–5.
22 Das Autorenkollektiv zitiert Kairow im allgemeinen nach Pädagogik, einer Schrift, die chinesisch in zwei Auflagen (nach den Moskauer von 1948 bzw. 1956) vorliegt. Andere Kairow-Zitate sind angemerkt.
23 «Akademiker Kairow über die leitenden Prinzipien der neu zusammengestellten ‹Pädagogik› und das Problem der allseitigen Entwicklung».
24 I. A. Kairows Bericht auf der Allrussischen Lehrerkonferenz (Juli 1960).
25 I. A. Kairow, Über das Problem der Verbesserung der Erziehung und Hebung ihres Niveaus an den allgemeinen Schulen in der Sowjetunion.
26 *Pei-ta*: Abkürzung von *Pei-ching ta-hsüeh* («Pekinger große Schule»).
27 Maria A. Macciocchi, Am Runden Tisch in der Ts'inghua-Universität. In:

Bettelheim, Macciocchi u. a., China 1972. Ökonomie, Betrieb und Erziehung seit der Kulturrevolution, Berlin 1972, S. 124

28 Vgl. in Die Mobilisierung der Massen, a. a. O., S. 34. Meinen Eindruck von Professor Ch'ien Wei-t'ang beschreibe ich ebd., S. 39f.

29 Nachweis: Peking Rundschau 1971/3.

30 *Kompradorenphilosophie:* Die «Compradores» waren einheimische Zwischenhändler; sie vermittelten seit der Ming-Dynastie (1368–1644) in den chinesischen Vertragshäfen das Geschäft mit europäischen Handelsfahrern und -firmen.

31 Die Weisung vgl. in diesem Buch, S. 153ff.

32 Den Untersuchungsbericht siehe in diesem Buch: Dokumente 1967–1970, 2. Der Weg zur Ausbildung von Ingenieuren und technischem Personal; S. 161ff.

33 Nachweis für redaktionelle Vorbemerkung und Jen Wens Artikel: Peking Rundschau 1971/33.

34 Nachzulesen in meiner Sammlung Konfuzius. Materialien zu einer Jahrhundert-Debatte, Frankfurt/Main 1976, S. 149ff

35 Nachweis: Peking Rundschau 1972/4.

36 In Form einer Anmerkung zum Bericht der Nachschub-Abteilung der Militärkommission über die weitere Verbesserung der Mitarbeit der Armee in der Landwirtschaft, die Mao Tse-tung an Lin Piao übermittelte.

37 Den vollständigen Wortlaut der Weisung siehe bei J. Ch'en, a. a. O., S. 138ff, unter Nr. 31.

38 Nachweis: Peking Rundschau 1972/19.

39 *Mu* ist ein Flächenmaß. 1 *mu* (oder *mou*) = 6,97 Ar.

40 1 *li* = ca. 0,5 km.

41 Nachweis: Peking Rundschau 1973/7.

42 Nachweis: Peking Rundschau 1973/8.

43 Vgl. die Einleitung zu diesem Buch.

44 Nachweis: Jen-min Jih-pao («Volkszeitung») vom 9. Jan. 1974. Deutsch nach: Erhard Neckermann und Rudolf G. Wagner, Wer erzieht wen. Dokumente zur Revolution im Erziehungswesen der Volksrepublik China, Berlin 1976, S. 65–73. (In Anlehnung daran auch Anm. 45–49.)

45 *Kao-liang*: Hirseart; als Getreide, Viehfutter, Heu verwendet; dient auch zur Gewinnung von Sirup und zum Brennen von Schnaps.

46 Maße und Gewichte: 1 *tou* (deutsch: Scheffel) = ca. 10 l = 10 *sheng*. – 1 *sheng* = ca. 1 l (1/10 *tou*). – 1 *jin* (engl. catty) = 500 Gramm.

47 *Die vier feindlichen Schichten*: Großgrundbesitzer, reiche Bauern, Konterrevolutionäre, schlechte Elemente.

48 *Die Ideologie «rot geboren zu sein»*: zu glauben, auf Grund der (proletarischen) Herkunft für immer gegen politische und ideologische Fehler gefeit zu sein.

49 *Kang*: Eine in den Dörfern Nordchinas gebräuchliche Bettstatt aus Lehm oder Ziegeln; sie ist innen hohl und wird im Winter wie ein Ofen geheizt.

50 Vgl. Grundlagen der marxistischen Philosophie, Berlin-DDR [7]1966, S. 434.

51 Nachweis: Peking Rundschau 1974/31.

52 Nachweis: Peking Rundschau 1975/29. Der Verfasser ist Ch'ün P'u.

53 *Arbeiterpropagandatrupps:* Arbeitertrupps, die in Übereinstimmung mit der

Weisung des Vorsitzenden Mao, daß zur Durchführung der proletarischen Revolution im Bildungswesen die Führung durch die Arbeiterklasse notwendig ist, in die Schulen und Hochschulen geschickt werden. – Vgl. dazu auch in diesem Buch die Einleitung zu Dokumente 3,3; S. 171

54 Kritik des Gothaer Programms.

55 Nachweis: Peking Rundschau 1975/37.

56 Vgl. die Einleitung zu diesem Buch.

57 Nachweis: Peking Rundschau 1976/7.

58 Noch einmal hinauf zum Ching-kang Berg: Gedicht 38; geschrieben im Mai 1965, offiziell zuerst veröffentlicht im Januar 1976. Siehe meine Übersetzung und Erläuterung in Kursbuch 15/1968, S. 127ff

59 Nachweis für redaktionelle Vorbemerkung und Artikel: Peking Rundschau 1976/10.

60 Vgl. Peking Rundschau 1977/16.

Bibliographie

Bettelheim, Macciocchi u. a.: China 1972. Ökonomie, Betrieb und Erziehung seit der Kulturrevolution, Berlin 1972.

Broyelle, Claudie: Die Hälfte des Himmels. Frauenemanzipation und Kindererziehung in China, Berlin 1973.

Bubenik-Bauer, Iris: Kollektive Kleinkindererziehung. Aspekte der Erziehung in der Volksrepublik China, Bremen 1977.

China Handbuch (hg. von Wolfgang Franke), Düsseldorf 1974, Stichworte: «Erziehungsbewegung», «Erziehungspolitik», «Erziehungswesen», «Erziehungswissenschaft».

Das neue Lexikon der Pädagogik, Freiburg 1970. Bd. I, Art. China.

Erziehung in China. Dokumente zur Revolution im Erziehungswesen (hg. von der Initiative für den Bund sozialistischer Lehrer und Erzieher), Köln 1976.

Fraser, Stewart: Chinese Communist Education. Records of the First Decade, Nashville 1965.

Marx/Engels: Über Erziehung und Bildung, Berlin–DDR 1971.

Mauger, Peter, u. a.: Erziehung und Ausbildung in China, Stuttgart 1975.

Mit den überlieferten Vorstellungen radikal brechen. Dokumente aus China über die Fortführung der Revolution im Erziehungswesen (hg. von Marie Luise Beppler u. a.), Heidelberg 1974.

Neckermann, Erhard; Wagner, Rudolf G.: Wer erzieht wen. Revolution im chinesischen Erziehungswesen, Berlin 1976.

Price, R. F.: Education in Communist China, London 1970.

Wagner, René: Kommunistische Jugenderziehung in der Volksrepublik China, München 1974.

Widmer, Urs: Der Kampf gegen die ‹Revision richtiger Urteile› in China. Zur Linie von Teng Hsiao-p'ing (1972 bis 1976). In China heute, Heft 7, München 1976.

Zur Erziehung in China (hg. von Urs Widmer). In China heute, Heft 2, München 1974.